FRIEDRICH HAUCK/GERHARD SCHWINGE

Theologisches Fach- und Fremdwörterbuch

8., erneut durchgesehene und ergänzte Auflage

Mit einem Verzeichnis von Abkürzungen aus Theologie und Kirche

V&R

VANDENHOECK & RUPRECHT
IN GÖTTINGEN

Gerhard Schwinge

Dr. theol., geb. 1934, studierte ev. Theologie, zehn Jahre Pfarrer. Nach Ausbildung für den höheren wiss. Bibliotheksdienst seit 1972–1996 Leiter der Landeskirchlichen Bibliothek Karlsruhe; 1989–1996 Geschäftsführer des Vereins für Kirchengeschichte in der badischen Landeskirche; jetzt im Ruhestand. Promotion Mainz 1993 über Jung-Stilling. – Buchveröffentlichungen zur theol. Bibliographie (1975) und zum theol. Bibliothekswesen (1979, 1983 und 1994), zu Aloys Henhöfer und zur bad. Erweckungsbewegung (1989 und 1990), zu Jung-Stilling (1990 und 1994) und zur bad. Kirchengeschichte des 19. und 20. Jahrhunderts (1996).

1. Auflage von Friedrich Hauck	1950
2., neubearb. u. erw. Auflage von Ernst Höhne	1959
3., neugestaltete Auflage von Eberhard Herdieckerhoff	1967
4., durchges. Auflage	1968
5., neubearb. Auflage von Gerhard Schwinge	1982
6., durchges. u. erg. Auflage	1987
7., erneut durchges. u. erg. Auflage	1992

Die Deutsche Bibliothek – CIP-Einheitsaufnahme

Hauck, Friedrich:
Theologisches Fach- und Fremdwörterbuch: mit einem Verzeichnis von Abkürzungen aus Theologie und Kirche / Friedrich Hauck; Gerhard Schwinge. –
8., erneut durchges. u. erg. Aufl.

Göttingen: Vandenhoeck und Ruprecht, 1997.
(Kleine Vandenhoeck-Reihe; 1480)
ISBN 3-525-33585-7
NE: Schwinge, Gerhard:; HST; GT

Kleine Vandenhoeck-Reihe 1480

8., erneut durchgesehene und ergänzte Auflage 1997

Umschlaggestaltung: Hans-Dieter Ullrich

Gesetzt aus der 9/11 Punkt Times (Linotron 202)
Gesamtherstellung: Clausen und Bosse, Leck

Aus dem Vorwort zur 1. Auflage

Die Anregung zu einem theologischen Fremdwörterbuch ging von Herrn Prof. D. K. D. Schmidt aus; die Ausführung desselben lag dann bei mir. Der Kreis der Stichwörter wurde weit gezogen. Es wurden nicht nur Fremdwörter, fremdsprachliche Begriffe und Fachausdrücke aus der biblischen, geschichtlichen, systematischen und praktischen Theologie, aus Kirchenrecht und kirchlicher Kunst aufgenommen, sondern auch aus angrenzenden Gebieten der Philosophie, Philologie, Religionsgeschichte und Psychologie. Auch der Begriffsschatz der römisch-katholischen und griechisch-katholischen Kirche wurde berücksichtigt.

F. Hauck

Aus dem Vorwort zur 5. Auflage

Seit seinem ersten Erscheinen 1950 in der Fassung von Friedrich Hauck hat das Theologische Fach- und Fremdwörterbuch nicht nur vielfach freundliche Aufnahme gefunden, sondern auch mannigfache Veränderung erfahren, vor allem in der grundlegenden Neubearbeitung von Eberhard Herdieckerhoff 1967. Inzwischen sind nun wieder viele Jahre vergangen, in denen sich zudem in Theologie und Kirche erhebliche Wandlungen vollzogen. Daher war vor einer Neuauflage des in der Bundesrepublik seit längerem vergriffenen Buches eine Überarbeitung dringend erwünscht.

Nachdem bereits 1978 in der DDR eine unter der Leitung von Rudolf Mau überarbeitete Fassung herausgebracht worden war, wird hier nunmehr eine gründliche Neubearbeitung vorgelegt. Sie versucht einerseits den bisherigen Charakter des Wörterbuches zu bewahren. Es soll also nach wie vor die große Zahl der Sachlexika zur Theologie und ihren Teildisziplinen nicht ersetzen, sondern als Wörterbuch nur erste erklärende Hinweise bieten. Auch der Umfang sollte im wesentlichen unverändert bleiben. Andererseits waren zahlreiche wünschenswerte Ergänzungen einzuarbeiten und manche Verbesserungen am Text der letzten Ausgabe anzubringen. Dabei wurden nach Möglichkeit Hinweise kritischer Benutzer dankbar aufgegriffen.

Mehr als bisher sind vor allem Sachgebiete wie Pastoralpsychologie, Liturgik, Ikonographie und Kirchenkunde der Gegenwart mit einbezogen worden. Dagegen verbot es zum Beispiel der vorgesehene Umfang, umfassender als unbedingt geboten schien, Bezeichnungen von kirchlichen Institutionen und religiösen Gruppen aufzunehmen. Um aber überhaupt für Ergänzungen Platz zu schaffen, mußte zum ersten Mal fast völlig auf nicht spezifisch theologische Fremdwörter, zumal wenn sie in jedem guten allgemeinen Fremdwörterbuch zu finden sind, verzichtet werden, selbst wenn sie im Zusammenhang der Theologie eine Rolle spielen.

Insgesamt sind etwa 350 Stichwörter gestrichen, zugleich jedoch rund 750 neue hinzugefügt worden, so daß sich die Gesamtzahl der Stichwörter von 6000 auf ungefähr 6400 erhöhte. – Aufrichtiger Dank gebührt meinem Kollegen Dr. Albert Raffelt (Freiburg), der als katholischer Theologe das Manuskript geprüft und eine Reihe hilfreicher Verbesserungsvorschläge eingebracht hat, die allerdings leider nicht mehr alle berücksichtigt werden konnten.

Möge das Wörterbuch sich durch weite Verbreitung als Hilfsmittel bewähren. Diesem Ziel sollte auch die neue Erscheinungsform als Taschenbuch dienen.

Vorwort zur 8. Auflage

Nach der 7. Auflage von 1992 erscheint wiederum im Abstand von fünf Jahren eine weitere Auflage. Auch diesmal konnten sich Bearbeiter und Verlag nicht entschließen, lediglich einen unveränderten Nachdruck herzustellen und auf Verbesserungen und Ergänzungen zu verzichten.

So wurden – ohne Umfangserweiterung – einige Fehler berichtigt und neben anderen kleinen Erweiterungen etwa 20 neue Stichwörter aufgenommen, wofür auf den entsprechenden Seiten jeweils an anderen Stellen gekürzt werden mußte, meist allerdings, ohne ein Stichwort ganz zu streichen. Eine Anzahl Ergänzungen bzw. Aktualisierungen erfuhren im Anhang das Verzeichnis der Abkürzungen und die Zusammenstellung lexikalischer Nachschlagewerke; in dieser wurden einige ältere Titel nun gestrichen.

Im Januar 1997 G. S.

Hinweise für den Benutzer

1. In der alphabetischen Ordnung werden j wie i und ä, ö, ü wie ae, oe, ue behandelt.
2. Ein Strich oder ein Punkt unter einem Stichwortvokal markiert die Betonung des Begriffs mit langer bzw. kurzer Aussprache des Vokals. Betonungshilfen wurden nur gegeben, wo es notwendig erschien.
3. Vermißte Wörter, die u. U. austauschbare Buchstaben wie C, K, Z, Q enthalten oder in neuerer Zeit ihre Schreibweise geändert haben (Thora → Tora), sind möglicherweise unter einer anderen Schreibung zu finden.
4. Die *«Abkürzungen der biblischen Bücher»* und *«Die biblischen Bücher nach der hebräischen Bibel»* sowie die *«Abkürzungen aus Theologie und Kirche»* sind am Schluß in eigenen Verzeichnissen zusammengestellt.

Text-Abkürzungen

(Nicht aufgeführt sind Wörter, bei denen nur die Endsilbe -isch oder -lich abgekürzt wurde.)

Abk.	Abkürzung	Komm.	Kommentar
ä.	ähnlich	lat.	lateinisch
ahdt.	althochdeutsch	luth.	lutherisch
allg.	allgemein	MA	Mittelalter
aram.	aramäisch	mgr.	mittelgriechisch
atl.	alttestamentlich	mhdt(sch).	mittelhochdeutsch
begr.	begründet	mlat.	mittellateinisch
Begr.	Begriff	milit.	militärisch
bes.	besonders	mod.	modern
Bez., bez.	Bezeichnung, bezeichnet	moham.	mohammedanisch
bibl.	biblisch	mtl.	mittelalterlich
cf.(= vgl.)	confer, vergleiche	mus.	musikalisch
chin.	chinesisch	ntl.	neutestamentlich
chr.	christlich	o., od.	oder
dass.	dasselbe	orth.	orthodox
dogm.	dogmatisch	par.	parallel, Parallele(n)
dt., dtsch.	deutsch	pers.	persisch
dtspr.	deutschsprachig	Plr.	Plural
engl.	englisch	pol.	politisch
entw.	entweder	pp.	Parallelen
erg.	ergänze	prot.	protestantisch
ev.	evangelisch	ref.	reformiert
f.	für; folgend	Rel., rel.	Religion, religiös
ff.	fortlaufend, folgende	röm.	römisch
frz.	französisch	s.	siehe
geg., gg.	gegen	sanskr.	Sanskrit
gegr.	gegründet	sd.	sondern
germ.	germanisch	Sg.	Singular
Ges.	Gesang; Gesellschaft	sog.	sogenannt
gesch.	geschichtlich	term. techn.	terminus technicus
Ggs.	Gegensatz	theol.	theologisch
gr.	griechisch; groß	überh.	überhaupt
gramm.	grammatisch	urspr.	ursprünglich
hbr., hebr.	hebräisch	v.	vom, von; vor
hist.	historisch	v. a.	vor allem
hrsg.	herausgegeben	verg.	vergangen
int.	international	Verkl.	Verkleinerung
jap.	japanisch	versch.	verschieden
Jh.	Jahrhundert	Verz.	Verzeichnis
kath.	katholisch	vgl.	vergleiche
kl.	klein	zw.	zwischen

A

A und O → Alpha

aaronitischer Segen, gebräuchl. Segensformel nach 4 Mose 6,24–26

ab, hbr. Monatsname (Juli/Aug.)

abaddọn *hbr., Abgrund;* (der Engel der) Unterwelt (Offb 9,11)

Ạbaton *gr.,* wie → adyton

ạbba *aram., Vater;* kindl. Anredeform, von Jesus erstmals für Gott gebraucht

Abbạte *ital.,* wie Abbé

Abbé *frz.,* Titel der Weltgeistl., → abba

Abbruchsfasten, Fastengebot in der kath. Kirche, nach dem an Fastentagen nur *eine* sättigende Mahlzeit eingenommen werden soll

Abendmahl → communio, → Eucharistie, → Spendeformel; **A.s-gemeinschaft,** «volle A. g.», engl. «full communion»: einschl. → Interzelebration, besteht zw. Kirchen gleicher → Konfession; «Interkommunion»: mit oder ohne Interzelebration gegenseitige Zulassung zum Empfang gemäß Übereinkunft konfessionsverschiedener Kirchen; «Offene Kommunion», engl. «open c.»: Zulassung von Gliedern anderer Kirchen, die im Gottesdienst anwesend sind; «Gegenseitige offene Kom.»: Erlaubnis zur Annahme von Einladungen zu Abendmahlsfeiern anderer Kirchen; «Begrenzte offene Kom.»: Zulassung von Gliedern anderer Kirchen in Notfällen; «Geschlossene Kom.»: Nichtzulassung von Gliedern anderer Kirchen

abjuratio *lat., Abschwörung* der → Häresie bei Wiederaufnahme in die kirchl. Gemeinschaft bzw. von Irrlehren bei → Konversionen

abkanzeln → Nominalelenchus

Ablaß, *lat. indulgentia;* kath.: im Hinblick auf den «Schatz der guten Werke», den die → Heiligen der Kirche gesammelt haben, ein Erlaß befristeter Kirchenbuße, die begrenzte Befreiung vom → purgatorium bewirkt; im MA häufig als voller Bußersatz mißverstanden; heute: «Zusage einer bes. Fürbitte der Kirche um Erlaß einer zeitl. Strafe vor Gott für Sünden, die hinsichtl. der Schuld schon getilgt sind» (Rahner/Vorgrimler), d. h. die *Folgen* der Schuld, nicht diese selber, sind Gegenstand des A.; ev.: Ablehnung des A. als Eingriff in Gottes Handeln u. den Ernst der Buße

Ablutionskelch *lat., Spülkelch* mit nicht → konsekriertem Wein zum Hinunterspülen der → Hostie bei der → communio sub una

abolịtio substạntiae *lat., Vernichtung der → Substanz;* **Abolitionismus** *lat.,* Bestreben zur Aufhebung von Sklaverei, reglementierter Prostitution u. Todesstrafe

Abrahamịten, → deistische böhmische Sekte (18. Jh.)

Abrahams Schoß, Bild für Gottesnähe (nach Lk 16,22f)

Ạbrakadạbra, antike Zauberformel zur Heilung von Krankheit

Abrạsax, Abrạxas, Name in der ägypt. Zauberliteratur (Zahlenwert 365), Zusammenfassung der Mächte der 365 Geisterreiche (Basilides)

abrenuntiạtio diạboli *lat., Absage an den Teufel* (in der Taufe); **a. in → infernum,** das Ja des Menschen zu Gottes Verdammungsurteil (→ Mystik, Luther)

Abrogation *lat., Aufhebung* eines ganzen Gesetzes; aber → Derogation

Abschiedsreden Jesu: Joh 13,31–16

abscọnditas *lat., Verborgenheit*

Abside, Absis → Apsis

Absolute, vier A., ethische Prinzipien der → Moralischen Aufrüstung; **Absolutheit,** unbedingte, (uneingeschränkte) Wahrheit; **A.sanspruch,** der Anspr., die Wahrheit (allein) gültig zu vertreten; **Absolution** *lat., Ablösung, Freisprechung* von Sünden (→ potestas clavium); **absolutio ad tumbam,** kath.: → Ritus nach der Totenmesse an der → Tumba; **absolutio privata,** Privat- oder Einzelbeichte; **absolvo te** *lat., ich spreche dich frei,* Teil der Freisprechungsformel in der → Beichte

abstersorium lat., Tuch zum Abtrocknen, Kelchtüchlein; → Lavabotüchlein

Abstinenz *lat., Enthaltung;* **Abstinenztage** (Fasten- u. A.), Enthaltung von Fleischgerichten

Abt, Äbtissin von → abba, Klostervorsteher(in) in ält. Orden, bes. beim → Benediktinerorden u. verwandten; **infulierter A.** → Infulierung; **Abtei,** Kloster mit A.; **Abtei nullius (dioecesis),** Abtei, die keinem → Bischof untersteht, da der Abt als → Ordinarius loci bes. Vollmachten hat

Abuna, *unser Vater,* Amtsbezeichnung des kopt. → Patriarchen

abyssos *gr., Abgrund, Unterwelt,* Ort der Toten, der Dämonen, des Teufels (Röm 10,7; Offb 20,3)

accentus *lat., Betonung,* liturg. Stücke mit bes. stark vom Wortakzent abhängigen Melodien (→ Epistel, → Evangelium, → Paternoster u. a.)

acceptatio *lat., Annahme* z.B. des Versöhnungsopfers Christi durch Gott; **a. libera,** *freie ungezwungene* A.; → Akzeptationstheorie

acedia *lat., Ekel, Unwille,* das von Gott gebotene Gute zu tun (bei Thomas von Aquin eine Todsünde)

acerra *lat., Weihrauchbehälter*

Archarya *sanskr.,* Manifestation des göttl. Geistes, spiritueller Meister, der durch sein Beispiel lehrt

A'ch(e)iropoiëten *gr., nicht von Händen gemachte* (der Legende nach) Christusbilder byzant. Typs

acheron *gr., Unterwelt, Hölle*

a. Chr. → ante Christum (natum)

Achtzehngebet → Tefilla

acta *lat., Taten, Geschichte*

Acta Apostolicae Sedis (AAS) *lat.,* päpstl. Amtsblatt, offizielles Organ zur Verkündung päpstl. Gesetze (1909ff.), vorher → A. Sanctae Sedis; **A.apostolorum** (Acta, Apg), Apostelgeschichte, *Taten der Apostel;* **Acta martyrum** → Märtyrerakten; **A. Sanctae Sedis** (ASS), päpstl. Amtsblatt (1865–1908); **A. sanctorum,** kalendarische Sammlung quellenmäßiger Lebensbeschreibungen aller Heiligen (→ Bollandisten)

acta facientes *lat.,* Christen, die sich durch falsche Angaben der Verfolgung entzogen

actio catholica *lat.* → Kath. Aktion

actuosa participatio *lat., aktive Teilnahme,* von Pius X. geprägte, von der → Konstitution über die Liturgie des → Vatikanum II übernommene Bezeichnung für die tätige, leibhafte Beteiligung des Volkes an der → Liturgie

actus *lat.,* scholast.: Wirklichkeit (Ggs. → potentia); **a fidei** → Autodafé; **a forensis,** *gerichtlicher Akt;* **a. purus,** scholast.: *reine* Wirklichkeit (Aktualität) ohne jede Möglichkeit (Potentialität), d. h. a. p. ist Gott, da er in keiner Weise begrenzt ist, also nicht durch Potentialität bestimmt sein kann; **a. salutaris,** Kath.; *heilsbedeutsames* menschl. *Tun*

Adam-Christus-Typologie, Gegenüberstellung von Adam u. Christus wie → Typus u. → Antitypus als Anfang der alten u. der neuen Menschheit: Röm 5,12–21; 1 Kor 15,21 f. 45–49

Adamiten, Gruppen, die den paradies. Zustand erneuern wollten (Nacktheit, Eheverwerfung)

Adapa, sagenhafter babylon. Held, lehnt die angebotene Lebensspeise aus Furcht vor Gift ab u. bleibt daher sterblich

adar, *hbr.* Monatsname (Feb./Mrz)

ad complendum *lat., zur Ergänzung;* kath.: Gebet, wenn die Messe nach der Wandlung nicht weitergeführt werden kann

Adept *lat., der das Ziel erreicht hat;* in die → Mysterien Eingeweihter

a'despota *gr., Herrenlose,* ca. 20000 Kirchenlieder unbekannter Verf.

adessentia *lat., Nahesein* Gottes

Adesto-Epiklese *lat.-gr.,* mit «Adesto Jesu» *(Komm, o Jesu)* beginnende → Epiklesen, bes. der → mozarabischen Liturgie

adiaphora *gr., gleichgültige,* vom sittlich-religiösen Urteil freigegebene «Mitteldinge», z. T. mit «Erlaubtem» sich deckend; **adiaphoristischer Streit,** 1548–52: durch das Leipziger → Interim hervorgerufene Auseinandersetzung zwischen → Philippisten u. → Gnesiolutheranern über die Zulässigkeit kath. Formen in Verfassung u. Kultus der luth. Kirche; zugunsten der Gnesioluth. entschieden (FC X: «in → casu confessionis» ist nichts adiaphoron); 1681 ff.: in Hamburg zw. Lutheranern u. → pietistischen Calvinisten üb. weltl. Vergnügungen

Adi-(Brahma-)Samadsch *ind., ursprüngliche Gemeinde Brahmas,* aus der Spaltung des → Brahma-Samadsch (1866) hervorgegangene Gruppe

adjutorium gratiae *lat., Hilfsmittel der Gnade;* kath.: Gottes Gnadenunterstützung des menschl. Willens

adjuvante Deo *lat., mit Gottes Hilfe*

Ad-limina-Besuch → visitatio ad limina Apostolorum

ad majorem Dei gloriam (AMDG) *lat., zur größeren Ehre Gottes,* Wahlspruch der → Societas Jesu

Administrator *lat., Verwalter* einer unbesetzten Pfarre; **a. apostolicus,** kath.: ein unter bes. Umständen vom Papst mit der Verwaltung eines Bistums beauftragter → Prälat; im 16. Jh. Titel von ev. Verwaltern einstiger Bistümer

admonitor *lat., Mahner* der Oberen im → Jesuitenorden

adonai *hbr., Herr,* Gottesname; → Jahve

Adoption *lat., Annahme* an Kindes Statt; **adoptianische Christologie,** der Mensch Jesus wird von Gott zum Sohn erklärt, in Anklängen schon im NT (Apg 2,32 u. 36 durch Auferweckung; Lk 3,22 durch d. Taufe); **Adoptianismus,** 2. u. 3. Jh.: → monarchianist. Auffassung, Jesus sei ein gewöhnlicher Mensch gewesen, den Gott in der → Taufe adoptierte (→ trinitar. A.)

ad'oratio *lat., verehrende Huldigung, Anbetung;* scholast.: sich gliedernd in die Stufen der → latreia, → Hyperdulie u. → Dulie; Kniefall der Kardinäle vor dem neugewählten Papst u. Fußkuß

Advaita *sanskr., Nicht-Zweiheit,* Lehre des → Shankara im → Hinduismus, religionsphilos. Hintergrund der → Transzendentalen Meditation

Adveniat *lat.,* (dein Reich) *komme!* (2. Vaterunserbitte), Name d. 1961 von den dt. kath. Bischöfen gegr.

Hilfsaktion, mit der alljährl. zur Weihnachtszeit f. d. Unterstützung d. pastoralen Aufgaben d. Kirche Lateinamerikas gesammelt wird

Advent *lat., Ankunft* Jesu; auch Wiederkunft Christi zum Endgericht (letzter Advent); liturg.: Zeit der 4 Sonntage vor → Weihnachten (Bußzeit); **Adventisten,** Gemeinschaften, die die (nahe) Wiederkunft Christi erwarten, → Siebententagsadventisten

advocạtia ecclẹsiae *lat.*, des christl. Kaisers *Schutzamt über die Kirche;* **advocatio (-tia),** Kirchen*vogtei* des Gründers (Eigentümers) eines Kirchengebäudes (Klosters); **advocatus Dẹi, postulator** *lat., Anwalt Gottes, Forderer,* Fürsprecher in kath. Selig- u. Heiligkeitsprozessen; **advocatus dịaboli,** *Teufelsanwalt,* scherzhaft für den «promotor Fịdeï» *(Glaubensanwalt),* der in solchen Prozessen Gegenbeweise anzuführen hat; **a. ecclẹsiae,** *Schutzvogt der Kirche* (Kaiser); Rechtsvertreter u. Vermögensverwalter der Kirche

ạdyton *gr., unbetretbar;* das Allerheiligste; der Tempel; gr.-orth.: Altar- u. Priesterraum; → sacrarium; → Sanctuarium

Äbtissin → Abt

aedịcula *lat., Häuschen;* Säulenaufsatz über Altartisch oder Nische

aedificatio *lat.*, geistl. *Erbauung; Bau* einer Kirche o. ä.

ägyptisches Kreuz → crux commissa

Ältester → Presbyter

äọlisch, 9. → Kirchentonart (A-e-a)

Äọn, Aiọn *gr., lange Zeit, Weltzeitalter, Ewigkeit;* vergöttlichte Zeit; → Gnosis: vor aller Zeit aus Gott ausgeströmte Geistmächte (→ Emanation); pers. Rel.: als Urgottheit verehrte, unendliche Zeit, → Zervan; → aeternitas, aevum

Äqualismus *lat.*, Gesang in Tönen gleicher Dauer

Äquilibrismus *lat.*, scholast.: freie Willensentscheidung ist nur bei Gleichgewicht von Grund und Gegengrund möglich

Äquiprobabilismus *lat.*, → ethische Auffassung, das Gewissen dürfe nur bei zwei gleich gut scheinenden Wegen frei entscheiden

äquivalẹnt *lat., gleichwertig,* entsprechend

äquivọk *lat., mehrdeutig, doppelsinnig;* **Äquivokation** *lat., doppelsinnige Redeweise,* die den Hörer in Unklarheit läßt, nach jesuit. → Moraltheologie u. U. zum Schutz von Geheimnissen erlaubt (→ reservatio mentalis)

Ära *lat., Epoche, best. Zeitraum; Zeitrechnung:* jüdische Ä.: Schöpfung 3761 v. Chr.; röm.: ab urbe cọndita (seit d. Gründung Roms) 753 v. Chr.; gr.: 4jährige «Olympiaden» seit 776 v. Chr.; moham.: → Hidschra 622 n. Chr.

Aêshma Daêva, pers.: Dämon der Begierde u. des Zorns, wird nach Ablauf der Weltzeit besiegt (jüd.: Asmodi, Tob 3,8)

Aetẹrni pạtris *lat., des ewigen Vaters,* Anfang der → Enzyklika Leos XIII. (1879), die Thomas von Aquin für theologisch normativ erklärte; **aeternitas, sempiternitas** *lat., Ewigkeit;* **aetẹrnus,** ohne Zeitform, ohne Anfang, Ende u. Veränderung; → aevum

Äther *gr.;* antik: die oberste, feinste Luft, der Urstoff alles Entstandenen (Weltseele); alte Physik: den Weltraum füllender Träger elektromechanischer Erscheinungen; **Ätherleib,** → Anthroposophie: den Körper durchdringender u. seine mineralischen Stoffe zusammenhaltender Lebensleib

Äthiop(ian)ismus, afrikanische Bestrebungen, unabhängig von Weißen Kirchen zu gründen

Aëtianer, radikale → Arianer unter Aetius

Ätiologie *gr.,* Lehre von den Ursachen (→ Hermeneutik); Rückführung eines Zustands auf ein → myth. od. → geschichtl. Ereignis; **ätiologisch,** ursach-, herkunftdeutend

Äußere Mission → Mission

aevum *lat., Lebensalter, Zeitalter;* schrankenloser Zeitraum zwischen Zeit u. Ewigkeit; → Äon, → aeternitas

affectio Papae, a. papalis *lat.,* Recht des Papstes, kirchl. Entscheidungsfälle ausschließlich an sich zu ziehen

Affiliierte *lat., an Kindes* statt, kath. Kirchenrecht: ein → Religioser, der von einem Kloster in ein anderes derselben Ordensfamilie übergewechselt ist; ferner einzelne od. Gemeinschaften, die kraft eines päpstl. Privilegs einer rel. Organisation an- od. eingegliedert sind u. so an deren guten Werken u. Verdiensten teilhaben

Afterglaube («Hinterglaube»), wie Aberglaube

Agamas, hl. Schriften des → Hinduismus

Agamie *gr., Ehelosigkeit;* → Zölibat

agape *gr., Liebe* (NT: Gottes u. Christi zu den Menschen, der Menschen zu Gott u. zum → Nächsten); **Agape,** altchr.: brüderl. Gemeinschaftsmahl, das der Einheit der Gläubigen u. der Unterstützung der Armen diente; nach Verselbständigung der Abendmahlsfeier (→ Eucharistie, → missa) noch bis ins 6. Jh. gebräuchlich

Agathodämon *gr., guter Geist*

Agende *lat., das zu Handelnde;* Buch mit den gottesdienstl. Handlungen; **Agendenstreit,** 1822–1829; mit der Zwangseinführung einer einheitl. ev. Agende in Preußen durch Friedr. Wilh. III. entstandene Auseinandersetzung um das Recht des Landesherrn, kirchl. Entscheidungen zu treffen u. durchzuführen, endete mit einem Kompromiß; → Staatskirche, → Summepiskopat, Ev. Kirche der → Union

Agenesie *gr., Ungezeugtheit,* allein Gott dem Vater zustehendes → Attribut der Ursprungslosigkeit

Ag(g)ada → Haggada

aggiornamento *ital. aggiornare, auf den heutigen Stand bringen;* Forderung von Papst Johannes XXIII. (1962), die Kirche solle der Gegenwart Rechnung tragen (als Aufgabe für das → Vatikanum II)

Agni *ind., Feuer,* Feuergott der → Veden, der als Herdfeuer die Existenz des Menschen u. als Opferfeuer den Vollzug des Opfers ermöglicht

Agnoeten, Themistianer, → monophysitische Sekte (6. Jh.), gepr. vom → alexandrinischen → Diakon Themistios

Agnostizismus *gr.,* Anschauung, eine Erkenntnis des Weltgrundes u. des Wesens der Dinge sei unmöglich (→ Positivismus, → Pragmatismus); **Agnostiker**

agnostos theos *gr., der unbekannte Gott* (Apg 17,23, → Areopagrede)

Agnus Dei *lat., Lamm Gottes;* Christus (Joh 1, 29); Teil der kath. Messe (seit 7. Jh.); Gesang während des Brotbrechens auf dtsch. beim ev. Abendmahl; letzter Satz der musikal. Messe; kath.: geweihte Wachstafeln mit dem Bild des Lammes u. dem Namen des Papstes

agrapha *gr., Ungeschriebene;* Worte

Jesu außerhalb der vier Evangelien (z. B. 1 Thess 4,15) oder des → Kanons (z. B. im Thomas-Evangelium)

Agrypnie *gr., Wachsamkeit;* ostkirchl. liturg. Feier in der Nacht vor Festen; → Pannychis

Ahasver, legendäre Gestalt des ewigen Juden (seit dem 16. Jh.)

Ahimsa *ind., Nichttöten,* Verbot der Tötung von Lebewesen im → Buddhismus u. noch strenger im → Dschinismus (→ Karman)

Ahl al-Kitab *arab., Schriftbesitzer,* moham.: andere Rel.en, bes. Juden u. Christen als Besitzer älterer, vom Mohammed anerkannter Offenbarungsbücher

Ahra Manyu, Ahriman *pers., der böse Geist,* Gegengott zu → Ahura Mazda im → Parsismus

Ahura Mazda, Ormazd *pers., der weise Herr,* guter u. höchster Gott im → Parsismus, Gegenspieler von → Ahra Manyu

Ajatollah → Ayatollah

aion → Äon

Akascha *ind.,* im → Dschinismus leblose Raumsubstanz, von der alles im Raume Wirkende abhängt; **Akaschachronik,** → Theosophen u. → Anthroposophen: «geistige Urschrift der Wirklichkeit» für Eingeweihte

akathistos (hymnos) *gr., nicht sitzend;* ostkirchl.: stehend gesungener → Hymnus; alphabet. Lobgesang auf Maria

Akatholiken, nichtkath. Christen

Akazianisches → S'chisma, 35jähriges Schisma (484–519) zwischen Abendland u. Morgenland, nachdem während der → monophysitischen Kämpfe der röm. Bischof Felix III. über den → Dyophysiten Akacius von Konstantinopel den → Kirchenbann verhängt hatte

Akklamation *lat.,* Beifall zur Inthronisation mit Rechtswirkung; Begrüßung eines Herrschers; bekennender, bittender oder preisender, im Sprechchor wiederholter Zuruf an die Gottheit; Form der → kanonischen Wahl; liturg.: wechselseitiger Zuruf zwischen → Liturg u. Gemeinde (Der Herr sei mit euch – u. m. deinem Geist); → Antiphon

Akkommodation *lat., Anpassung;* Anwendung einer Bibelstelle auf einen Gegenstand, den sie nicht bezeichnet, aber dem Wortlaut nach (ohne Berücksichtigung des → Kontextes) bezeichnen könnte (bibl. A.; → exeget. fragwürdig); Berücksichtigung der geistigen Welt des Hörers in lehrhaften Aussagen (dogmat. A.); Anpassung der Mission in → Predigt, → Ritus u. Recht an bestehende Lebensgewohnheiten (missionar. A.); → Anknüpfung

Akkord lat., im kath. Kirchenrecht vereinzelt für → Konkordat

Akkulturation *lat.,* auch Inkulturation, Anpassung des Christentums an eine fremde (nichtwestl.) Kultur u. rel. Umwelt; als → Synkretismus in rel., im Kolonialismus in soziokultureller Weise verfälscht; vgl. → Kontextualität

Akoimeten *gr., Nimmerruhende;* Mönche der Ostkirche (seit 5. Jh.), die sich zu ununterbrochenem Gebetsgottesdienst ablösten; **akoimetos (lychnia),** ostkirchl.: *Ewige Lampe*

Akoluth, Akolyth *gr., Begleiter, Diener;* Bote des Bischofs, 4. niederer → Weihegrad

Akosmismus *gr.,* Anschauung, alle Dinge seien bloße Ausgestaltungen der Gottheit, während Gott die einzige, notwendige u. ewige → Substanz sei (Spinoza † 1677)

akroamatisch *gr.*, vortragende Unterrichtsmethode; Ggs. → erotomatisch, → katechetisch

akroomenoi *gr., hörende,* kath.: zur Predigt, nicht aber zur → Sakramentsfeier zugelassene Büßende; → audientes

akro'teleution *gr., Versschluß;* gr.-orth.: → Hymnusrefrain; → Hypopsalma

aktual, aktuell *lat., tätig, wirksam, wirklich* (Ges. → potentiell); **Aktualsünde** → peccatum actuale; **Aktuosität,** bei K. Barth († 1968) Bez. für die Unverfügbarkeit Gottes

Akzeptationstheorie (→ acceptatio), → Scotismus: Gott erkennt menschliche Verdienste (→ merita de congruo), ohne durch sie genötigt zu sein, als → merita de condigno an

Akzeß *lat., Zugang,* mtl. Sammlung von Psalmen u. Gebeten zur Vorbereitung des Priesters auf die → Messe

Akzidens, akzidentiell *lat., hinzukommend;* Eigenschaft eines → Subjekts, die als nicht notwendig zu dessen → Substanz (Wesen) gehörend betrachtet wird (aber → Attribut, → essentiell); **Akzidentien,** Nebeneinnahmen der Geistlichen (z. B. → Stolgebühren); Musik: Vorzeichen

alae *lat., Flügel,* Altarbehänge

Alapa *lat.,* seit MA: leichter Backenstreich des Bischofs bei der → Firmung

alba (Albe) *lat., weißes* Untergewand in der Amtstracht des kath. Priesters

Alben, german.: halbgöttl. Zwerge

Albigenser, nach der südfranz. Stadt *albi* benannte Gruppe der → Katharer; in den **A. kriegen** (1209–29) fast völlig ausgerottet

Alchemie *arab.,* Schwarzkunst; pseudowissenschaftl. Vorläuferin der Chemie (um Gold u. den → homunculus zu machen); Anfänge in ägypt. Tempelwerkstätten

Alexandrinische (Katecheten-) Schule (2.–5. Jh.), bedeutendster Vertreter Origenes († 254), christlich-philosophische Unterrichtsstätte in Alexandrien, die → hellenistische (→ Neuplatonismus) u. → spätjüdische Gelehrtentradition, bes. → Philologie (→ Hexapla) u. Allegorese (→ Hermeneutik), pflegte. Dogmat. bereitete sie den → Monophysitismus vor

Alexandrinus, wichtige → Majuskel-Handschrift fast des ganzen griech. AT (→ Septuaginta) u. NT, Anfang 5. Jh. in Ägypten geschrieben; → Sinaiticus, → Vaticanus

alienatio *lat., Entfremdung;* **a. mentis,** Verzückung

A'liturgische Tage, kath., Tage, an denen kein → Meßopfer stattfindet (z. B. Karfreitag)

Allah *arab.,* aus al (Artikel) u. *ilah Gott;* moham.: der einzige Gott; **inschallah,** *wenn Gott will*

Allegat *neulat.;* zitierte Schriftstelle; Berufung auf eine Stelle aus Bibel oder Kirchenvätern; **Allegation**

Allegorese → Hermeneutik; **Allegorie** *gr., das Anderssagen;* gleichnishafte Redeform

Alleluja → Halleluja

Allelujajubilus, → Halleluja-Gesang mit → melismatischem Schluß

Allerheiligen → commemoratio omnium sanctorum

Allerseelen → commemoratio omnium fidelium defunctorum

Allgemeines Kirchengebet, → Fürbittengebet im Gottesdienst

Allianz *frz., Bündnis;* **Evangelische A.,** 1846 auf Anregung des Schotten Th. Chalmers geschlossenes

Bündnis verschiedener ev. → Denominationen, bekämpft vom ev. → Konfessionalismus; heute Arbeitsgemeinschaft von Personen aus Landes- u. → Freikirchen

Allöosis *gr., Wechselgebrauch;* Ausdruck Zwinglis, der die → communicatio idiomatum als bloße Redefigur beurteilte: wir sprechen von der einen Natur Christi in Begriffen der andern

Allokution *lat., Ansprache des Papstes*

Almemor *arab., Kanzel,* abgegrenzter, erhöhter Platz in der → Synagoge zur Verlesung der → Tora; → Ambo

Almosen, *das, gr., (Mitleid);* milde Gabe, Spende

almutia, armutia *lat.,* kath.: pelzgefütterter *Schultermantel* mit Kapuze des Priesters (beim → Chorgebet)

A'loger *gr.,* Sekte im 2. Jh., die die johann. Schriften des NT u. damit die → Logoschristologie (Joh 1,1) ablehnten

Alpha, erster Buchstabe des gr. «Alphabets»; häufig für Schöpfer bzw. Schöpfung (Anfang) neben dem letzten Buchstaben Ω (Omega) für Weltende (Vollendung), beides zusammen für Ewigkeit; Gott ist «A u. O» Offb 1,8

Alpirsbach, ehemal. Benediktinerabtei; **Alpirsbacher Kreis,** → Hochkirchliche Bewegung

Altapostolische → Irwingianer

alt'are *lat.* (von *alta ara, hoher Altar*), *Opferherd, Altar(aufsatz);* **a. majus, summum, principale,** *Hochaltar* f. das → Hochamt; **a. crucis, laicorum,** *Kreuz-* od. *Laienaltar* unter dem → Triumphbogen; **Altarblatt,** über dem Altartisch aufgerichtetes Altargemälde in Gotik, Renaissance u. Barock; → Retabel; **Altarist,** Meßpriester (→ missa); **Altarsakrament** → Abendmahl; **Altarschelle,** → tintinnabulum

Alte Kirche, Epoche d. Kirchengeschichte, etwa 100–600 (bis Gregor d. Gr. †604)

Alter Adam, Ausdruck für die Versuchlichkeit u. Sündhaftigkeit d. Menschen (nach 1 Mose 3)

alter ego *lat., zweites Ich;* religionsgesch.: die Vorstellung, das Schicksal jedes Menschen sei eng mit dem eines best. Tieres oder einer Pflanze verbunden, die als Sitz seiner Seele gelten

Alternatimpraxis, Singen oder Spielen von Choralstrophen im Wechsel zwischen Gemeinde, Chor oder Einzelstimme u. Orgel oder Instrumenten

Alternative Service Book → Common Prayer Book

Altkatholiken, «Kirche von Utrecht» (seit 1723) u. and. abgespaltene Teile der kath. Kirche, die sich nach 1870 gegen die → Infallibilität des Papstes auflehnten

Altlutheraner, Separierte Lutheraner, luth. Renitenz, luth. Gemeinden, die sich im 19. Jh. der zwangsweisen Einführung der → Union widersetzen (Hessen, Schlesien u. a.); → Agendenstreit

Altpreußische Union → Union

Altprotestantismus, Bez. für die luth. → Orthodoxie

Alumbrados *span.* (*lat. Illuminaten,* aber → Illuminatenorden), *Erleuchtete,* mystische (→ Mystik, → Quietismus) span. Sekte im 15.–17. Jh., seit 1530 von der → Inquisition verfolgt

Amalrikaner, auf Amalrich von Bena (†1205/07) zurückgehende, → pantheistisch- → mystische Sekte des 13. Jh.; Lehre: Sündlosigkeit aufgrund myst.- → ekstatischer Vereinigung des Menschen mit dem Göttlichen, Ablehnung der → Sakramente

Amarnatafeln, 1887 bei tell-el-amarna (300 km südl. Kairo), der Ruine der Residenz Amenophis' IV. Echnaton, gefundene Urkunden, meist Briefe aus dem Staatsarchiv aus der Zeit um 1420–1350 v. Chr., daher «Amarnazeit»

Amb'arvalien, röm. Maifest mit Opfern u. Flurumgängen der → Arvalen; → amburbale

ambitus *lat., Umgang,* Kreuzgang im Kloster; kirchenmus.: Tonbereich einer Melodie, → Kirchentonarten

ambo(n) *gr. anabainein, hinaufsteigen;* erhöhter Platz in der Kirche zur Verlesung der Hl. Schrift, u. U. auch zum Predigen

Ambrosia → Nektar

Ambrosianischer Lobgesang, fälschlich dem Ambrosius (†397) zugeschriebener Hymnus «**Te Deum**» laudamus ... (EKG 137)

Ambrosiaster, Komm. zu Paulus (um 360–80), fälschlich Ambrosius (†397) zugeschrieben

amb'urbale *lat., Stadtumgang;* Sühneumgang im alten Rom, Vorbild von → Mariä Lichtmeß

amen *hbr., wahrlich, so sei es;* Bekräftigung eines Segensspruches, Schwures, Gebetes durch die Hörer; nur bei Jesus vor eigenen Aussprüchen

Amesha Spenta, Amrta Spenta *pers., heilige Unsterbliche;* die die Gefolgschaft → Ahura Mazdas bildenden, ihn beratenden u. ihm dienenden obersten Geister

am-ha'arez *hbr., Volk des Landes (V. vom Lande, V. der Erde);* AT: freie Grundbesitzer mit vollen milit. u. pol. Rechten (bes. in Juda); nach dem → Exil: privilegierte Schichten der → Samaritaner u. a.; später Bez. für «Heiden»; → Makkabäer-Zeit; hellenist. Juden; zu Jesu Zeit Schimpfwort für heidenfreundliche, oft den untersten rechtlosen Volksschichten angehörige Juden; die → Pharisäer verspotteten sie bes. als «Ungebildete» im Ggs. zu sich selbst; im → Talmud wird jeder Umgang mit der Masse der «Ungebildeten» untersagt (Verschärfung der Distanz bes. seit 70 n. Chr.); Mt 5,3 ist wohl nicht der a. gemeint (aber → Ebjoniten), sicher dageg. Joh 7,49

a minori ad maius *lat.* (Schluß) *vom geringeren auf das Größere*

Amikt, Humerale *lat.,* Hals u. Schultern bedeckendes, viereckiges Linnentuch des Priesters bei der Messe (früher anabolagium)

Ammas *aram., Mutter,* altkirchl. Vorsteherin eines Frauenklosters

amnesty international *engl.,* int. Hilfsorganisation für Gewissensgefangene jeder Art, gegr. 1961

Amoräer *hbr., Erklärer;* → talmudische Schriftgelehrte der Zeit nach Aufzeichnung der → Mischna; → Gemara

amor Dei *lat.,* schöpferische u. erlösende *Liebe Gottes* zu seinen Geschöpfen; *Liebe* des Menschen zu *Gott;* **a. D. intellectualis,** *Liebe* des menschl. *Geistes zu Gott;* **a. fati,** Bejahung des Schicksals; **a. sui (ipsius),** *Selbstliebe*

A'mortisation *(von lat. mors, Tod), Tilgung;* mtl.: Hingabe von Gütern an die Kirche (→ manus mortua); **A. sgesetze** beschränken die Erwerbsfähigkeit der Kirche

amovibel *lat.,* ohne gerichtliches Verfahren vom Amt *absetzbar* (Ggs. inamovibel)

Amphi'ktyonie *gr.,* polit.-rel. Bund von Nachbarstämmen um einen kultischen Mittelpunkt (z. B. die 12 Stämme Israels)

Amphithyra, gr.-orth.: Vorhang, der zeitweilig Altar und Priester bei der Messe vor der Gemeinde verbirgt

amplexus *lat.*, liturg. *Umarmung* beim → osculum pacis

Ampulle, Verkl. v. *gr. amphora, bauchiges Gefäß* (mit 2 Henkeln), *Speisekelch;* liturg.: für Wein, Wasser, Öl

Amrta Spenta → Amesha Spenta

Amt Christi → munus

Amt, kirchl., → luth. Begriff; → ref.: Ämter, kath.: Hierarchie

Amtshandlungen → Kasualien

Amulett *lat. amuletum, amolimentum,* Bild, Figur, Schrift zur Abwehr feindlicher, dämonischer Mächte; → Phylakterien

Amyraldismus, gemäßigt calvinische → Prädestinationslehre Amyrauts († 1664), nach der Gott alle gläubigen Sünder im Hinblick auf Christi Verdienst erlösen will, aber nur den Erwählten den Glauben schenkt

Anabaptisten *gr., Wiedertäufer;* Gegner der Kindertaufe

anabolagium → Amikt

Anachoret *gr.* → Eremit

Ana'gnorismos *gr., Wiedererkennung;* häufiges Motiv im antiken u. altchr. Schrifttum

Ana'gnost *gr., lat.* → Lektor, Vorleser; kath.: 2. niederer → Weihegrad; Universitätslehramt u. a.

an'agoge → Hermeneutik

ana'kephalaiosis *gr., (lat. recapitulatio) summar. Wiederholung, Vollendung;* die durch Adams Fall abgebrochene Entwicklung bringt Gott in Christus zur Vollendung (Eph 1,10; Irenäus, 2. Jh.)

ana'klisis *gr., Zurücklehnung, Aufstützung;* → religionsphänomenologisch: Rückgriff auf einen (→ mystischen) Uranfang zur Bestimmung der eig. Gegenwart bzw. → eschatolog. Zukunft

An'akoluth *gr.,* gramm.: abgebrochene Satzkonstruktion

ana'lecta *gr., Aufgelesenes* aus Schriftstellern; Sammelwerk

analogia *gr., Entsprechung, vergleichbares Verhältnis* (→ Hermeneutik); **a. entis,** *Entsprechung des geschaffenen Seins* u. des Seins Gottes (Thomas v. Aquin † 1274); **a. fidei,** *Entspr. im Glauben;* Übereinstimmung einzelner Glaubensaussagen mit der Gesamtheit des chr. Glaubens (Röm 12,6); K. Barth († 1968): a. entis ist nur im Glauben erkennbar, da sie Gnade, nicht Besitz der Geschöpfe ist; **a. operationis,** Barth: *Entspr. des Wirkens* von Geschöpf u. Gott (auf der Souveränität Gottes beruhend): **a. proportionis,** *Entspr. im Verhältnis;* Barth: das Taufgeschehen entspricht geistlich dem Tod (Röm 6,3ff.) wie Gottes Wort Menschenwort, das Abendmahl dem Leben Jesu usw.; **a. relationis,** *Entspr. der* (Gottes)*beziehung;* Barth: Gottebenbildlichkeit hat nur Christus, aber der Mensch erfährt sie in Entspr. im Glauben; **ex analogia scripturae,** Grundsatz, alle Einzelaussagen der Schrift aus dem Gesamten zu verstehen; **Analogiezauber,** zielt durch eine nachahmende od. dem Wunschziel ähnl. Handlung auf eine Wirkung

Analyse *gr., Auflösung* eines Zusammenhangs in seine Bestandteile (→ Psychoanalyse); **analytische Methode** will einen Tatbestand durch Zergliederung erklären; dogmat. Methode des 17. Jh. (Calixt), die nach aristotelischer Logik vom Ziel (Finalursache) der Theologie (inneres Z.: Glaube; äuß. Z.: Seligkeit) ausgeht. Sie gliedert: de fine (vom Ende: ew. Seligkeit), de subjecto (v. Subjekt der Theologie: Mensch; v. Heilssubjekt: Gott), de mediis salutis (v. den Heilsmitteln: Christus, Sakramente); aber → synthetische Methode; **Analyt. Philosophie / Ethik,** angelsächs. Denkrichtung seit ca. 1900 mit starkem Einfluß auf die heutige angelsächs. Theologie: moralphilosoph. Grundphänomene werden sprachanalyt. hinterfragt, unabhängig von jeder prakt., normativen → Ethik; → metaethisch; **Analyt. → Psychologie; a. e Urteile, U. → a priori** (z. B. «die Kugel» ist rund: aber → synthetische U. wie «d. K. ist schwer»)

Anamnese *gr., Gedächtnis;* Schluß des großen → Eucharistischen Gebets (Gedenken der Heilstat Christi); orth.: mit der Bitte um den Hl. Geist; kath.: («Unde et memores», weil du gedenken sollst...) den Gedanken der → Opfer-Wiederholung enthaltend; ev.: (Gebrauch frei) mit der Bitte an Christus um Sammlung seiner → ökumenischen Gemeinde

Ananda Marga *sanskr., Weg zur / der Glückseligkeit;* neuhinduist. Reformbewegung

anạnke *gr., Zwang, Notwendigkeit*

anaphorạ *gr., Darbringung;* liturg.: altkirchl. Gebet, in dem Brot u. Kelch Gott dargebracht werden; gr.-orth.: Hauptteil der Messe, die Meßfeier überh.; rhetorische Wiederaufnahme des Anfangswortes in parallel gebauten Sätzen (z. B. Hebr 11,3–31); amtlicher Bericht

anạ'stasis *gr., Auferstehung*

anạthema, Plr. **anathẹmata** *gr., das Gottgeweihte,* aber auch *das der Gottheit zur Vernichtung Preisgegebene, Verfluchte* (vgl. Gal 1,8f.; 1 Kor 16,22), bes. in bezug auf Glaubensirrtümer; → damnamus, → Exkommunikation

anawi̱m, anijji̱m *hebr., die Gedrückten, Niedrigen, Demütigen;* Selbstbez. der treuen Frommen der spätatl. Zeit

ancilla Domini *lat., Magd des Herrn* (Maria Lk 1,38); **a. theologiae** *lat., Magd der Theologie;* mtl.: Philosophie gegenüber der durch den Offenbarungsgehalt übergeordneten Theologie

Andragogik gr., Erwachsenenbildung

Angelo'latri̱e *gr., Engelverehrung;* **Angelo'logie,** *Engellehre;* **Angelophanie,** *Engelserscheinung;* **Angelus-, Ave-, Vesperläuten** (morgens, mittags, abends), kath.: zur Verehrung der Menschwerdung Christi; **Angelus Domini,** *der Engel des Herrn,* Beginn eines kath. Gebetes zur Erinnerung an die Verkündung Mariae (→ annuntiatio); **angelus intẹrpres,** *Deuteengel* (Mk 16,5)

Anglikanische Kirche, Anglikanismus, Church of England (CE), **Established Church** (EC), engl. → Staatskirche mit autonomen Tochterkirchen in aller Welt, neben → Luthertum u. → Calvinismus die dritte Konfession reformator. Kirchentums; → Broad Church, → High Church, → Low Church, → Lambeth-Konferenzen

Anglokatholizismus → High Church

An'(h)omöer, radikale → Arianer (4. Jh.), nach deren Lehre Christus (als → Hypostase) dem Vater *unähnlich (gr. anhomoios)* ist; aber → Homöer

Anhypostasi̱e *gr.,* Daseinsweise (der menschlichen Natur Christi) *ohne* eigene (personhafte) *Wesenheit;* → Hypostase, → Enhypostasie

anijji̱m → anawim

anima Christi *lat., Seele Christi,* Beginn eines mtl. Christusgebetes; **a. naturaliter Christiana,** *die Seele ist von Natur christlich* (Tertullian, 2. Jh.); **Animatismus,** Gedanke der Allbeseelung, noch ohne Personifizierung; **Animismus,** Glaube, die ganze Natur sei von Geistern beseelt

animal rationale *lat., vernunftbegabtes Lebewesen,* der Mensch; **Animalismus,** Tierkult

Anknüpfung, Bezugnahme auf Verstehensbedingungen bei der → Verkündigung; von der → Dialekt. Theologie als theol. nicht vertretbar bestritten (Kontroverse K. Barth – E. Brunner)

Anna Selbdritt, seit dem SpätMA verbreitetes Andachtsbild m. Darstellung der Anna (Mutter Marias), der Maria u. des Jesuskindes

Annate *lat., Jahrgeld,* **servitia communia,** *allg. Dienstpflichten;* urspr. Abgabe des ersten Jahreseinkommens einer → Pfründe an d. → Kurie

anni cleri *lat.,* Frist für den Pfarrer od. seinen Nachfolger zur Abtragung einer für Pfarrbauten aufgenommenen Anleihe

annihilatio *lat., Nichtigkeitserklärung;* → Konversionstheorie, → Transsubstantiation

anniversarium (defunctorum) *lat., Jahrestag (der Toten);* kath.: mit Totenmesse begangener Jahrestag des Todes oder Begräbnisses von Familien- oder Gemeindegliedern, auch der Erhebung eines Bischofs od. Papstes; Heiligengedenktag; Jahresgedächtnis der Kirchweihe

annuntiatio *lat., Mariä «Verkündigung»,* Botschaft der Menschwerdung des Gottessohnes (Lk 1,26–38); **Annunziaten,** verschiedene → Orden u. ä. «von der Verkündigung Mariä»

annus *lat., Jahr;* **anno Domini** (AD), *im Jahr des Herrn* (d. h. n. Chr.); **anno mundi,** *im Jahr der Welt* (d. h. seit der Schöpfung; → Ära); **anno salutis,** *im Jahr des Heils* (d. h. n. Chr.); **annus discretionis,** *Jahr des Unterscheidungsvermögens,* Alter für die kirchl. Rechtsfähigkeit (Beichte, Kommunion, Konfirmation, Patenamt)

an'oignesis *gr., Eröffnung;* ostkirchl.: Kirchweihfest

An'omöer → Anhomöer

Anonymer Christ, Wortprägung K. Rahners für die kath. Lehre (bes. nach d. → Vatikanum II), daß ein Mensch sein Heil finden kann, ohne soziolog. zur Kirche zu gehören

ante Christum natum *lat., vor Christi Geburt*

Antelapsarier → Supralapsarismus

antependium *lat., Vorhang;* Schmuck der Stirnseite des («**Frontale**»: ganzen) Altars aus Stoff, Holz oder Metall; auch Behang von Kanzel u. Lesepult; aber → Paramente

Anthem *altengl.,* ein nicht-liturg. Gesangswerk auf bibl. Text

anthologium *gr., lat. florilegium, Blütenlese;* gr.-orth.: Liturgiebuch; profan: Textsammlung

anthropos *gr., Mensch;* **Anthropogonie** (→ Mythos über) *die Entstehung der Menschheit;* **Anthropologie,** *Lehre vom Menschen;* theol.: vgl. → imago dei; **anthropomorph,** *menschengestaltig,* menschenähnlich; **Anthropomorphismus,** Übertragung menschlicher Merkmale auf Gott oder Götter; **anthroponom,** *nach Maß des Menschen;* **Anthropopathismus,** Übertragung menschlicher Gemütsbewegungen auf Gott; **Anthroposophie,** *Menschenweisheit;* von Rud. Steiner (1861–1925) aus der ind. Philosophie entwickelte Lehre, die vergessene geistige Verbindungen zu höheren Welten wiederherstellen u. zu neugestaltetem Leben hinführen will (→ Christengemeinschaft); **Anthropotheismus,** die Ausgestaltung des Gottesbildes nach menschlichen Idealen (Theorie L. Feuerbachs); **anthropozentrisch,** *den Menschen in den Mittelpunkt stellend* (Ggs. → theozentrisch)

Antichrist *gr., Gegen → messias;* der dem Weltende u. der Wiederkunft Christi vorausgehende große Christusfeind (1 Joh 2,18)

Anti'doron *gr., Gegengabe;* altchr.: nicht → konsekriertes Abendmahlsbrot, das am Schluß der Messe (urspr. nur an Nichtkommunikanten) verteilt wird; → Eulogie

Antijudaismus, rel. motivierte Judenfeindschaft, bes. d. christl.-ideolog. Judenfeindschaft in der → Alten Kirche, Spielart bzw. Vorläufer des → Antisemitismus

anti'legomena *gr., widersprochene;* altkirchl.: Schriften, deren Aufnahme in den Kanon man z. T. ablehnte, Ggs. → homologumena; **Antilogie** *gr., Widerspruch*

anti'mensium *lat. mensa, Tisch;* gr.-orth.: das dem → Corporale entsprechende geweihte Tuch mit eingenähten → Reliquien auf d. Altar

Antimodernisteneid, seit 1910 allen kath. Priestern auferlegte eidliche Zustimmung zu allen päpstl. Verfügungen geg. den → Modernismus; 1967 abgeschafft

Antinomie *gr., Gegensätzlichkeit, Gesetzeswiderstreit;* **Antinomismus,** Bestreitung der Verbindlichkeit des (alt.) → Gesetzes aufgrund eines anderen religiösen Prinzips (Gnade, Geist, Freiheit); grundsätzliche Ablehnung eines sittl. Gesetzes (→ Libertinismus); Ablehnung jeder Gesetzespredigt (**«Antinomer»** oder **«Antinomisten»,** Gegner Luthers)

Antiochener, Antiochenische Schule, stand in der Tradition des → Aristotelismus u. bildete eine zur → Alexandrinischen Schule im Gegensatz stehende Methode der → Exegese (→ Hermeneutik) aus, die unter Vermeidung von → Spekulationen den Wortsinn erfassen wollte; die **«ältere» A.** (um Lucian d. Märtyrer †312 u. a.) bereitete dem → Arianismus, die **«jüngere»** (um Diodor v. Tarsus †394 u. a.) den → Nestorianern den Weg

Antipascha *gr., Nach- → Passa,* ostk.: Sonntag nach Ostern

Antiphon *gr., Gegenstimme, Wechselgesang;* den Psalmen vorangestellter, am Schluß wiederholter Rahmen- oder Leitvers; **Antiphonale,** liturg. Buch mit den Gesängen für die → hora; **Antiphonar(ium),** liturg. Buch mit Chorgesängen für Messe u. Stundengebet; **Antiphonie,** wechselchöriges Singen

Antirassismus, Prinzipien und Aktionen *gegen → rassistische* Unterdrückung; kirchlich → ökumenisch: **A.-Programm**

Antisemitismus, durch die mtl.-neuzeitl., urspr. (pseudo-)rel. motivierte Judenfeindschaft vorbereitete, gegen das Judentum als (angebl. minderwertige) Rasse gerichtete Einstellung; führte im dt. Faschismus zur Verfolgung und Vernichtung von 6 Mill. Juden; **antisemitisch;** → Rassismus

Antistes *gr., Vorsteher, Aufseher,* kath.: Ehrentitel kirchl. Würdenträger; Schweiz: Oberpfarrer (oberster Stadtgeistlicher)

Antithese *gr., Gegenthese;* **antithe-**

tisch; → Dialektik; **Antithesen der Bergpredigt:** Mt 5,21–48

Antitrinitarier, Gegner der Dreieinigkeitslehre (→ Sozinianer)

Antitypus *gr., Gegenbild* (z. B. Adam-Christus: Röm 5,12 ff.; 1 Kor 15,22)

Antizipation *lat., Vorwegnahme* von → Matutin u. → Laudes am Nachmittag des Vortages; Erteilung einer Anwartschaft auf eine noch nicht → erledigte → Pfründe; → Expektanz

Antlaß, *Entlassung;* → Ablaß

Antoniuskreuz → crux commissa

Ant'onomasie *(gr. onoma, Name), Tauschbenennung;* Setzen eines Eigenschaftswortes o. ä. für einen Eigennahmen (der Aquinate f. Thomas v. Aquino) od. eines Eigennamens für einen Gattungsbegriff (Cicero f. Redner)

Antwortpsalm, Psalmvers(e) nach der ersten Lesung im Gottesdienst, auf diese inhaltl. bezogen; → Graduale

anulus *lat.,* Bischofs-, Ab*tring;* **a. piscatoris,** *Fischerring;* Siegelring des Papstes

Anu, babylon. Himmelsgott sumerischer Herkunft, bildet zusammen mit → Enlil und → Ea eine Dreiheit

A-O → Alpha

ap'agogischer *gr., wegführender* (indirekter) Beweis für die Richtigkeit einer Behauptung aus der Unrichtigkeit des Gegenteils

Apartheid *afrikaans, Trennung;* Bez. für die in Südafrika betriebene Politik der Rassentrennung mit Diskriminierung der schwarzen Bevölkerung; → Rassismus

Apeiron *gr., das Unendliche,* Bez. für den Weltstoff, dem Merkmale der → arche (wie Unentstandenheit, Unvergänglichkeit, Unerschöpflichkeit u. Unzerstörbarkeit) wesenseigen sein sollen (nach Anaximander, † 547 v. Chr.)

Apersonalismus *lat.,* buddhist.: die menschl. Person ist nur eine trügerische → Individuation einer universalen, unpersönlichen Wesenheit

apertio aurium *lat.,* kath.: symbol. *Öffnung der Ohren,* durch Salböl in der Taufe (Mk 7,33 f.), die → traditio symboli; → effata

apex mentis → scintilla animae

Aphtharto'doketen *(gr. aphthartos, unvergänglich, leidensunfähig; dokein, meinen),* Richtung des → Monophysitismus (6. Jh.), die den Leib Christi menschlichen Bedürfnissen nicht unterworfen glaubte, ebenso → Julianismus; **Aphthartolatren,** *die den Leidensunfähigen Verehrenden;* → Phthartolatren

apodeipnon → completorium

apodiktisch *gr.-lat., unwiderleglich,* logisch notwendig; → assertorisch, → hypothetisch, → kategorisch

Apokalypse (Apc., Apk., Offb.) *gr., Offenbarung;* von den zahlreichen, in den ersten Jh. en n. Chr. verfaßten A. n (z. B. Petrus-A.) wurde nur die Joh.-A. in den → Kanon des NT aufgenommen. Der Verfasser einer A. **(Apokalyptiker),** meist anonym bleibend, glaubt die Geheimnisse des von ihm geschilderten Weltendes aus bes. Offenbarung zu kennen; **Apokalyptik,** Einstellung auf Weltende u. Jenseits (bes. im → Spätjudentum); die Gattung apok. Schriften

apokatastasis (pantōn) *gr., vollkommene Wiederherstellung* der Schöpfung am Weltende zur ewigen Seligkeit (aller)

Apokrisiar *gr., der einen Bescheid gibt, Schiedsmann;* ält. Titel päpstl. Legaten u. bischöfl. Gesandter, auch Gesandter eines Klosters

apokryph *gr., verborgen;* **Apokryphen**, in der alten Kirche nicht öffentl. benutzte Schriften; heute: nicht kanonisches (→ Kanon) bibelnahes Schrifttum (Abgrenzung der A. zum AT konfessionell unterschiedlich); → deuterokanonisch, → Pseudepigraphen → Spätschriften des AT; **A. streit,** aufgrund der (begrenzt) positiven Wertung der atl. Apokryphen durch Luther entstandener Streit über deren Gebrauch innerhalb der reformator. Kirchen Europas, auf der → Dordrechter Synode 1618 beigelegt

Apollinaristen → Synusiasten

apollinisch, nach Apollo, dem gr. Gott des Lichts, der nach Maß, Ordnung u. Harmonie strebende Geist des Griechentums; Ggs. → dionysisch (nach Schelling † 1854)

Apologeten *gr., Verteidiger;* im 2. u. 3. Jh. auftretende Verfasser von Schriften, in denen das Christentum geg. Verleumdungen verteidigt u. durch Aufnahme philos. Denkformen der heidn. Umwelt nahegebracht werden sollte (z. B. Justin, Tertullian); **Apologetik,** theol. *Verteidigung* der christl. Wahrheit (→ Immanenzapologetik); **Apologie** [Melanchthons] *Verteidigungsschrift* (der → Confessio Augustana) gg. die → Confutatio

apo'lysis *gr., Entlassungsgebet* im gr.-orth. Gottesdienst

apo'lytikion *gr., Entlassungslied* im orth. Gottesdienst, Hauptlied

apo'lytrosis *gr., Erlösung*

apophantisch *gr., enthüllende Redeweise*

apophatische Theologie (v. *gr. apophatizo*) *verneinende* Th. des Dionysius → Areopagita, die von der Vielzahl der geschaffenen Dinge durch Verneinung [keines ist das Letzte] zu Gott als Vollkommenheit emporsteigt; → Kataphatische Theologie

apo'phthegma *gr.,* (weiser, sinnvoller) *Ausspruch;* bei den → Synoptikern häufig (z. B. Lk 14,1 ff.) ein → Logion mit → sekundärem → Rahmen (Bultmann); **Apophthegmata patrum,** Selbstzeugnisse des frühen ägypt. Eremitentums

apopompe *gr., Fortsendung;* Gebet um Abwendung eines Übels; → epipompe

Aporie *gr., Ratlosigkeit*

Apo'siopese, *gr., Verschweigen;* rhetorischer Abbruch eines Satzes, den der Hörer sich ergänzen mag; Sonderform der → Ellipse (Joh 6,62; Apg 23,9)

Apo'stasie *gr., Abfall;* **Apostat,** *Abtrünniger*

Apostel *gr., Gesandter;* Jünger Jesu; Bez. für die vom auferstandenen Christus zur → Verkündigung des → Evangeliums berufenen (Lk: Augen-)Zeugen; **A. brüder:** Wollten das arme Leben der A. nachahmen (gegr. 1260); Selbstbez. der → Neuapostol. Gemeinde; **A. dekret,** urspr. nicht zum → A. konzil gehöriger Beschluß, der den → Heidenchristen Reinheitsvorschriften auferlegt (Enthaltung von Götzenopferfleisch, Blutgenuß, Genuß erstickter Tiere, Unzucht; → Noachitische Gebote); **Apostelgemeinden,** Sammelbez. für Gemeinden mit wieder eingef. Apostelamt: Kath.-apostol. Gemeinden (Freikirche im 19. Jh.); → Neuapostol. Gemeinde; Apostelgemeinde (Abspaltung von der letzten); **A. konvent** = **Apostelkonzil** (48/49); *Zusammenkunft* von Paulus u. Barnabas mit den Vertretern der Jerusalemer Gemeinde zur Beratung über die Heidenmission (Apg 15; Gal 2); **Apostellehre** → Didache

Apostolat, Sendungs- u. Zeugenamt der Apostel, auch Jesu; **Apostoliker,** Gruppe (4. Jh.), die Ehe u. Privateigentum verwarf; **Apostolikum,** fälschlich auf die Apostel Jesu zurückgeführtes sog. «Apostolisches Glaubensbekenntnis» (belegt seit d. 5. Jh.), beginnt mit «**Credo**...» = *«Ich glaube...»*, Fortbildung eines altröm. Taufbekenntnisses, im Westen als ältestes Bekenntnis in Gebrauch, → ökumenisches Symbol; **Apostolikumsstreit,** 1892 durch Ad. Harnack ausgelöste Auseinandersetzung um die Bedeutung der Aussagen des Apostolikums für die Gegenwart; **apostolisch,** von den A. n. Jesu stammend, ihnen zugehörig; **a. e Delegatur,** päpstl. *Gesandtschaft;* **Apostolische Gemeinde** → Neuapostolische Gem.; **A. e Kammer,** Amt der röm. → Kurie, zuständig f. Wirtschaftsangelegenheiten; **A.e Kanzlei,** Amt der röm. → Kurie, zuständig f. d. Verfertigung u. Expedition sämtl. päpstl. Schreiben; **A. e Konstitutionen,** umfangreichste rechtl.-liturg. → Kirchenordnung der Alten → Kirche, gibt sich als Werk der Apostel aus, ist aber die Sammlung eines wohl → arianischen Verfassers aus Syrien (um 380); **A. er Administrator** → administrator apostolicus; **a. er Gruß,** «die Gnade unseres Herrn Jesu Christi...» (2 Kor 13,13); **A. er Stuhl (= Sancta Sedes),** höchste kath. Behörde (Papst, → Kardinalskollegium, Verwaltungsämter, Gerichte), → Kurie; **A. e Signatur,** als Tribunal (Gerichtshof) d. röm. → Kurie höchste Berufungsinstanz der kath. Kirche; **A.e → Sukzession; A. e Väter,** Kirchenschriftsteller d. 2. Jh. aus d. nachapostol. Generation (insofern ist d. Bezeichnung irreführend): Barnabas, Clemens, Diognet, Hermas, Ignatius, Papias, Polykarp, → Didache; **Apostolizität,** Wesenseinheit gegenwärtiger Kirchen mit den Gemeinden der → Apostel

a posteriori *lat., vom späteren;* scholast.: aus Wirkungen stammende Erkenntnisse; Ggs. → a priori

Apotaktiten *gr.,* nicht fest abzugrenzende, vornehmlich aus Laien bestehende Asketengruppe des 4. Jh. (Kleinasien)

Apotheose *gr., Vergottung* von Heroen oder hervorragenden Menschen (röm. Kaiser)

apo'tropäisch *gr.,* zauberisch *abwehrkräftig*

Apparat, Anmerkungen, Belegstellen u. a. in wiss. Büchern, meist unter der Seite; → **textkritischer A.,** führt in Quellenschriften (die wichtigen) Abweichungen anderer Fassungen des gegebenen Textes an

Appellation *lat., Anrufung* einer höh. Instanz; A. an ein allgemeines Konzil, das Recht, gegen eine päpstl. Entscheidung ein allg. → Konzil anzurufen (so 2. → gallikanischer Artikel, verworfen vom 1. → Vaticanum 1870)

applicatio *lat., Zu-, Anwendung* (→ Hermeneutik); kath.: Darbringung des Meßopfers für einen bestimmten Zweck [z. B. der Gemeinde]; **a. materiae,** *das Heranbringen* der Sakramentsmaterie (Öl, Wasser usw.) zum Empfänger; **Applikationspflicht,** Pflicht des kath. Priesters, die Messe an Sonn- u. Feiertagen für seine Gemeinde darzubringen

Apport *lat.*, im → Spiritismus: *Herbeibringen* von Gegenständen, → Telekinese

Approbation *lat.*, *Billigung;* Bestätigung eines Priesters durch den Bischof, eines → Konzils oder eines → Ordens durch den Papst, eines Beschlusses durch die zuständige Instanz

Appropriation *lat.*, *Zueignung;* scholast.: gemeinsame → Attribute u. Handlungen der 3 Personen der → Trinität können einer einzelnen zugeeignet werden

a priori *lat.*, *vom früheren;* scholast.: aus den Ursachen stammende Erkenntnisse; Kant: unabhängig von Erfahrung allgemeingültige, notwendige Erkenntnisse, Ggs. → a posteriori; **Apriorismus,** Theorie, gewisse Erkenntnisse seien a priori gegeben

Ạpsis (v. *gr. haptein, anfügen*), **exẹdra** *gr.*, *Abseitiges;* Apsis, die der → Basilika angefügte Rundung nach Osten; **Abside,** Raum für die → cathedra des Bischofs u. den → Altar

Ạpsu, babylon.: Urflut als → mythisches Wesen neben → Tiamat, hbr. Tehom, Luther: «Tiefe» (1 Mose 1,2), Sitz der → Mummu

aquamanịle *lat.*, *Schüssel, Gießgefäß zum Händewaschen* des Priesters bei der Messe im MA, oft in Form von Fabeltieren

Aquạrier *lat.*, *gr.* **Hydroparastạten,** *Wasserträger; altchr. Sekten, die Abendmahlswein durch Wasser ersetzten, z. B. → Ebjoniten, → Enkratiten, → Manichäer, → Marcioniten*

Aquinate, der Thomas von Aquino († 1274); → Thomismus

Aramaịsmen, Einwirkungen der aramäischen Sprache (auf das ntl. Gr. oder das atl. Hbr.)

Arbeitsgemeinschaft christlicher Kirchen, ACK innerdt., → ökumen. Zusammenschluß der → EKD, der → Freikirchen u. der → Altkath. Kirche, gegr. 1948; seit 1973 sind auch d. kath. u. d. gr.-orth. Kirche Vollmitglieder

arbịtrium *lat.*, *Urteil, Entscheidung, Wahl(freiheit);* → liberum a., → servum a.; **arbitrium liberatum,** *befreiter Wille*

archạrios *gr.*, *Anfänger;* → Novize im östl. Mönchtum

archẹ *gr.*, *Anfang, Urgrund, Prinzip*

Ạrche (Noahs), *lat. arca, Kasten;* → Sintflut

Archetyp *gr.*, *Urform, Urbild;* **Archetypenlehre,** in d. Analyt. → Psychologie C. G. Jungs Lehre von den → myth. Urbildern der Seele im kollektiven Unbewußten

Archidiakon(us), *gr.*, *Erzdiakon;* urspr. an kath. bischöfl. Kirchen den → Diakonen u. dem niederen → Klerus vorstehend u. mit Verwaltungsaufgaben betraut; heute nur noch Ehrentitel

archijerẹj *russ.*, v. *gr. archiereus, Erzpriester;* russ.-orth. → Metropoliten u. → Erzbischöfe

Archimandrịt *gr.-orth.:* → Abt eines od. mehrerer Klöster; auch Ehrentitel

Archiprẹsbyter *gr.*, *Erzpriester;* Stellvertreter des Bischofs; der erste Priester im → Domkapitel

Archisynagǫg, *gr.*, *Synagogenvorsteher,* für d. Gottesdienst u. seine äußere Ordnung verantwortlich

Archǫn(t) Plr. **Archonten** *gr.*, *Beamter;* AT: Hofstaat Gottes oder (vermittelnde) Wesen zwischen Gott u. Menschen; NT: Herr(en) dieses → Äons, die über Sünder den Tod verhängen (nicht über Sündlose: Joh 14,30), aber den Heilsplan Gottes nicht kennen (1 Kor 2,6.8);

→ Gnosis: Kosmische, personifizierte Urmächte, planetarische → Dämonen; im antiken Athen wurden die höchsten Staatsbeamten als A. en bez., wobei seit 683 v. Chr. der **A. Basileus** als *«König»* nur im → sakralen Bereich (bes. bei der Leitung des Kultes), der **A. Eponymos** als Leiter des A. enkollegiums (weshalb das Jahr der Amtsführung seinen Namen trug), der **A. Polemarchos** als *Heerführer* Macht ausübten; → Thesmotheten

Areopag *gr., Areshügel* gegenüber der Akropolis in Athen; dort tagendes höchstes Gericht; **areopagitisch,** den Anschauungen des Dionysius **Areopagita** (um 500) entspr., der → Neuplatonismus u. Christentum zu einer chr. → Mystik verschmelzen wollte (→ apophat., → kataphat. Theologie); **A. rede,** Paulus-Rede über den → agnostos theos Apg 17

Argument *lat., Beweisgrund;* Vorwort über Verfasser, Eigenart u. Entstehung bibl. Bücher in lat. Bibelhandschriften; **argumentum e silentio,** indirekter *Beweis,* der sich *aus dem Verschweigen* einer Sache ergibt

Arianismus, Lehre des Arius († 336), der die Wesensgleichheit (→ usia) Christi mit dem Vater im Interesse der Würde Gottes als des allein Ewigen u. Ungezeugten bestritt; **Arianer,** Anhänger des Arianismus

Aristeasbrief, jüd. → apokalypt. Schrift (ca. 130), schildert die wunderbare Entstehung der → Septuaginta

Aristotelismus, aristotelisch, philos. Richtung im Anschluß an Aristoteles († 322 v. Chr.), → teleolog. Denken in der → Relation von → forma u. → materia (→ Entelechie), geg. → Platonismus (→ Ideenlehre) das Wesen *in* den Dingen (→ Universalien) suchend; seit der → Antike (→ Peripatetiker) war die a. e → Logik, im MA (→ Scholastik) auch die a. e → Metaphysik (kosmolog. → Gottesbeweis) u. → Ethik einflußreich, bes. letztere wurde von Luther scharf bekämpft (→ Tugend)

Arkan'disziplin *lat., Pflicht zur Geheimhaltung* (von Kultfeiern; im 4. u. 5. Jh. in der Kirche)

arkosolium *lat.,* mit einem *Bogen* überwölbtes Wandgrab in den → Katakomben

arma Christi *lat., Waffen Christi,* in d. → Ikonographie die Werkzeuge d. → Passion Christi

Armaggedon → Harmaggedon

armarium *lat., Schrank* zur Aufbewahrung der → Eucharistie

Armenbibel → Biblia pauperum

Arminianer, Anhänger des Jak. Arminius in Leyden († 1609), der die → Prädestinationslehre Calvins bestritt; die A. bildeten 1630 in den Niederlanden eine eigene ref. Kirche; → Infralapsarianer, → Remonstranten, → Dordrechter Synode

armutia → almutia

Arnoldshainer Abendmahlsthesen, (1957) → Konsensus-Ergebnis eines → EKD-offiziellen Lehrgesprächs über d. → luth. u. → ref. Abendmahlsverständnis; **A. Konferenz** (AKf), Zusammenschluß von Mitgliedern d. Kirchenleitungen von 12 überwiegend → unierten u. → ref. Gliedkirchen innerhalb der → EKD

ars antiqua *lat., alte Kunst,* Musik des späten 13. Jh. (→ Motette, Notre-Dame-Epoche); **a. moriendi,** spätmtl. Buch über die *Kunst zu sterben*

artes (septem) liberales *lat., die 7 freien Künste,* die – nach antikem Urteil – allein des freien Mannes würdig waren; → Artistenfakultät, → Quadrivium, → Trivium

articuli fidei fundamentales *lat., Fundamentalartikel,* deren Kenntnis für die Seligkeit erforderlich ist u. über die es nicht verschiedene Ansichten geben darf; **a. f. mixti,** *gemischte Glaubensartikel,* die man teils aus natürlicher Gotteserkenntnis, teils aus Offenbarung erkennt; **a. f. puri,** *Artikel des reinen Glaubens,* die man nur durch Offenbarung erkennen kann; **a. secundarii,** *zweitrangige Glaubensartikel;* **articulus stantis et cadentis ecclesiae,** *der Glaubensartikel, mit dem die Kirche steht u. fällt* (ev. z. B.: Rechtfertigung des Sünders allein aus Gnaden bzw. aus Glauben; kath. z. B. → Primat iure divino des Papstes)

Artistenfakultät, unterste der vier Fakultäten an mtl. → Universitäten für die → artes liberales

Artoklasie *gr., Brotbrechen*

Artolatrie *gr., göttliche Verehrung des Brotes* (ref. Vorwurf geg. luth. Abendmahlslehre, → Spendeformel)

artophorion *gr., Brotbehälter;* ostk.: für die → Eucharistie (zu Krankenkommunionen)

Arvalen *lat. arvum, Saatfeld,* die röm. Priester der Saatgottheiten; → Ambarvalien

arya, *arisch;* Bez. für indogerman. Stämme in Iran und Nordindien; → Brahmanismus: Adel und Kastenreinheit; → Buddhismus: «heilig», **Arya-Samadsch** *ind., Gemeinde der Arier,* 1875 als Gegenstück zum → Brahma-Samadsch auf der Grundlage der → Veden gegr. Gemeinschaft, die die Reinheit der einheimischen rel. u. ethnischen Kultur wiederherstellen will

As → Heller

Asasel, Wüstendämon, zu dem nach 3 Mose 16,8 der → Sündenopferbock am jüd. → Versöhnungstag hinausgeschickt wurde

ascensio (Domini) *lat.,* → *Himmelfahrt (des Herrn)*

ascham *hbr., Schuldopfer*

aschera *hbr., heiliger Pfahl,* bes. in der kanaanäischen Religion, häufig Ausstattung der Höhenheiligtümer, Sinnbild der schaffenden (weiblichen) Naturkraft, als Göttin verehrt

Aschermittwoch, erster Tag der → Fastenzeit, Bez. nach dem alten Brauch, als Zeichen der Bußgesinnung Asche aufs Haupt zu streuen

aschkenasim *hbr.,* nach jüd. Deutung von 1 Mose 10,3 die Deutschen; sonst: die Juden Osteuropas (bes. deutsche u. polnische); Ggs. → Sephardim

Asebie *gr., Gottlosigkeit, Frevel;* aber → Atheismus

Ase'ität *lat. a se, aus sich,* das von anderm unabhängige, *aus sich selbst seiende* Dasein (Gottes)

Asen, das lichte, himmlische Göttergeschlecht (Kriegsgötter Thor, Odin u. a.) der nord. Religion, den → Vanen gegenüberstehend

Asgard, Wohnsitz der german. Götter; → Mitgard, → Utgard

asha *pers., Recht;* die gute, feste Ordnung im Weltall

Ashram, urspr. Einsiedelei von ind. Weisen, die Schüler um sich sammelten, heute ähnl. christl. Versuche, v. a. in Indien; → Retraite

Asia, seit 133 röm. Provinz im westl. Kleinasien (Mysien, Lydien, Karien, Phrygien); **Asiarch,** Titel der Abgeordneten des in Ephesus zusammentretenden Landtages der Provinz A.

Asidäer → Chasidäer

asinarii *lat., Eselsanbeter;* Spottname für Juden, dann für Christen

Askese, Aszese *gr., Übung* des Wettkämpfers; geistige Selbstschulung des Philosophen; *Entsagung;* kath.: fromme Lebensführung, meist im Sinne einer rel. *Übung* zu körperl. u. geistiger Selbstüberwindung; **Asket, asketisch; Asketismus,** Askese als Lebensprinzip; **Aszetik,** Lehre von der Askese, kath.: Morallehre

Asmodi → Aêshma Daêva

a'somatisch *gr., unkörperlich*

Aspergill *(lat. aspergo, hinsprengen),* Weihwedel; **aspersio,** *Besprengung* mit Weihwasser; **aspersorium,** Weihwasserbecken

Assassinen *arab. Mörder;* 1090 gegr., geg. die Vertreter der herrschenden Klasse gerichteter, polit.-rel. Geheimorden der → Ismailiten, bes. gefürchtet wegen vielfach verübter Meuchelmorde

Assembleias de Deus no Brasil *portug., Gottesversammlungen in Brasilien,* größte lateinamerikan. → Pfingstkirche im heutigen Hauptland der Pfingstbewegung; **Assembly of God** *engl., Versammlung Gottes,* Gemeinde der Pfingstbewegung

assertio *spätlat., ausdrückl. Erklärung,* Behauptung; **assertorisch,** *zusichernd, mit Sicherheit sagbar* (→ apodiktisch, → hypothetisch, → kategorisch); **a. er Eid,** nachfolgender Eid (aber → promissorischer Eid)

Assistent *lat.,* kirchl.: bei einer Amtshandlung *helfender* Geistlicher; im → Ordensrecht Beiräte der Oberen; **Assistenz,** die Beteiligung des kath. Pfarrers bei der Eheschließung zur Entgegennahme des → Ehekonsenses

Assoziation *lat.,* (kath.) weltl. *Vereinigung* ohne Gelübde (→ Tertiarier, Bruderschaften, Vereine, Genossenschaften); **Ideen-A.,** ungewollt eintretende Gedankenverbindung

assumptio *lat., Aufnahme,* Himmelfahrt; **a. B. M. V.** (Beatae Mariae Virginis), leibliche *Aufnahme der seligen Jungfrau Maria* in den Himmel, kath. → Dogma, durch Pius XII. am 1. Nov. 1950 kraft päpstl. → Unfehlbarkeit definiert; **Assumptionisten,** 1845 gestiftete → Augustinerkongregation von der Himmelfahrt Mariae; **Assumptus-Homo-Theologie,** *Theol. des in den Himmel aufgenommenen Menschen,* neue kath. → Christologie, die die → Inkarnation als Erhöhung eines Menschen auffaßt (geg. Thomas v. Aquin: Herabsteigung Gottes), der sich vom «Sohn Gottes», trotz der Einheit der Person in Christus, unterscheiden lasse; → Adoptianismus, → Christologie

Asteriskus *gr., Sternchen;* gebogenes Kreuz mit Stern im gr.-orth. Gottesdienst, das die schützende Dekke über dem geweihten Brot trägt; hochgestellter Stern in Psalmendrucken zur Trennung der beiden Halbverse beim → Psalmodieren

Astralleib, in der → Anthroposophie der den → Ätherleib überragende Träger des Empfindungsleibes (Seelenleib); **Astralreligion,** *Gestirnreligion*

Astrologie *gr., Sternkunde,* Sterndeuterei, Glaube an den Einfluß d. Gestirne auf das menschl. Schicksal u. dessen Ausdeutung u. Prophezeiung

Astronomie *gr.,* Gesetzlichkeit d. Gestirne, wiss. Sternkunde

Asyl *gr., unverletzlich,* Freistätte (heilige Stätten); **A. recht,** sichert vor Verfolgung

Aszetik → Askese

A'taraxie *gr.,* [→ stoisches Ideal der] *Unerschütterlichkeit,* Seelenruhe

Athanasianum, aus dem 6. Jh. (?) stammendes, im MA auf Athanasius († 373) zurückgeführtes (→ ökumenisches) → Symbol in 40 Sätzen über die → Trinitäts- u. → Zweinaturenlehre, beginnt mit «Quicunque . . .»

Athanasie *gr., Unsterblichkeit*

Atharvaveda *ind. Zauberformeln, vierter, jüngster Teil der → Veden*

Atheismus *gr.,* theoret. oder prakt. *Gottesleugnung;* → **buddhistischer A.,** → Hinayana: die Götter seien weder Weltschöpfer noch Welterlöser, sondern nur höhere Wesen, die wie Menschen dem → Samsara- u. dem → Karman-Gesetz unterliegen; **A. streit,** 1798/99: ausgelöst durch den geg. Fichte gerichteten Vorwurf des Atheismus

a'thetieren *gr., als ungültig anzeichnen;* **Athetẹse,** *Ungültigerklärung* einer Textstelle

Athos, jahrhundertealter Klosterbezirk orth. Mönche auf d. gr. Halbinsel Chalkidike, gen. heiliger Berg

Atman *ind., Atem;* das passive, unbewußte Selbst des Menschen, das den Tod überdauert (→ Re'inkarnation); seine Identifizierung mit dem → Brahman ist die Grundlage der brahmanischen Religion

atricum → pronaos

atrium *lat., Hauptraum* im röm. Haus; *mlat.:* Säulen*vorhalle* der altchr. → Basilika (vestibulum), Raum für → Katechumenatsakte u. Büßende

Attribut *lat., Kennzeichen;* philos.: wesentliche, bleibende Eigenschaft, aber → Akzidens; **attributa quiescentia,** *ruhende* E. (Ggs. → operativ); **A. e der Heiligen,** typische, theol. motivierte Beigaben der Heiligen in der Kunst (z. B. Schlüssel beim Apostel Petrus)

attritio *mlat., Zerknirschung,* scholast.: nur aus Furcht vor Strafe oder Hoffnung auf Belohnung erwachsene Reue («Galgenreue»; aber → contritio); **a. servilis,** *knechtische,* unvollkommene Reue; **a. serviliter servilis,** unsittliche Reue; **Attritionismus,** kath. Lehre, die → attritio genüge für die → Absolution (Ggs. → Kontritionismus)

auctoritas, Autorität, *lat. Ansehen, Würde;* als überpersönlich den → Glauben bindende Größen gelten für → Konfessionen u. theol. Richtungen unterschiedlich Bibel (Luther: sofern sie Christus bezeugt), Lehre (→ Dogma), Schriften hohen Alters, → Kirchenväter, → Symbole, → Papst, → Kirche, bestimmte Theologen [z. B. Thomas v. Aquin, Luther]

Auctuarium, gemildertes → Interim (1548 in Ansbach)

Audianer, → gnostisch- → dualistische Sekte des 4. u. 5. Jh. im Orient, gegr. von Audios

audiẹntes *lat., die Hörenden;* unterste der drei Bußstufen in der alten Kirche (Hören v. Schriftlesung u. Predigt an bes. Ort); → akroomenoi

Audition *lat., Hörerlebnis,* (→ Vision); **auditiv; auditores,** *Hörer,* untere Stufe der → Manichäer (vgl. → electi); Untersuchungsrichter beim geistl. → Diözesangericht; Richter an der röm. → Rota Romana

aufer a nobis *lat., Nimm von uns* (unsere Sünden...), früher Bittgebet zu Beginn des (kath.) Gottesdienstes

Auferstehung Christi, zentrale Aussage des urchristl. → Kerygmas (Apg 1,22; 2,24.32 u. ö.; 1 Kor 15), grundlegend für die Entstehung der christl. → Kirche (→ Pfingsten), als hist. Ereignis umstritten (→ Heilstatsachen); **A. des Fleisches, des Leibes, der Toten,** schon im AT bezeugte, zentrale ntl. Aussage, von Paulus theol. entfaltet in Modifizierung d. hellenist. Leibverständnisses (Leib = Grab oder Gefängnis der Seele)

Aufklärung, beherrschende Geistesrichtung d. 18. Jh., die auf die Vernünftigkeit von Welt u. Mensch letztes Vertrauen setzte u. die Veredelung der Menschheit erstrebte; → natürliche Religion

Augsburger Interim → Interim; **Augsburger Religionsfriede** (1555) → cuius regio, eius religio; **Augsburgisches Bekenntnis** → Confessio Augustana

Augustana, → Confessio Augustana

Augustiner, verschiedene auf der → A. regel fußende Orden: **A.-Chorherren** (OSA), Ordo Sancti Augustini, seit 1059 zu einem regulierten Leben, später zu einem → Orden zusammengeschlossene Stifts- u. Kathedral → kanoniker; **A.-Chorfrauen,** seit 817; **A.-Eremiten** (OESA), Ordo Eremitarum Sancti Augustini (beschuht u. unbeschuht, → Kalzeaten), im 13. Jh. gegr. Priesterorden; **A.-regel,** auf Augustinus († 430) zurückgehend: geregelter Tageslauf, Gottes- u. Nächstenliebe; → Assumptionisten; **Augustinismus, augustinisch,** theol. Richtungen in der kath. Kirche (z. T. auch Luther; → Jansenismus), die Augustins († 430) anti-→ pelagianische Gnadenlehre (u. a. → gratia irresistibilis) vertraten, den → neuplatonischen Stufenweg des Erkennens lehrten u. die geistl-weltl. Autorität der Kirche betonten; im MA Ggs. zur → aristotel. → Scholastik

Aula *gr.,* (Versammlungs-, Empfangs-)*saal,* Mittelschiff der altchristl. Kirche

Aura → Aureole

Aureole *lat., goldfarbig,* Heiligenschein, → Nimbus; → Mandorla

aurifrisium *lat., Goldbrand* liturg. Gewänder

aurum coronarium *lat., Kronengold,* Huldigungsgold, in d. → Ikonographie, z. B. bei d. Anbetung d. hl. Drei Könige

Auspfarrung → dismembratio

Aussetzung, Aufstellung der → konsekrierten → Hostie in der → Monstranz; → Exposition

Autarkie *gr., Selbstgenügen,* Ziel des → stoischen Weisen; Unabhängigkeit

Authentie *gr., Echtheit;* **Authentik,** *lat. authenticum [instrumentum],* kath.: Dokument für die Echtheit von → Reliquien; **Authentizität** der Hl. Schrift, die auf → Inspiration u. → Kanonizität beruhende → normative Bedeutung der Bibel (kath.: → Vulgata); die originale Verfasserschaft der biblischen Bücher (→ Literarkritik)

Auto'chirotoniten *gr., die selbst die Hand aufgelegt haben, Selbstgeweihte,* → autokephale → orthodoxe Kirche der Ukraine, deren Priester sich einen Bischof selbst weihen mußten (1921)

Autodafé *r. span. Autos da Fe (lat. actus fidei), Glaubensakte,* feierliche öffentl. Verkündigung und Vollstreckung der → Inquisitions-Urteile

autokephal, *gr. autos, selbst u. kephale, Haupt, selbständig;* östl. Nationalkirchen, die keinem fremden → Patriarchen unterstehen

Autonomie *gr., Eigengesetzlichkeit;* → ethisch: Selbstbestimmung; Ggs. → Heteronomie, Theonomie

Autorität → auctoritas

Avatara *ind., Herabsteigungen* des Gottes (→ Vischnu) zu irdischen Verleiblichungen, in denen er der Welterhaltung dient; **Avatar,** Träger göttl. Geistes

Ave Maria *lat., sei gegrüßt, Maria!,* kath. Gebet: *(«Englischer Gruß»)* Gruß des Engels (Lk 1,28) u. der Elisabeth (Lk 1,42) an Maria, angefügt Jesu Name u. ein Bittgebet

Averroismus, → pantheisierende Umdeutung des Aristoteles durch den arab. Philosophen Averroes (†1198) u. dessen Leugnung der Unsterblichkeit der Einzelseele

averruncus deus *lat., abwehrende Gottheit*

Avesta, die heiligen Schriften des → **Parsismus**

Axiom *gr., unbeweisbarer Grundsatz, Grundwert;* **Axiologie,** *Wertlehre*

Ayattolah, Ajattolah, *pers., Zeichen Gottes;* (akadem.) Ehrentitel für geistl. Würdenträger im → schiit. → Islam

azyma → **Passa**

Azymiten *gr.,* gr.-orth. Bez. der röm.-kath. Kirche, weil sie *ungesäuertes* Brot zum Abendmahl (→ Passa) vorschrieb (11. Jh.); Ggs. → Fermentarii

B

Baal *hbr.,* **Bel** *babylon., Herr, Eigentümer;* kanaan./semit. Gottesbezeichnung; Fruchtbarkeits- u. Naturgottheit; als Lokalgottheit in Zusammenhang mit Ortsbezeichnungen (z. B. Baal-Peor); **Baal schem tob,** *Herr des guten Namens,* Ehrenname des Begründers des → Chassidismus

Baba *sanskr., geliebter* (geistlicher) *Vater*

Babismus *(arab. bab, Tor zu Gott),* islam. Bewegung im 19. Jh., vertrat im Zusammenhang mit einer → spiritualisierten → Koranauslegung den Gedanken einer fortschreitenden Offenbarung u. stellte sozial-ethische Forderungen

Babylonische Gefangenschaft → Exil; **B. G. der Kirche,** von Luther gebrauchte Kennzeichnung für die vom Papsttum seiner Zeit gefangengehaltene Kirche in s. Schrift «De captivitate Babylonica ecclesiae» (1520); **B. Sprach(en)verwirrung,** nach 1 Mose 11,1–9

Baccala(u)r(eus), *frz. bachelier, Knappe,* mtl. unterster akad. Titel, verpflichtete zu lehrmäßiger Betreuung (Bibelkunde u. ä.) von Studienanfängern (im Abk.-Anhang → AB, → BD, → BTh, → STB)

Bacchanten, Teilnehmer an den Bacchanalien, den wilden Festen des Bacchus (→ Dionysos)

baculus pastoralis *lat., Hirtenstab,* Bischofsstab

Baha'i-Religion, mohammed. Lehre des Mirza Hussein Ali (Baha'ullah; †1892) von der Einheit der Menschen, dem Weltfrieden u. der letzten Gottesoffenbarung

Bahnlesung → lectio continua

Bajaderen *portug., Tänzerinnen;* ind. Tempeldirnen

Bajanismus, → augustinische Richtung in Löwen gegr. von Bajus, (†1589), bereitete den → Jansenismus vor

Baitylion, *hbr. bet-el, Haus Gottes,* heilige Steine, die als Sitz der Gottheit galten (1 Mose 28,17 f.)

Baldachin, in Baldach = Bagdad gefertigter Goldbrokat; Schirmdach; Überbau über Altar; Thronhimmel; Traghimmel bei → Prozessionen

Balintgruppe, Fallbesprechungsgruppe in der → psychotherapeut. u. → pastoralpsycholog. Aus- u. Fortbildung (etwa 1970 ff. nach dem Begründer der Methode Balint)

Balken im Auge, Gleichniswort Jesu: Mt 7,3; Lk 6,41

Ballei, Balley *mlat., Verwaltungsprovinz* der → Ritterorden, in → Komtureien (beim → Deutschen Orden) oder → Priorate (bei den Johannitern) gegliedert

balteus → subcinctorium

Bambino *ital., Kindchen* (Jesus)

bancale *lat., Sitzkissen* im → Chorgestühl

Banezianismus, → thomistische, gegen den → Molinismus gerichtete Lehre des → Dominikaners Banez († 1608)

Bann → Exkommunikation

baptisma *gr., Taufe*

baptismus flaminis *(gr.-)lat., Begierdetaufe,* kath.: das Taufbegehren in vollkommener Liebe u. Reue wird als Taufe angerechnet, wenn diese unmöglich ist; **b. sanguinis,** *Bluttaufe,* → Martyrium; **Baptisten,** *Täufer,* ev. → Freikirchen, meist ref. Prägung, mit Mündigentaufe; heute bes. in den USA verbr., in Dtld. seit 1941 unter dem Namen: Bund Ev.-Freikirchl. Gemeinden; **Baptisterium,** *Taufbekken,* Taufkirche, Taufkapelle

Barbelo *syr., in der Vier ist Gott;* **B.** → **gnosis,** weibl. oberster → Äon, läßt das männl. u. das weibl. Urprinzip aus sich hervorgehen (→ Emanation), das sich in 4 Paarungen entfaltet (2. Jh.; Einzelheiten ungeklärt; → Sophia)

Barett (*frz., ital., spätlat.*), **biretum,** (Birett), pileus, *Mütze,* im 15. Jh. aufkommende, schirmlose Kopfbedeckung, zur Amtstracht kath. u. ev. Geistlicher gehörend

Barfüßer → Diskalzeaten

Barmen, Ort der wichtigsten Synode der → Bekennenden Kirche (29.–31.5.1934) während des → Kirchenkampfes; die «Theol. Erklärung» von B. (heute z. T. als ev. → Bekenntnisschrift betrachtet; → Ordinationsvorhalt) wandte sich in 6 Thesen gg. das Eindringen d. nationalsozialist. Weltanschauung mit Führerprinzip u. einer → natürl. Theologie, bes. durch die → Deutschen Christen, in die Kirche

Barmherziger Samariter, nach dem Gleichnis Lk 10,25–37

Bar Mizwa / Bat Mizwar *hebr., Sohn / Tochter der Verpflichtung,* jüd. Mündigkeitsfest d. 12–13j. Jungen u. Mädchen

Barnabiten, → regulierte Kanoniker, 1530 in Mailand gegr.: Unterricht, Volksmission (Gegenreformation), Armenfürsorge

bar-nascha *aram., → Menschensohn*

Barock *(portug.-frz., ‹schiefrund›),* Kunststil des 17. u. 18. Jh.; Kirchenbau: geschwungene Linie in Grundriß, Aufbau u. Ornament, Formenfülle u. Farbenpracht; **B. dichtung,** betont in der geistl. Lyrik bes. Vergänglichkeit, Tod u. Ewigkeit; **B. musik,** u. a. → Oratorien

Basileia *gr., Königsherrschaft,* Reich (Gottes)

Basilianer, in der Tradition der Regeln des Basilius († 379) lebende Mönche

Basilika *gr., Königliche;* Halle in Athen mit dem Sitz des → Archon

Basileus; Antike allg.: Halle für Rechtspflege u. Handelsverkehr; altchr. Kirchentyp (längliches Rechteck, 3 oder 5 Schiffe, Mittelschiff überhöht, → Apsis)

Basiliusliturgie, bis ins 11. Jh. die Normalform der → byzant. → Eucharistiefeier, heute nur noch an einigen Tagen gebräuchlich

Basis, Pariser → Young Men's...

Basisgemeinden, G. mit gezielter kirchl. und gesellschaftl. Aktivität an der Basis der kath. Kirche u. in beanspruchter Unabhängigkeit von der Kirchenleitung, bes. in Lateinamerika u. Mitteleuropa; **Basisgruppen,** ähnlich den Basisgemeinden; «Priester- u. Solidaritätsgruppen» verstehen sich als B.

bath → epha

bath-kol *hbr., Tochter einer Stimme,* nach der nach → kanonischen jüd. Lehre Himmelsstimme mit Offenbarungscharakter, oft dem Hlg. Geist gleichgestellt; Echo

Battologie *gr., Geschwätzigkeit* (beim Gebet Mt 6,7)

beatitudo *lat., Seligkeit;* beatus, *selig;* **Beata (Maria) Virgo** (BMV), *selige Jungfrau* Maria; **Beatifizierung,** kath.: *Seligsprechung*

Be'elzebub, Beelzebul *hbr., Herr der Fliegen,* wohl in der Bedeutung «Mistherr» (dem die heidn. Opfer [= Mist] zukommen); Teufel (Mt 10,25; 12,24.27 pp.)

Beffchen *mlat., biffa, Kragen;* weiße Halsbinde an der Amtstracht Geistlicher

Beg(h)arden (männl.), *niederländ. beggaert, Bettler,* **Beg(h)inen** (weibl.), religiöse, klosterähnlich lebende Gemeinschaften für Krankenpflege und Totenbestattung, bes. in den Niederlanden u. am Niederrhein

Begierdetaufe → baptismus flaminis

Begleitfest, Folgefest, kath.: → liturg. Fest, das ein größeres begleitet oder auf dieses folgt

Behaismus *arab., Glanz Gottes,* Bez. einer aus dem → Babismus hervorgegangenen Universalreligion: → Baha'i-Religion

Behemot *hebr.* Nilpferd (Hiob 40, 15 ff)

Beichte, *lat.* → *confessio,* Sünden*bekenntnis;* kath.: Höhepunkt des Buß- → Sakraments, Grundlage der → Absolution; ev.: Gemeindebeichte als Abendmahlsvorbereitung; **Beichtgeheimnis,** Schweigepflicht des Geistlichen (u. Aussageverweigerungsrecht vor Gericht) über das, was ihm in Beichte oder Seelsorgegespräch anvertraut wurde; **Beichtiger,** Priester, der die Beichte hört; → clavis conditionalis, → Devotionsbeichte

Bekennende Kirche (BK), ev. kirchl. Zusammenschluß der Gegner der → Deutschen Christen (1934) im → Kirchenkampf; → Barmen, → Pfarrernotbund

Bekenntnisbewegung «Kein anderes Evangelium», gegr. 1966, → evangelikale Bewegung, die gegen die angebliche linksorientierte Politisierung der ev. Kirche u. gegen die moderne Theologie, bes. die → Bibelkritik, protestiert; → Konferenz bekennender Gemeinschaften

Bekenntnisschriften, Sammlung von kirchlich normativen (→ norma normata, → norma normans) → Symbolen (→ confessio) und theol. Lehrschriften (ev.: meist 16. Jh.); **Bekenntnisschule,** Schule (meist Grundschule) in kirchl. Trägerschaft u. mit → konfessioneller Prägung, aber finanziert vom Staat; Ggs.: Gemeinschaftsschule; **Bekenntnissynoden,** regionale u.

gesamtdt. «Freie → Synoden» der → Bekennenden Kirche zwischen 1934 u. 1943; → Barmen; **Bekenntnisunion** → Union

Bektaschi, im 14. Jh. entstandener türkischer → Derwischorden, der in seiner Geheimlehre → islamisch- → mystische u. christ.- → gnostische Elemente vereinigt

Belial, Beliar *hbr., Bosheit, Verderben;* Satan, Antichrist

bellum justum *lat., gerechter Krieg*

bema *gr., Stufe, Podium;* in der Synagoge erhöhter Platz zu Schriftlesung u. Ansprache; gr.-orth.: der umgitterte Raum für die Geistlichkeit, bes. der darin für den → Bischof vorbehaltene Sitz

ben *hbr., Sohn;* bei Eigennamen vor dem Namen des Vaters

benedeien *lat. benedicere, seligsprechen, segnen, weihen, preisen;* **Benedicamus (Domino),** *Lasset uns den Herrn preisen;* Schlußruf in der Messe statt des Segens, wenn unmittelbar eine sakramentale Prozession folgt, sowie in der → Hore; Antwort: Deo gratias, *Gott sei Dank!;* **benedictio,** *Segnung;* kath.: Weihehandlung (Ggs. → Exorzismus); **b. apostolica,** päpstl. Segen; **Benedictionale,** Liturgiebuch für Benediktionen; **Benedictus,** *gesegnet, gepriesen.* Anf. des Lobgesangs d. Zacharias Lk 1,68

Benediktinerorden (OSB), Ordo Sancti Benedicti, auf die Klostergründung Benedikts von Nursia (Monate Cassino, 529) u. dessen Regel (Armut, Keuschheit, Gehorsam, → stabilitas loci, gemäßigte Askese, Handarbeit, tägl. 7 → Horen) zurückgehende Mönchs- u. Nonnen → konvente, im 10. Jh. durch die → Cluniacenser erneuert, im 14. Jh. ordensmäßig zusammengefaßt

beneficium *lat., Wohltat; mlat. Lehen;* bezahltes Kirchenamt; → Pfründe; **b. euratum,** Kirchenamt mit Seel*sorge*pflicht; **b. majus,** *größeres* Amt, → Prälatur; **b. saeculare,** für → *Welt*geistliche; **Benefiziat,** Inhaber einer Pründe

Bensberger Kreis, Arbeitskreis polit. engagierter Katholiken, der in öffentl. Memoranden zu aktuellen Fragen von Gesellschaft u. Kirche Stellung nimmt, gegr. 1966

Bergisches Buch → Konkordienformel

Bergpredigt: Mt 5–7; vgl. Lk 6,20–49 («Feldrede»)

berith *hbr., Bund* (→ Jahves mit → Israel = Altes → Testament)

Berneuchener (Bewegung), → hochkirchl. → liturg. Erneuerungsbewegung (seit 1923, nach einem Gut B. in der Neumark), die sich im **B. Dienst** organisiert u. der Ev. Michaelsbruderschaft nahesteht

Berufung → vocatio

Beschneidung, *gr.* **peritome,** Entfernung der Vorhaut (bzw. des Hymen), häufig als rel. → Initiationsritus (1 Mose 17,11; aber Jer 9,25)

Besessenheit, Besitzergreifung durch → Dämonen u. Geister

Beth-din *hbr.,* nach der Zerstörung Jerusalems (70 n. Chr.) gegr. Gerichtshof von Jabne

Beth'el *hbr., Haus Gottes* (1 Mose 28,19 u. ö.); Name der v. Bodelschwinghschen Anstalten für → Diakonie in Bielefeld, gegr. 1867

beth-ha'midrasch *hbr., Lehr-* und Versammlungs*haus* der → Schriftgelehrten (nicht stets = → Synagoge)

Bettelorden *(lat.: ordines mendicantium),* Orden, die ohne eigenes Vermögen von freiwilligen Spenden, ggfs. vom Bettel, existieren (→ Franziskaner, → Dominikaner,

→ Karmeliter, → Augustiner-Eremiten)

Bez'popowcy *russ., Priesterlose,* → Starowerzen, die keine Priester hatten

Bhagavadgita *sanskr., Lied des Erhabenen,* urspr. selbständiges Stück des → Mahabharata, hebt mit einer veränderten Auffassung vom → Karman die → Bhakti als Heilsweg hervor; eins der meistgelesenen Andachtsbücher Indiens

Bhakti(marga) *ind., (Weg der) Hingabe;* 3. → hinduist. Heilsweg, der im Ggs. zum Weg → myst. Erkenntnis **(Inanamarga)** und dem der Versenkung **(Dhyanamarga)** die Erlösung allein in einer gefühlsmäßigen Hingabe an die Gottheit sucht; → Karmamarga

Bhikku, → buddhist. → asket. Mönch, der bettelnd umherzieht u. die Lehre Buddhas verkündet

Bibel *gr. biblos, Buch,* «Heilige Schrift», umfaßt AT u. NT (→ Kanon); **Bibelkonkordanz,** alph. nach Stichwörtern geordnetes Fundstellenverzeichnis zur Bibel; → Konkordanz; **Bibelkritik** *gr. krinein, sichten, beurteilen;* wissenschaftl. Untersuchung biblischer Texte (→ Textkritik) nach Ursprung (→ ipsissima vox, → Gemeindebildung), Form u. Aussage, unter Berücksichtigung von → hist. Hintergrund (→ hist.-krit. Methode, → Sitz im Leben), Autor, urspr. Leserkreis, festen → termini (z. B. → Prädikationen), zeitbedingten Vorstellungen (→ Entmythologisierung), sprachl. Gattungen (→ formgeschichtl. Methode, → traditionsgeschichtl. Forschung), Einheitlichkeit (→ Quellenscheidung), Unversehrtheit u. ä. Die Texte werden als Zeugnisse von Menschen u. als Informationsträger → hist. Vorgänge behandelt (aber → dogmat. Interpretation, → existentielle Interpretation, → Hermeneutik). Gewisse hist. u. theol. Konsequenzen stoßen z. T. auf Widerspruch: Bibelkritik wirke zersetzend, entwerte → Wunder u. Auferstehung als → Mythen, entziehe der Gemeinde durch → Intellektualismus die Bibel, untergrabe die Autorität (→ auctoritas) von → Tradition, Bekenntnissen (→ confessio, → Symbol), geistlichem Amt u. → Kirche; **B. forscher** («Ernste B. Forscher»), zweitweil. Selbstbez. der → Zeugen Jehovas; **B. revision,** Neubearbeitung einer B.-Übersetzung; **Bible moralisée,** Frankr. 13. Jh.: Zusammenstellung bibl. Bilder in → typolog. Entsprechung mit Erläuterungen für den Laien; **biblia pauperum** *lat., Armenbibel* oder **biblia picta,** spätmtl. *Bilderbibel* für Laien

Bibliodrama *gr.*, Spielen von Bibeltexten, Interaktionsmethode in der → pastoralpsycholog. Aus- u. Fortbildung u. in der → Religionspädagogik

Bibliolatrie *gr., «Bibelanbetung»,* Buchstabengläubigkeit; **Bibliomantie** *gr., Wahrsagung aus aufgeschlagenem Buch,* bes. Bibelstellen; **Bibliotherapie** *gr., Heilung durchs Buch,* d. i. durch Lesen, Anliegen nicht nur der Krankenhausbüchereien; **Biblist,** mtl. Bibelerklärer; **Biblistik** *Bibelkunde;* **Biblizismus,** Behandlung der Bibel als unmittelbare, eindeutige Richtschnur für Leben und Denken, für manche (z. B. M. Kähler 1912, A. Schlatter 1938) mit → hist.-krit. Forschung vereinbar, für andere nicht (→ Verbalinspiration; Ggs. → Bibelkritik)

bigọtt *frz., engherzig fromm, blindgläubig, scheinheilig*

Bilderstürmer → Ikonoklast

Bildhälfte, der bildliche Inhalt von Gleichnissen; → Sachhälfte; → tertium comparationis

Bima *hebr., Tribüne;* → Almemor

Bination *mlat.,* Erlaubnis, (u. U.) Pflicht des Priesters, die Messe gegen die Regel *zweimal* an einem Tag zu halten; **binieren**

Bindeschlüssel → potestas clavium

Biretum → Barett, Birett

Bischof → episcopus

Bischofskonferenz, kath.: regelmäßig tagende Versammlung aller Bischöfe (auch der Weihbischöfe) eines (nationalen) Bereichs mit einem Vorsitzenden als primus inter pares; Dt. Bischofskonferenz

Bistum → Diözese

Blasphemie *gr., Gotteslästerung*

Blaues Kreuz, ev. Verein zur Alkoholismusbekämpfung; → Kreuzbund

Bluttaufe → Martyrium

Bodhi-Baum *ind., Baum der Erleuchtung,* im → Buddhismus der (Feigen-)Baum, unter dem Buddha seine Erleuchtung empfing u. dessen → Reliquien kultisch verehrt werden; **Bodhisattva** *ind., für die Erleuchtung bestimmtes Wesen;* im → Hinayana: Bez. für den hist. → Buddha in seinen früheren Wiedergeburten; im → Mahayana: Bez. für jeden, der auf die Erlösung verzichtet u. in der Welt des Leidens bleibt, um anderen das Heil zu ermöglichen

Böhmische (Böhmisch-Mährische) Brüder, aus der nationalkirchl. Reformbewegung der → Hussiten 1457 entstandene rel. Gruppe, die auch → Waldenser, → Taboriten, → Utraquisten in sich vereinigte u. sich ab 1467 → Unitas fratrum nannte; → Brüdergemeine

bog *slaw., Gott;* **Bogomilen** *slaw., Gottesfreunde,* → dualistische Sekte (11. Jh., Kleinasien, Balkan), nach deren Lehre Gott die geistig-unsichtbare, Satan die sichtbare Welt geschaffen hat

Bollandisten, Herausgeber des von J. Bolland SJ († 1665) begr. Sammelwerkes → Acta Sanctorum

bona fide *lat., in gutem Glauben*

Bonifatius-Verein, heute **B. werk,** Hilfswerk zur Unterstützung kath. → Diasporagemeinden, gegr. 1849; vgl. → Gustav-Adolf-Werk (ev.) u. → Martin-Luther-Bund (luth.)

Bon-Religion, vorbuddhist. Religion Tibets, eine Art → schamanist. Geisterkult

bonum *lat., Gut;* **bonum Commune,** *Gemeinwohl;* **bona ecclesiastica,** *Kirchenvermögen;* **b. beneficii,** → *Pfründevermögen;* **b. mensae,** zum Unterhalt (*«Tisch»*) des Stelleninhabers dienend; **b. piarum causarum,** Sonderstiftungs*vermögen zu frommen Zwecken*

Bonze → buddhistischer Priester

Book of Common Prayer → Common Prayer Book

bracchium saeculare *lat., der weltliche Arm;* staatl. Gewalt

Brahma *ind.,* → Hochgott des → Hinduismus, tritt als Personifizierung des → Brahman hinter → Schiva u. → Vischnu zurück, als deren Werkzeug er erscheint; **Brahman,** *die magische Kraft,* bes. im Opferspruch des Priesters enthalten, dann Seinsgrund der Welt (→ Brahmanas) u. alleiniges Weltprinzip (→ Upanischaden); **Brahmanas,** ind. priesterl. Kommentare zu den → Veden; **Brahmanen,** ind. Priesterkaste (höchste → Kaste), **Brahmanismus,** ind. Religionsform, bestimmt durch die

Herausbildung des → Kastenwesens, der Lehre vom → Karman u. von der → Seelenwanderung sowie durch die Verabsolutierung der im Opfer wirkenden Kraft (→ Brahman); letztere wird aufgrund ihrer Identifizierung mit dem → Atman zum in allen Erscheinungen vorhandenen u. alles begründenden Weltprinzip; **Brahma-Samadsch,** *Gemeinschaft der Brahmaverehrer,* → synkretist. Gemeinschaft, sucht den → Hinduismus mit dem Christentum u. dem → Islam zu verbinden; 1866 Spaltung in → Adi-Samadsch u. (neuen) Brahma-S., der sich stark dem Christentum näherte

Brautamt, kath. Trauung mit Messe (→ missa)

Brethren Church *engl., Brüderkirche,* v. a. US-amerikan. → Freikirche, aus der dt. → pietist. → Erweckungsbewegung des 18. Jh. durch Auswanderung entstanden; durch Missionsarbeit heute auch in anderen Erdteilen; stark in → Ökumene u. Entwicklungshilfe engagiert

Bręve *lat., kurz,* schriftl. päpstl. Erlaß in weniger feierlicher Form (aber → Bulle); **Brevier,** kath.: Gebetbuch für → Kleriker u. → Religiosen (nach der → Profeß) mit Abschnitten aus Bibel, → Kirchenvätern, Heiligenlegenden, dem Stundengebet (→ Hore)

Broad Church *engl.; breite Kirche;* weitherzige, dem allg. Kulturleben offene Richtung (→ Latitudinarier) der anglikan. Kirche

Brotbrechen, Gebets- u. Segenshandlungen des israelit. Hausvaters zu Beginn jeder Mahlzeit; nach Apg 2,42 u. ö. Bez. für das → Abendmahl

Brot für die Welt Hilfsaktion der ev. Kirchen beim → Diakon. Werk zur Entwicklungs- u. Katastrophenhilfe, für die seit 1959 jährl. in der Advents- u. Weihnachtszeit gesammelt wird

Brotherhood-Bewegung, *engl. Bruderschaft,* 1919 gegr., engl. christ.-soziale Arbeiterbewegung

Bruderräte, Ausschüsse der → Bekennenden Kirche zur provisorischen Kirchenleitung, u. a. seit 30. 10. 1933 vom → Pfarrernotbund, seit → Barmen Br. der → Deutschen Ev. Kirche («Reichsbruderrat»); 22. 8. 1945 Br. der → Evang. Kirche in Deutschland ohne kirchenleitende Funktionen; → Darmstädter Wort

Bruderschaften → kirchl. Br.

Brüdergemeine, *Erneuerte Brüderunität* (→ Unitas fratrum), «Herrnhuter», aus der 1722 durch böhm. Auswanderer u. → Pietisten gegr. Siedlung Herrnhut hervorgegangene, von Ludw. Graf v. Zinzendorf († 1760) u. A. G. Spangenberg († 1792) geprägte ev. Gemeinschaft

Brüderhaus, Ausbildungsstätte für → Diakone

Brüderkirche → Brethren Church

Brüder-Unität → Unitas fratrum

Brüder vom gemeinsamen Leben → devotio moderna

Buchreligion, Bez. f. die auf hl. Schriften gegründeten Religionen (Judentum, Christentum, → Islam); → Schriftbesitzer

Buddha *ind., der Erleuchtete,* Ehrentitel des Prinzen Siddharta Gautama (560–480 v. Chr.), des Stifters des **Buddhismus,** der die Befreiung vom Kreislauf der → Wiedergeburten (→ Nirvana) zu erreichen sucht; Hauptrichtungen: → Hinayana, → Mahayana, → Vadschrayana; **Buddhi,** *Erleuchtung,* geistiges Bewußtsein, oberstes Prinzip im Menschen

Bulle *lat., Kapsel* eines Siegels; mit einer Schnur an einer Urkunde befestigtes Siegel; die Urkunde selbst; ein feierl. Sendschreiben des → Papstes; **Bullarium,** Sammlung päpstl. Bullen u. → Breven

Bund → Testament; **Bund der Ev. Kirchen in der DDR** (BEK), 1969–1991. Zusammenschluß von 3 luth. (Mecklenburg, Sachsen, Thüringen) u. 5 → unierten (Landes-)Kirchen (Anhalt, Berlin-Brandenburg, Görlitz, Greifswald, Prov. Sachsen) sowie d. Ev. → Brüder-Unität Distrikt Herrnhut mit dem Ziel, im Evangelium gründende «Zeugnis- u. Dienstgemeinschaft» für die Menschen in der sozialist. Gesellschaft zu sein, u. zwar im Sinne eines künftigen Abbaus konfessioneller Schranken im Protestantismus. Jährl. Synodaltagungen; Arbeit von Kommissionen u. Ausschüssen; ständiges Organ: Konferenz der Kirchenleitungen; **Bund Ev. Pfarrer in der DDR** (e.V.), 1958–1974, konformist. Vereinigung von Pfarrern u. kirchl. Mitarbeitern zur Wahrnehmung ihres Dienstes innerhalb der sozialist. Gesellschaft; **Bund Ev.-Freikirchl. Gemeinden** → Baptisten

Bundeslade, wichtigster Kultgegenstand des alten → Israel, in dem die Gesetzestafeln (→ Dekalog) des Alten Bundes aufbewahrt wurden, zunächst auf der Wüstenwanderung der 12 Stämme, dann im Allerheiligsten des salomonischen Tempels in Jerusalem

Buße (AT *hebr.: schub, umkehren* [zu Gott]; NT *gr.:* → *metanoia*; lat. → *poenitentia*), kath.: **Buß** → **sakrament,** bestehend aus → contritio cordis, → confessio oris u. → satisfactio operis mit priesterl. (-richterlicher) → Absolution (→ potestas clavium); dageg. Luther (erste d. 95 → Ablaß-Thesen 1517): das ganze Leben der Gläubigen soll Buße sein; **Bußredemption** → Redemption; **Buß- u. Bettag,** ev. Feiertag, seit 1950 einheitl. Mittw. vor d. letzten Sonntag d. → Kirchenjahres; **Bußzeiten,** als B. im → Kirchenjahr gelten → Advents- u. v. a. → Fastenzeit; → geschlossene Zeit, → liturg. Farben

bythos *gr., Abgrund, Urgrund der Welt;* → Gnosis

Byzanz, heute Istanbul, Hauptstadt des oström. Imperiums, bis 1589 Mittelpunkt der gr.-orth. Kirche; **Byzantinismus,** Bez. für eine (würdelos-)unterwürfige, die Herrschenden maßlos verherrlichende Haltung, wie sie gegenüber den byzantin. Kaisern als Inhabern weltl. u. geistl. Machtfülle (→ Cäsaropapismus) üblich war

C

Cäcilianismus, nach dem 1868 gegr. «Allg. dtsch. Caecilienverein» benannte Bewegung zur Erneuerung der kath. Kirchenmusik; **Jung-C.,** für neue Musik aufgeschlossener Zweig des C.

Cäsaropapismus, staatskirchenrechtl. System, in dem der weltl. Herrscher Oberhaupt der Kirche ist (→ Byzantinismus)

calami spiritus sancti *lat., Schreibgriffel des Hl. Geistes,* Verfasser der bibl. Schriften (→ Verbalinspiration); **calamus,** Saugröhre zum Trinken aus dem Abendmahlskelch

calix ministerialis *lat., Speisekelch*

Calixtiner, Anhänger des luth. Theologen G. Calixt († 1656); strebten auf der Grundlage des → consensus quinquesaecularis die Einigung der verschiedenen christl. → Konfessionen an (aber → Kalixtiner)

Calotte → Pileolus

Calvinismus, auf Joh. Calvin († 1564) zurückgehende Form des Protestantismus; Unterschiede zum → Luthertum: (ntl.) Ämterverfassung (Pastoren, Lehrer, Älteste, Diakone), doppelte → Prädestination, → Spiritualisierung des Abendmahls; → Reformierte

Camauro *lat.,* päpstl. Kopfbedekkung statt → Barett

Camera apostolica *lat.,* päpstl. Finanzverwaltung; **camerarius,** *Kämmerer:* Finanzbeamter; Helfer des → Stiftspropstes in der Güterverwaltung; Verwalter der → Kapitels-Kasse eines → Dekanats; **Camerlengo** *ital.* v. *dtsch.: Kämmerling,* → Kardinalschatzmeister an der → Kurie

camisia *lat.,* → alba; → Rochett; mtl. → Evangeliarhülle; Altartuch

campana *lat., Glocke*

Campanile *ital., Glockenturm*

campo santo *ital., heiliges Feld,* «Gottesacker», Friedhofsanlage; **C. S. Teutonico,** *dtsch.er Friedhof,* Nationalstiftg. bei St. Peter in Rom

Cancellaria apostolica *lat., apostolische Kanzlei,* Behörde, die päpstl. Urkunden (→ Bullen) ausfertigt

cancelli *lat.,* → *Chor-Schranken,* an denen (kath.) die Spendung der → Hostie erfolgt, «Speisegitter»; davon *«Kanzel»*

candelabrum *lat., Kerzenhalter;* → cereostatum; **Candelaria,** *Kerzenfest,* **Mariä Lichtmeß** (= *lat.* **Luminaria**), **Purificatio Mariae** *(Reinigung Marias),* kath. Marienfest am 2. Febr. mit Lichterprozession

Canossa → Gregorianer

canticum *lat., Lied,* bibl. Lobgesang im Kirchenton; **C. canticorum,** *Lied der Lieder,* das Hohelied (Cant., Hhld., Hl., HL); **cantica majora** *größere Lobges.:* → Magnificat, → Benedictus, → Nunc dimittis; **c. minora,** *kleinere,* die atl.: 2 Mose 15; 1 Sam 2 usw.; **Cantiga,** (mtl.) span. Marienlied; **Cantilene,** Lied nach bek. Melodie, Psalmen-, Kirchengesang; **cantio,** *Plr.* **cantiones,** *Gesang,* freiere → gregorianische Gesänge für volkstüml. Andachten u. Feste; **Cantionale,** liturg., geistl. Gesangbuch; **cantus choralis,** einstimmiger *Choralgesang;* **c. figuralis,** mehrstimmiger Gesang; **c. firmus,** dessen Hauptmelodie; **c. planus,** Ges. ohne Untersch. von kurzen u. langen Silben; **c. responsorius,** *Antwortgesang* (→ Antiphon)

Cantillation *lat.,* hervorgehobene *Sing-* bzw. Vortrags*weise* bei → liturg. Lesungen u. Gebeten

Cao-Dai *vietnam., Höchster Palast,* 1926 gegr. → synkretist. Rel. in Vietnam, die sich als Inhaber der 3. Offenbarung (nach den östl.: → Buddha u. → Lao-tse, u. den westl.: Mose u. → Christus) versteht; → spiritistisch, mit → hierarch. Organisation

capitilavium *lat.,* altchr.: *Kopfwäschetag* [der Ostertäuflinge] an → Palmarum

capitulare evangeliorum *lat.,* Verz. der → Evangelien- → Perikopen; **capitularia episcoporum,** mtl. Bischofsanweisungen

capitulum *lat., Abschnitt,* Schriftlesung in den → Horen; Versammlung von geistl. Körperschaften; Kapitelsaal im Kloster

cappa *mlat.,* Mantel f. Geistliche mit Kapuze; **c. choralis,** *Chorkappe;* Mantel der → Kanoniker beim

Chorgebet (→ Chordienst) im Winter; **c. magna,** Mantel mit langer Schleppe (Kardinäle, Bischöfe und Prälaten); → Pluviale

capsa *lat.*, (→ Reliquien)*behälter*

Cargo-Kulte, *cargo engl. Fracht,* heidn.-christl. Kulte in Melanesien, in denen von Cargo, den Waren der Weißen, ein neues Leben erwartet wird

caritas *lat., Liebe;* **c. affectiva,** innere Hingabe (an Gott u. den Nächsten); **c. effectiva,** Nächstenliebe als Verhalten u. Tun; **Caritas,** organisierte kirchl. Sozialarbeit, kath. freier → Wohlfahrtsverband (Dt. Caritasverband, DCV); **C. (catholica),** int. Zusammenschluß der nationalen C. verbände (1924); **Caritas romana,** junge Frauengestalt, die einem alten Mann ihre Brust bietet, in der christl. → Ikonographie des MA u. in der Profanikonographie der Renaissance

Cartesianismus, auf Descartes (*lat.* Cartesius, †1650) zurückgehende denkerische Unterscheidung zwischen Raum (res extensa) u. Bewußtsein (res cogitans); → cogito ergo sum

casa santa *ital., heiliges Haus,* angebl. von Engeln nach Loreto überführtes Haus Marias

casus confessionis *lat., Bekenntnisfall,* → status confessionis

casus reservati → Reservatfälle

cataracta *lat., Schleuse;* Schacht zw. → Confessio u. → Reliquiengrab, Name nach dem Verschlußgitter

Catechismus Romanus *lat., Röm. → Katechismus,* auf der Grundlage des → Tridentinum verfaßter Leitfaden für → Predigt u. → Katechese (1566), die umfassendste → lehramtl. Darstellung der kath. Heilslehre

cạthedra *gr., Lehrstuhl, Ehrensitz* (des kath. Bischofs); **c. Petri,** Papstthron (Nachfolger Petri); **ex c.** → Infallibilität

causa *lat., (Rechts)sache;* kath.: Heiligsprechung, philos.-dogm.: *Ursache* (→ Kausalprinzip); **c. efficiens,** *bewirkende Ursache* (Gott als Schöpfer); **c. finalis,** *Ziel* oder *Zweck als Ursache* des Handelns; **c. formalis,** *wesensbestimmende Ursache;* **c. instrumentalis,** *Mittel-Ursache,* deren sich die c. efficiens bedient (z. B. kath.: → Sakramente, die die rechtfertigende Gnade vermitteln); **c. major,** *größerer,* dem Papst oder dem → summus episcopus vorbehaltener Rechtsfall; **c. materialis,** *inhaltlich* bestimmende *Ursache;* **c. minor**, *kleinerer*, durch den → Ordinarius loci zu entscheidender Rechtsfall (Ggs. → c. major); **c. prima**, *Erstursache* (der Welt: Gott); **c. principalis**, *Haupterstursache*; Gott als Schöpfer; **c. secunda**, *Zweitursache* (geschöpfliche Ursache); **c. sui**, (Gott als) *Ursache seiner selbst*

Caux-Bewegung → Moralische Aufrüstung

cẹlebrans (Zelebrant) *(lat. celebrare, feierlich begehen)*, die Messe haltender Priester; **celebratio versus populum**, → liturg. *Feier*, bei der der Priester hinter dem → Altar mit Blickrichtung *zum Volk*, d. h. zur Gemeinde steht; nach dem → Vatikanum II üblich geworden; **Celebrẹt**, Ausweis eines reisenden Priesters, daß er zum Messelesen befugt ist

cella *lat., Vorratskammer*; Innenraum des Tempels mit dem Bild der Gottheit; Ruhestätte von Märtyrern u. Heiligen mit → Orarium; Mönchszelle; **cellerarius**, mit Verwaltung betrauter Mönch

Celler Konferenzen, seit 1967, Zusammenschluß kirchenreformerischer Gruppen (ev.)

census *lat., (Ab)schätzung, Bürger-Steuerliste, Steuerzählung*

Central-Ausschuß der Inneren Mission, Zusammenschluß landeskirchl. Vereine u. Einrichtungen der I. M. (→ missio), gegr. 1848

centurio *lat., Hauptmann einer Hundertschaft (Zenturie)* (Mt 27, 54)

Ceremoniale Romanum, Buch der päpstl. Liturgie; **C. episcoporum**, Buch der bischöfl. Zeremonien

cereo'statum *lat., Wachskerzenständer*, → candelabrum

certitudo *lat.*, die nach ev. Verständnis dem → Glauben eignende (Heils-) *Gewißheit* (aber → securitas)

cessatio a divinis *lat.*, teilweise *Abstellung* kirchl. Feierlichkeiten (Orgel, Glocken u. a.) als Zeichen der Trauer

Chaber, Plr. Chaberim, *hbr., Genosse*, Selbstbez. der → Pharisäer; **Chabura**, *Genossenschaft, Tischgesellschaft*; **Chawer(im)**, neuhbr. Selbstbez. der Bewohner von → Kibbuzen

Chalkedonense, Viertes → Ökumenisches → Konzil (von Chalkedon) (451); das dort erarb. → Symbol

Chanson-Messe, Messe mit weltl. Melodien (z. B. Orlando di Lasso † 1594); → Parodie-Messe

Chanting, *engl* Psalmenwechsel*gesang* im → anglikan. Gottesdienst

Chanukka *hbr., Einweihung*, jüd. Tempelweihfest (1 Mkk 4, 59)

Chaos *gr., die ungeformte Masse*, aus der der → Kosmos entstand

Charakter *gr., Prägung*, persönl. Eigenart; Titel, Würde; **c. indelebilis** *gr.-lat., unauslöschliches Merkmal*; kath.: durch die drei nicht wiederholbaren → Sakramente der → Taufe, → Firmung und → Ordination dem Empfänger aufgeprägt

Charidschiten *arab., Ausziehende*, nach Mohammeds Tod im Kampf um das → Kalifat 657 abgesplitterte strengere Richtung des → Islam

charis *gr., Gnade*; **Charisma**, Plr. **Charismata**, *gr., Gnadengabe* (1 Kor 12); **Ch. veritatis**, *Gn. der Wahrheit* (kath.: bes. der Bischöfe); **Charismatiker, charismatisch; Charismatische Bewegungen**, Strömungen innerhalb der Kirche, die von bes. Geistbegabungen u. -erfahrungen geprägt sind; → Pfingstbewegung; **Charismat. Gemeinde-Erneuerung** (CGE), kath., 1980 gegr. Bewegung in d. Bundesrepublik Dtld. von → Laien und Priestern in Gebets- u. Gemeindegruppen; **Chariten**, *gr.* Göttinnen der Anmut

Charitas → caritas; **Charité** *frz.*, urspr. *Armenkrankenhaus* m. kostenloser Behandlung

Chas(s)idäer, Chasidim *hbr., die Frommen*, jüd. konservativ-rel. Partei der → Makkabäerzeit, die gegenüber → Hellenisierungsbestrebungen die strenge Beachtung des Gesetzes (→ Tora) forderte (1 Mkk 2, 42); **Chassidismus**, jüd. Bewegung (seit 18. Jh.), die mittels → mystisch- → ekstatischer Einigung mit Gott die Lösung von allem Bösen sucht, um das → messian. Zeitalter vorzubereiten

Cheder *hebr.*, (Lehr-)*Stube*, jüd. Elementarschule

Cheiro'nomie *gr.*, Führung Singender durch Nachzeichnen des Melodiegangs m. d. *Hand*

Cheiro'tonie *gr., Handausstreckung*, gr.-orth.: Weihe von Bischof, Priester und Diakon

Cherem *hbr., Bann*

Cherub, Plr. **Cherubim** *hbr.* (von *akkad. karibu, Beisaß großer Göt-*

ter), → mytholog. Mischgestalt (Menschengesicht, Tierkörper, Flügel), Engelwesen, Wächter an hl. Stätten (1 Mose 3, 24), Träger des Gottesthrones (1 Sam 4, 4); → Seraphim; **Cherubikon, Cherubslied,** feierl. Einzugslied in der → byzantin. → Liturgie seit dem 6. Jh.; → eisodos

Children of God *engl., Kinder Gottes,* jetzt: «Familie der Liebe», Selbstbez. einer aus der kalifornischen → Jesus-People-Bewegung hervorgegangenen Jugendsekte mit Prostitution als Sexualmission

Chiliasmus *(gr. chilioi, tausend)*, Erwartung einer 1000jährigen Zwischenherrschaft Christi u. der Gerechten auf Erden (Offb. 20, 4f) vor dem Endgericht

Chi rho → XP

Chiro'mantie, *gr., Wahrsagung aus der Hand*; **chiro'thekae**, *Handschuhe* des Priesters; **Chiro'tonie** *Handausstreckung*, → Sakrament der → Priesterweihe

Chlysten *russ.*, → *Geißler*, «Gottesleute», schwärmerisch → mystische russ. Sektierer (17. Jh.)

chokmah *hbr., Weisheit*

Chor *gr., mit Gesang verb. Reigentanz*; Gesangsgruppe bzw. deren Lied; seit dem MA Altarraum als Platz der → Kleriker; **Choral** *mlat., Gemeindelied*; → cantus choralis; **Choralen**, Singknaben für liturg. Gesang; **Chorassistenz**, Teilnahme der → Kleriker am Gottesdienst am für sie vorgesehenen Platz im Chor; **Chorbischof**, altkirchl.: dem Stadtbischof untergeordneter Landbischof; fränk. Kirche (8./9. Jh.): Gehilfe des Bischofs; → Weihbischof; **Chordienst**, Gottesdienst im → Chor in Kloster- u. → Stiftskirchen (→ Horen, Messen, → Prozessionen, → Weihen); **Choreuten** → Euchiten; **Chorgebet** → Horen im Chor; **Chorherren** → Kanoniker, zu gemeinsamer Leistung des Chorgebets verpflichtete Mitglieder der → Domkapitel u. a. → Kollegiatsstifte; Mitgl. der → regulierten → Kanonikatsstifte; **Chorhemd** → superpelliceum; **Chorknabe** → Ministrant; **Chormantel** → Pluviale; **Chorpflicht**, Verpflichtung zum → Chordienst; **Chor'regent**, mit der Sorge für → Ritus u. → Liturgie beauftragter → Domkapitular; Leiter d. kath. Kirchenchors; **Chorschranken** → cancelli; **Chorstühle**, zu beiden Seiten des → Chors für die → Kleriker beim → Chordienst

Chrisam → Chrisma

Chrischona, Wallfahrtskirchlein St. Chr. (= Christiana) südl. Basel; dortige Pilgermissionsanstalt (1841)

Chrisma, Chrisam, *gr., Salböl* aus Olivenöl u. Balsam; **Chrismale**, Binde, die Firmlingen um die Stirn gebunden wird; Gefäß für das → Chrisma; **chrismatio**, *Salbung*

Chrismon, verschieden geformtes Zeichen für Christus (als symbol. Anrufung Christi, Kol 3, 17) am Anfang vieler mtl. Urkunden

Christen für den Sozialismus, Bewegung, v. a. in Lateinamerika u. Europa, die Christentum und Sozialismus miteinander versöhnen will (etwa 1968 ff)

Christengemeinschaft, 1922 von F. Rittelmeyer (als ihrem ersten «Erzoberlenker») urspr. für eine neue Reformation der Kirche gegründete Gemeinschaft auf → anthroposophischer Grundlage

Christenlehre, bes. in Süddeutschland Bez. für die kirchl. Unterweisung bzw. Arbeit an der konfirmierten

Jugend; in der DDR für den kirchl. Religionsunterricht insgesamt

Christentumsgesellschaft, Dt. CG., 1780 gegr. Zusammenschluß ev. Erweckter v. a. in Dtld. u. der Schweiz mit Hauptsitz in Basel u. gr. Einfluß auf die → Erweckungsbewegung, verbreitete volksmissionar. Schrifttum u. schuf Werke d. inneren u. äußeren → Mission, u. a. die Basler Mission (1815)

Christianitas-Vorstellung → sacerdotium

Christian Science *engl., Christliche Wissenschaft*, Scientismus, «Gesundbeter»; 1874 von Mary Baker in Boston gegr. Bewegung zur Erlösung von Sünde, Krankheit u. Tod durch Abwendung von allem Materiellen u. → mystische Einigung mit dem unpersönlichen Gott

Christianus sine nomine *lat., Christ ohne Namen*, nach Luther (?) ein Christ, der christl. lebt, sich aber nicht als solcher zu erkennen gibt

Christkatholisch, vorherige Selbstbez. der → Altkatholiken u. der → Deutschkatholiken

Christkönigsfest, kath.: → liturg. Fest zur Erinnerung an das → Jubeljahr 1925 am letzten Oktobersonntag, heute als «Hochfest des Königs des Weltalls» am letzten So. im Jahreskreis

Christliche Friedenskonferenz → Friedenskonferenz

Christliche Fachkräfte International (CFI), dt. → evangelikaler Entwicklungshelferdienst, gegr. 1984

Christlicher Studentenweltbund → World's Student Christian Federation

Christlicher Verein Junger Männer → Young Men's Christian Association

Christliches Jugenddorfwerk Deutschlands (CJD), 1947 gegr., heute das größte freie Bildungswerk (Werkstätten) Dtlds

Christliche Wissenschaft → Christian Science

Christus *gr., Gesalbter (hbr. Maschiach*, = → Messias); **Christolatrie**, *Christusverehrung* unter Zurücksetzung der Verehrung Gottes; **Christologie**, *Lehre von* Person und Amt (→ munus) *Christi* (→ Soteriologie); **christologisch**; **Christo'monismus**, die Überordnung des 2. über den 1. Glaubensartikel; **Christophanie**, *Christuserscheinung*; **Christo'tokos**, *Christusgebärerin*, Heilandsmutter (Ggs. → Theotokos); **christozentrisch**, *Christus zum Mittelpunkt nehmend* (Ggs. → theozentrisch), **Christus praedicatus**, *der gepredigte Christus*; **Christus praesens**, *der gegenwärtige Christus*; **Christusherrschaft**, *gr.*, **Christokratie**, NT: sie begann mit → Dämonenaustreibungen (bes. Mk) bzw. mit Kreuz u. Auferstehung als Herrschaft über seinen Tod (Röm 6, 9) u. unsere Sünde (Röm 6, 11), über die ganze Schöpfung (Kol 1, 15 ff.; → Pantokrator), sie wird am Ende der Welt über der ganzen Schöpfung offenbar (1 Kor 15, 24 ff.); mod.: (bes. seit → Barmen) die «Königsherrschaft Christi» hat alle Lebenbereiche zu bestimmen (so → Dialektische Theologie); Ggs. → Zwei-Reiche-Lehre; **Christusmonogramm** → XP

Chrysostomosliturgie, Normalform der → byzantinischen → Eucharistiefeier

chthonische, *gr., in der Erde* wohnende Gottheiten

Chullin *hbr.*, → Mischnatraktat über das Schlachten von nicht zum Opfer bestimmten Tieren

Church Army, der → Heilsarmee

nachgebildete Vereinigung in der → anglikan. Kirche zu Volksmission u. sozialer Hilfe

Church of England → anglikan. Kirche

ciborium *lat.*, Gefäß für die geweihten Hostien, im MA baldachinartiger Altarüberbau, in dem das Gefäß hing, → Tabernakel

cilicium *lat., aus Cilicien*, rauhes, härenes Bußhemd

cingulum *lat., Gürtel* zum Schürzen der → alba

Cinvatbrücke, **Tschinvat** *pers., Windbrücke*; Entscheidungsbrükke auf dem Weg der Toten ins Jenseits

Circumcellionen *lat., die durch das Land streifen*, um 340 einsetzende soziale Widerstandsbewegung der durch die Latifundienwirtschaft verelendeten Volksschichten in Nordafrika geg. dic kirchl. u. staatl. Aristokratie

circumcisio *lat., Beschneidung*

circumincessio, circuminsessio → Perichorese

circumscriptiv → repletiv

circumstantia *lat., Umstand*; **ostium circumstantiae**, *geschlossenes Tor* der Lippen (Ps 141, 3)

Cisianus, Cislojanus lat., Merkvers in 24 Hexametern mit den unbewegl. kirchl. Festtagen u. den Heiligenfesten (nach dem Beginn der beiden Januar-Hexameter), vom 13.–17. Jh. verbreitet, auch in luth. Gebetbüchern u. → Katechismen

Civil religion *engl., bürgerl. Religion*, Bez. (R. Bellah 1967) für eine allg. unkonfessionelle Religiosität, die religiöse u. polit. Werte verflicht.

civitas Dẹi *lat., Gottesstaat*, nach Augustin in der Kirche teilweise verwirklicht; **c. coelẹstis**, *Himmelreich*; **c. diaboli(ca)**, *Teufelsstaat*, nach Augustin in den irdischen Machtstaaten mit am Werk; **c. terrẹna** *irdischer Staat*

Classe *lat., frz., Zusammenschluß* der ref. → Presbyterien eines Bezirks; Bezirks- → synode

clausula Petri, *lat., Schlußsatz Petri*: «Man muß Gott mehr gehorchen als den Menschen» (Apg 5, 29)

Clausum Pascha *lat., Abschluß des → Passa*, Sonntag nach Ostern

clạves St. Petri *lat.; die Schlüssel des hl. Petrus*; kath.: päpstl. Kirchengewalt nach Mt 16,17 ff.; **clavis conditionalis**, *bedingter Schlüssel* (→ potestas clavium): Lossprechung «Wie ihr glaubt, so geschehe euch»; → Beichte

Clementina → Vulgata

Clementinae, von Papst Clemens V. veranstaltete Sammlung der Beschlüsse des Konzils von Vienne (1311) und seiner eig. → Dekretalen, 4. Teil des → Corpus Iuris Canonici

Clementinen → Pseudo-Klementinen

Clinical Pastoral Education, C. P. Training engl., → *Klinische Seelsorgeausbildung*; → Pastoralpsychologie

clịnici *gr., Bettlägerige;* Christen, die sich erst in Todesgefahr (durch Besprengen anstatt durch Untertauchen) taufen ließen, um bis zum Tode sündlos zu bleiben

clịpe'us *lat.*, dreieckiger, gestickter *Schild*, beim → Pluviale statt Kapuze

Cluniazenser, Anhänger der Reformen des → Benediktiner-Klosters Cluny (Burgund); die **Cluniacensische Reform** (seit 10. Jh.) galt vor allem strengerer Mönchszucht u. der Pflege der → Liturgie (→ Chordienst, Marienverehrung); im 11./12. Jh. war Cluny Zentrum eines ökonom. mächtigen, polit.

einflußreichen (→ Investiturstreit) Klosterverbandes (Anfang des → Ordenswesens); Prachtentfaltung im Kirchenbau (→ Romanik); aber → Zisterzienser

cochlarium *lat., Löffel* zum Darreichen des in den Abendmahlswein getauchten Brotes (an Kranke); → Intinktionskelch

codex *lat., Stamm, Block*, antikes Buch aus gewachsten hölzernen Schreibtafeln, beschriebenem Pergament od. (selten) Papyrus; Handschrift in Buchform; Gesetzbuch; **Codex Hammurabi**, Gesetzwerk des babylon. Königs H. (um 1700 v. Chr.); **C. Iuris Canonici** (CIC), *Buch d. kanon. Rechts*, kath. Gesetzbuch (1917), setzte das → Corpus Iuris Canonici außer Kraft; durch Papst Johannes XXIII. 1959 angekündigt u. durch Paul VI. 1963–65 in Gang gesetzt, schuf eine päpstl. Reformkommission den revidierten CIC, → promulgiert 25. 1. 1983 durch Johannes Paul II. (1776 Canones statt bisher 2414), in Kraft getreten am 1. Advent 1983; → Lex Ecclesiae Fundamentalis; **C. Iuris Canonici Orientalis** (CICO), Ausgabe des kath. Gesetzbuches für die → Unierten Kirchen des Ostens (1928); **Justinianus**, die rel. u. kirchl. Gesetzgebung Kaiser Justinians († 565) enthaltende Sammlung (529, 534); **c. rescriptus** → Palimpsest; **Codex rubricarum** *lat.*, umfangr. vorkonziliares Dekret zur → Rubrikenreform von 1960 für → Brevier u. → Missale; **Kodifikation**, Zusammenfassung von Rechtsstoff in planvoll gegliederten Gesetzbüchern

coena Domini *lat., Herrenmahl*, Abendmahl; Gründonnerstag; **coenaculum**, *Speisesaal*

coenobium *gr., lat., Gemeinschaftsleben*; Kloster, **Coenobiten**, *in Gem. lebende* Mönche (Ggs. → Anachoreten)

co'ercitio *lat., Einschränkung, Züchtigung*; röm. Recht: das gegen Christen angewandte «Bestrafungsrecht» des Magistrats

coetus electorum (= praedestinatorum) *lat., Vereinigung der* (wenigen) *Erwählten* (→ Prädestinierten); **c. vocatorum**, *V. der Berufenen* (= aller Getauften; → ecclesia stricte/late dicta)

cogito ergo sum; cogitans sum, lat., *ich denke, also bin ich* (Descartes, † 1650, → Cartesianismus)

cognatio spiritualis *lat.*, kath.: *geistliche Verwandtschaft* (entsteht durch Spendung u. Patenschaft bei → Taufe u. → Firmung)

cognitio *lat., Erkenntnis*, dogm.: bes. Gotteserk. (**c. Dẹi**); gerichtl. Untersuchung

co'incidentia oppositorum *lat., das Zusammenfallen der Gegensätze* in Gott (N. Cusanus, † 1464)

collatio *lat., Übertragung* der → Pfründe je nach Kollationsrecht (**Kollatur**) durch den zust. Oberen (**Kollator; collatio ordinaria**), einen Dritten (**c. extraordinaria**) oder durch freie Ernennung (**c. libera**); **c. libera** auch gemeins. geistl. Lesung der Mönche; Abendmahlzeit; mit Steinbänken versehener Teil des klösterl. Kreuzgangs, wo die Abend- → lektionen stattfanden (Lesegang)

collectarium, Liturgiebuch mit Tages- u. Festgebeten sowie and. Teilen des → Officium divinum

Collegium Germanicum *lat.*, 1551 v. Ignatius v. Loyola gegr. Institut zur Ausbildung deutscher Priester (unter jesuit. Leitung); **collegium biblicum**, → pietistische Auslegungsvorlesung; **c. philobiblicum**, von Francke († 1727) begr. → Magister-Verein zu erbaulicher Erklärg. der Bibel aus dem hbr. u. gr. Urtext; **c. pietatis**, von Spener († 1705) angeregte Privatversammlung zur erbaul. Bibellese, Predigtbesprechung u. Seelsorge; **c. sacrum**, *hl. Versammlung*, Kardinalskollegium

colobium *gr. / mlat., Kutte* östl. Mönche

columba *lat.*, Gefäß in Form einer *Taube* für die → Hostie; **columbarium**, *Taubenhaus*; Grabkammer mit Urnennischen

comity *engl., Höflichkeit*; auf Vereinbarung von Missionsgesellschaften beruhende Abgrenzung von Missionsbezirken

comma Johanneum *gr.-lat., johanneischer Abschnitt*, die → Interpolation in 1 Joh 5, 7 (4. Jh.) über die → Trinität

commemoratio pro vivis et mortuis *lat., Verlesung von Namen Lebender u. Toter zur Fürbitte* in der Messe; **c. omnium fidelium defunctorum**, *Gedächtnis aller frommen Toten*, Allerseelen (2. Nov.), **c. omnium sanctorum**, Allerheiligen (1. Nov.)

commendatio animae *lat., Empfehlung der Seele*, liturg. Sterbegebet

Common Prayer Book, *engl., Allgemeines Gebetbuch*; zuerst 1549 unter Erzbischof Cranmer, dann 1559 unter Elisabeth I. u. erneut 1662 in meist noch heute gültiger Fassung eingeführtes → Agenden-, Gesang- und Gebetbuch der → anglikan. Kirche; 1980 im Zuge einer Liturgiereform in England probeweise Freigabe des **Alternative Service Book** (Alternatives Liturgiebuch), das aber umstritten blieb

commune sanctorum *lat., Gemeinsames der Heiligen*[tage], Teil des kath. Meßbuchs, mit Formularen für Heiligenfeste ohne eig. Liturgie

Communicantes *lat.*, Heiligengedächtnis im 1. Hochgebet des röm. → Meßkanons, benannt nach dem Anfangswort

communicatio → idiomatum *lat.-gr., Mitteilung der Eigenschaften*, dogmat.: «Idiomenkommunikation», Gemeinschaft bzw. der Austausch der göttl. u. der menschl. Natur in der Person Christi (aber → Allöosis); **c. in sacris**, kath.: *Teilnahme an* → akatholischen *gottesdienstl. Handlungen;* **c. in spiritualibus**, geistl. Gemeinschaft, z. B. im Gebet

communio, Kommunion (→ Abendmahl) *lat. (engl. communion), Teilhabe, Gemeinschaft*; Abendmahlsempfang (→ Abendmahlsgemeinschaft); **c. infantium**, *Kinderkommunion*; **c. naturarum**, *Vereinigung der Naturen*; dogmat.: in Christus verbinden sich göttliche und menschliche Natur zu einer Person (aber → communicatio idiomatum); **c. neophytorum** *gr.*, Erst*kommunion Neubekehrter*; **c. praedestinatorum**, ref. dogmat.: Kirche als *Gemeinschaft der zum Heil Vorherbestimmten*; **c. sanctorum**, Ausdruck im 3. Art. des → Apostolikums, meint urspr. *Gemeinschaft an den hl. Gütern* der Kirche (= an den → Sakramenten); später: *Gemeinschaft der* → *Heiligen*; **c. sub una (specie)**, *K. untereinerlei (Gestalt)*, nur der Priester erhält beim Abendmahl Brot und Wein, die Gemeinde erh. nur Brot (kath.); **c. sub utraque (specie)**, *Kommunion unter beiderlei (Gestalt)*, d. h. die Gemeinde erhält beides (ev.); → **Antiphona ad communionem**, kath.: Psalmges. bei und nach der Austeilung

compagnie vénérable *frz., ehrwürdige Truppe*, aus Pastoren (ministres) u. Lehrern (docteurs) gebildeter Ausschuß in der Kirchenverfassung Calvins zur Kirchenleitung neben dem → Konsistorium

compelle intrare *lat., nötige sie, hereinzukommen* (Lk 14, 23 → Vulgata); Schlagwort für gewaltsame Rückführung in die kath. Kirche o. → Mission unter Druck

competentes (baptismum), lat., *die die Taufe Erstrebenden* → Katechumenen

completorium, Komplet *lat., Schlußgebet*, gr.-orth.: **apodeipnon** *gr., nach d. Mahl*, liturg. Nachtgebet

complex *lat., Komplice*; **c. in peccato**, *Mitsünder*

complexio oppositorum *lat., Zusammenfassg. v. Gegensätzen*

Complutensis, durch Gelehrte u. Drucker der Universität Complutum (Alcalà) bearb. hbr.-gr.-lat. Bibelausgabe (1501–17)

computus (paschalis), *lat.*, alljährliche *Osterberechnung*, u. damit des christl. Festkalenders

concelebratio *lat., gemeinsame Meßfeier* mehrerer Priester

conceptio → immaculata c.

conclusio *lat., Schlußfolgerung*; **c. theologica**, kath.: *theol. Ableitung* von Wahrheit aus offenbarten Prinzipien, bes. Erkenntnismethode der scholast. Theologie, aus Glaubenswahrheiten der Offenbarung (intellectus fidei) durch vernünftige Schlußfolgerung weitere Glaubenserkenntnisse (scientia fidei) zu gewinnen (Konklusionstheologie)

Concordantia caritatis *lat.*, **Einklang der Liebe**, Titel einer → typolog. Schrift des niederösterr. → Zisterzienserabtes Ulrich von Lilienfeld um 1355, die (nicht chronolog. wie die → Biblia pauperum, sd.) nach dem → Kirchenjahr angelegt ist u. neben die → Perikopen die Heiligen → viten stellt, nach dem Vorbild von → Brevier u. → Missale; auch Liber figurarum u. Speculum salutis genannt

concursus divinus *lat., Miteinandergehen* des Schöpfer*gottes* u. der natürlichen, geschöpflichen Kräfte bei der → gubernatio mundi; aber → cooperatio

condemnatio *lat.*, feierl. *Verurteilung* falscher Lehre

conditio Jacobea *lat., Bedingung des Jakobus* (Jak 4,15): So der Herr will und wir leben...

conductus *lat.*, MA: Lied beim Auftritt einer Person im geistl. Drama oder beim Gang des → Diakons zum Lesepult; mehrstimmiger Satz, im 13. Jh. von der → Motette abgelöst

confectio *lat.*, kath.: wirksame *Bereitung* des → Sakraments durch priesterl. Wort

confessio *lat., Bekenntnis*; Sünden- (→ Beichte) od. Glaubensbekenntnis (→ Symbol, → Bekenntnisschriften); Altar bei → Märtyrer- bzw. → Reliquiengrab; Kammer davor; **c. generalis**, *allg. Sündenbekenntnis*, «offene Schuld»; **c. oris**, *mündl. Sündenbekenntnis* vor dem Priester, zwischen → contritio cordis u. → satisfactio operis 2. Stück des kath. Bußsakraments; **c. secreta**, *geheimes Bekenntnis*, Ohrenbeichte; **C. Augustana (invariata; CA)**, von Melanchthon für den Reichstag zu Augsburg (1530) verfaßte, grundlegende ev.-luth. Bekenntnisschrift; **CA variata**, in Abendmahlslehre u. a. *veränderte* Fassung (1540); **C. Belgica**, 1561/1566 Bekenntnisschrift der ref., befreiten niederländ. Provinzen; **C. Gallicana**, frz. Bek. der → Hugenotten (1559); **C. Helvetica prior**, *1.* ref. *Schweizer Bek.* von Bullinger, Mykonius u. a. (1536); **C. Helvetica posterior**, *2. Schweizer Bek.*, 1562 v. Bullinger zunächst als Privatbek. verfaßt, dann (1566) in der Schweiz, Frankr., Ungarn, Schottland u. a. angen.; **C. Marchica**, unter Kurfürst Johann Sigismund 1614 für brandenburg. Hof- u. → Hugenottengemeinden verfaßtes Bek.; **C. orthodoxa**, v. Petrus Mogilas (Metropolit von Kiew, † 1647) verfaßtes Glaubensbek.; **C. Saxonica**, sächs.-luth. Bek. von Melanchthon 1551 für das → Tridentinum verfaßt; **C. Scottica**, Schottisches Bek. von 1560 nach dem Vorbild der C. Gallicana; **C. Tetrapolitana**, *Vierstädtebek.*, von Bucer u. Capito für den Reichstag von Augsburg (1530) verfaßt (Straßburg, Konstanz, Lindau, Memmingen); **confessionalia**, *Beichtbriefe*, die dem Inhaber bei jedem Beichtvater (einmalige) → Absolution sicherten; **confessionarius**, der beichthörende Priester; **confessores**, *Bekenner*; altkirchl.: Christen, die in Verfolgungszeiten ihren Glauben bekannten, ohne mit dem Tode bestraft zu werden (jedoch Zwangsarbeit, Kerker u. ä.); → Märtyrer

confirmatio, *lat., Bestätigung* (eines Bischofs durch den Papst); → Firmung, → Konfirmation

confịteor *lat., ich bekenne*, allg. Sündenbekenntnis in der Messe

conformitas *lat., Gleichgestaltung* (z. B. mit Christus)

confutatio *lat., Widerlegung*, Name der von kath. Theologen (Eck u. a.) verf. Schrift gegen die → Confessio Augustana

Congregatio de doctrina fidei → Kongregation

connexa *lat., verknüpfte*; scholast.: Begriffe, die sich sachlich u. sprachlich gegenseitig fordern (wie Schöpfer–Geschöpf)

connotata *lat.*, scholast.: Begriffe, die sich sachlich gegenseitig fordern (wie Vater–Sohn)

conopẹum *gr.-lat., Mückennetz* in Zelt- od. Vorhangform; → Baldachin über dem Altar; Vorhang vor dem → Tabernakel

conscientia *lat., Mitwissen, Bewußtsein, Gewissen*; **c. antecedens**, [der Tat warnend] *vorangehendes*, **c. consequens**, *folgendes Gewissensurteil*; **c. errans**, *irrendes Gewissen*; **c. perplexa**, *das verwirrte G.*

consensus *lat., Übereinstimmung*; **c. gentium**, *Ü. der Völker* (→ Gottes-, Wahrheitsbeweis); **c. patrum**, kath.: *Übereinstimmung der* → Kirchen*väter*, ist für den → Glauben → normativ; **c. quinquesaecularis**, (angebliche) dogm. *Ü. der 5* (ersten) *Jahrhunderte* (Calixt † 1656); **c. repetitus**, *wiederholte Ü.*; gegen Calixt gerichtetes Glaubensbek. der luth. Wittenberger Theologen (1655); **c. theologorum**, *kath.: längere Zeit allg. vertretene theol. Lehren sind verbindlich*; **C. Tigurinus**, *Züricher Ü.*; von Bullinger 1549 verf. Bekenntnisschrift, die deutsch- u. frz.-schweizer. Ref. in der Abendmahlsfrage zusammenbrachte

conservatio (mundi) *lat., Erhaltung (der Welt)*; → gubernatio

consignatio → Firmung; **consignatorium** *lat.*, Raum für die → Firmung, auch Chrismarium (→ Chrisma) genannt

consilium administrationis *lat.*, kath.: *Verwaltungsrat* für Kirchenvermögen (neben Bischof); **consilia evangelica**, *evangelische Räte*, kath.: frei zu wählende Mittel christl.

Vollkommenheit (Jungfräulichkeit, Armut, Gehorsam: Mt 19, 12.21; 16, 24), die klass. Mönchsgelübde
consolamentum *lat., Trost*; → Katharer: Geisttaufe durch Handauflegung
consolatio fratrum → mutuum colloquium et...
consortium vitae *lat., Lebensgemeinschaft*, Ehestand
Constantinopolitanum, Bekenntnis des → Konzils von Konstantinopel (381); → Nicaenoconstantinopolitanum
constitutio apostolica *lat.*, päpstl. *Anordnung*; → Bulle; **c. Romana** (824), überwies die Papstwahl ausschließl. dem → Klerus u. Adel u. machte die → Weihe von kaiserl. Bestätigung u. vom Huldigungseid des Gewählten abhängig
Consuetudines *lat.*, Aufzeichnungen über *Gewohnheiten* der verschiedenen → Orden; **Consuetudinarium**, Verz. der gültigen Gewohnheiten
consummatio mundi *lat., Ende der Welt*; **consummatum est**, *es ist vollbracht* (Joh 19, 30 → Vulgata)
contestatio *mlat., inständiges Gebet*, → Präfation der gallikan. Messe
contrafactum → Parodie
contra sextum *lat., gg. das 6. Gebot*
contritio cordis *lat., Zerknirschung des Herzens*; kath.: vollk. Reue aus reiner Liebe zu Gott; Ggs. → attritio
conventus *lat., Konvent, Zusammenkunft, Genossenschaft* von Mönchen u. a. Korporationen; Kloster; **Konventuale**, Mitglied eines K.s (→ Observanten)
conversatio → conversio
conversi *lat., Bekehrte*; urspr. Mönche (→ conversio morum, → Religiosen, → saeculares); später: Laienbrüder; **conversio**, → **Konversion**, *Bekehrung*; kath.: auch → Wandlung der → Eucharistie; **c.** (auch **conversatio) morum**, *Vertauschung* von weltlichem mit mönchischem *Leben*
cooperatio *lat.*, dogm.: *Zusammenwirken* Gottes mit Geschöpfen (kath.: bei der Rechtfertigung; Luther: Gott macht d. Glaubenden [→ Glauben] zu seinem Cooperator [aber → instrumentum] bei der → conservatio mundi); aber → concursus
copula *lat., Band*, Überleitung; **c. carnalis**, *fleischl. Verbindg.*, kath. Kirchenrecht: die Eheschließung vollendender Beischlaf («vollzogene Ehe»)
coram *lat., angesichts, vor*; **c. deo**, *vor Gott*; **c. hominibus**, *vor den Menschen*
cornu epistolae, *lat.-gr.*, → *Epistel-* oder Kelch*seite* des Altars (von der Gemeinde aus rechts); **c. evangelii** → *Evangelien-* oder Brot*seite* (links)
corona *lat., Kronleuchter; Brautkranz*; **c. clericalis** oder **sacerdotalis**, → **Tonsur**; **Coronati** → Quattuor Coronati
Corporale, kath.: Altartuch für → Hostie u. Kelch, Symbol des Leichentuchs Christi
corpus *lat., Körper, Körperschaft, Schriftwerk, Sammlung*; **c. catholicorum** bzw. **evangelicorum**, *Körperschaft der kath.* bzw. *ev.* Reichsstände, gegr. 1663 zu getrennter Behandlung der Religionsfragen im deutschen Reichstag (bis 1806); **c. Christianum**, *Christenheit*; **c. Christi mysticum**, der → *mystische Leib Christi*, kath.: die Kirche als geschichtl.-ewige Auswirkung Christi, der in seinen Gläubigen geistlich gegenwärtig ist; **c. Christi**

permixtum, *der gemischte Leib Christi*, dogm.: die Kirche ist Leib Christi (1 Kor 12, 27), aber unter dem Gläubigen sind Unheilige; **C. doctrinae**, *Lehrwerk*, ev. Sammlungen von → Symbolen; **Corpus Hermeticum**, Sammlung der meisten der → Hermetischen Schriften; **C. Iuris**, Sammlung des röm. *Rechts*; **C. Iuris Canonici**, dass. des kath. Kirchenrechts seit dem MA (aber → Codex Iuris Canonici); **C. Paulinum**, Paulusbriefe; **C. Reformatorum** (CR), Sammelwerk von Schriften der → Reformatoren

correctio fraterna *lat., brüderliche Zurechtweisung* nach Mt 18, 15

corredemptrix *lat.*, kath.: Maria als *Miterlöserin* (kath. Schulmeinung)

correptio fraterna → correctio fr.

cortina *mlat., Vorhang*, Altar- → Baldachin, -Behang

Cor unum *lat.*, ein Herz, päpstl. Entwicklungs-Hilfswerk

Covenant *engl., Bund, Testament*

creatio *lat., Schöpfung*; **c. continua**, *unaufhörliche(s) Schöpfung*(sgeschehen); **c. prima**, *erste Schöpfung* (des Weltenstoffes); **c. secunda**, *zweite Schöpfung* (v. Dingen u. Wesen); **c. ex nihilo**, *Schöpfung aus dem Nichts*; **creator**, *Schöpfer*; **creatura**, *Geschöpf*; **creatura papae**, *Ernennung der* → Kardinäle durch den *Papst*

credenda *lat., zu glaubende Dinge*; **credenditas**, Glaubensverpflichtung; **credo**, *ich glaube*; → Apostolikum; **c. quia absurdum**, *ich glaube, weil es widersinnig ist* (nach Tertullian † ca. 220); **c. ut intelligam**, *ich glaube, um zu erkennen* (Anselm v. Canterbury † 1109)

crepitacula *lat.*, ostkirchl.: *Holzklappern*, die man z. T. in der Karwoche statt Glocken benutzt

crimen laesae majestatis *lat., Verbrechen der verletzten Majestät, M.sbeleidigung*; **c. laesae religionis**, *Vergehen geg. die Religion*; röm. Rechtsgrund zur Verfolgung

crux ansata *lat., Henkelkreuz* (ägypt. Lebenssymbol); **c. commissa**, *zusammengefügtes*, sog. Antonius- od. ägypt. *Kreuz* in T-Form; **c. interpretum**, *Kreuz der Ausleger*, schwer zu deutende (Bibel)Stelle; **c. monogrammatica**, monogrammat. Kreuz, → XR; **c. portabilis**, *Tragkreuz*; **c. triumphalis**, im → Triumphbogen hängendes Kreuz

cubiculum *lat., Schlafzimmer*, Familiengrab in → Katakomben

cuius regio, eius religio *lat., in wessen* (Fürsten) *Gebiet* man lebt, *dessen Religion* muß man haben, Rechtsgrundsatz nach dem Augsburger Religionsfrieden (1555), im → Westfäl. Frieden (1648) durch ein Staatskirchentum ohne Gleichheit der → Konfession von Fürst (→ Summepiskopat) u. Volk abgelöst

culpa *lat., Schuld*; **c. actualis**, *Tatsünde*; **c. originalis**, *Erbsünde*; → felix culpa, → mea culpa

cultus relativus personae → Ikonodulie

cumulatio beneficiorum *lat., Häufung v.* → *Pfründen* in einer Hand

cuppa *lat.; Becherteil des Kelches*

cura animarum *lat., Seelsorge*; **c. religionis**, *Sorge* der weltl. Obrigkeit *für die Religion*, d. h. für Glaubenssachen u. Kirchenwesen, seit der Reformation, bes. in der *Wahrung* der göttl. Gebote *des* → *Dekalogs der 1. u. 2. Tafel* (custodia utriusque tabulae); urspr. im Ggs. zu → Summepiskopat u. → cuius regio eius religio

Cur Deus homo *lat., Warum* wurde *Gott Mensch?* Titel einer Schrift Anselms v. Canterbury († 1109) über die → Satisfaktionslehre

Curriculum, *lat., Verlauf;* nach Lernzielen u. -schritten aufgebauter Unterrichtsplan

Cursillo *portug., kl. Kursus*; Cursillo-Arbeit, zuerst in kath. → Basisgemeinden durchgeführte kurze Glaubenskurse, meist an Wochenenden; seit einigen Jahren Arbeitsform d. → Gemeindeaufbaus

cursus horae diurnae → Hore

curvatus → incurvatus

custodes *lat., Wächter*; Schutzhüllen, span.: Altarbehänge

custodia utriusque tabulae *lat., Beachtung beider Gesetzestafeln*; → cura religionis

cymbalum *lat., Schelle* (zwei runde Platten)

D

Dada, Didi *sanskr.*, männlicher, weiblicher Guru-Schüler

Dämon *gr., daimōn*, urspr. eine unpersönl. Macht, dann eine nicht näher bestimmte Gottheit sowie persönl. Schutzgeist, auch innere Stimme (daimonion, Sokrates); später (ntl. Zeit) die zw. Göttern u. Menschen stehenden guten u. bösen Geister; **Dämonie**, unheimliche, lebenstörende Macht; **dämonisch**; **Dämonologie**, *Lehre von dämon. Mächten*

Dagoba, buddh. → Reliquienschrein

Dakhmas *pers., Scheiterhaufen*, Türme zur Luftbestattung (Vögel), um die (heiligen) Elemente Feuer u. Erde reinzuhalten

Dalai-Lama, Oberhaupt des tibetan.-theokrat. Staates (→ Lamaismus), dem im rel. Bereich der → Pantchen-Lama gleichberechtigt zugeordnet ist; gilt als → Bodhisattva

Dalmatik, liturg. Obergewand der kath. → Diakone, auch Levitengewand genannt; → Tunizella

Damaskinen, rel.-erbauliche, volkssprachl. bulgar. Texte aus dem 16.–18. Jh., benannt nach dem griech. Theologen Damascenus Studites, urspr. wohl dessen Werke enthaltend

Damaskusschrift, Schrift der → Qumran- → Essener über die «Gemeinde des Neuen Bundes im Land Damaskus»

damnamus *lat., wir verdammen*, kirchl. Verwerfungsformel; → Anathema; **damnatio**, *Verdammung*

danse macabre → Totentanz

Darbysmus, vom → anglikan. Geistl. Darby († 1882) gegr. Gemeinschaft vom Hl. Geist geleiteter Brüder ohne kirchl. Organisation; aus der Bewegung der Plymouthbrüder erwachsen, trennte sich der D. 1831 von dieser

Darmstädter Erklärung, «Wort des → Bruderrats der → EKD zum polit. Weg unseres Volkes» vom 8.8.1947, mit dem nach → Kirchenkampf u. Zusammenbruch des Dritten Reichs zu tiefgreifender Buße u. Wandlung der Kirche aufgerufen wurde

Darwinismus, nach Ch. Darwin († 1882), die Lehre, daß sich beim Kampf ums Dasein in der Evolution nur das Anpassungsfähigste durchsetzt (natürliche Auslese = Selektionstheorie); vgl. → Sozialdarwinismus

Datarie *lat., Gebende*; Behörde der → Kurie, die Gnadenbewilligungen (→ Pfründe u. Privilegien) erledigt, geleitet **v. Datar**

datio salis *lat., Darreichung des Salzes*, altkirchl. Brauch bei → Katechumenen-Aufnahme

Davidsstern → Hexagramm

debitum *lat., Geschuldetes*

Dechant → Dekan

Dechristianisierung, Bez. für die Religionspolitik der radikalisierten Franz. Revolution 1792–93, die die Abschaffung der christl. Tradition zugunsten des «Kultus der Vernunft» anstrebte

decorum *lat., Geziemendes*; **d. pastorale (clericale)**, *das für → Kleriker Schickliche*

Decretum *lat., Entscheidung, Beschluß, Lehrsatz*; → Konzils-Beschluß; gesetzgeberische Erlasse u. Verwaltungsverfügungen des Papstes u. der Bischöfe; **d. absolutum**, unbedingt gültiger Beschluß (Gottes; Calvin über → Prädestination); **D. Gratiani**, um 1140 von dem Mönch Gratian (Rechtslehrer in Bologna) verfaßtes Lehrbuch des Kirchenrechts mit Rechtsquellen, 1. Teil des → Corpus Iuris Canonici; → Dekretalen

dedicatio *lat., Zueignung*; **Dedikationsbild**, Widmungsbild, Stifterdarstellung

Dẹesis, *gr., Bitte*, Darstellung des thronenden Christus mit fürbittend erhobenen Händen oder der fürbittenden Maria u. Johannes, zwischen ihnen Christus als Weltenherrscher oder -richter

defectus *lat., Mangel*; **d. justitiae originalis**, *Fehlen der urspr. Gerechtigkeit* (nach dem Sündenfall)

Defensor fịdẹi *lat., Verteidiger des Glaubens* (Ehrentitel des engl. Königs); **D. pacis**, *Verteidiger des Friedens*; Streitschrift des Marsilius von Padua für die Unabhängigkeit der staatl. von der kirchl. Gewalt (1324)

Definition *lat., Abgrenzung*, (Begriffs)bestimmung; kath.: verbindl. Lehrentscheidung; Teil einer Ordensprovinz; **definitiv** → diffinitiv; **Definitor, Diffinitor**, Beisitzer des Oberen einer Ordensprovinz; Vorsteher einer → Definition; Gehilfe u. Stellvertreter des → Dekans

Defixion *lat., Festheftung*, Zauberbrauch: durch Vernichtung des geschriebenen Namens (auf Fluchtafeln od. einer Abbildung des Gegners [D.puppen]) soll dieser selbst getroffen werden

Degradation *lat.*, strafweise Entlassung eines Geistlichen mit *Entziehung der Standesrechte*

De'ifikation *(lat. → Deus, Gott), Vergottung* irdischer Größen; **dẹi gratia**, *von Gottes Gnade*, Titelzusatz (Bischöfe seit 5. Jh., Fürsten seit Karolingern); **deịpara** → theotokos; **Deịsmus**, Anschauung (bes. 18. Jh.), die das Dasein Gottes als Schöpfer bejaht, aber sein nachträgl. Eingreifen in den Weltlauf, der wie ein Uhrwerk abläuft, u. eine geschichtl. Offenbarung ablehnt u. nur natürliche oder Vernunftreligion sein will

De'isidaimonie *gr., Gottesfurcht, Aberglaube*

Dekalọg *gr., Zehn Worte*; die Zehn Gebote (2 Mose 20; 5 Mose 5 = ethischer D.; 2 Mose 34 = kultischer D.)

Dekan, Dechant, → Superintendent, → Propst, Ober-, Kreispfarrer, ref.: → Ephorus, gr.-orth.: Erzpriester, Archipresbyter, Protopresbyter, Leiter eines Kirchenbezirks (Dekanat), Klosters, → Dom- oder Land- → Kapitels; **Dekan** auch: Geschäftsführer einer Universitäts-Fakultät

Dekạpolis *gr.*, Bund von urspr. *zehn* → hellenist. *Städten* im Ostjordanland (63 v. Chr. bis um 200 n. Chr.)

Dekretalen *lat.*, MA: *Entscheidungen* der Päpste auf Anfragen üb. kirchl. Disziplinarfälle; päpstl. Erlasse nach Aufnahme in das → kanonische Recht, Konzilsbeschlüssen gleichgestellt; **Dekretalist**, mtl. Kirchenrechtslehrer, der nachgratianisches → kanonisches Recht las; **Dekretist**, Kirchenrechtslehrer, Kommentator des → Decretum Gratiani (aber → Legisten)

Delphi, Orakelstätte des Apollo

Dema-Gottheiten, Naturgottheiten, die sterben (sich töten), um ihr Fleisch, Blut etc. den Menschen zur Nahrung zu geben

Demeritenhäuser *lat.*, kath.: Besserungsanstalten für straffällige Kleriker

Demiurg *gr., Handwerker*, nach → gnostischen Sekten (seit 2. Jh.): der böse (gerecht vergeltende) Weltschöpfer (→ Jahve) im Ggs. zum guten, gnädigen Gott des NT

Denar → Pfund; **Denarius St. Petri** *lat., Peterspfennig*, MA: freiwillig, dann Steuer; 1860 neu freiwillig

Denkschrift, Bez. für viele der von Kammern oder Kommissionen im Auftr. erarbeiteten u. vom Rat der → EKD veröffentlichten Stellungnahmen zu aktuellen sozialethischen u. polit. Fragen; seit 1961 über 20 solche D. (z. T. auch bez. als Gutachten, Stellungnahme, Studie, Thesen usw.)

Denkzettel → Tefillim

Denomination *lat., engl., Benennung*, Ernennung zum Amt; amerikan.: rel. Gemeinschaft

Denzinger (/Schönmetzer), Zitiertitel für: Enchiridion symbolorum, definitionum et declarationum de rebus fidei et morum, hrsg. von H. Denzinger, Erstausg. 1854, ab 32. Aufl. 1963 hrsg. von A. Schönmetzer – die gebräuchlichste Sammlung lehramtl. Dokumente der kath. Kirche in chronolog. Ordnung

Deo gratias (habeas oder **habeo)** *lat., Gott sei Dank!* (Antwort auf → ite, missa est); → Benedicamus Domino

deontologischer → Gottesbeweis

Deo volente *lat., wenn Gott will*

depositio *lat., Bestattung*; **d. martyrorum**, (kalendar.) *Märtyrerverzeichnis*; **Deposition**, *Niederlegung*; kath.: unwiderrufliche strafweise Absetzung eines Geistlichen u. Entziehung des → Weihrechtes; **depositum fidei**, *das hinterlegte Glaubensgut*; kath.: der Kirche anvertrauter Glaubensinhalt (vgl. 1 Tim 6, 20)

deprecatio *lat., dringendes Bitt- u. Sühnegebet*; **deprekatorisch**, *fürbittend*; **Deprekatur**, bei Schenkungen an die Kirche (Klöster u. a.) vom Geber auf Lebenszeit vorbehaltenes Recht auf die Einkünfte

De profundis *lat., Aus der Tiefe* rufe ich, Herr, zu Dir; Ps 130, 1

Dermung *(lat. terminare, weihen, zueignen)*, → Konsekration (Luther)

Derogation *lat.*, teilweise Aufhebung (bzw. Änderung) eines Gesetzes; → Abrogation

Derwisch *pers., Bettler*, Mitglied islam. arm lebender mönchsartiger Genossenschaften, die in erregenden Andachtsübungen durch → suggestive Mittel → mystische Vereinigung der Seele mit Gott erstreben («**Derwischtänze**»)

descensus ad inferos *lat., Abstieg zu den Unterirdischen,* zur «Hölle», in das Reich der, zu den Toten; im 4. Jh. in kirchl. Glaubensbekenntnisse aufgenommen (vgl. 1 Petr 3, 19; 4, 6)

De'servitenjahr *lat.*, den Erben eines → Pfründen-Inhabers zukommende Früchte des letzten Amtsjahres

desiderium naturale *lat., natürliches Verlangen*; Thomas v. Aquin

(† 1274): der menschl. Geist ist zum Streben nach Anschauung Gottes u. Gotteserkenntnis erschaffen

Designation *lat., Bezeichnung*; **designatus**, *vorläufig* für ein Amt *Berufener*

Desservant *lat.*, kath.: Priester, der zeitweilig eine Pfarre verwaltet; → Sukkursalpfarrer

destructio *lat., das Niederreißen*, beim → Opfer geschehene Zerstörung der Materie; **Destruktionstheorien**, kath.: Theorien über das Meßopfer; Ggs.: → Oblationstheorien

de tempore *lat., nach der Zeit*, nach Ordnung des → Kirchenjahres; **Detemporelied**, das nach dem Sonntag ausgewählte Hauptlied

determinatio *lat., Bestimmung*; **Determinismus**, Auffassung, der Wille des Menschen sei völlig (vorher-)bestimmt; Ggs. → Indeterminismus, → liberum arbitrium

deus *lat., Gott*; **d. absconditus**, *der verborgene Gott* (Jes 45, 15); Luther: der Unglaube erkennt im Gekreuzigten nur den Zorn oder die Abwesenheit Gottes, der Glaube sieht in ihm den Erweis der Liebe des **d. revelatus**, des *offenbarten Gottes*; **d. ex machina**, *der Gott aus der Maschine*, szenisches Mittel im gr. Drama zur Lösung von Konflikten; mod. Schlagwort für oberflächliche Behandlg. von Problemen oder unwirkliche Erwartungen zu ihrer Lösung; **deus sive natura** *lat., Gott oder die Natur*, → pantheisierende Formel Spinozas († 1677) für die einzige, ewige, unendliche → Substanz

deutero- *gr., zweit-*; **Deuterojesaja**, unbek. Verfasser von Jes 40–55; **deuterokanonisch**, Schriften, deren Zugehörigkeit zum → Kanon umstritten ist; → Apokryphen; **Deuteronomium** (Dtn), *Gesetzeswiederholung*, 5. Buch Mose, Name durch Fehlübersetzung des hbr. Urtextes in 17,18 («Abschrift des Gesetzes») entstanden; **deuteronomisch** (dt.); **deuteronomistisch(es Geschichtswerk)** (dtr., Dtr.), die Bücher Dtn bis Kön (nach and. Auffassg. ab Jos); **deuteropaulinisch**, die vermutlich unechten Paulusbriefe (Kol, Eph); **Deuterosacharja**, Sach 9–14, Stücke unbekannter Herkunft

Deutsche Christen, 1932 entstandene Richtung, die aus polit.-rel. Motiven die nationalsozialist. Weltanschauung in der ev. Kirche zur Herrschaft bringen wollte (→ Antisemitismus, Führerprinzip, Verwerfung des AT, Geschichte [Hitler!] als Offenbarung Gottes); Ggs.: → Bekennende Kirche, → Barmen

Deutsche Evangelische Kirche (DEK), (Versuch einer) Einheitskirche Deutschlands (11.7.1933); → Bruderräte

Deutscher Evangelischer Kirchenausschuß, aus der → Eisenacher Konferenz 1903 entstandene Arbeitsgemeinschaft aller ev. Kirchen Dtschld.s

Deutscher Evangelischer Kirchenbund, Zusammenschluß aller dtsch.en Landeskirchen (1922), fußend auf dem **Dtsch.Ev.** → **Kirchentag** (1919/1921)

Deutsche Theologie (Theologia deutsch), Werk eines unbekannten Frankfurter Priesters (um 1400); 1516 u. 1518 von Luther neu herausgegeben

Deutschherren, Deutsch(er → Ritter)**-orden**, Domus S. Mariae Teutonicorum, in Jerusalem im 12. Jh. nach → Templerregel entstanden

Deutschkatholiken, Bewegung geg. den → Ultramontanismus im 19. Jh. (→ rationalistisch)

Devolutionsrecht *lat., Abwälzung*, u. U. gesetzmäßiger *Übergang* eines Rechtes auf eine and. (höhere) Instanz, meist bei Verleihung eines Kirchenamtes; **Devolutionstheorie**, Gedanke des → Episkopalsystems, das bischöfl. Recht in geist. Fragen sei bei der Reformation auf die ev. Landesfürsten *übergegangen*, ohne damit zu ihren natürlichen Rechten zu zählen; Ggs. → Restitutionstheorie

devot *lat., andächtig; unterwürfig*; **devotio**, *Ergebenheit* (gegen Gott); **D. Moderna**, von den **Brüdern vom gemeinsamen Leben (Fraterherren)** im 15. Jh. begr. Frömmigkeit der Gottinnigkeit im Geist der Liebe; **Devotionalien** *lat.*, kath.: *Andachtsgegenstände* wie → Rosenkranz, Heiligenbilder etc.; **Devotionsbeichte**, *Andachtsbeichte*, kath.: Beichte → läßlicher Sünden, nur für → Kleriker u. → Ordens-Angehörige Pflicht; **Devotionsfest** → Ideenfest

Dharma *ind.*; im → Mahayana: die prakt. u. theoret. Lehre des → Buddha bzw. deren unvergängl. Wirklichkeit; im → Hinayana: allgemeine, letzte, unzerlegbare Elemente der → empir. Wirklichkeit; im → Dschinismus: die die dynamischen Vorgänge auslösende Substanz

Dhyanamarga → Bhakti

diạbolos *gr., Zerwerfer, Verleumder*, Teufel; **diabolisch**, teuflisch

Diakon(isse) *gr., Diener(in)*; in der alten Kirche bes. für Armenpflege, 7-Zahl (nach Apg 6,3) stellenweise früh als verbindl. Ordnung verstanden; in der kath. → Hierarchie die Stufe unter dem Priester (aber → Archid., → Kardinald., → Subd.), ähnl. anglikan.; ev.-luth.: in → Brüder- bzw. → Mutterhäusern ausgebildete männl. u. weibl. Mitarbeiter in Kirche («Gemeindehelfer» [aber → Gemeindehelferinnen] u. «Gemeindeschwestern») und → Innerer Mission; ref. **Diakonat** besteht aus Laienhelfern zur Armen- u. Krankenpflege in d. Gemeinde; **Diakonenbeichte**, kath.: Notbeichte vor → Diakonen (seit 4. Jh.) ohne volles → Bußsakrament; **Diakonie̱**, geordneter christl. Liebesdienst bzw. organisierte kirchl. Sozialarbeit; **politische Diakonie**, Bez. für den Dienst der Kirche an der Gesellschaft (gesellschaftl., soziale D.); bes. in der → Ökumene verbreiteter Begriff; **Diakọnik**, Diakoniewissenschaft; **Diakonikọn**, gr.-orth.: → Sakristei hinter der Südtüre in der → Ikonostase; → Parakonikon; **Diakonisches Gebet** → Fürbittengebet; **Diakonisches Jahr**, freiwilliger, zeitl. begrenzter Arbeitseinsatz meist Jugendlicher in einer Einrichtung der Diakonie; **Diakonisches Werk**, Dachverband ev. Einrichtungen der Diakonie; 1957 entstanden durch Fusion von Ev. Hilfswerk (gegr. 1945) u. Innerer Mission (→ missio); einer der 6 freien → Wohlfahrtsverbände; **Diakonus** → Pastor diac.

Dialektik (v. *gr. sich unterreden), Kunst der Unterredung, der Beweisführung*; die mod. D. (Hegels) setzt These u. → Antithese, um über die → Synthese zu einer neuen These fortzuschreiten («**Dreischritt**»; → Idealismus); **Dialektischer Materialismus**, von Marx u. Engels begründet, von Lenin weiterentwickelt: auf philos. Grundlage beruhende, im Ggs. zum →

Idealismus die Abhängigkeit des Bewußtseins vom gesellschaftl. Sein vertretende Wissenschaft von den allg. Bewegungs- u. Entwicklungsgesetzen in Natur u. Gesellschaft; **Dialektische Theologie**, theol. Richtung nach dem 1. Weltkrieg, vertreten u. a. von K. Barth (†1968), R. Bultmann (†1976) sowie F. Gogarten (†1967) u. E. Brunner (†1966), die später e. andere Richtung als Barth vertraten (Zeitschrift «Zwischen den Zeiten», bis 1933), betont die dialekt. Spannung zw. der Jenseitigkeit u. Souveränität Gottes u. seiner Offenbarung (Barth: «senkrecht von oben») einerseits und der Diesseitigkeit u. → Relativität alles Innerweltlich-Menschlichen andererseits (geg. → Kulturprotestantismus). Der Mensch vermag nicht eigentlich von Gott zu sprechen (→ finitum non capax infiniti); seine Rede kann nur «*Zeugnis* von der Offenbarung Gottes» sein (Barth). Offenbarung u. Glaube → transzendieren alle hist. Erkenntnis u. rel. Erfahrung; Gott hat sich in → Christus als der «ganz andere» offenbart. Barth wirkte durch seinen → christozentr. Ansatz auf → Barmen u. die christl. → Friedensbewegung; Bultmann gab mit dem Programm der → Entmythologisierung der ntl. → Hermeneutik neue Anstöße

Dialog *gr., Gespräch*; **dialogisch**, *in Gesprächsform*; **Dialogische Philosophie und Theologie, Dialogismus**, vertritt die Auffassung, daß für das Personsein des Menschen die Ich-Du-Beziehung vorrangig ist (v. a. M. Buber †1965)

diaphane Wand *gr., durchscheinende*, durchbrochene W. in der → Gotik

Diaspora, *gr., Zerstreuung*; außerhalb Palästinas lebende Juden; unter überw. Andersgläubigen lebende Glieder einer → Konfession

Diastase *gr., Auseinandertreten*

Diatessaron *gr., durch vier*; Akkord; → Evangelienharmonie des Syrers Tatian (um 170)

Diatheke → Testament

diatonisch → Kirchentonarten

Diatribe *gr., Gespräch*; → Stoa (u. Paulusbriefe): volkstüml. → dialogische Abhandlung

Dichotomie *gr., Zweiteilung* (Leib, Seele); → Trichotomie

dicta probantia *lat., beweisende Aussagen* (orth.: der Bibel)

Didache *gr., Lehre*; um 100–130 in Syrien verfaßte Kirchenordnung, «Zwölfapostellehre»

Didaskalia *gr., Lehre*; Kirchenordnung des 3. Jh.

Dienste in Übersee (DÜ), vereinigt als «Arb.-Gem. evangelischer Kirchen in Dtld.» zahlr. Einrichtungen innerh. der → EKD u. einiger → Freikirchen zur Vermittlung von Fachkräften in den Entwicklungsdienst (gegr. 1960)

dies indulgentiae *lat.*, → *Ablaßtag* oder **d. mandati**, *Tag des Gebots* (Joh 13, 34) oder **viridium** *Gartentag*, → **Gründonnerstag; d. irae**, *Tag des Zorns*; mtl. Sequenz (kath.: im → Requiem bis zur Liturgiereform 1970)

diffinitiv *lat.*, scholast.: die volle Gegenwart geistiger Größen an jedem Ort (Seele im Körper; Christi Leib im Abendmahl); → repletiv

Dignitar *lat., Träger* einer → kanonischen Würde, liturg. Vertreter des abwesenden Bischofs im → Dom; **Dignität**, mit → Jurisdiktion in eig. Namen verbundenes Kirchenamt

dikaiosynē *gr., Gerechtigkeit* (Gottes, Röm 3,21 f) → justitia

Dikasterium *gr., Gerichtshof*, zusammenfassende Bez. der Instanzen der → Kurie

Dimissoriale, literae dimissoriae *lat., Entlassungsschein*; amtl. Erklärung eines Geistl., die eine ihm zustehende Amtshdlg. einem andern überläßt

Diözese *gr., dioikesis*, geistlicher Verwaltungsbez. eines (→ Erz)Bischofs oder → Dekans (aber → Stift); **Diözesan**, geistl. Mitglied einer D.; **Diözesangericht**, geistl. Disziplinarkammer einer D.; **Diözesankalender**, Festkalender der D. mit eigenen (→ Märtyrer- u. Heiligen-)Festen; → Direktorium; **Diözesansynode**, → Synode einer D. unter Vorsitz des → Bischofs

dionysisch, zum Kult des **Dionysos** (*lat.* Bacchus [Gott des Weines u. der Fruchtbarkeit]) gehörig; seelisch rauschhaft bewegt; Ggs. → apollinisch

Dioskuren *gr.*, Kastor und Pollux (Polydeukes), Zwillings*söhne des Zeus*, Beschützer der Schiffahrt

Diptychon *gr., zweigefaltete* Schreibtafel (der Antike); Listen Getaufter zur Verlesung nach dem Meßopfer (→ Opfer); Klappaltar («Flügelaltar»; → Triptychon); gr.-orth.: Fürbittenliste mit liturg. Namensnennung der hierarch. Amtsträger

Direktorium *lat.*, kath.: jährl. auf → Diözesan- oder Ordensebene erscheinender kirchenamtl. Kalender mit → liturg. *Anweisungen*

Disciples of Christ *engl., Jünger Christi*, amerikan. → baptistische Gruppe (seit 1809), die zugunsten der Bibel u. um der christl. Einheit willen alle Bekenntnisse verwarf

disciplina ecclesiae *lat., Erziehung der Kirche*; Gesamtheit der Rechtssätze, die sich auf die Ordnung des kirchl. Gemeinschaftslebens beziehen; → Kirchenordnung, → Kirchenzucht, → Lebensordnung

Disen, weibl. Schutzgeister der nordischen Religion

Dis'establishment *engl., Entstaatlichung* (der Kirche)

Diskalzeaten *lat., Unbeschuhte*, **Barfüßer**, → Orden, die das Tragen von Schuhwerk (z. T. außer Sandalen) verbieten; Ggs. → Kalzeaten

diskursiv *lat.*, (Denken) in einzelnen Akten *nacheinander*; Ggs. → intuitiv, → meditativ

Dis'membratio *lat., Abtrennung eines Gliedes* (Teiles) einer kirchl. Stelle, Auspfarrung

Dispens *lat.*, der D., kath. Kirchenrecht: die D., *Erteilung* der Befreiung von einer Verpflichtung oder einem Rechtshindernis

dispositio ad justificationem, kath., scholast.: (von Gott unterstützte, → gratia praeveniens) *Vorbereitung* des Menschen *zur Rechtfertigung*; → facere quod in se est

Disputà, kunstgesch.: *Unterredung* der → Kirchenväter über das Geheimnis der → Eucharistie; **Disputation** *lat.*, wissenschaftl. Auseinandersetzung

Dissenters *(lat.), engl. Andersdenkende*; die mit der → anglikan. Kirche nicht Übereinstimmenden (→ Presbyterianer, → Baptisten, → Methodisten u. a.)

Dissidenten *lat., Getrennte*, die keiner Kirche angehören

distincte *lat., deutlich unterschieden*; **distinctio**, *Unterscheidung*; Untergliederung der → quaestiones in einer scholast. → Summa; **d. rationis ratiocinatae**, scholast.: *gedankliche, aber sachlich begründete Untersch.*; **d. rationis ratiocinantis**, nur *für das* subjektiv *urteilende*

Denken bestehende Unterscheidung

Distribution *lat., Austeilung*; → Spendeformel

Disziplin *lat., Unterricht*, Hauptfach in Forschung u. Lehre; **theol. D.en**,: AT, NT, Kirchengeschichte; Systematische Theologie, Praktische Theologie

Ditheismus *gr., Glaube an zwei Gottheiten* (meist männl. u. weiblich)

Dittographie *gr.*, (versehentliche) *Doppelschreibung* eines Buchstabens oder Wortes; Ggs. → Haplographie

Diurnale *lat., Tages*horen-Buch, Auszug aus dem → Brevier (enth. → Matutin bzw. → Laudes bis → Komplet)

Dives in misericordia *lat., reich an Barmherzigkeit*, Gottesprädikat nach Eph 2,4

Divination *lat., Ahnung verborgener* (zukünftiger) Dinge, Wahrsagerei

divus *lat., göttlich*, Titel der röm. Kaiser; mtl.: Bez. für Heilige (Divus Thomas)

docta ignorantia *lat., gelehrte Unwissenheit*, Augustin († 430) für die Unzulänglichkeit alles menschl. Wissens um Gott; Nikolaus von Kues (de d.i., 1440); **doctor** *lat., Gelehrter, Lehrer*; **D. angelicus** od. **D. communis**, *engelgleicher, allgemeiner* (Thomas von Aquino † 1274); **D. christianissimus**, *allerchristlichster* (Gerson † 1429); **D. ecclesiae**, *Kirchenlehrer*, Ehrentitel verdienter Theologen; (seit ca. 1300) **D. honoris causa** (h. c.), *ehrenhalber*; **D. invincibilis**, *unbesiegbarer* (Occam † 1347); **D. irrefragabilis**, *unbrechbarer* (Alexander v. Hales † 1245); **D. melifluus**, *honigfließender* (Bernhard v. Clairvaux † 1153); **D. mirabilis** oder **profundus**, *bewunderungswürdiger, tiefer* (Roger Bacon † ca. 1292); **D. modernus** od. **resolutissimus** (Wilhelm Durandus † 1334); **D.** → **seraphicus** (Bonaventura † 1274); **D. sol(l)emnis**, *gefeierter* (Heinrich v. Gent † 1293); **D. subtilis**, *fein unterscheidender* (Duns Scotus † 1308); **D. universalis**, *alles beherrschender* (Albertus Magnus † 1280)

doctrina evangelii *lat., Verkündigung (Lehre) des Evangeliums*

Dodekalog *gr., Zwölfgebot* (5 Mose 27, 15–26)

Dodeka'propheton *gr., Zwölfprophetenbuch*, die «12 kl. Propheten» (Hos bis Mal)

Dogma, Plr. **Dogmen** *gr., Meinung, Verfügung, Lehrsatz*, → konfessionell verbindliche Glaubensaussage; **dogma de fide** *lat.*; kath.: *Lehrsatz*, der (durch das kirchl. → Lehramt) zu *glauben* vorgelegt wird; → fides explicita; **Dogmatik**, wissenschaftl. Darstellung der Glaubenslehre; **dogmatisch; dogmatische Interpretation**, Texterklärung, die sich vom → Dogma leiten läßt und nur Bestätigung im Text sucht; **Dogmatismus**, unkritische Hinnahme u. unduldsames Verfechten von Prinzipien; **Dogmengeschichte**, Verlauf der kirchl. Lehrentwicklung; → Theologiegeschichte

Doketismus, *v. gr. dokein, meinen, scheinen*, → gnostische Lehre, die Christus nur einen Scheinleib zuschrieb; **doketisch**

Dom *(v. lat. domus Dei, Gottes-) Haus*, **Kathedrale**, (→ erz-)bischöfl. Hauptkirche; **Dom-** → **kapitel**, → Kollegium der Geistlichen eines Domes **(Domherren, Domkapitulare, → Kanoniker)**, kath.: meist mit weiterreichenden Aufgaben betraut; **Dompropst** → Propst

Dom *(v. lat. dominus, Herr)*, Titel für Priester der Nichtbettelorden in Frankreich u. Belgien; im portug. Sprachgebrauch f. Bischöfe

Dominante *lat., die Herrschende*; Grundton; → Rezitationston; **dominica (dies)**, *Herren(tag)*, Sonntag; **d. in albis**, Sonntag in *weißen* [Kleidern], altkirchl.: Sonntag nach Ostern, an dem die am Fest Getauften zum letztenmal ihr weißes Taufkleid trugen **(Weißer Sonntag)**; **Dominicale**, liturg. Gesangbuch für Sonntage (1614); **Dominicum**, *Herrengebet* (→ Paternoster); Herrentag; Kirchenvermögen

Domini canes, *Hunde des Herrn*, die → Dominikaner als Ketzerverfolger

Dominikanerorden (OP), Ordo Fratrum Praedicatorum *lat., Orden der Prediger-Brüder*, von Dominikus 1216 für Seelsorge u. Predigt gegr. → Bettelorden, bes, mit der Bekämpfung von Irrlehren (→ Katharer) befaßt (durch Predigt, Theologie, → Inquisition); **Dominikanerinnen** (OSD), Ordo Sancti Dominici

dominium *lat., Herrschaft*; kath. Moraltheologie: Eigentumsrecht

Dominus ac redemptor noster *lat., Unser Herr und Erlöser*, Anfang des → Breve, mit dem Clemens XIV. 1773 (vorübergeh.) den Jesuitenorden aufhob

dominus vobiscum *lat., der Herr sei mit euch!*

domus Dei → Dom

dona eis requiem sempiternam *lat., gib ihnen ewige Ruhe*, Schluß des → Agnus Dei in der Totenmesse

Donatio Constantini *lat.*, **Konstantinische Schenkung**, gefälschte Urkunde (ca. 750), nach der Konstantin d. Gr. (†337) dem Papst u. a. die Herrschaft über das Abendland verliehen hat

Donatismus, Richtung des Bischofs Donatus von Karthago (seit 316), der im Ggs. zur Großkirche die Gültigkeit der → Sakramente von der persönl. Heiligkeit des Spenders abhängig machte

donum *lat., Gabe, Geschenk*; **d. perseverantiae**, *Geschenk* (Gottes an die Erwählten) *des Beharrens* im Glauben; **d. superadditum**, *darüber hinaus gegebenes Geschenk*, scholast.: d. übernatürl. göttl. Gnadenkraft d. Menschen vor dem Fall

Dordrechter Synode, → Synode der ref. Kirchen (1618/19), auf der der → Arminianismus abgelehnt u. die calvin. → Prädestinationslehre bekräftigt wurde

dorisch, 1. Kirchentonart: D-a-d

Dormitio Virginis *lat.*, (angebl.) Sterbehaus der Maria (neb. der Zionskirche in Jerusalem); **dormitorium**, *Schlafsaal* im Kloster

dorsale *lat., Rückenlehne* (an → Chorstühlen)

Dotation *lat., Ausstattung* (einer Stiftung, → Pfründe)

do ut des *lat., ich gebe, damit du gibst* (für naives Opferverständnis)

doxa *gr., hbr. kabod, Glanz, Herrlichkeit* (Gottes: mit Macht verbunden), *Ansehen, Ehre*

doxale *lat.*, → dorsale, Rückwand, → Lettner; Orgelempore

Doxologie (von → doxa), liturg. *Lobpreis* (Formel) (Röm 11, 36); **D. major u. minor** → Gloria; **doxologisch**, als Lobpreis geformt; **Doxophanie**, *Herrlichkeitsoffenbarung* Gottes

Doyen → Nuntius

Drachme → Schekel

Dragonaden, Ludwig XIV. befahl die *Einquartierung von Dragonern* bei

Evangelischen, um deren Übertritt zur kath. Kirche zu erreichen

Dreieinigkeit, -faltigkeit → Trinität

Dreischritt → Dialektik

Dreiständelehre, im Anschluß an Platon → status ecclesiasticus, → st. oeconomicus, → politicus

Drittorden → Tertiarier

Drudenfuß → Pentagramm

druhtin *germ., Gefolgsherr* (auf Christus übertragen)

Druiden, aus den vornehmen Familien sich ergänzende, fest organisierte keltische Priester

Druj, teuflische, lügnerische Macht der pers. Religion

Dryaden, Hamadryaden *gr.*, weibl. Baumgeister

Dschihad *arab., der heilige Krieg* (zur Ausbreitung des Islam)

Dschinismus, Dschainismus *ind.*, nach dem Ehrentitel «Dschina» ihres Begründers Vardhamana Mahavira († 467 v. Chr.) benannte ind. Religionsgemeinschaft, die durch strenge → Askese (→ Ahimsa) Befreiung vom Kreislauf der → Wiedergeburten zu erreichen sucht

Dschinnen *arab., Geister*

Dualismus *lat.*, Glaube an zwei unvereinbare Prinzipien od. Grundkräfte der Welt (Geist – Leib; Gott des Gesetzes – Gott der Liebe [→ Gnosis]); in der Philosophie der Neuzeit bes. vom → Cartesianismus vertreten; Ggs. → Monismus

Duchobor(z)en *russ., Geisteskämpfer*; russ. Sekte (18. Jh.)

ductus *lat., (Führen)* Schwingen des Weihrauchfasses

Dulie *gr., lat. veneratio*, kath.: *kult. Verehrung* (der Heiligen); → adoratio, → Hyperdulie, → latreia

Dunkelmännerbriefe → Epistolae virorum obscurorum

Dynamismus, Präanimismus, Erklärung aller Vorgänge aus geheimnisvollen Kräften (aber → Animismus), Vorstufe der Religion; **Dynamistischer** → **Monarchianismus**, Beurteilung Christi als eines mit göttl. Kräften begabten Menschen, während Gott *Alleinherrscher* sei (2. Jh.); → Adoptianismus

Dyo'physitismus *gr.*, die Lehre von *zwei* (göttl. u. menschl.) *Naturen* u. ihrer Vereinigung zur Person Christi (Ggs. → Monophysitismus); **dyophysitisch**

Dyo'theletismus *gr.*, die Lehre, Christus habe entspr. seinen beiden Naturen *zwei Willen*; Ggs. → Monotheletismus

E

Ea, sumer.-babylon. Gott der Wassertiefe

ebed Jahve *hbr., der Knecht Gottes*, vielfach gedeutete Gestalt der Lieder in → Deuterojesaja (Jes 41,1 ff.;49,1 ff.;50,4 ff.;52,13 ff.)

Eben'ezer *hbr.*, (Denk-) *Stein der Hilfe* (Gottes), 1 Sam 4, 1

Ebjoniten *hbr., die Armen*, Selbstbez. (nach Mt 5, 3) palästin.- → judenchristl. Gruppen (1./2. Jh.)

ecce homo *lat., sehet, welch ein Mensch!* (Joh 19, 15); in der Kunst Bez. des leidenden Christus, bes. des dorngekrönten Hauptes

ecclesia *gr., hbr.* → **kahal,** *Versammlung, Gemeinde* (→ Koinonia), *Kirche*; **e. abscondita**, *die verborgene K.*, die wahre K. auf Erden, nur Gott weiß, wer zu ihr gehört; **e. late (large) dicta**, *die K. im weiteren Sinne* (=alle Getauften bzw. «Berufenen»); **e. militans**, *die* (für das → Evangelium) *kämpfende K.*; **e. patiens**, *die leidende K.*; kath.: die Glieder der K. im Fegfeuer (→

Purgatorium); **e. proprie dicta**, *die K. im eigentl. Sinn*, von Mißbrauch abgesehen; **e. repraesentativa**, die Inhaber kirchl. Ämter als bevollmächtigte *Vertreter* der K.; **e. semper reformanda**, *die K. muß ständig reformiert werden*; **e.spiritualis**, *die geistl. K.*, die Gemeinschaft des Geistes; **e. stricte dicta**, die *K. im engen Sinn* (die «Erwählten»); **e. synthetica**, die aus mehr u. minder Gläubigen *zusammengesetzte K.* aller Getauften; **e. triumphans**, die bei Gott *triumphierende K.* (→ Eschatologie); **e. universalis – e. particularis**, *die allgemeine K. – die Teilkirche*, Gesamtkirche u. einzelnes Kirchentum (→ Diözese); **e. visịbilis – invisibilis**, *sichtbare – unsichtbare K.*; kath.: die sichtbare kath. K. ist unsichtbar die heilige («eine staubige Pilgerin»); ev.: die sichtbare K. ist begrenzt (→ ekklesiologische Lücke) u. von Heuchlern durchsetzt, daher nicht mit der wahren, nur im Glauben verwirklichten, über die Welt verbreiteten K. gleichzusetzen (→ notae ecclesiae); **Ecclesiastes** → Kohelet; **Ecclesiasticus**, Bez. d. → Vulgata für d. → apokryphe atl. Buch Jesus Sirach; **ecclesịola in ecclesia**, *die kleine* (wahre) *K. in der* allgemeinen (→ Pietismus); → Ekklesiologie

Eckstein, eigentl. Grundstein nach Ps 118, 22 u. ö., symbol. Hinweis auf Christus (auch Selbstbez. in Mt 21, 42; 1 Kor 3, 11); im MA auch übertragen auf den Schlußstein eines Gewölbes, der dann mit einem Christuskopf oder Christussymbol geschmückt wurde

écrasez l'infâme *frz., rottet die Schändliche aus!* (Voltaire) geg. die kath. Kirche

Ecumenical Association of Third World Theologians (EATWOT), *Ökumen. Vereinigung von Dritte-Welt-Theologen*, gegr. 1976 in Daressalam, hält seit 1976 gezählte Konferenzen und Vollversammlungen ab

Ecumenical Development Cooperative Society (EDCS), *Ökumen. Entwicklungsgenossenschaft*, 1975 gegr. Einrichtung einzelner Kirchen des → ÖRK, die zinsgünstige Kredite für kirchl. Entwicklungsprojekte bereitstellt; Geschäftsstelle in Amersfoort/Niederlande

Edda, 2 Werke der altisländ. Literatur (→ Mythen u. Heldensagen)

Eden, Garten in Eden nach 1 Mose 2,8; → Paradies

Edinovernye → Jedinovjercy

ẹffata (= hephata) *aram., tue dich auf!* Mk 7, 34, kath.: liturg. Zuruf an den Täufling bei der → apertio aurium

Ehehindernisse → impedimenta matrimonii; **Ehekonsẹns** *lat., Übereinkommen* der Ehepartner zu lebenslanger Bindung; die zur Eheschließung notwendige Einwilligung des gesetzl. Vertreters od. die Erlaubnis einer Behörde; kath.: als Ehevertrag zugleich gegenseit. Spendung des Ehe- → Sakraments; → matrimonium, → copula carnalis; **Ehelosigkeit**, eins der drei → consilia evangelica; → Jungfräulichkeit

eherne Schlange, 4 Mose 21, 6–9; im NT als → symbol. Hinweis auf die Kreuzigung Christi verstanden (Joh 3, 14)

ehernes Meer, großes Bronzebecken für kult. Waschungen im Vorhof des salomonischen Tempels (1 Kön 7, 23f; 2 Chron 4, 2ff)

Eid, formelhafte, oft mit Zeremonien u. Selbstverfluchung für den Fall des Eidbruches vollzogene Bekräftigung einer Aussage; von einigen christl. Gemeinschaften aufgrund von Mt 5, 37 abgelehnt;

Eigenkirchenwesen, die volle vermögensrechtl. Verfügungsgewalt des Grundherrn über die auf seinem Boden errichtete Kirche im frühen german. MA

Einheitsgesangbuch → Gotteslob

Einheitsübersetzung, im dtspr. kath. Raum offiziell eingef. Bibelübersetzung (NT 1979, AT 1980), an der ev. Mitarbeiter beteiligt waren u. die für → ökumen. Wortgottesdienste empfohlen wird, ohne in der ev. Kirche ganz an die Stelle der Lutherübersetzung zu treten

Einkehrtage → Exerzitien

Einleitungswissenschaft, *gr.* **Isagogik**, Erforschung der Entstehung der bibl. Bücher, bibl. Literaturwissenschaft; → Bibelkritik, → hist.-krit. Methode, → Literarkritik

Einsegnung, → Konfirmation; (kirchl.) Bestätigung in einem Dienst (z. B. → Diakonissen)

Einsetzungsworte → Spendeformel

Einzug → eisodos

eirene *gr., Frieden*; «**Eirene**», Zivildienstwerk der → Friedenskirchen, gegr. 1957; **Eirenika**, große → Ektenie für Kirche u. Staat in der gr.-orth. Messe nach dem Anfang: En eirene (*Im Frieden*)

Eis'egese *gr., Einführen* eigener Gedanken in einen Text; Ggs. → Exegese

«Eisenacher Konferenz» dt. ev. Kirchenregierungen, Zusammenschluß mit beratendem Charakter (1852); → Evangelische Konferenz, → Deutscher Ev. Kirchenausschuß

eis'odos megale *gr.*, gr.-orth. Messe: *großer Einzug* der Zelebranten mit den Abendmahlselementen aus der nördl. in die mittlere Königliche Tür der → Ikonostase; **e. mikra**, *kleiner Einzug* mit Evangelienbuch

Ekklesia → ecclesia; **E. u.** → **Synagoge**, Personifikationen des Alten u. Neuen Bundes (→ Testament), im MA auch für → Evangelium u. → Gesetz; in der mtl. Monumentalplastik bes. des 13. Jh. als festgelegte → Typen: E. aufrecht mit Krone, Kelch u. Kreuzstab oder -fahne; S. mit gesenktem Kopf, verbundenen Augen, zerbrochener Lanze u. Gesetzestafeln; **Ekklesiastes** → Kohelet; **Ekklesiologie, Ekklesiastik** *gr., Lehre von der Kirche*; **ekklesiogene Neurose**, seelische Störung, die durch (falschen) kirchl. (→ Gesetzlichkeit, → Erweckung) Einfluß verursacht wurde; **ekklesiologische Lücke**, (kath.) Bez. für die den → notae ecclesiae widersprechende Spaltung der Konfessionen

Ekphonese *gr., laut gesprochener* Schlußteil (meist eine → Doxologie oder deren Ende) des sonst leise gesprochenen Priestergebets in der gr.-orth. → Liturgie

ek'pyrosis *gr.*, Weltenbrand am Ende der Zeit

Ektenie → Fürbittengebet

ek'thesis *gr., Erklärung, Auseinandersetzung*: → Edikt v. Kaiser Heraklius (638), das den → monophysit. Streit durch die Formel des einen gottmenschl. Willens in Christus beilegen sollte

el, Plr. **elohim**, *hbr., Gott* (Israels) (→ Elohist); **el berit**, *Bundesgott*; **el eljon**, *der höchste Gott*; **el olam**, *ewiger Gott*; **el qanna**, *eifersüchtiger Gott*; **el shaddaj**, unübersetzbar (→ Septuaginta: → pantokrator; → Vulgata meist: → omnipotens; Luther: Allmächtiger)

Eleaten, *gr.* Philosophenschule von

Elea (Unteritalien, 540–460 v. Chr.), lehrte die einfache Einheit u. Unveränderlichkeit d. Seins

electi *lat., Auserwählte*; engerer Kreis der Vollkommenen bei den → Manichäern (→ auditores); **electio canonica**, → *kanonische Wahl* (des Papstes, des Bischofs); **e. ir'revocabilis**, *unwiderrufliche Erwählung* (zum Reich Gottes)

eleison *gr., erbarme dich!*

Electronic Church (*USA*), Bez. für eine v. moral. u. polit. extrem konservativen Medienevangelisten erfaßte große Zuhörerschaft, die durch Spenden den religiösen und polit. Einfluß der Sendungen verstärkt

Element *lat., Urstoff*; Antike: Erde, Wasser, Feuer, Luft («Geviert») oder Atom; MA: Geviert u. Äther; mod. Chemie: atomarer Grundstoff; **Sakraments-E.e**: Abendmahlsbrot u. -wein (→ Eucharistie), Taufwasser; **Elementargeister**, Naturgeister

elenchus *gr., Widerlegung; Verzeichnis*; **Elenktik**, *Widerlegungskunst*

Elend, *altdt., Ausland, Fremde*

Eleusa → Maria E.

Eleusis, berühmteste antike → Mysterien-Feierstätte; **eleusinische M.** → Vegetations-M.

Elevation *lat., Emporheben* von → Hostie u. Kelch nach der → Konsekration

Elkesaiten, judenchristl.- → gnostische Sekte (2. Jh.; Stifter Elxai)

Ellipse *gr., Auslassung* eines (selbstverständlichen Wortes (z. B.: er sieht sie und sie ihn)

elohim → el; **Elohist**, *hbr.* Quellenschrift im → Pentateuch, die für Gott das Wort Elohim gebraucht (→ Jahvist)

Elysium *gr., Gefilde der Hinkunft*; gr. Religion: paradiesisches Land der Seligen am Westrand der Erde bzw. in der Unterwelt

Emanation *lat., Ausfluß* des Göttlichen zur Welt hin ohne Verringerung des Ursprungs (verhält sich wie der Lichtschein zur Sonne); → Gnosis: (personifizierte) Stufen des Seins (Gottes), → Neuplatonismus; **emanatistisch**

Emanzipation *lat., Freilassung*; aus Rechtsbeschränkung (Sklaven, Frauen, Juden u. a.); heute: Mündigwerden; gesellschaftl. Befreiung

Emblem *gr., Sinnbild*

Embolismus *gr., Einschaltung, Zusatz*; → secreta

Emendation *lat.*, → textkritische *Verbesserung*

Emigrant *lat., Auswanderer* (wegen Verfolgg.); **E.enhäuser**, Häuser der Auswanderermission in Übersee zur Beratung von Auswanderern

Eminenz *lat., Hoheit, Erhabenheit*; Ehrentitel der Kardinäle

Empirie *gr., Erfahrung*; **empirisch**, aus Erfahrung; **Empirismus**, Bemühung, Erkenntnisse nur aus der Erfahrung abzuleiten; Ggs. → Rationalismus, → Spekulation; **Empiriokritizismus**, will philos. Denken auf Erfahrbares beschränken

Empore (von empor), seit dem 18. Jh. Bez. für ein in einen Raum eingebautes offenes Obergeschoß, bes. in Kirchen über den Seitenschiffen u./oder dem Eingangsbereich (meist im Westen), sehr oft Standort der Orgel

empyreum *gr.*, scholast.: *Feuerhimmel* der Seligen, Ort Gottes

emuna *hbr., Vertrauen, Glaube*

Enarxis *gr., Beginn, Eröffnungsteil* der gr.-orth. Meßfeier

enchiridion *gr., Handbüchlein*

Encounter-Gruppe *engl., Begeg-*

nungsgruppe, gruppenpädagog. Arbeitsmethode

endura *mlat.*, freiwilliger Hungertod von → Asketen; → Katharer

Energumenen *gr.*, altkirchl.: dämonisch Kranke

Engel *gr., Boten* u. Diener Gottes, auch → Dämonen u. → Elementargeister; → **Engelamt**, volkstüml. Bez. für eine feierl. → Votivmesse in der → Adventszeit (→ Rorate) u. für die Messe bei der Beerdigung eines unmündigen Kindes; **Engelhierarchie**, Rangordnung der Engel: → Seraphim, → Cherubim, → Erzengel, Engel; **Engelsturz**, Vorstellung von sündig gewordenen, gefallenen, aus dem Himmel gestoßenen Engeln; vgl. 1 Mose 6, 2 u. → Luzifer

Engischiki *jap.*, Vorschriftbuch der Engi-Zeit (10. Jh.), wichtigstes Ritualbuch des → Schintoismus

Englische Fräulein (IBMV), Institutum → Beatae Mariae Virginis, kath. Frauenkongregation für Mädchenerziehung, 1609 von Mary Ward gegr.

Englischer Gruß → Ave Maria

Enhypostasie *gr.*, Lehre des Leontius von Byzanz († nach 543), die menschl. Natur Christi existiere *in* seiner göttl. *Person* (→ Hypostase); → Anhypostasie

En'kainien *gr., Erneuerungsfest*; Tempelweihfest (1 Mkk 4,36 ff.), Kirchweihfest; Auferstehungsfest

Enkolpion *gr., auf der Brust* getragene → Reliquienkapsel

enkomion *gr., Lobrede*, -gedicht, u. a. auf → Märtyrer u. → Heilige; → laudatio

Enkratiten *gr.*, altkirchl. → Asketen, die sich tierischer Nahrung, berauschender Getränke u. des Geschlechtsverkehrs *enthielten*

Enkyklion *gr., Runderlaß* des → Usurpators Basiliskus (476), der das → Chalkedonense verwarf u. den → Monophysitismus zum geltenden Bekenntnis erhob

ens *lat., Wesen, Ding*; → substantia; **ens realissimum**, *allerwirklichstes Wesen*, Gott

Entelechie *gr., ununterbrochene Wirksamkeit*; philos.: → Form, die sich im Stoff verwirklicht (Aristoteles † 322 v. Chr.); Selbstverwirklichung des angelegten Wesens (Goethe: Unsterblichkeit)

Entheismus *gr.*, Erkennen des *Göttlichen in allem*

Enthusiasmus *gr., göttl. Begeisterung*

Entmythologisierung: R. Bultmann († 1976) ging davon aus, daß das Weltverständnis der bibl. Verfasser, anders als das neuzeitliche, → Mythologisches einschloß, das weithin die Texte bestimmt. Er forderte eine Auslegung, die hinter derartige Aussageformen zurückfragt (Entmythologisierungsprogramm 1941). Er setzte voraus: 1. daß die bibl. Texte nicht Geschichte aufzeichnen, sondern in zeitgemäß anschaulicher Sprache → Evangelium (→ Kerygma) verkündigen (→ Formgeschichtliche Methode), 2. daß jede in ihnen enthaltene Wahrheit jeden Menschen in seinem Selbstverständnis trifft, wenn sie ihm in seiner Anschauungswelt begegnet, d. h. seine Sprache spricht (→ existentiale Interpretation, → Hermeneutik)

Entschiedenes Christentum (EC), Jugendbund für E. C., die 1880 entstandene Jugendorganisation der → Gemeinschaftsbewegung

Enuma elisch, babylon. Weltschöpfungsepos

Enzyklika *gr., Rundschreiben* (des Papstes)

Enzyklopädie *gr., rings um zu Lehrendes*; umfassende, gegliederte Darstellung des gesamten Wissens(-gebietes); wissenschaftstheoret. Grundfragen; **Enzyklopädisten**, Hrsg. u. Mitarbeiter an der großen frz. E. (35 Bde, 1751–80); die Anhänger deren → Aufklärungsrichtung

Epakten *gr., hinzugefügte (Tage)*, zur Berechnung des Osterfestes dienende Tageszahl des «Mondalters» seit Neumond (0–19) am 22. März (→ alexandrinische u. mtl. Zeitrechnung) bzw. 1. Jan. (julianische Z.); → Kalender

Ep'archie *gr., Provinz*; untergeordnete → hierarch. Einheit in der gr.-orth. Kirche, Bischofssprengel

epha, bath, jüd. Hohlmaß: 20 oder 36 l = 1/10 **omer (homer)** oder **kor**

eph'hapax *gr., ein für allemal* (Röm 6, 10; Hebr 9, 12; → Hoherpriester)

Ephod *hbr.* (von *alt'assyr. epattu, reiche Kleidung)*, in der → Priesterschrift *Obergewand* des → Hohenpriesters (2 Mose 25, 7 u. ö., wo Luther «Leibrock» übers.); priesterl. *Schurz, Tasche* (?) für die Losorakel → Urim u. Tummim; Kultgegenstand (Ri 17, 5 u. ö.)

Ephorus *gr., Aufseher*; ref.: → Dekan; auch Vorsteher theologischer Seminare u. → Konvikte; **Ephorat, Ephorie**, Dekanat

Epigonation *gr., bis zu den Knien* herabhängendes quadrat. Tuch in der Amtstracht des ostkirchl. Bischofs («geistl. Schwert»)

Epikie *gr., Billigkeit*

Epiklese *gr.*, in der altkirchl. Abendmahlsfeier: *Anrufung* des Hl. Geistes, um die → Wandlung zu vollziehen (bis 4. Jh., dann verband man im Abendmahl die → Wandlung mit den Einsetzungsworten); ev.-luth.: wieder freier Gebrauch einer allg. E.

Epikureismus, Lehre des gr. Philosophen Epikur (†270 v. Chr.): Lust als Freiheit von Schmerz, von Aberglaube u. Todesfurcht ist das höchste individuelle Gut

Epilog *gr., Schlußwort*, Nachspiel

Epimanikien *gr.-lat.*, farbige *Ärmelaufschläge* der → Tunika

Epiphänomen *gr., Begleiterscheinung*; → Phänomen

Epiphanias (heorte) *gr., (Fest der) Erscheinung* (Christi) am 6. Jan.

Epiphanie → Theophanie

epipompe *gr., Hinsendung*; Gebet, das dem Feind ein Übel wünscht; → apopompe

episcopus *gr., Aufseher; Bischof*; **e. regionarius**, Wanderbischof; **(Protestant) Episcopal Church,** Kirche in USA, 1607; **Episkopalismus**, kath. kirchenrechtl. Anschauung, die oberste Kirchengewalt liege beim → Episkopat, nicht bei der → Kurie, d. h. den → Kardinälen u. dem Papst (so «Kurialismus») oder beim Papst allein (so → «Papalismus», «Papalsystem»; vgl. → Konziliarismus); **episkopalistisch**, zur bischöflich verfaßten Kirche gehörig; dem Episkopalismus zugetan; **Episkopalsystem**, ev. kirchenrechtl. Anschauung, die Gewalt der röm. Bischöfe sei in der Reformation auf die ev. Landesherrn übergegangen, ohne sachlich zu ihren weltl. Verpflichtungen zu zählen (aber → Territorialismus); **Episkopat**, Bischofsamt, Gesamtheit d. Bischöfe

Epistel *gr., Brief*, vorgeschriebene sonntägl. Lesung aus den ntl. Briefen, → Perikopen; Ggstück → Evangelium; **Epistelseite** → cornu epistolae; **Epistolae virorum obscurorum** *lat., Dunkelmännerbrie-*

fe (1515/17), → humanistische Spottschrift auf die damalige Unbildung der Mönche u. Kleriker; **Epistolar**, → Lektionar für Episteln (→ Evangeliar); **Epistola Apostolorum**, *Brief der Apostel*, → apokryphes, → apokalyptisches Schreiben (2. Jh.) mit angebl. Gesprächen Jesu u. seiner Jünger nach der Auferstehung; **e. paschalis**, Osterbrief; altkirchl.: bischöfl. Schreiben in der → Epiphaniaszeit, das den Gemeinden das errechnete Osterdatum mitteilte; **Epistolae encyclicae** → Enzyklika

Epitaph *gr., Gedenktafel*; ostkirchl.: Christusbild der Grablegung, am Karfreitag vor der → Ikonostase aufgestellt

epitheton *gr.*, stehendes *Beiwort* (grüner Wald usw.); **epitheta ornantia** *gr.-lat., schmückende Beiworte*

Epitome → Konkordienformel

epitrachelion, peritrachelion *gr., auf dem, um den Hals* getragenes Band; ostkirchl. Ggstück zur → Stola

Eponyme *gr.*, der seinen *Namen auf* andere gegeben hat (z. B. Semiten: 1 Mose 10, 21 ff.)

Ep'opt *gr., Augenzeuge*, höchster Grad in den → eleusinischen → Mysterien (Epoptie)

eranos *gr., Mahlzeit*; Verein zu (religiösen) Zwecken

Erastianer, Anhänger des Thomas Erastus († 1583), der ref. Kirchenzucht u. → Presbyterialverfassung bekämpfte; England u. Schottland: befürworten die Unterordnung der Kirche unter die Staatsgewalt

Erato → Musen

Erbärmdebild → Misericordie

Erbsünde → peccatum originis

Eremit *gr., Einsiedler*

Erfahrungstheologie → Erlanger Th.

Ergänzungshypothese, Vermutung einer → elohist. Grundschrift im → Pentateuch, die durch → jahvist. u. a. → Fragmente ergänzt wurde (seit Ewald 1830); → Urkundenhypothese

Ergismus *gr., «Werkerei»*, Werkefrömmigkeit

Erinnyen, *gr. Rachegöttinnen*, lat. Furien; → Eumeniden

Eristik *gr., Streitkunst*

eritis sic'ut Deus *lat., ihr werdet sein wie Gott* (1 Mose 3, 5)

Erlanger Theologie, in der theol. Fakultät Erlangens 1830 ff. im Zusammenhang mit der → Erweckungsbewegung entstandene → neu-luth. Richtung (Krafft [ref.], Harless, Thomasius, Hofmann, Frank, Theod. Harnack), die gegen → Aufklärung (u. → Liberalismus) u. Unionsbestrebungen mit Bindung an die → Orthodoxie Gottes Handeln (→ Heilsgeschichte) u. persönl. Heilserfahrung in das Zentrum rückte; aber → Repristinationstheologie

erledigt, Bez. für frei (gewordenes) Amt (→ Pfründe)

Ernste Bibelforscher, nicht mehr gebräuchl. Selbstbez. der → Zeugen Jehovas

erotematisch *gr., in Frageform*; Frage u. Antwort als Unterrichtsmethode; → katechetisch, aber → akroamatisch

Erwählung → Prädestination

Erweckung, plötzliche Bekehrung von rel. Gleichgültigen zu intensiver (christl.) Frömmigkeit; **E.sbewegung**, Neuform des → Pietismus (Spottnamen: **Mystizismus, Mukkertum**), Belebung der Frömmigkeit im → Protestantismus aller Länder (Anf. 19. Jh.), zunehmend mit dem → Neu-Luthertum verbunden, förderte innere u. äußere → Mission

Erzabt, Leiter einer → Kongregation von Klöstern; **Erzbischof**, *gr.-lat. archi'episcopus, oberster Bischof*; gr.-orth.: Inhaber der bedeutendsten Bischofsitze, → Exarch, → Patriarch; kath.: → Metropolit, regiert eine → Erzdiözese, die direkt dem Papst untersteht; persönl. Ehrentitel einiger Bischöfe; → Titularbischof; **Erzdiakon** → Archidiakon; **Erzdiözese**, (Hauptbistum einer) → Kirchenprovinz; Bistum ohne → Suffragane, das ehrenhalber zur E. erhoben ist; **Erzengel**, höhere Engel: Gabriel (Dan 8, 16), Michael (Dan 10, 13), Raphael (Tob 3, 25), Uriel (äth. Henoch 10, 1); → Engelhierarchie; **Erzpriester** → Archipresbyter; **Erzstift** → Stift; **Erzväter**, Stammväter Israels (→ Patriarchen)

Esagila, Marduktempel in Babylon, → Zikkurat, → Etemenanki

Es'chatologie *gr., Lehre von den letzten (lat.* **de novissimis**, *von den neuesten) Dingen*, von der Endzeit; **eschatologisch**, *endzeitlich (→ apokalyptisch), auf die Endzeit* bezogen, von ihr her zu verstehen; die → Immanenz (Gegenwart) sprengend (z. B. luth.: → justificatio impii); **eschatologische Existenz**, zwischen dem Schon-jetzt der Gegenwart des Reiches Gottes u. dem Noch-nicht der endzeitl. Vollendung; → Indikativ u. Imperativ; **Konsequente E.** (= Eschatologismus), Deutung der Geschichte des Christentums vom Ausbleiben der → Parusie her

Eschaton *gr., das Letzte, Ewige*

esọrrhason *gr., Untergewand* der östl. Mönchstracht, → exorrhason, → rhason

Esoterik *gr.*, Beschäftigung mit dem, was nur Eingeweihten zugänglich od. was geheim ist; → New Age

Essẹner (Essäer), mönchsartige jüd. Vereinigung in Palästina (2. Jh. v. Chr. bis 70 n. Chr.) zu frommem Leben in abgeschlossenen Siedlungen (Reinheitsvorschriften, Gütergemeinschaft, Ablehnung v. Tieropfern, Fleischgenuß u. a.); → Qumran

essẹntia *lat.*, *Wesen*-(sgrundlage), *Sein*, → Usie (aber → Existenz); **essential, essentiell**, *zum Wesen gehörig*; Ggs. → akzidentiell

Established Church → anglikan. Kirche

Estomịhi *lat., sei mir*, **Quinquagẹsimae** *lat.*, 50. [Tag vor Ostern], letzter Sonntag vor der → Passionszeit (→ Introitus Ps 71, 3: Sei mir ein starker Fels!)

Etazismus → Itazismus

et cum spiritu tuo *lat.*, liturg.: *und mit deinem Geiste*, Antw. der Gemeinde auf → dominus vobiscum

Etemenanki *babylon., Haus der Grundfeste Himmels u. der Erde*, Tempelturm von Babylon (1 Mose 11, 4); → Zikkurat, → Esagila

Ethik *gr., Sittenlehre*, sittl. Grundsätze; **Gesinnungs'e.**, wertet Gesinnung höher als Taten (Folgen) (Ggs.: → Verantwortungs'e.); **Güter'e.**, richtet das Handeln (u. seine Beurteilung) nach einem höchsten sittl. Gut; **Individual'e.**, betr. den Einzelnen (z. B. Eid, Ehe); **Interims'e.**, *Zwischenethik*, die nur einen Zeitraum überbrücken soll (z. B. bis zur → Parusie: 1 Kor 7[?]); **Komparativethik**, (umstrittene) eth. Urteile in Komparativform, z. B. Friedensdienst ohne Waffen christlicher als mit Waffen; **Material'e.**, wertet Handlungen in sich bzw. nach den Folgen; **Situations'e.**, richtet (u. beurteilt) Gesinnung u. Handlungen nach den Bedingungen des Augenblicks; **Sozial'e.** (kath.: Soziallehre), betr. die Allgemeinheit (z. B. staatsbürgerl. Verhalten); **Verantwortungs'e.** (Ggs. → Gesinnungs'e.), wertet die verantwortbaren Taten (Folgen) höher als eine (vielleicht unrealist.) Gesinnung (nach M. Weber, 1920); **Wert'e.**, richtet (u. beurteilt) das Handeln nach festen Normen; **Ethisierung**, Erhebung (Beschränkung) eines Problems auf die sittliche Ebene; → Tugend; → Analyt. Philosophie/Ethik; → metaethisch

Ethnisierung, Übertragung ins Heidnische, Überfremdung durch Heiden (die Heiden heißen im AT u. bei Paulus «die Völker»)

Ethos *gr., sittliche Einstellung*

Etimasie, *Hetoimasia gr., Vorbereitung*, v. a. in der frühchristl. u. ostkirchl. → Ikonographie: der für Christus als Weltenrichter vorbereitete Thron mit Evangelien- bzw. Lebensbuch, Kreuz u. ä.

etsi deus non daretur *lat., als ob es Gott nicht gäbe*; wissenschaftl.- → method. Grundsatz eines rein → immanenten, nicht auf die → Hypothese «Gott» zurückgreifenden Weltverständnisses; auch bei D. Bonhoeffer († 1945): → nichtrel. Interpretation (d. Bibel), religionsloses Christentum

Eucharistie *gr., Dank(sagung)*; Abendmahl(selemente); **eucharistisch**, zur Abendmahlsfeier gehörig; **(Großes) Eucharistisches Gebet**, Hauptgebet der Abendmahlsliturgie; **Euch. Kongresse**, internationale kath. Tagungen (seit 1881), die die Messe als Lebensmitte der Kirche betonen

euch'elaion *gr., Gebetsölung*; gr.-orth.: Sakrament d. Krankensalbg.

Euchiten, Choreuten, Messalianer; → enthusiast. oriental. Mönche, die glaubten, daß in jedem Menschen, auch dem Getauften, der Teufel (→ Dämon) einwohne, den nur durch ständiges *Gebet* zu erreichendes, → mystisches Erfaßtsein von der Gnade überwinden könne (→ manichäisch beeinflußter → Dualismus)

Euchologion *gr.*, gr.-orth.: *Gebet-*, Liturgie*buch* für die Messe

Eudämonismus *gr., Glückseligkeit* als treibende Kraft u. als Ziel des Lebens anstreben; **eudämonistisch**

euergetes *gr., Wohltäter*; Beiname von Fürsten (vgl. Lk 22, 25)

Euhemerismus, nach Euhemeros (um 300 v. Chr.): die Götter seien urspr. hervorragende Menschen gewesen, denen man später Verehrung bezeigte

Eulogie *gr., Segensspruch*; Abendmahl: altkirchl. u. MA zur Abendmahlsfeier von der Gemeinde gespendetes, nicht geweihtes Brot, das man an der Feier Verhinderten überbrachte

Eumeniden *gr., die Wohlgesinnten*, → euphemistisch für → Erinnyen

Eunomianer, streng → arianische Partei des Eunomius († 395)

Eunuch *gr., Verschnittener*, Kastrierter; Kämmerer (Schatzmeister); seit dem MA: für hohe Chorstimmen u. a. am päpstl. Hof

Euphemismus *gr., beschönigende*, auch gegenteilige *Redeweise*

Euphorie *gr., gehobene Stimmung*

Eusebianer, Anhänger des Bischofs Euseb v. Nikomedien (später Konstantinopel, † 341/2), → arianisierende Mittelpartei im Streit geg. Athanasius († 373)

Euterpe → Musen

Euthanasie *(gr. eu, gut* u. *thanatos, Tod), leichtes Sterben*; Sterbeerleichterung; Tötung unheilbar kranker u. abnormer Menschen (im Nationalsozialismus: «lebensunwerten Lebens»)

Eutychianer, auf Eutyches zurückgehende, → monophysit. Richtung (451 in → Chalkedon verurteilt)

Evangelium *gr., gute Botschaft*, christl. Heilsverkündigung, im Ggs. zum → Gesetz (vgl. → Kerygma, → viva vox Evangelii); literar. Gattung mit Darstellung der Jesusgeschichte, bes. die 4 Evangelien des NT (vgl. Mk 1, 1; → Synoptiker); sonntägl. → Perikope daraus (Ggstück → Epistel); **Evangeliar**, Teilbuch der Bibel mit dem vollständigen Text der 4 Evangelien, oft mit vorangestellten → Kanontafeln u. → Konkordanztabellen (oft in 4 Arkadenbögen) u. meist mit 4 → Evangelistensymbolen; **Evangelicals, Evangelical Movement** → Low Church Party; **evangelikal**, davon abgeleitete Sammelbez. für bibel- u. bekenntnistreue, → gemeinschaftlich u. → erwecklich geprägte, z. T. → freikirchl. Gruppen; **Evangelienharmonie**, Versuch, die vier Evangelien zu einem zusammenzuarbeiten (→ Diatessaron); **Evangelienseite** → cornu evangelii; **Evangelisation**, Predigt (durch → Laien) außerhalb kirchl. Räume für Kirchenfremde (Wichern) (seit 1918 «**Volksmission**»); **evangelisch**, Selbstbez. der reformator. Gruppen, bereits 1524 von Luther vorgeschlagen, jedoch erst 1663 im → corpus evangelicorum reichsrechtl. offiziell; **Evangelische Allianz** → Allianz; **Evangelische Kirche der Union** → Union; **E.K. in Deutschland** (EK[i]D), 1945 gegr., Vereinigung aller luth., → unierten u. ref. Regionalkirchen; seit 1969 nur noch in der BRD, in der DDR → Bund der Ev. Kirchen; **Evangelische Konferenz**, loser Zusammenschluß von Vertretern aus 26 Landeskirchen (1846) (→ Eisenacher Konferenz); **Evangelische Räte** → consilia evangelica; **Evangelischer Bund**, 1886 gegr. zur Stärkung protest. Bewußtseins gegenüber allen nichtev. Glaubenslehren u. -richtungen (urspr. geg. → Ultramontanismus, → Liberalismus), heute tätig als «Konfessionskundl. Arbeits- u. Forschungswerk»; **Evangelisch-sozialer Kongreß**, 1890 von A. Stoekker, L. Weber, A. Harnack u. a. gegr., aus der christl.-sozialen Bewegung hervorgegangen; sein Anliegen war es, die Kirche an ihre Verantwortung für die → Soziale Frage zu erinnern; **Evangelistar**, liturg. Buch mit den für die Messe vorgeschriebenen Evangelien- → Perikopen (Ggstück → Epistolar); **Evangelisten**, Verfasser der 4 Evgl.n; (Wander)Prediger (→ Gemeinschaftsbewegung); **Evangelistensymbole**: Matthäus – Engel, Markus – Löwe, Lukas – Stier, Johannes – Adler, alle 4 Wesen mit Flügeln, auch als Attribute zu den vier Evangelistengestalten; → Tetramorph

Evolution *lat., Entwicklung*; dialekt.-materialist.: E. als Einheit von quantitativen und qualitativen (evolutionären u. revolutionären) Veränderungen in Natur u. Gesellschaft; **E.ismus**, → metaphysisch (-undialekt.) Lehre, wonach Entwicklung bloß quantitative Veränderung bereits fertiger (präformierter) Qualitäten darstellt; für neue Qualitäten wird → transzendenter Ursprung (Schöpfung) angenommen

Ewige Anbetung → Vierzigstündiges Gebet; **E. Lampe, E. Licht** → lucerna; **Ewigkeitssonntag**, volkstüml. **Totensonntag**, auch *Fest des Jüngsten Tages*, letzter Sonntag im → Kirchenjahr zum Gedenken des Jüngsten Tages u. der Toten

exactiones *mlat.*, kirchl. *Steuern*

Exaltation *lat., Seelensteigerung, Erhöhung*, Entrückung; **status exaltationis**, (Christi) *Stand der Erhöhung*; **Exaltatio crucis**, Fest der *Kreuzerhöhung* (14. Sept.); **exaltiert**, seelisch gesteigert

Examen *lat., Prüfung* (→ Tentamen); **examinatores synodales**, kath.: dem Bischof beigegebene Geistliche (bei Rechtsfällen u. in theol. Prüfungen)

Exarch *gr.*, byzantinischer *Statthalter*; gr.-orth.: Vertreter des → Patriarchen (= Metropoliten); **Exarchat**, Gebiet einer orth. Kirche außerhalb ihres Stammgebiets

Exaudi *lat., erhöre!*, 6. Sonntag nach Ostern (→ Introitus Ps 27,7: Herr, höre meine Stimme, wenn ich rufe)

ex cathedra → cathedra

exclaustratio *lat.*, Erlaubnis für Ordensglieder, zeitweise *außerhalb des Klosters* zu leben

excommunicati tolerati *lat.*, kath.: geduldete → *Exkommunizierte*, mit denen nur der religiöse Verkehr verboten ist; **e. vitandi**, *zu meidende*, mit denen jeder Verkehr (außer familiärem u. lebensnotwendigem) verboten ist; → haereticus

exedra → Apsis

Exegese *gr.*, wissenschaftl. *Auslegung* eines Textes in seinem Sinn; → Bibelkritik, → Entmythologisierung, → Formgeschichtliche → Methode, → Hermeneutik, → hist.-krit. Methode, → Textkritik; **Exeget**, *Ausleger*; **exegesieren**

Exemplarismus, Thomas v. Aquin († 1274): die Geschöpfe sind inhaltlich Spiegelungen Gottes; → analogia entis

exemt *lat., herausgenommen*; kath. kirchenrechtl.: Ausgliederung von Gebieten u. natürl. od. jurist. Personen aus der gewöhnl. Organisation in der Kirche und Unterstellung unter den nächsthöheren od. einen eigens bestimmten Hoheitsträger (insbes. den → Papst); **Exemtion**

Exequien → Exsequien

Exerzitien *lat., Übungen*, betrachtendes Gebet, bes. die «geistlichen E.» des Ignatius von Loyola (→ Societas Jesu)

Exhomologese, *gr. Sündenbekenntnis*, → Beichte

Exhortation *lat.*, (Abendmahls-)*Vermahnung*

Exil *lat., Aufenthalt außerhalb des Vaterlandes*; Aussiedlung der judäischen Oberschicht nach Babylon (587–532 v. Chr.); Überführung des Papstes nach Avignon 1309–77 («babylonisches Exil der Päpste»); **exiliert**, *vertrieben*; **Exulant**, *Vertriebener*

exinanitio → Kenosis, → Status

Existential, Ausdruck Heideggers («Existenzial») für «Seinscharaktere (= Grundbestimmtheiten) des Daseins» (= des Ich): Sorge (für), Angst, Sein-zum-Tode (= In-der-Zeit-Sein), auch (z. T.) Glauben (sonst als Ausdruck → existentiellen Betroffenseins verstanden); **existentiale** → **Interpretation** setzt voraus, daß eine allg. Wahrheit jeden Menschen treffen können muß. Diese begegnet aber nur in Formen der Wirklichkeit (als Geschichte), die das Vernehmen der Wahrheit erschweren können. Deshalb müssen z. B. bibl. Texte methodisch von zeitbedingten Vorstellungen entkleidet (→ Entmythologisierung, → hist.-krit. Methode) u. auf ihre Wahrheit für das Dasein hin abgehört, muß das «Wort in den Wörtern» (→ Dialekt. Theologie) entdeckt werden; **Existentialismus** sieht das (sinnvolle) Sein auf das Dasein (= das einzelne Ich) beschränkt u. zentriert (geg. → Metaphysik); häufig als (spätbürgerl.) Weltanschauung u. Lebensform; **existentiell**, die eigene Person betreffend; **Existenz**, *Dasein* (aber → essentia); **Existenzphilosophie**, an Lebensphilosophie (Dilthey †1911) u. → Phänomenologie (Husserl †1938) anknüpfendes → idealist. Denken, das (unter Berufung auf Kierkegaard †1855) Sein u. Dasein des einzelnen Menschen zum Gegenstand hat (Jaspers †1969, Sartre †1980; → Ontologie); **Existenzverständnis**, Bultmann: → Glauben bedeutet Gewinnung eines neuen E.ses, d. h. Leben u. Tod erhalten neue Maßstäbe

Exkardination *lat., Ausbürgerung* eines Geistlichen aus einer Diözese; Ggs. → Inkardination

Exklaustrierung → exclaustratio

Exkommunikation *lat., Ausschluß* aus der kirchl. Gemeinschaft; **Kirchenbann**, großer: völliger Ausschluß unter Verfluchung **(Exsekration)**; kleiner: Ausschluß vom → Sakramentsgenuß; **exkommunizieren**

Ẹxodus *gr., Auszug* (der Israeliten aus Ägypten); 2 Mose (Ex)

Ex'omologese → Exhomologese

ex ọpere operạto → opus

exorcisatio salis *lat., Weihe des Salzes* für die → datio salis

exordium *lat., Anfang* einer Rede, der Predigt

exọrrhason *gr., Obergewand* der östl. Mönchstracht (→ esorrhason, → rhason)

Exorzismus *gr., Beschwörung* u. Austreibung von Geistern, z. B. des Teufels in der Taufliturgie (Gebet, Drohung, Handauflegung, Kreuzeszeichen, Anhauchen), heute meist vermieden; **Exorzist**, *Beschwörer*; altkirchl.: Gemeindeglieder mit bes. Gaben; kath.: früher → Kleriker der 3. niederen → Weihe

Expatriierungsgesetz vom 7.5.1874, drohte allen kath. Klerikern bei Ungehorsam gegen den Staat mit Ausweisung; → Kulturkampf

Expektạnz *lat., Erwartung*; Anwartschaft auf ein (kirchl.) Amt

expiạtio *lat., Sühne*; **dies expiatiọnum**, jüd. *Versöhnungstag* (3 Mose 16)

explịcite *lat., entfaltet* (→ fides); Ggs. → implicite; **volumen explicitum est**, *die Buchrolle ist fertig abgerollt*, Formel am Ende von Handschriften u. alten Drucken; **theol. Explikation**, *Erklärung*, Auslegung → kanon. Schriften im Ggs. zur → applicatio

exploratio Testium *lat., Patenexamen*

Exposition *lat.*, kath.: *Ausstellung*, Zurschaustellung [der geweihten → Hostie] auf dem E.saltar; **Expositur**, kath.: selbständ. → Filialgemeinde; **Expositus**, Geistlicher einer → Filiale

expulsio *lat.*, altkirchl.: *Ausstoßung* der Sünder (zur Bußleistung)

expurgieren *lat.*, Schriften von anstößigen Stellen *reinigen*

exsekrieren *lat., entweihen*; Schändung eines sakralen Gegenstandes; Ex(s)ekration, Fluch; → Exkommunikation

Ex(s)equien *lat.*, kath.: *Begräbnisliturgie* (→ Obsequien); **ex(s)equa-**

tur, *er möge vollstrecken*, Formel für die staatl. Billigung kirchl. Erlasse, wo das → Placet besteht

exsufflatio *lat.*, *Wegblasen* des Satans (kath. Taufe)

Exsultet → Exultet

Exsurge, Domine *lat.*, *erhebe dich, Herr* (Ps 74, 22), Anf. der Bannandrohungsbulle geg. Luther

extentio manuum *lat.*, (kultisches) Erheben u. *Ausbreiten der Hände*

extersorium *mlat.*, liturg. *Handtuch*; Kelchtüchlein

Extra-Calvinisticum *lat.*, Calvins Lehre, der → Logos sei auch nach der Vereinigung mit der menschl. Natur (auch) *außer* ihr; aber → Realpräsenz

extra ecclesiam nulla salus *lat.*, *außerhalb der Kirche kein Heil* (Cyprian †258)

extramundan *lat.*, *außerweltlich*

extraneae *lat.*, *Auswärtige*, Haushälterinnen der → Kleriker

extra nos *lat.*, *außerhalb unser* selbst; Luther: das uns geschenkte, nicht von uns selbst abhängige Heil in Christus (→ justitia dei passiva)

extra usum nullum sacramentum *lat.*, *außerhalb des Gebrauchs* sind die Abendmahlselemente *kein* → *Sakrament*

Extravaganten, päpstl. → Dekretalen, die nicht im → Decretum Gratiani standen; die zwei letzten Sammlungen des → Corpus Juris Canonici enthalten die nach den → Clementinen erschienenen Gesetzestexte

extrema unctio → unctio extrema

extremum *lat.*, *das Äußerste*, «Scheideglöcklein», Geläut nach dem Tod eines Gemeindeglieds

Exukontianer *(gr. ex-uk-on, aus-nicht-sein)*, → Aetianer u. → Eunomianer, die → arianisch lehrten, der Sohn sei von Gott aus dem Nichts erschaffen; → Anomöer, → Heterusiasten

Exulanten → Exil

Exultet *lat.*, *er (sie, es) soll jubeln*, Osterlob in der Osternacht (nach dem Anfangswort)

Exvoto → Votivtafel

F

fabrica ecclesiae *(lat. fabrica, öffentl. Gebäude)*, zur Erhaltung einer Kirche dienende Einnahmen

facere quod in se est *lat.*, scholast.: der Mensch muß (um seines Heiles willen) *tun, was in ihm ist* (= was er vermag); → dispositio ad justificationem

facultas utriusque *lat.*, *die Fähigkeit* des Menschen, sich *nach beiden Seiten* zu entscheiden; **Fakultas**, die Befähigung zum Erteilen von Religionsunterricht im Auftr. der Kirche; vgl. kath.: → missio canonica

Faith and Order *engl.*, → ökumenische Bewegung zur Einheit in *Glauben u. Kirchenverfassung* (seit 1927); 1948 Kommission im → World Council of Churches; → Life and Work

Fakir *arab.*, *Armer*; Personen, die aus rel. Motiven auf materiellen Besitz verzichten (→ Islam) bzw. sich selbst kasteien u. der Welt entsagen (Indien)

Faktizität *lat.*, *Tatsächlichkeit*; → Heilstatsachen

faldistorium *mlat.*, *Faltstuhl*; kath.: Ersatzthron des Bischofs an der → Epistelseite; Betschemel des Bischofs vor dem Hochaltar

famiglia pontificia *ital.*, *päpstl. Familie*, päpstl. Hofstaat; **Familiaren**, dessen Angehörige

familia dei *lat.*, *Familie Gottes* als

Bez. für die christliche Gemeinde (Calvin: Gemeinschaft der Getauften und zum Abendmahl Gerufenen) bzw. (kath. → Vatikanum II) die zur Einheit mit dem Gottesvolk (→ Kirche) bestimmte Menschheit

Fano → Manipel; Behänge der → Mitra; Prozessionsfahne; liturg. Schultertuch; **Fanone** *ital.*, päpstl. *Schultertuch*

fascinosum *(lat. fascino, behexen)*, geheimnisvoll anziehende Kraft des Göttlichen (Ggs. → tremendum); **fascinum**, → Phallus, zauberisches Abwehrmittel

Fassion *lat.*, Zusammenstellung über Einn. u. Ausg. einer → Pfründe

Fastentuch, -velum → velum quadragesimale

Fastenzeit, von → Aschermittwoch an, urspr. als Vorbereitung auf die nur Ostern stattfindende Taufe; aber → Passionszeit

Fatalismus, Anschauung, alle Ereignisse seien durch das *Schicksal (lat. fatum)* bzw. Gott vorherbestimmt, daher Gleichgültigkeit

Febronianismus, seit 1763 von dem Trierer → Weihbischof N. v. Hontheim (→ Pseudonym: Febronius) vertretener → Episkopalismus

Fegefeuer → Purgatorium

Feldrede → Bergpredigt

(o) felix culpa *lat., (o) selige Schuld* (die eines solchen Erlösers gewürdigt ward), aus dem → Exultet; → culpa, → mea culpa

Feministische Theologie, eine neue → emanzipator. Konzeption von *Theologie von Frauen für Frauen* (die Frau in Bibel, Kirche u. Gesellschaft), die die bisher männl.-patriarchal. bestimmte Theologie ergänzen oder gar korrigieren will; v. a. in den Niederlanden (C. J. M. Halkes), den USA (R. R. Ruether) u. in der Bundesrepublik (E. Moltmann-Wendel); → Sexistische Theologie

fenestella *lat., fensterartige Öffnung* am Märtyrergrab unterm Altar

feria *lat. Tage ohne Berufsarbeit*; altkirchl.: Wochentage (f. prima = Sonntag, quarta = Mittwoch, sexta = Freitag); **Feriatus**, kath.: Advents- u. vorösterl. Fastenzeit

fermentarii *(lat. fermentum, Sauerteig)*, röm.-kath. Bez. für die Anhänger der gr. Kirche, die Abendmahl mit gesäuertem Brot feierte (→ Passa); Ggs. → Azymiten

ferula *lat., Stab*; MA: Bischofsstab, Papstzepter

Fest des Jüngsten Tages → Ewigkeitssonntag

Festrollen → Megillot

Fetisch *(portug. feitiço, Machwerk)*, mit einer bes. Kraft bzw. einem → Dämon verbundener Gegenstand; **Fetischismus**, Glaube an eine unpersönl. Macht (→ dynamist. F.) bzw. an Dämonen (→ animist. F.), die, in Fetische gebannt, unter der Verfügungsgewalt des Menschen stehen

feudum *mlat., Lehen*, lebenslanges Eigentum auf einen Treueid hin; **Feudalismus**, durch das Lehnswesen geprägte Gesellschaftsordnung (bes. im MA) mit → hierarch. Struktur (König als oberster Lehnsherr); die Bauern als niederste soziale Schicht des **Feudalstaates** gerieten in zunehmende (persönl.) Abhängigkeit von den Lehns (= Feudal)-herren (Adel u. Geistlichkeit; z. B. → Cluny) als Hörige bzw. Leibeigene

Fiale, → gotische Spitztürmchen über Fenstern, Türgiebeln oder Strebepfeilern

fiat *lat., es werde!* (1 Mose 1, 3)

Fideismus *lat.*, Lehre, → metaphysische, → moral. u. rel. Wahrheiten seien nur dem Glauben, nicht der Vernunft zugänglich

fides *lat.*, allg.: *Treue, Vertrauen*; theol.: *Glaube* als (kath.:) die durch die → Gnade (→ gratia gratum faciens) eingegossene, auf das Annehmen der Offenbarung Gottes gerichtete, → übernatürl. → Tugend des Intellekts bzw. (ev.:) als durch den Hl. Geist gewirktes (CA V) Vertrauen auf Gottes Wort (→ viva vox Evangelii, → justitia dei passiva); **f. actualis**, kath.: *wirklicher Gl.* (= Glaubensakt); **f. carbonaria**, *Köhlerglaube*, nach Luther der blinde, einfältige Glaube oder Aberglaube; **f. caritate formata** (vgl. Gal 5, 6), kath.: *durch Liebe gestalteter* (heilsverdienstlicher) *Gl.*; **f. data (= facta)**, kath.: *Treue*gelöbnis bei der Verlobung; **f. divina**, die *göttl.* (= Gottes) *Treue*; **f. dogmatica**, kath.: *dogmat. Gl.*; **f. ecclesiastica**, *kirchl. Gl.*, Gl. entspr. der Kirche(nlehre); **f. efficax**, *wirksamer Gl.*; **f. ex auditu** (Röm 10, 17), *Gl. aus dem Hören* (bzw. *aus der Predigt*); **f. explicita**, kath.: Zustimmung zur im einzelnen (→ credenda) *entfalteten Gl.*slehre; **f. generalis**, *allgemeiner Gl.* (ohne persönl. Bezug); **f. habitualis**, kath.: gnadenhaft gewirkter → *habitueller Gl.*; **f. historica**, *Gl.* an (heils-)*geschichtl.* → Fakten (ohne persönl. Bezug); **f. implicita**, kath.: *eingefalteter Gl.*, auf unausgesprochene (in der → f. ecclesiastica enthaltene) → credenda gerichtete(r) Gl.(sbereitschaft), Ggs. → f. explicita; **f. infusa**, kath.: gnadenhaft *eingegossener Gl.*; **f. justificans**, *rechtfertigender Gl.*; **f. mortua (= informis)**, *toter*, rein rationaler, *nicht* gnadenhaft (durch die Liebe, → f. caritate formata) *gestalteter Gl.*; **f. qua creditur**, *Gl., durch den geglaubt wird*, Gl.sakt; **f. quae creditur**, *Gl., welcher geglaubt wird*, Glaubensinhalt; **f. quaerens intellectum**, *der das Verstehen suchende Gl.*; **f. salvifica**, *errettender Gl.*; **f. specialis**, *besonderer* (Luther: auf die dem Glaubenden selbst geltende Heilszusage gerichteter) *Gl.* (→ pro me), Ggs. → f. generalis

fiducia *lat., Vertrauen*; **Fiduzialglaube**, *Glaube als Vertrauen*

Filial(e), Filialgemeinde *(lat. filia, Tochter)*, Zweitgemeinde eines Pfarrers; **Filiation**, eine Gem. zur Zweitgemeinde machen; Verpflichtung des Klostergeistlichen zum Gehorsam geg. seine Oberen

filioque *lat.*, Zusatz der abendld. Kirche zum → Nicaeno-Constantinopolitanum, wonach der Hl. Geist vom Vater *und dem Sohne* ausgeht; Streitpunkt seit dem 8./9. Jh. gegenüber der gr.-orth. Kirche, von dieser als → ditheistisch u. schwerwiegende Abweichung von der Lehre beurteilt

Fimbulwinter, dreijähr. Weltuntergangswinter der germ. → Mythologie

Finalität *lat., Zielgerichtetheit, Zweckbestimmtheit* (Ggs. → Kausalität)

finitum capax infiniti *lat., Endliches vermag Unendliches zu fassen*; luth.: in der gottmenschl. Person Jesu Christi u. seiner Gegenwart im Abendmahl (→ Realpräsenz); Ggs. ref.: **finitum non capax infiniti** (→ Calvinismus, → Dialektische Theologie)

Firmung, Firmelung *lat., confirmatio, Befestigung*; altkirchl. *consignatio, Versiegelung, Bestätigung*; kath.: → Sakrament (Handauflegung u. Salbung), urspr. bei der Erwachsenentaufe; heute von der

Kindertaufe getrennt, nicht vor dem 7. Lebensjahr zulässig (→ annus discretionis); wird in der Regel durch einen Bischof gespendet; gr.-orth.: → Myronsalbung kurz nach der Taufe; → Konfirmation

Fisch → ichthys

Fiskus *lat., Staatskasse*; **Fiskalismus**, das Eintreiben von Geldern durch die → Kurie, bes. im Renaissance-Papsttum; → Pfründe, → Simonie

fistula *lat., Flöte*; Saughalm zum Trinken aus dem Abendmahlskelch

flabellum *lat.*, kath.: (Bischofs-)*fächer* aus Pfauenfedern; «Scheibenkreuz» in kreisförmigem Rankenwerk

Flacianer, theol. Richtung des M. Flacius Illyricus († 1575); **flacianisch**; → Gnesiolutheraner, → synergist. Streit

Flagellanten *lat., Geißler*, umherziehende → ekstat. Scharen des 13./14. Jh., die durch Selbstgeißelung Sündenvergebung u. Befreiung von Heimsuchungen (z. B. Pest) erlangen wollten

Flamboyant *frz.*, spätgotische Stilform mit *flammenartigen* Linien (bes. Engl., Frankr.)

flamines *lat.*, röm. (Opfer)*priester*; man unterschied Priester des → Jupiter (**f. Dialis**), des → Mars (**f. Martialis**), des → Quirinus (**f. Quirini**) u. 12 weitere (**f. minores**) für geringere Götter

flammẹum (nuptiale) *lat., Brautschleier*; → velamen nuptiale

flectamus genua *lat., laßt uns die Knie beugen!*, Gebetsaufforderung

Fleisch, (v. a. in den Paulusbriefen) der Mensch als leibl., sündhaftes u. sterbl. Wesen

flori'lẹgium → anthologium

Föderaltheologie *(lat. foedus, Bund)*, theol. Richtung des Joh. Coccejus († 1669), der die Glaubenslehre nach den bibl. Bundesschlüssen gliederte

Fokolare, Focolarini, geistl., z. T. ordensähnliche Gemeinschaften, bes. in Italien, gegr. 1943; → Säkularinstitute

fomes peccati *lat., Zunder der Sünde*, scholast.: Naturanlage des Menschen (zuständliche Begehrlichkeit), dient auch nach der Taufe dem → peccatum originis; → Konkupiszenz

fons *lat., Quelle*, Taufbrunnen; **fontes moralitatis**, *Quellen* (Urmaßstäbe) *der Moral*

forensisch *lat., richterlich, gerichtlich*; → justificatio

Form- u. Gattungsgeschichte, Entwicklung fester Aussageformen über bestimmte Sachverhalte in einem Kulturkreis (→ Traditions- u. → Überlieferungsgeschichte); **Formgeschichtliche Methode**, Untersuchung eines Textes nach geformten Stücken («Gattungen», «Formelgut») und ihrem → «Sitz im Leben» (Gunkel), bes. bei Erforschung von → Pentateuch, Psalmen u. → Synoptikern (K. L. Schmidt, M. Dibelius, R. Bultmann; → hist.-krit. Methode, → Apophthegma, → Rahmen)

forma *lat., Form*; Aristoteles: die die → materia zu Wirklichkeit gestaltende u. das Wesen verleihende Kraft (→ Entelechie); stofflose reine Form, vollkommenes Sein darstellend, ist Gott (Grundlage des kosmolog. → Gottesbeweises); scholast. Sakramentslehre: die → rituellen Worte, die der Materie (→ Elemente u. rituelle Handlung) → sakramentale Bedeutung geben; kath. moraltheol.: die → intentio gibt den Taten ihre f., d. h. ihren Charakter; **f. externa**, die äußerliche sakramentale Handlg.; **f.**

interna, kath.: *innere Formkraft* des Wortes; **f. substantialis**, *eine Form, die zum Wesen*, **f. accidentalis**, die nur zufällig zu einer Sache gehört

Formalismus, Überbetong. von Äußerlichkeiten u. Regeln; **Formalprinzip**, reformator. Grundsatz, die Bibel sei Gefäß (Form) der Heilslehre, genüge zum Heil (→ Suffizienz) u. lege sich selbst aus (→ scriptura sui ipsius interpres; → Materialprinzip)

Formula Concordiae → Konkordienformel; **F. makrǫstichos** *lat.-gr.*, Synode von Antiochia (344): *langzeilige Formel*, die Christus für vollständig gleich mit dem Vater erklärt

forum *lat., Rechtsbereich, Gerichts(stätte)*; **f. internum**, *inneres Gericht*, Gewissen (f. → dei); **f. externum**, äußerer Rechtsbereich (f. → ecclesiae); **forensische Rechtfertigung** → justificatio

fossores *lat.*, Zunft der → Katakomben-*steinhauer*

fractio panis *lat.*, → *Brotbrechen*

Fragment *lat., Bruchstück*; **Fragmentenhypothese**, Vermutung kleinerer, schriftl. Fragmente als Grundlage von → Pentateuch oder → Synoptikern; → Ergänzungshypothese, → Urkundenhypothese

Franziskanerorden (OFM), Ordo Fratrum Minorum *lat., Orden der geringeren Brüder* (Minoriten), durch Franz v. Assisi († 1226) gegr. Mönchsgemeinschaft: Leben nach dem Ev. in völliger Besitzlosigkeit (→ Bettelorden), Selbstheiligung, Dienst am Nächsten; schwere Auseinandersetzungen üb. d. Armutsgebot (→ Spiritualen), 1517 endgült. Spaltung in einen diesbezgl. freieren (Konventualen) u. einen strengeren Orden (Observanten)

Frate (Fra) *ital.*, (Ordens)*bruder*; **frater** (Fr.) *lat.*, Kloster*bruder* ohne Priesterweihen (→ pater), auch Demutstitel für Priester mancher Orden; **f. barbatus**, *bärtiger*, **f. illiteratus**, *ungelehrter Bruder*; **f. conversus** → conversi; **Fraterherren** → devotio moderna; **Fraternität** → Konfraternität; **Fraticellen** *ital., Brüderchen*, aus dem → Franziskanerorden abgespaltene, z. T. → häretische Gruppen (13./14. Jh.); **Fratres Minores** (FM) → Franziskaner

fraus *lat., Betrug*; **pia fr.**, *frommer Betrug*

Freidenkertum, aus der → Aufklärung stammende, weltanschaul.-rel. antikirchl. Bewegung, extreme Richtung der «Freireligiösen»

Freies, Freisinniges Christentum → Neuprotestantismus

Freikirchen, christl. Gemeinschaften, z. T. mit eig. → Dogmatik (→ Baptisten, → Mennoniten, → Methodisten u. a.), die im Ggs. zur → Volkskirche den → Gemeinschaftsgedanken verwirklichen wollen, erhalten sich durch freiwillige Opfer; aber: → Sekte

Freimauerei, weltanschaul.-rel. Bewegung in (z. T. internat.) Geheimbünden («Logen») mit → humanitärer Ausrichtung u. dem Prinzip der → Toleranz; Ursprünge in der → Aufklärung; → Konstitutionenbuch

frẹnum cọhibens *lat., bändigender Zügel* der → Konkupiszenz

Fresko *ital.*, Malerei auf *frischer*, noch feuchter Wand; Ggs. → Secco

Friedensbewegung, vom 16. bis 19. Jh.: Gedanken u. Initiativen einzelner od. kl. Gemeinschaften gg. Gewalt u. Krieg, mit unterschiedl. Motivation u. Zielsetzung (christl.- → humanist.: Erasmus [† 1536], → Mennoniten, → Quäker [→ Pazifismus]; → Aufklärung: Idee des «ewigen Friedens»; Friedensgesellschaften [seit 1815] u. -kongresse [1848 ff.]); vor u. seit dem 1. Weltkrieg: L. Tolstoi, Berta v. Suttner, F. Siegmund-Schultze, M. Gandhi, A. Schweitzer u. a.; nach dem 2. Weltkrieg: Einzelaktionen u. größere Veranstaltungen, u. a. der → Kirchl. Bruderschaften (Atomwaffenächtung, Ostermärsche); → Pax Christi; **Friedenskirchen**, Sebstbez. der → Brethren Church, der → Mennoniten u. der → Quäker («hist. Friedenskirchen»); **Christliche Friedenskonferenz** (CFK), seit 1958 jährl. Konferenz in Prag; → Weltfriedensbewegung; **Friedenskuß**, seit dem → Urchristentum (vgl. Röm 16,16; 1 Kor 16,20; 1 Petr 5,14 u. ö.) Ausdruck der brüderl. Gemeinschaft der Christen, bes. bei der → Eucharistiefeier; später vielfach nur stilisiert ausgeführt

Fronleichnam *mhdt., Herrenleib*, kath. Feiertag am Donnerstag nach → Trinitatis zu Ehren der → Eucharistie mit → Prozession; → Monstranz

frontale → *antependium*

fructus primi anni *lat., Ertrag des ersten Amtsjahres* in der → Pfründe

fructus sacrificii *lat., Ertrag des Opfers* (Christi, der Messe)

Frühjudentum → Spätjudentum

Frühkatholizismus, Bez. für die Entwicklung der → Urkirche zur Institution, als nach Ausbleiben der → Parusie zwischen 100 und 200 die Konsolidierung von Ordnung u. Lehre einsetzte (ordiniertes priesterl. Amt, geregelter Kultus, Taufbekenntnis als regula fidei, Kirche als Heilsanstalt)

fruitio Dẹi *lat., das Genießen Gottes*, Leben im Frieden Gottes (Ziel der → Ethik Augustins [† 430])

Fünfbuch → Pentateuch

Fürbittengebet, großes, im Gottesdienst, entw. als **Prosphonese** *gr., Anrede* des → Liturgen zum Altar hin oder als **Ektenie** *gr., Inbrunst*, bes. orth. (→ Litanei), ev. bes. vor dem Abendmahl, wobei die Gemeinde auf Gebetsaufforderungen des Liturgen (bzw. eines → Lektors) mit «Herr, erbarme dich» antwortet, oder als **Diakonisches Gebet**, bei dem ein Lektor Gebetsaufforderungen zur Gemeinde spricht, der Liturg zum Altar hin die Gebete spricht u. die Gemeinde jedes Gebet mit «Amen» schließt

Fürst d(ies)er Welt, Bez. Jesu für den → Teufel im JohEv. (12,31; 14,30; 16,11)

fulltrui germ.: der gewählte «Freundgott»

Fundamentalartikel *lat., grundlegende* Glaubens- u. Lehrsätze; **Fundamentalismus**, streng → traditionalist., oft fanat. Glaubenshaltung; i. e. S. US-amerik. ev. Bewegung seit ca. 1875 (seit 1918 → Missourisynode), Kampf für → Orthodoxie u. → Verbalinspiration, gg. → hist.-krit. Methode u. mod. Naturwissenschaft (Deszendenztheorie, → Evolutionismus); **Fundamentaltheologie**, kath.: theol. → Apologetik, die die Vernunftgemäßheit des Glaubens rechtfertigen will; allg. → Dogmatik, als theol. Erkenntnislehre oft der bes. Dogmatik vorausgeschickt

Fundatio(n) *lat., Gründung*; **f. pia**, *fromme Stiftung*

Funktionsgötter, Götter für eine einzige Aufgabe

Furien, *röm. Rachegöttinnen*, gr. → Erinnyen

Fußwaschung, Liebesdienst Jesu an seinen Jüngern während des → Abendmahls (Joh 13,1–15)

fylgja *germ., Folgegeist*, persönliches Leben (Seele), das als Schutzgeist in der Sippe fortlebt

G

Gabengebet, Gebet bei der Darbringung des → Opfers in der Messe: oratio super oblata

Gabriel → Erzengel

Gajaniten → Aphthartodoketen

gallikanisch *lat., französ.*; **g.e Freiheiten** (Pragmat. Sanktion v. Bourges, 1438), geben dem König v. Frankr. u. dem Parlament bei der Besetzung kirchl. Stellen u. in geistl. Rechtsfällen bevorzugte Rechte; **Gallikanismus**, bes. Freiheitsanspruch für die frz. Kirche (Beschränkg. der päpstl. Gewalt)

Garantiegesetz der ital. Regierung nach Aufhebung des → Kirchenstaates (1871), das dem Papst Freiheit in der Ausübung seiner kirchl. Rechte zusicherte

Garizim → Samaritaner

Gathas *pers., Gesänge*, älteste Stücke im → Avesta

Gattungsgeschichte → Formgeschichtliche Methode

Gaudete *lat., freuet euch!*, kath.: 3. (ev.: 4.) → Advent (→ Introitus-→ Antiphon nach Phil 4,4), (ähnlich → Laetare in der → Passionszeit) mit frohem Charakter innerhalb der adventl. → Bußzeit

Gayomard, Gayomaretan, Urmensch der pers. Religion

Gebetsgestus → Oranten

Gebetsriemen → Tefillim

Gefangenschaftsbriefe, die Briefe, die nach eigenen Angaben von Paulus in Gefangenschaft geschrieben wurden: Eph, Phil, Kol u. Phlm (echte Paulusbriefe nur Phil u. Phlm, → deuteropaulinisch)

Gegenreformation, (kath: «Kath. Reform») Gesamtheit der theol., polit. u. militär. Bemühungen im 16./17. Jh. zur Rückführung der Protestanten zum kath. Glauben u. zur Reform der kath. Kirche

Ge(h)ẹnna *hbr.*, von *ge (ben) hinnom, Tal (der Söhne) Hinnoms* (Jos 15,8; 2 Kön 23,11), heiße Talschlucht südl. von Jerusalem, nach → spätjüd. Glauben Stätte des Jüngsten Gerichts; Hölle

Geißler → Flagellanten

Geistliche Gemeinde-Erneuerung (GGE), ev. Bewegung, parallel zur kath. → Charismat. Gemeinde-Erneuerung

geistliche Verwandtschaft → cognatio spiritualis

Gelübde → consilia evangelica

Gemara *hbr., Lernstoff, Vervollständigung*, Sammlung von Erläuterungen u. Zusätzen der → Amoräer zur → Mischna (2. Teil d. → Talmud)

Gematr̲ia *v. gr. geometria*, → kabbalistische Auslegungsweise, Wörter mit Buchstaben gleichen Zahlenwertes zu vertauschen

Gemeinde, urspr. Zusammenschluß von Christen, örtl. Erscheinungsform der Gesamtkirche (NT: → ecclesia; → Basisgemeinden); Bezirk (eines Pfarrers: **Parochi̲e̲**; **Pạrochus** = G.-Pfarrer); diejenigen, die sich am kirchl. Leben beteiligen (**«Kern-G.»** im Ggs. zur **«Rand-G.»**); → ökumenisch: die Christenheit; **Paragemeinde**, neben der Ortsgemeinde existierende G. (z. B. Studenten-G.); **Personalgemeinde**, unabhängig von Parochialgrenzen gebildete G.; **Gemeindeaufbau**, Sammlung, Zurüstung u. Sendung von G. innerhalb einer Parochie; **Gemeindeberatung**, Ber. v. G'n od. deren Mitarbeitergruppen m. → pastoralpsycholog. u. gruppentherapeut. Methoden zur Entwicklung gemeindl. Lebens od. zur Konfliktberatung; **Gemeindebildung**, Aussagen der → Synoptiker, die nicht auf Jesus, sd. auf die → Apostel bzw. die Urgemeinde zurückgehen; **Gemeindehelfer** → Diakone; **Gemeindehelferin**, mit prakt.-theol. Ausbildung versehene, oft selbständig arbeitende hauptamtliche Kraft neben dem G.-Pfarrer; **Gemeindekirchenrat** → Presbyterium; **Gemeindeschwester** → Diakonisse; **Gemeindetag unter dem Wort**, eine Art Gegen- → Kirchentag der → Bekenntnis- u. → Gemeinschaftsbewegung (Sonntagsveranstaltung, bisher meist in Stuttgart); **Gemeindetheologie**, Theologie der urgemeindl. Überlieferungen (→ Gemeindebildung); heute: (abwertende) Bez. für (→ biblizist.) christl. Anschauungen in den Gemeinden im Ggs. zur Hochschultheologie

Gemeinschaftsbewegung brachte seit ca. 1850 im Amerika, Engl. u. Dtschld. meist → pietistisch gefärbte → Freikirchen bzw. freie («landeskirchliche») Gemeinschaften hervor. Diese betonen die persönl. «Entscheidung» zum Glauben («Bekehrungserlebnis»), sondern sich z. T. im Lebenswandel von «Nichtwiedergeborenen» ab, pflegen Gebetsgemeinschaft u. → Evangelisation, suchen Gelegenheit zum Bekenntnisablegen, betonen die → Eschatologie; → Erweckungsbewegung; → Gnadauer Verband; **Gemeinschaftsmesse** → missa dialogata; **Gemeinschaftsschule** → Bekenntnisschule

Gemeinwesenarbeit, sozial-diakon. orientierte Gemeindearbeit, bes. in Ballungszentren

gemina praedestinatio → Prädestination; **Gemination, Trigemination** *lat., Doppel-, Dreifachsetzung*, liturg. Wiederholungen

Generalkapitel → Kapitel

Generalkongregation(en *lat.*, Gesamt-(Plenar-)Sitzungen aller stimmberechtigten Mitglieder eines → Konzils, einer → Diözese, eines → Ordens

Generalsuperintendent, früher: leitender ev. Geistlicher mit bischöfl. Funktionen in größerem Teilgebiet einer Regionalkirche

Generalvikar *lat., Stellvertreter* des Bischofs in der Verwaltung

Generatianismus *lat.*, Anschauung, die Seele entstehe bei der *Zeugung* als geistige Substanz; → Kreatianismus, → Präexistenzianismus, → Traduzianismus

generatio aequivoca *lat., Urzeugung*; **g. aeterna**, *ewige Zeugung* (des Gottessohnes)

Genesis *gr., Entstehung*, Erschaffung; (Gen) 1 Mose

Genetivtheologien, theol. Richtungen der Gegenwart, die durch einen Genetiv näher bez. werden (z. B. → Theologie der Befreiung, → Th. der Revolution)

Genfer Psalter, stroph. Nachdichtung der bibl. → Psalmen in der ref. Kirche, 1562 lat., deutsch 1573 v. Lobwasser u. 1798 von Jorissen

Genius, röm. Rel.: Lebens-(Schutz-)geist; **G. loci**, der (geschichtliche, familiäre) Geist des Ortes

geniza *aram., Abstellraum, Schatzkammer* der → Synagoge

Genozid *lat., Völkermord*

genus *lat., Geschlecht, Abkunft, Gattung*; **g. apostelesmaticum** *(gr. apo-*

telesma, Werk, Wirkung), ev.: Einigung von göttl. u. menschl. Natur in Christus bei Taten, die er als Erlöser tut (→ communicatio idiomatum); **g. idiomaticum**, göttl. u. menschl. Natur sind getrennt, aber vollständig (*eigenständig*) der Person Christi zugeeignet; **g. majestaticum** oder **auchematicum** *(gr. auchema, Ehre)*, Christus teilt im Erlösungswerk seiner menschl. Natur seine göttl. *Majestät* mit; **g. lit(t)erarium**, *literarische Gattung (→ Formgeschichtliche Methode)*

Geonim *hebr., Hoheiten, die jüd.* Lehrhäupter in Mesopotamien unter islam. Herrschaft (589–1038); Sing. **gaon**

Georgs-Ritterschaft → Ritterorden

Germanisierung des Christentums, im MA Beeinflussung des Chr.s durch german. Vorstellungen (→ fulltrui, → druhtin) u. Bräuche; im 19./20. Jh. Tilgung jüd.-oriental. Züge am Chr. (→ Deutsche Christen)

Gerontas *gr., alter*, erfahrener Mönch und Beichtvater; vgl. → Starez

geschichtlich, theol.: oft im Sinne von: bedeutsam, weiterwirkend u. von → heilsgeschichtlich; Ggs. → historisch

geschlossene Zeiten, früher: die → Bußzeiten, in denen keine kirchl. Trauungen stattfinden durften

Gesellschaft Jesu → Societas Jesu

Gesetz, → Dekalog, → Tora; ev.-luth.: Bereich des menschl. Lebens u. Handelns im Ggs. zum → Evangelium, das den Menschen in reiner Passivität trifft (→ justitia Dei passiva); **Gesetz und Evangelium,** ev.-luth. Zentrallehre vom notwendigen Doppelcharakter des christl. Lebens unter dem Zorn u. der Vergebung Gottes (→ simul justus et peccator, → usus legis, → Zwei-Reiche-Lehre); **Gesetzlichkeit,** enges, formalist. Gesetzes- u. → Moralverständnis

Gesicht altdt., → Vision

Gesinnungstechnik → Ethik

Gesprächspsychotherapie, Hauptmethode der → Psychotherapie, nach C. G. Rogers (nichtdirektives Beratungsgespräch, klientenzentrierte Psychotherapie), als Methode in die Seelsorgepraxis aufgenommen; → Pastoralpsychologie

Getto → Ghetto

Gewissen, moralisch anklagende u. fordernde (nicht richterliche) Instanz (→ conscientia); → Glaubensgewißheit

G(h)etto *ital.* (v. *hbr. get, Absonderung*), den Juden od. anderen Minderheiten seit dem MA zugewiesene geschlossene Wohngebiete

Gilgamesch, König von Uruk, Held des babyl. Nationalepos

Gitovaginda, berühmteste rel. Liebesdichtung Indiens

Gläsernes Meer, Bez. der Offenbarung des Joh. für den vor Gott ausgebreiteten Himmel (4, 6)

Gläubigengebet, kath: das Allgemeine (Kirchen-)Gebet, das den Wortteil der Messe abschließt, auch in Stundengebet u. Wortgottesdienst; Beteiligung der Gemeinde in versch. Formen; → Fürbittengebet

Glagolica *(slaw. glagolati, sprechen);* ältestes slaw. Alphabet, von den Missionaren Konstantin (Cyrill) u. Method erfunden (9. Jh.), später vom kyrill. Alphabet verdrängt

Glauben, *gr.* **pistis,** *lat.* → **fides;** kath.: → Apostolikum; Gesamtheit der Kirchenlehre; **Glauben und Kirchenverfassung** → Faith and Order; **Gl.sbuch** → Katechismus; **Gl.erfahrung,** Erlebnis, das zur Bekehrung führte; ständiges

Bewußtsein göttl. Führung (→ Erlanger Theologie); **Gl.sgewißheit,** ev.: der das anklagende → Gewissen überwindende, als gültig (→ pro me) angenommene Zuspruch der Vergebung Gottes (→ certitudo; aber → securitas); kath.: Wahrheitsgewißheit in bezug auf die kirchl. Lehre; **Gl.skongregation** → Kongregation **Gl.sursachen,** nach unterschiedl. Auffassung: Jesu Vobild (→ imitatio Christ, → Nachfolge), seine Worte (J. Jeremias: → ipsissima vox; → Logion), sein Kreuz (→ Mystik) oder seine Auferstehung, das → Kerygma der → Evangelien bzw. ihre Auslegung (→ Hermeneutik), die → Predigt (vgl. → fides ex auditu), → theol. Lehre (Paulus als «erster Theologe»), die Erzählung der «objektiven» → Heilstatsachen, die Annahme eines → Symbols (mindestens als Vervollkommnung des Gl's), Gott (bzw. der Hl. Geist) als Gl. Schenkender; **Gl.swirklichkeit,** der Glaubende ist «eine neue Kreatur» (2 Kor 5, 17), ist «geheiligt» (3. Art. des → Apostolikum, aber → communio sanctorum), lebt in der → Nachfolge (aber → imitatio) Christi, will Gottes → instrumentum zur → conservatio mundi sein u. ist darum sein Mitarbeiter (→ cooperatio: Luther), mißt die Welt von Christus her (Barth; → Christusherrschaft), hat ein neues → Existenzverständnis (Bultmann)

gloria *lat., Ehre, Preis;* liturg.: Lobgesang der Engel (Lk 2,14): **Gl. in excelsis Deo,** *Ehre sei Gott in der Höhe* («großes Gl.»); **Gl. Patri** etc., *Ehre sei dem Vater* usw. («kleines Gl.»); kath.: «große» u. «kl. → Doxologie»

Glorie, Gloriole, Heiligenschein

Glorienlicht → lumen gloriae

glọssa *gr., Zunge, Sprache, mlat.* Erklärung schwerer Textstellen, «Glosse»; als **gl. interlinearis** *zwischen den Zeilen* oder als **gl. marginalis** *am Rande;* **gl. ordinaria,** Sammlung von Bibelauslegungen; dass. zum → Corpus Juris Canonici; **Glossator,** gelehrter mtl. Texterklärer (des kirchl. Rechts); → **Glossar, Glossẹm,** Buch das schwierige Wörter erklärt; **Glossolalịe,** *Zungenreden,* Reden in unverständl. Lauten (1. Kor. 14)

Gnadauer Verband, 1888 gegr. Zs.-schluß zahlr. Verbände u. Werke d. → Gemeinschaftsbewegung

Gnade, Gottes huldvolle, liebende (→ Sünden vergebende) Zuwendung zum Menschen; kath.: auch Bez. für übernatürliche (→ Natur) jedoch geschaffene u. wieder verlierbare (→ Sünde) Gaben (→ gratia creata, theol. → Tugenden), mit denen der Mensch sich im **Gnadenstand** befindet; **Gnadenbild** → Gnadenstuhl; **Gnadenmittel,** Gemeinschaft des Menschen mit Gott bewirkende Mittel, bes. (ev.: nur) Gottes Wort (→ Evangelium) u. → Sakramente; **Gnadenstuhl,** Bez. für die Dreifigurenkombination der → Trinität in der christl. → Ikonographie: Gottvater auf einem Thron, mit → Kruzifix oder Leichnam Christi im Schoß, zwischen beiden oder über den Köpfen beider die Taube des Hl. Geistes; vgl. Hebr 4,16; **Gnadenwahl** → Prädestination; → gratia

Gnesiolutheraner *(gr. gnesios, echt);* Selbstbez. der treuluth. Theologen nach Luthers Tod (→ Flacianer); Ggs. → Philippisten

Gnomon *gr., (Sonnenuhr-)Zeiger, Richtschnur;* Titel e. lat. NT-Kommentars (1742) von J. A. Bengel

gnorisma christianorum *gr.-lat.*, (Liebe als) *Erkennungszeichen der Christen*

Gnoseologie *gr. Erkenntnislehre*

Gnosis *gr., Erkenntnis;* (auch christl.) Religionstyp im → hellenist. Bereich in den ersten Jh.en, seit dem 2. Jh. in Systemen (Valentin); den verschied. Richtungen ist gemeinsam: Sündenfall der → Archonten zu Beginn der → Äonen im «**Lichtreich**», das zerstört wurde. Statt dessen entstand die Welt, u. in jeder Menschenseele blieb ein **Lichtfunken,** deren endzeitl. Vereinigung durch Verbreitung von (geschenkter) Gn. zur Wiederherstellg. des Lichtreiches führt. Das bewirkt der Mensch als → pneumat. Lichtfunkenträger (**salvator salvandus** *lat., zu erlösender Erlöser);* später kam es zur Ausbildung eines gnost. «**Urmensch-Erlöser-→ Mythos**» (ähnlich der **salvator salvatus** [erlöster Erlöster] in späten gnost. Systemen); Einzelheiten ungeklärt. Daher ist Gn. allg. «Wissen um göttl. Geheimnisse», von Paulus (1. Kor 2 u. ö.) aber dem → Glauben (Pistis) aus dem Geist (Pneuma) Gottes nachgeordnet, wobei das Problem Vernunft u. Glaube (Offenbarung) mit hineinspielt. **Gnostiker** (späterer Zeit) hielten sich für die wahren → **Pneumatiker,** dagegen «**Pistiker**» (= «**Psychiker**», Gefühls-, *Seelenmenschen*) u. «**Hyliker**» (= «**Sarkiker**», «**Somatiker**», oberflächliche *Fleisch-, Leibmenschen*) für geringerwertige Menschheitsstufen (Anspielung auf ähnl. Unterscheidungen bei den korinth. Gnostikern 1 Kor 2,14; 3,1); **gnostisch,** Denken, das von s. Verbindung zum Göttl. Geist durchdrungen ist bzw. einem gn. System angehört

Gode, germ. Gauvorsteher u. Priester

Goet *gr., Zauberer, Gaukler*

Götterdämmerung → Ragnarök

Gog und Magog (Offb 20,8), gottfeindl. Fürst bzw. Volk

goi, Plr. **gojim,** *hebr., Völker* (anderer Religion), Nichtjuden, Heiden, Ungläubige

gola *hbr.,* die Juden im → Exil

Goldene Regel, allg. sittl. Regel, im Sinne von Mt 7,12

golem *hbr., Halbfertiges, Embryo,* angeblich von einem Prager → Rabbi (1580) zum Leben erweckte Tonfigur (→ **homunculus**)

Golgotha (Luther: Golgatha) *aram.,* **Schädelstätte,** *mlat.* **Kalvaria,** *Schädel,* Ort der Kreuzigung Jesu; → Kalvarienberg

Goliarden *frz.,* fahrende Sänger u. Dichter geistl. Gesänge, Minnelieder u. übler Pamphlete (10.–13. Jh.); → Vaganten

Gospel Song *engl., Evangeliumslied,* geistl. Lied nordamerikan. Farbiger; → Spiritual

Gotik, gotisch, Kunststil des 12.–15. Jh., Betonung der Senkrechten, → diaphane Wände u. → Baldachin-System im Kirchenbau

Gottebenbildlichkeit → imago Dei

Gottesbeweis, der Versuch, Gottes → Existenz u. Wirksamkeit (aus Nichtgöttlichem) zu beweisen (→ via); **de'ontologischer G.** *(gr. dei, es ist nötig),* die Erfahrung von Forderungen des Gewissens erlaubt den Schluß auf einen → absoluten Gesetzgeber; **G. e** (= *lat. ex*) **consensu gentium,** *G. aus der Übereinstimmung der Völker:* da alle Völker irgendeine Gottesvorstellung haben, muß es einen Gott geben (= hist. G.); **kosmologischer G.,** alle Bewegung in der Welt ist abhängig, also muß es eine erste unabhängige Ursache geben (Aristoteles: erster, unbewegter Beweger; prima causa = erste Ursache, die zugleich → causa sui ist, → Aseität); **ontologischer G.**, das Wesen, über das hinaus nichts Größeres gedacht werden kann («quo maius nihil cogitari potest»: Anselm v. Canterbury † 1109), kann nicht nur gedanklich, sd. muß auch wirklich sein; **moralischer G.**, die Tatsache eines Sittengesetzes in uns nötigt zur Annahme eines absoluten Willens als Urheber eines allg. moral. Gesetzes; → **physikotheologischer** (= **teleologischer**) **G.**, die Zweckmäßigkeit der Welt nötigt zur Annahme einer überweltl. zwecksetzenden Vernunft. Kant (Kritik der reinen Vernunft, 1781) behauptete die Unmöglichkeit von Gottesbeweisen u. ließ Gott nur als → Postulat der prakt. Vernunft, d. h. der Moralität, gelten

Gotteslob, Name des 1975 offiziell eingeführten kath. Gebet- u. Gesangbuchs für den dtspr. Raum, auch Einheitsgesangbuch (EGB) genannt

Gott-ist-tot-Theologie, Schlagwort (anknüpfend an J. Paul u. F. Nietzsche), das nach 1960 bes. von Amerika aus (Hamilton, Altizer, Cox u. a.) in die → moderne Theologie eingedrungen ist. Die G. will in radikalem Bruch mit herkömmlicher → Theologie (bei Sinnentleerung der Begriffe «Gott» u. «Theologie»!) nicht mehr von Gott als (wenn auch verborgen) Anwesendem reden, sondern zielt (in welthafter Deutung alles «Religiösen») auf eine Auslegung des Menschen. Verwandtes meint die Formel «Christus als mitmenschliches Ereignis» (H. Braun)

Graduale *lat., Stufengesang* (des Vorsängers); liturg.: Psalmverse in der Messe nach der → Epistel; Liturgiebuch mit Meßgesängen; **Graduallied,** ev.: das zum betr. Sonntag gehörige Lied zw. → Epistel u. Evangelium («**Wochenlied**»); → de tempore

Gral *altfrz.,* legendäre, wundertätige *Schüssel* von Jesu letztem Mahl, in der Joseph von Arimathia sein Blut auffing; von den → Tempelherren auf dem «unnahbaren» Mont Salvage aufbewahrt

gratia *lat., Huld, Dank, Gnade;* **gr. actualis** (= **ạdjuvans**), *jeweils helfende Gnade Gottes;* **gr. concọmitans, gr. cọọperans,** kath.: den freien Willen *begleitende,* mit ihm *zusammenwirkende Gn.;* **gr. creata,** *geschaffene,* heilig machende *Gn.;* **gr. efficax,** *wirksame Gn.;* **gr. gratis data,** *umsonst* (Mt 10,8), → Charisma, dann: kath.: zum Heil anderer, *gegebene* Amts*gnade;* **gr. gratum faciens,** *Gott angenehm machende,* heiligende *Gn.;* **gr. habitualis,** kath.: *Gnadenzustand;* **gr. increata,** *unerschaffene Gn.;* Gott selbst, **gr. infụsa,** *eingegossene Gn.;* **gr. irresistịbilis,** *unwiderstehliche Gn.;* **gr. naturalis,** mit der Schöpfung gegebene *Gn.;* **gr. operans,** kath.: als Anstoß zum guten Werk *wirkende Gn.:* **gr. perficit naturam,** *die Gn. vollendet die Natur,* **gr. supponit naturam,** *die Gn. unterstützt die Natur,* die → scholast. Lehre von der → Natur u. der übernatürl. Gn.; **gr. praevẹniens,** dem Willen *zuvorkommende Gn.;* **gr. subsequens,** kath.: dem freien Willen *folgende Gn.;* **gr. sufficiens,** kath.: *Gn.,* die den freien Willen *hinreichend* zum Guten u. damit zum Heil befähigt; **gr. superrationalis,** *übervernünftig,* durch die Erlösung geschenkte *Gn.*

gratias agimus tibi *lat., wir sagen dir Dank*

gravamina nationis germanicae *lat., Beschwerden der deutschen Nation,* anti- → papalist. Reformideen, die deutsche geistl. u. staatl. Würdenträger im Spät- MA mehrfach auf → Konzilien u. Reichstagen vorlegten, von Luther in «An den christl. Adel» (1520) begrüßt

Grazien → Chariten

Gregoriana, Universitas G., während der → Gegenreformation 1551 gegr. kath. Universität in Rom

Gregorianik, Gregorianischer Gesang, *lat. cantus Gregorianus,* einstimmiger mtl. Kirchengesang (Bez. nach Papst Gregors [I.] d. Gr. [†604] angebl. Sammlung; → Kirchentonarten), in d. kath. Kirche in offizieller Geltung, mehrere Reformen (zuletzt Pius X., Paul VI.); → Liber usualis; **Gregorianer,** → kurialist. Gesinnung (Bez. nach Papst Gregor VII., der 1077 König Heinrich IV. zum Bußgang nach Canossa nötigte); → Investiturstreit; → Kalender; **Gregorianisches Wasser,** kath.: bes. Weihwasser zur Weihe von Altären u. Kirchen, dem Salz, Asche u. Wein beigemengt ist

gremiale *mlat.,* kath.: liturg. *Schoßtuch* des Bischofs

Großer Einzug → eisodos megale

Großes Fahrzeug → Mahayana

großlutherisch → Vereinigte Ev.-Luth. Kirche

Gründonnerstag *(mhdtsch. gronan, greinen = weinen),* Tag vor → Karfreitag

Grünes Kreuz, → diakonische Einrichtung der niederländ. → Mennoniten

Grundordnung, Bez. für die Kirchenverfassungen von Baden (1958), Berlin-Brandenburg (1948) u. → Ev. Kirche in Deutschland (1948); → Kirchenordnung, → Lebensordnung

Gruppenbewegung → Oxford-(gruppen)bewegung; **Gruppendynamik,** die Beziehungen der Kommunikation u. der Abhängigkeit einer Anzahl Menschen in einer Gruppe; angewandte G. dient der Bearbeitung zwischenmenschl. Probleme in einer Gruppe mit versch. Methoden u. Techniken; **Gruppenseelsorge,** Seelsorge(-einrichtungen) für bes. Gruppen der Gesellschaft, z. B. Studenten-, Industrie-, Gefangenen-, Militär-, Polizei-, Telefonseelsorge; auch Kinder-, Jugend-, Männer-, Frauen-, Altenseelsorge; Kranken-, Sterbeseelsorge

Guardian *(germ. Wardein), Wärter,* Vorsteher eines → Franziskaner- oder → Kapuzinerklosters; Oberer größerer → Konvente; → Superior

gubernatio mundi *lat.,* Gottes *Lenkung der Welt* zu ihrem Ziel; → conservatio

Güterethik → Ethik; **Gütergemeinschaft, urchristliche,** nach Apg 4, 44f; vgl. v. 32 u. 34; auch als urchristl. (Liebes)-Kommunismus bez.

guru *ind.,* rel. Lehrer, oft Vermittler oder sogar → Inkarnation eines göttl. Wesens

gustatio mellis et lactis *lat., Schmekken von Milch u. Honig,* liturg. Formel bei der Taufe, sinnbildl. für den Eingang ins geistl. «Kanaan»

Gustav-Adolf-Werk (GAW) *der → Evang. Kirche in Deutschland* (Bez. 1946), früher «**Ev. Verein der Gust.-Ad.-Stiftung**» (kurz «**Gust.-Ad.-Ver.**»), 1832 bis 1841 zur Unterstützung von ev. → Diaspora-Gemeinden gegründet (Losung Gal 6,10)

Guttemplerorden, internat. Vereinigung zur Bekämpfung des Alkoholismus, gegr. 1852 in den USA

Gyrovagen *gr.-lat.,* ohne klösterl. Bindung umherschweifende, das Ideal der → peregrinatio propter Christum mißbrauchende Mönche im frühen oriental. u. frühmtl.-abendländ. Mönchtum; Ggs.: → Benediktiner, → Coenobiten, → Eremit, → stabilitas loci

H

Habemus papam *lat., wir haben einen Papst,* Ausruf nach der Papstwahl im → Konklave

Habib *arab., Freund* (Gottes); Ehrenname Mohammeds

habinenu *hebr., gib uns Einsicht,* Anfang der Kurzform der → Tefilla

habituell *lat., zur Gewohnheit geworden; zuständlich;* **habitus,** scholast.; *dauernder Zustand* (z. B. → Tugend); **h. acquisitus,** *erworbener Zustand;* **h. infusus,** von Gott *eingegossene* Befähigung zu bes. Taten (→ gratia habitualis)

Haddsch *arab., Pilgerfahrt* nach Mekka (→ Kaaba), Ziel jedes erwachsenen → Muslim; **Haddschi,** Muslim nach der H.

Hadith *arab., Überlieferung* angeblicher Taten u. Aussprüche Mohammeds

Hadschar → Kaaba

haecceitas *mlat., Eigenart einer* Sache (eines Menschen: Individualität) (Individuationsprinzip); aber → quidditas

Häresie *(v. gr. hairein, wählen, ergreifen),* philos. oder rel. gegen das → Dogma der Großkirche gerichtete Lehre (= *Ketzerei → Katharer)* bzw. dadurch gekennzeichnete Gruppe; → Schisma; **Häresiarch,** *Ketzerführer;* **Häresiologe,** *Ketzerbeschreiber;* **haereticus, Häretiker,** *Ketzer;* **h. formalis,** bewußter, *ausdrücklicher,* **h. internus,** *heimlicher,* **h. materialis,** *inhaltlicher,* unbewußter, **h. notorius,** *öffentlicher,* **h. occultus,** *verborgener, unerkannter,* **h. toleratus,** *geduldeter,* **h. vitandus,** *zu meidender Häretiker* (→ excommunicati)

Haggada *hbr., Erzählung, Lehre, Aussage;* anfangs nur mündlich, später auch schriftlich tradierte jüd. Auslegung nicht spez. gesetzlicher (→ Tora) Stoffe des AT v. a. im → Talmud; **haggadische** (= erbaulich auslegende) Bearbeitung der → Genesis ist z. B. das Buch der → Jubiläen; aber → Halacha

hagios *gr., → heilig, lat. sanctus;* **hagia trapeza**, *heiliger Tisch*, → Altar; **hagiasma** *gr., Geheiligtes,* gr.-orth.: Weihwasser; der nur dem Geistlichen zugängliche → Chor der alt-christl. Kirche; **hagiasmos,** *Heiligung, Weihe;* gr.-orth.: bes. Wasserweihe zur Erinnerung an die Taufe Jesu; **Hagiographen** → Ketubim; **Hagiographie,** *Heiligenforschung,* Schrifttum über Heilige; **Hagiolatrie,** *Heiligenverehrung;* **Hagiologie,** *Lehre von den Heiligen*

Hakenkreuz, Kreuz, dessen Balken rechtwinklig od. bogenförmig (Sonnenrad) verlaufen, vielleicht ältestes Kultsymbol für Leben, Fruchtbarkeit u. Glück (bezeugt seit dem 4. Jahrtsd. v. Chr.), → Svastica. Vom Nationalsozialismus als polit. Zeichen mißbraucht.

Halacha *hbr., Wandel, Brauch;* von → Schriftgelehrten in Einzelsatzungen (**Halachoth**) formuliertes verbindliches jüd. Gewohnheitsrecht, z. T. aus der → Tora; → Haggada, → Mischna

hallel *hebr., Lobgesang;* **H.-Psalmen:** 113–118, am Ende des Passamahls gesungen (Mk 14,26)
Halleluja *hebr.,* → Vulgata: **Alleluja,** *preiset Jahve!*
Halljahr → Jobeljahr
Hamadryaden → Dryaden
Hamartiologie *gr., Lehre von der Sünde*
Hamingja *germ., Seele als* unpersönl. *Lebenskraft,* geht in die → fylgja über
Handkommunion, Empfang des Brotes beim → Abendmahl auf bzw. in die Hand
hapaxlegomenon, *gr., nur einmal* (im NT) *vorkommender Ausdruck*
Haphtare *hbr.,* an → Sabbat- u. anderen jüd. Festtagen in der → Synagoge zu verlesender größerer Abschnitt aus den Propheten nach Einteilung der → Sopherim; → Parasche
Haplographie *gr.,* (versehentliche) *Einmalschreibung* von Doppelbuchstaben oder Silben; Ggs. → Dittographie
Haram *arab., hl., verbotener Bezirk*
Harare Declaration → Kairos-Dokument
Harclensis, *syr.* → Bibelrevision des Bischofs Thomas v. Charkel 616
Harmaggedon, mythischer Ort der Endzeit-Schlacht nach Offb 16,16
Harmonie *gr., Zusammenklang, Übereinstimmung;* **prästabilierte H.,** Leibniz († 1716): von Gott *im voraus festgelegte Übereinstimmung* leibl. u. geist. Vorgänge (gleichgehende Uhren)
haruspex *lat.,* röm. Weissager aus Eingeweiden von Opfertieren u. a.
haskalah *hbr., Aufklärung,* Zeit der Juden- → emanzipation (19. Jh.)
Hasmonäer, Bez. bei Josephus für die in der → Makkabäerzeit (143 v. Chr.) beginnende (vgl. 1 Mkk 14, 41 ff.), 37 v. Chr. endende jüd. hohepriesterl.-fürstliche → Dynastie, deren Herrscher seit 104 v. Chr. den Königstitel annahmen (Anlaß z. Widerstand der → Pharisäer)
Hauptstück → Katechismus
Haushalterschaft → Stewardship
Haustafeln, Bez. für die Ermahnungen an die versch. Glieder der Familie u. Stände des Hauses in den ntl. Briefen, weitgehend aus hellenistischer Moral übernommen: Eph 5, 22–6, 9; Kol 3,18–4, 1; 1 Petr 2,18–3, 7; vgl. auch 1 Tim 2, 8–15;5, 3–8; 6, 1 f; Tit 2,2–10
Havamal *germ.,* Sammlung von Lebensregeln, Eposfragmenten u. Zaubergesängen innerhalb der → Edda
have (= ave), **pia anima** *lat., sei gegrüßt, fromme Seele,* kath.: Gruß an Verstorbene
hebdomadarius *(gr. hebdomas, 7),* zu einem best. Wochendienst abgeordn. Mönch oder Priester; **hebdomas, hebdomada,** *Woche;* **h. diakainesimos,** *Erneuerungs-W.,* Oster-W.: **h. indulgentiae,** → *Ablaß-W.,* **h. sancta,** *hl. W.,* → Kar-W.; **h. mediana,** *mittlere, 4.* → Fasten-W.; **h. megale** *(lat. magna), große W.,* Kar-W.
Hedonismus, alles um des eigenen *Glückes (gr. hedone)* willen tun
Hedschra → Hidschra
hegemonikon *gr., Herrschendes;* Stoa: höchste Seelenkraft, die Wollen u. Denken vereinigt
Heidelberger Katechismus → Katechismus
heilig, *gr. hagios, lat. sanctus,* zum Göttlichen gehörig (Ggs. → profan); **Heilige,** NT: Getaufte (→ communio sanctorum); kath.: bes. Begnadete, (vor Gott) Verdienstvolle (→ thesaurus ecclesiae); ev.: wie NT, aber volkstümlich wie

kath.; **Heilige der letzten Tage** → Mormonen; **Heiliger Stuhl**, der Papst u. die → Kurie; **Heiliges Jahr** → Jubiläumsjahr; **Heiligkeitsgesetz,** 3 Mose 17–26, Teil der → priesterschriftl. Gesetzessammlungen, u. a. mit der Forderung der → Nächstenliebe in 19, 18 u. der wiederholten Forderung: Seid heilig, denn ich, Jahve, euer Gott, bin heilig!; **Heiligung,** das neue Leben der Glaubenden aufgrund der → justificatio; **Heiligungsbewegung**, radikaler Teil der → Erweckungsbewegung

Heilsarmee, *engl.* **Salvation Army,** Rettungsgemeinschaft, nach 1865 in den Londoner Slums vom Methodisten W. Booth gegr. für → Evangelisation, → Abstinenz, Sozialarbeit, militärisch organisiert; **Heilsgeschichte,** von Gott bestimmter (in Perioden bzw. als Verheißung [AT] u. Erfüllung [NT] verlaufend gedachter) Weg der Welt zum Heilsziel (→ Teleologie) u. dessen Vergegenwärtigung in der → justificatio impii; **heilsgeschichtl. Denken,** Betrachtung der Geschichte vom Gedanken eines → Heilsplanes Gottes her; **Heilsgewißheit** → certitudo, → pro me; **Heilsökonomie, Heilsplan,** Gottes Bestimmung der Geschichte; **Heilsordnung** → ordo salutis; **Heilsspiegel,** Speculum humanae salvationis, mtl. → typolog. Darstellung atl. u. ntl. Heilsereignisse in Bild u. Text, ähnlich der → Biblia pauperum; **Heilstatsachen,** Christi Kreuz mit Auferstehung («leeres Grab»), Erscheinungen des Auferstandenen, Himmelfahrt. Umstritten sind zeitl. Ablauf, → Faktizität u. Bedeutung für den → Glauben (→ Entmythologisierung, → fides quae creditur, → Hermeneutik, → Kerygma, → Legende, → Mythos)

heimarmẹne *gr., zugeteiltes Geschick;* Schicksalsbestimmung, – gottheit

Heimdall, nord. Gott. Wächter zw. → Asen- und Menschenreich

Hekatombe *gr.*, 100-Rinder-Opfer, sehr großes Opfer

hel *germ., Bergungsort,* Beherrscherin der Totenwelt

Heliand (= Heiland), altsächs. Epos des 9. Jh., das in Stabreimversen die Geschichte Jesu erzählt; älteste dtspr. christl. Dichtung; vgl. → Evangelienharmonie

Hẹlios *gr., Sonnengott*

Hellenismus, Griechentum der Jh.e um Chr. Geburt u. seine oriental. beeinflußte Kultur; **Hellenist,** NT: gr. redend (Apg 6, 1 u. ö.), sich zur hellenist. Kultur haltend (Ggs. gesetzestreue Juden; → Koine)

Heller, Quadrans, röm. Münze

Helvetisches Bekenntnis → Confessio Helvetica

Hemerobaptisten *gr.*, jüd. Sekte, deren Glieder *tägl.* kult. *Waschungen* vollzogen

hen'dia'dys, hen'dia'dyo̲i̲n *gr., eine Sache durch zwei* sich ergänzende Ausdrücke sagen (z. B. Bitten u. Flehen)

Henkelkreuz → crux ansata

hẹnosis *gr., Einigung* (von göttl. u. menschl. Natur in Christus)

Henotheịsmus, Kath'henotheismus *gr., Ein-* (bzw. Je – Ein-)*Gottverehrung,* die die jeweils angerufene Gottheit als Hauptgott betrachtet u. mit → Attributen anderer Götter ausstattet; → Monolatrie, aber → Monotheismus

Henotikọn *gr., Einheitsformel* Kaiser Zenos (482) zur Vermittlung zw. → Monophysiten u. → Dyophysiten

Heortologie *gr., Lehre von den* kirchl. *Festen*

hẹphata → effeta

Heptagramm *gr., 7-Schrift,* 7strahliger Stern im Kreis, Sinnbild der 7 Planeten; → Hexagramm

Heptateuch *gr., Siebenbuch*: 1–5 Mose, Jos u. Ri; → Hexateuch, → Pentateuch

Hermeneut *gr., Dolmetscher, Ausleger;* **Hermeneutik,** *(Gabe, Kunst, Lehre od.) Methode der Auslegung,* im NT als → Charisma (zur Erbauung der Gemeinde, 1 Kor 14, 5. 13ff.) verstanden. Der Glaube an die Erfüllung atl. Verheißungen in → Christus und → eschatolog. Erwartung begründen eine → typologische (z.B. Röm 5, 12ff., Hebr 7ff.), → platon. Einflüsse (und Gal 4,24) eine → allegorische Schriftauslegung. Die Annahme eines doppelten Sinnes der Schrift (sensus literalis od. historicus, *buchstäbl.* od. *hist. Sinn;* und sensus spiritualis od. mysticus, *geistl.* od. → *myst. Sinn)* wird von Origenes († 254) zur Theorie eines dreifachen Sinnes (entspr. Körper, Seele u. Geist [der Schrift]) entfaltet. Im MA setzt sich der Gedanke eines vierfachen Schriftsinnes durch: *Literalsinn* (= hist.), *allegorischer* (= Glaubensgeheimnisse), *tropologischer* (= moral.) u. *anagogischer* (= eschatolog.) Sinn. Luther läßt v. a. den Wortsinn gelten, da die Schrift sich selbst auslegt (→ Formalprinzip), indem sie «Christum treibt» (d. h. zum Hörer des Wortes bringt). Erhebung des Wortsinnes ist daher vorrangiges Ziel der ev. H. Die H. der protestant. → Orthodoxie trennte zw. *Verstehen*(slehre) u. *Anwendung* (applicatio); die → pietist. Unterscheidung zw. (→ hist.) «Schale» u. (Christus als) «Kern» der Hl. Schrift (A. H. Francke, † 1727) bereitete die seit der → Aufklärung übliche, selbständige Thematisierung von → hist.-(grammat.-)krit. Exegese vor, auf die eine (zeitlos-) moralische Anwendung des (vernunftgemäßen) Gehaltes der Bibel (bes. der Lehre Jesu) folgen soll (grundlegend J. S. Semler, † 1791). Schleiermacher († 1834) faßt H., von der Sprache als Grundbedingung jeder Vermittlung ausgehend, als «Kunstlehre des Verstehens»; nach R. Bultmann († 1976) (im Anschluß an M. Heidegger, → existentiale Interpretation) setzt H. ein Verstehen des Gemeinten schon voraus (→ Vorverständnis) und korrigiert es ständig durch method. Arbeit («**hermeneut. Zirkel**»). H. intendiert ein nicht nur intellektuelles Erfassen, sondern Aneignung zu persönlicher Verwirklichung und Umsetzung (Weitergeben) des Verstandenen (→ applicatio). Da das ntl. → Kerygma auf → Glauben zielt, schließt sein volles Verstehen Glauben u. sein Weitergeben → Predigt ein (→ fides ex auditu). Biblische H. wird so zur «Sprachlehre des Glaubens» (Ernst Fuchs), die durch → hist.-krit. Vorarbeit (→ Bibelkritik) ein heute angemessenes Verstehen (→ Entmythologisierung) des christl. Glaubens ermöglicht. Gegenwärtig hat H. bes. die über den (→ existentiell-) → individuellen Bezug hinausgreifende Bedeutung der bibl. Überlieferung (→ Heilsgeschichte, Jesus → Christus, → Evangelium) methodisch zu reflektieren, auch unter Einbeziehung d. gesellschaftl. Voraussetzungen (→ Kontextualität der Theologie)

Hermes gr. Götterbote; Seelenbegleiter; **Hermetische Schriften,** erbaul. Schriften des 2. u. 3. Jh. mit von Hermes Trismegistos als Offenbarungsträger vermittelter → gnost. Heilslehre

Herodianer, Parteigänger der Familie des Herodes (römerfreundlich, dem → Hellenismus zugetan)

Heros, Plr. **Heroen,** Held, Halbgott; **H. ep'onymos,** H., dessen *Name* eine Stadt trägt

Herrengebet → Vaterunser; **Herrenmahl** → Abendmahl; **Herrentag** → Sonntag

Herrnhuter → **Brüdergemeinde**

Herzensgebet → Jesusgebet

Herz-Jesu-Kult, die «Verehrung des allerheiligsten Herzens Jesu», wie andere kath. Kultformen aus → Visionen (der hl. Margarete Maria Alacoque 1635–75) entstanden, in der Sache schon bei den Kirchenvätern u. im MA vorhanden; in zahlr. rel. Vereinig. gepflegt; **Herz-Jesu-Freitag,** 1. Freitag d. Monats

Hesychasten *gr., Ruhende,* Mönche (14. Jh.), die durch ständige Konzentrationsübungen (→ Mystik) das ungeschaffene göttl. Licht erschauen wollten

hesychianische Bibelrezension (um 300), auf einen ägypt. Bischof Hesychius zurückgeführt

heterodox *gr., andersgläubig*(→ Häresie; Ggs. → orthodox); **Heterodoxie,** *Falschgläubigkeit;* **heterogen,** *ungleichartig* (Ggs. → homogen); **hetero'nom,** *vom fremden Gesetz bestimmt* (Ggs. → autonom)

Heterusiasten → Aetianer, → Eunomianer

Hetoimasia → Etimasie

heuristisch *gr.,* Gedankenfortschritt durch *Finden* neuer Erkenntnisse; Ggs. → systematisch

hexa'emeron *gr., Sechstagewerk,* Schöpfung

Hexagramm *gr., Sechsstern,* Davidsstern (2 Dreiecke, übereinander gelegt)

Hexapla *gr., sechsfältiges* Bibelwerk des Origenes (†254), das nebeneinander den hebr. Urtext, diesen in gr. Umschrift u. die Übersetzungen der → Septuaginta, des Aquila, Symmachus u. Theodotion enthielt

Hexateuch *gr.,* 1–5 Mose u. Josua; → Pentateuch, → Heptateuch

Hexenhammer → malleus maleficarum

hic et nunc *lat., hier u. jetzt*

Hidschra *arab.,* Auswanderung Mohammeds u. seiner Anhänger aus Mekka nach Jatrib (= Medina, *die Stadt* des Propheten) 622 n. Chr.

Hierarchie (*gr. hieros, heilig* u. *archo, Führer sein),* kirchl. Rangordnung; **hierarchia ordinis** (→ ordo), Gliederung des kath. → Klerus in 7 → Weihegrade; **h.** → jurisdictionis, Gliederung der kath. Regierungsgewalten; **hierarchisch,** nach Rangordnung gegliedert; **hieratisch,** *priesterlich;* **Hierodulen,** *Tempelsklaven,* -dirnen; **Hieroglyphen,** *heilige Einkerbungen,* ägypt. Bilderschrift; **Hierokratie,** *Priesterherrschaft;* **Hieromonachos,** gr.-orth. Mönch mit Priesterweihe; **Hierophant,** zeigt die hl. Gebräuche, weiht in → Mysterien ein; **hieros gamos,** *heilige Hochzeit,* Götterhochzeit, Vollzug eines Fruchtbarkeitsritus; **Hierosolyma,** gr. Name von Jerusalem; **Hierothek,** *Heiligenschrein;* **Hierugie,** *zauberischer Kult*

High Church (party), Anglokatholizismus, Ritualismus, Traktarianismus (19. Jh.), → hochkirchl. Richtung der → anglikan. Kirche, behauptet die apostolische → Sukzession, neigt zu kath. Kirchenzeremonial- u. Sakramentsverständnis; aber → Broad Church, → Low Church

«Hilfe für Brüder», gegr. 1980, Aktion zur Förderung → evangelikaler (evangelist.-missionar.) Projekte in der Dritten Welt, als Erg. zu → «Brot für die Welt»

Hilfsprediger → Kollaborator

Himmelfahrt Christi, Erhöhung des auferstandenen Jesus (Lk 24, 51; Apg 1, 9f.) zur Existenzweise Gottes (Phil 2, 9ff.); christl. Fest seit Ende 4. Jh.; **H. Mariä** → assumptio

himmlisches Jerusalem, nach Offb 21,2 «die heilige Stadt, das neue Jerusalem» des neuen → Äon

Hinayana- → **Buddhismus** ind., *kleines Fahrzeug,* die nur von Mönchen u. Nonnen zu verwirklichende Form des B. (Erlösung durch Selbstverneinung) ; aber → Mahayana, → Vadschrayana

Hinduismus, u. a. aus dem → Brahmanismus weiterentwickelte ind. Rel., verbindet → Polytheismus und → Panentheismus miteinander und betont die → Bhakti als Weg zur Vereinigung mit dem allumfassenden Gott (Erlösung vom → Samsara)

hirmos *(gr. hermos, Folge),* Einleitungsstrophe eines langen → Chorals; **Hirmologion,** Hirmen-Sammlung

Hirt des Hermas, christl. Schrift eines der → Apostolischen Väter (um 150 in Rom)

Hirtenbrief, Rundschreiben eines → Diözesanbischofs od. einer nat. Bischofskonferenz

Historie (von *gr. historein, erforschen, erzählen),* Erzählung, Geschichte; **Historienbibeln,** mtl. volkstüml. Nacherzählungen der bibl. Geschichten, oft bebildert; **historisch,** als geschehen (wissenschaftl.) zu erkennen; Ereignis von herausragender Bedeutung; theol.: (nur) Geschehenes abgesehen von seiner Glaubensbedeutung (z. B. «historischer → Jesus», fides historica), Ggs.: → geschichtlich; → Glaubensursachen, → Heilstatsachen; **historisch-kritische Methode,** wissenschaftl. → Exegese, die die zeitbedingten Merkmale der (bibl.) Texte erforscht (→ Bibelkritik, → Entmythologisierung, → Formgeschichtliche Methode, → Hermeneutik, → Textkritik, → Traditionsgeschichte); **Historismus,** wertungsfreies Feststellen des Gewesenen (→ Empirismus, → Relativismus); **historistisch,** nur Gewesenes feststellend, ohne etwas als (un)bedeutend zu werten

Hochamt, kath.: feierliche Hauptmesse; **Hochgebet,** (→ eucharist.) Lobgebet der Messe, bestehend aus → Präfation u. → Meßkanon

Hochgott, Höchstes Wesen, Bez. für die über der Welt u. allen übersinnl. Gewalten stehende (unbekannte) Macht; **Hochgottglaube**

Hochkirchliche Bewegung, urspr. besonders in der → anglikan. Kirche (→ High Church, → Oxford-Bewegung) einflußreiche, 1917 in Dtschld. neugegr. ev. Bewegg. (1918 «**Hochkirchl. Vereinigg.**», 1935 mit dem Zusatz «des Augsburg. Bekenntnisses e. V.» [→ Confessio Augustana]), die kath. Formen (→ «Vollgottesdienst» mit ev. Messe [→ missa]) u. Lehren (Abendmahl als → Opfer) zuneigt (→ Una sancta), unterstützt die → ökumen. u. die liturg. Bewegung; seit 1945 Tagungsstätte im ehem. Benediktinerkloster → **Alpirsbach**

Hochstift (→ Stift), Bez. für mtl. Bistümer u. deren → Domkapitel; Reichs- → abtei

Hodajoth *hbr., Loblieder,* → Qumran-Handschrift

Hodegetik *(gr. hodos, Weg),* Lehre von der (seelsorgerl.) Führung; **Hodegetria** → Maria Hodegetria

Hodo'sophie, *Kunde über den* (Heils-) *Weg*

Höhere → **Weihen**

Hölle *germ.,* → *Hel, urspr. Unterwelt, dann Strafort;* **Höllenfahrt Christi,** im NT nur 1 Petr 3, 19f; 4,6 bezeugt, Glaubenssatz des → Apostolikum; meint die Befreiung der Toten aus dem Totenreich; im MA stark weiterentwickelte u. oft dargestellte Vorstellung

Hoheitstitel, christolog. → Prädikation

Hoherpriester, konnte sämtl. Priesterfunktionen des israelit.-jüd. Kultes ausüben, insbes. Sühnopfer für eigene u. des Volkes Sünden (3 Mose 4) sowie Opfer am → jom kippur, führte Aufsicht über Tempel, Gottesdienst u. Priesterschaft; z. Z. der → Hasmonäer H.- u. Königsamt in einer Person vereinigt, z. Z. Jesu Vorsitzender des → Synedriums; NT: → Christus ist der wahre H. (Hebr 5, 5f.), der ein für allemal Versöhnung erwirkt hat (Hebr 9,24ff.); **Hohepriesterliches Gebet** Jesu, Teil der Leidensgeschichte Jesu nach Joh (Kap. 17)

Hoherrat → Synedrium

Holismus *(gr. holos, ganz),* **Organizismus,** Ganzheitsanschauung, vertritt Ableitungszusammenhang zw. Organischem u. Unorg. (→ Mechanismus), aber auch deren Eigengesetzlichkeit (→ Vitalismus)

Holländischer Katechismus → Katechismus

Holokaust *gr., Ganz-,* Brand*opfer,* auch für den Völkermord an den Juden im Dritten Reich

homagium *lat., Lehnseid;* Huldigung der Geistlichen (Mönche) gegenüber dem neugeweihten Bischof (Abt); **Homagial'eid,** Treueid (der Bischöfe [Äbte] als Lehnsträger) gegenüber dem Landesherrn

Homer → Epha

homiliarium *gr.-lat., Predigtsammlung;* **Homilie** *gr., Umgang, Gespräch;* Predigt, die Vers für Vers dem Bibeltext folgt; **homiletisch,** die Predigtgestaltung betreffend; **Homiletik,** Lehre von der Gestaltung der Predigt

homo *lat., Mensch;* **h. sapiens,** *der weise M.* (im Unterschied zu primitiven Vorstufen der heutigen M.heit); **Hominisation,** *M.heitsentstehung,* als Schöpfung, → Evolution oder im Sinne des → Kreatianismus gedacht

Homöer, gemäßigte → Arianer (4. Jh.), nach deren Lehre Christus (als → Hypostase) dem Vater «entsprechend der Schrift» *ähnlich (gr. homoios)* ist; aber → Anhomöer

Homöusianer, lehrten gegen → Arianer, aber auch gegen → Homousianer die *Ähnlichkeit des Wesens (gr. homoiousios;* → usia) von Christus und Gott

homogen *gr., gleichgeartet;* Ggs. → heterogen

Homologie *gr., Übereinstimmung, -kunft;* **homologumena,** die Schriften, deren Zugehörigkeit zum ntl. → Kanon die Alte Kirche anerkannte; Ggs. → antilegomena

Homousianer *(gr. homos = gemeinsam, ebenso* u. → *usia* [→ substantial] = *Wesen*), lehrten gegen → Arianer und → Homöusianer die Gleichheit (später Gemeinsamkeit) des Wesens (**Homousie**) von Christus und Gott

homunculus lat., *Menschlein,* künstlicher Mensch, Ziel der → Alchemie; → golem

hora *lat., Stunde;* **h. mortis,** *Todesstunde;* **Horarien,** mtl. → Brevier-Auszüge für Laien; **Horen,** (dem kath. → Klerus vorgeschriebene) 7 (8) Gebetsstunden bzw. die entspr. «Stundengebete» aus dem → Brevier (ähnl. in ev. → Orden u. → Konventen); große **H.n**: → Matutin, → Laudes u. → Vesper; **kleine H.n**: → Prim, → Terz, → Sext, → Non u. → Komplet; **Horologium,** gr.-orth. → Liturgie-Buch für die Stundengebete; **cursus horae diurnae,** kath. *Tageszeitenlauf* des Klerus

Horoskop *gr.*, wörtl.: *Blick in die Zeit,* Aufzeichnung d. Gestirnskonstellation zum Zweck d. Charakter- u. Schicksalsdeutung; → Astrologie

hortulus animae *lat., Seelengärtlein;* Gebetbüchlein

Hortus deliciarum *lat., Garten der Wonnen,* 1175/85 entstandene Sammlung von Worten der Bibel, der → Kirchenväter u. der Kirchenlehrer (→ Doctor ecclesiae) des MA (von Harald von Landsberg?) für den klösterl. Unterricht

Hosianna, Hos'anna *hbr., «Hilf doch!»,* Gebetsformel (Ps 118,25)

Hospitaliter, MA: Mönche, → Kanoniker, Laienbrüder oder geistl. Ordensritter, die in Spitälern Kranken halfen

Hospiz *lat.,* christl. *Gästehaus*

Hostie *lat.,* → *Opfer(tier);* seit dem MA ungesäuertes Abendmahlsbrot in runden Scheiben (Oblaten *lat., Dargebrachtes)*

Hugenotten, frz. → Calvinisten; nach den **H.kriegen** (1562–98) beschränkt geduldet (Edikt v. Nantes 1598), 1685 Aufhebung des Edikts (Verfolgung u. Auswanderung), seit 1787/89 in Frankreich geduldet

human *lat., menschlich;* **Humanismus,** 14.–16. Jh. (u. später): Gelehrtenbewegung; Hochschätzung des antiken Menschenideals (→ Tugend, Geist, individ. Selbstverwirklichung, → Kalokagathie); heute: Streben nach einer menschenwürdigen Gestaltung der Welt; **sozialist. H.** sieht in der Arbeit sein oberstes Prinzip (Marx), Verwirklichung des wahren H. durch Beseitigung der Ausbeutung des Menschen durch den Menschen; **humanistisch; Humanistische Union,** 1961 von G. Szczesny gegr. Bewegung zur konsequenten Durchsetzung des weltanschaul. Pluralismus u. zur Bekämpfung des → Klerikalismus in der Gesellschaft; **Humanität,** (edle) *Menschlichkeit* als Prinzip des Handelns (u. a. Fürsorge, Hilfeleistungen) u. Ziel von Bildung u. Erziehung; **humanitär**

Humerale → Amikt

Humiliaten *lat., Demütige,* rel. Gemeinschaften mit utopisch-kommunist. Zügen (bes. in Mailand), 1201 zu einem → Orden zusammengefaßt, 1571 wieder aufgelöst

humiliatio *lat., Erniedrigung*

Hungertuch → velum quadragesimale

Hussiten, Anhänger des Vorreformators Hus († 1415): schroffe → Prädestinationslehre, für Reform des → Klerus, → communio sub utraque u. kirchl.-nationale Selbständigkeit der Tschechen; → Kalixtiner, → Taboriten

Huterische Brüder, strenge → Täufergruppe des 16. Jh., urspr. in Mähren (Jakob Huter), im 17.–19. Jh. über die Slowakei, Siebenbürgen, Rußland nach den

USA u. Kanada ausgewandert, wo sie bis heute ihre Eigenart bewahrte; auch **«Hutterer»**

hybris *gr., Übermut, Hochmut* (gegen Gott)

Hydroparastaten → Aqarier

Hyliker → Gnosis; **Hylomorphismus** *gr.,* Zusammenwirken der Prinzipien Stoff *(gr. hyle)* u. → Form *morphe)* nach Aristoteles († 322 v. Chr.) u. Thomas v. Aquin († 1274); **Hylozoismus,** Ansicht, das *Stoffliche* sei *belebt*

Hymnus *gr., Lobgesang;* **Hymnarium,** kirchl. Liederbuch; **Hymnologie,** kirchl. Lieder-Wissenschaft

Hyperdulie *gr., gesteig. Verehrung;* kath.: der Mutter Jesu gebührend (→ latreia, → Dulie)

hyperphysisch *gr., übernatürlich*

Hypnopsychiten *gr.,* Anhänger der Lehre, die *Seele* versinke zw. Tod u. Auferstehung in *Schlaf;* → Thnetopsychiten

hypo'äolisch, 12. → Kirchentonart (E-a-e)

Hypodiakon → Subdiakon

hypodorisch, 2. → Kirchentonart (A-f-a)

Hypo'gäum *gr., unterirdische* Grabkammer, -gewölbe oder Kultraum, bes. im → Mithraismus

hypo'jonisch, 10. → Kirchentonart (G-c-g)

hypolydisch, 6. → Kirchentonart (C-a-c)

hypomixolydisch, 8. → Kirchentonart (D-[h]c-d)

hypophonisch → antiphonisch

hypophrygisch, 4. → Kirchentonart (H-[g]a-h)

hypo'psalma *gr., Nachpsalm;* Refrain im Psalmengesang

Hypostase *gr., Grundlage (lat. Übers. → substantia), Wesenheit;* Verdinglichung bzw. Personifizierung eines → Abstraktums od. Gedankens (z. B. die drei H'n der → Trinität); aber → Usie; **hypostatische Union** → unio hypostatica

Hypothese *gr., Annahme;* unbewiesene methodische Arbeitsgrundlage; **hypothetisch**

Hypotypose *gr., Veranschaulichung* eines Begriffs durch ein Bild

Hypsistarier *gr.,* Verehrer des *höchsten* Gottes

hystero'proteron *gr., das Spätere zuerst;* Umkehrung zweier Satzteile; in der trad. Logik: fehlerhafter Beweis, der erst später zu Beweisendes vorwegnimmt; → petitio principii

I/J

Jachtaufe, Jähtaufe → Nottaufe

Jahve, Jahwe, Gott Israels, hbr. als → Tetragramm Jhvh mit den Vokalzeichen von **Adonai** *(Herr),* also Jahovah[i] (früher fälschlich Jehova gelesen), da für Gott in der jüd. Rel. laut nur «Herr» gesagt werden darf; **Jahvist, Jahwist,** Quellenschrift in 1–5 Mose (u. Jos?), die den Gottesnamen Jahve gebraucht; → Elohist, → Jehovist

Jainismus → Jinismus

Jakobiten, syrische → monophysitische Nationalkirche, durch Bischof Jakob Baradai von Edessa († 578) organisiert; → Thomaschristen

Jaldabaoth *aram., Sohn des Chaos,* in der → gnost. Sekte der → Ophiten Name des → Demiurgen

Jansenismus, schroff → augustinische Gnadenlehre des belg. kath. Bischofs Cornelius Jansen († 1638), 1653 u. 1713 verurteilt

janua coeli *lat., Himmelstür*

IC-XC → XP

ichthys *gr., Fisch,* häufig als Bildsymbol u. Inschrift in altchristl. Kunst als Geheimzeichen für **J**esus **Chr**istos **Th**eu **Hy**ios **S**oter *(Jesus Christus, Gottes Sohn, Heiland)*

idea (Dei) innata *lat., angeborene Vorstellung (von Gott)*

Ideal *gr.,* Muster*bild,* Vorstellungs- od. Wunschgehalt; **ideal,** einer Vorstellung genau entsprechend;

Idealismus, seit dem 18. Jh. (früher → Spiritualismus) gebräuchl. Bez. für eine Anschauung, wonach das innerste Wesen der Welt geistiger Natur ist, das Bewußtsein das Sein bestimmt (Ggs. → Materialismus); **objektiver I.** erkennt die Außenwelt als → objektiv existierend an, sie kann aber nur als → Idee, Geist od. Vernunft erkannt werden (erstes → metaphysisch-philosophisches System des o. I.: Platons → Ideenlehre); für den **subjektiven I.** (bes. Berkeley †1753; Fichte †1814: das Ich setzt sich ein Nicht-Ich [= Außenwelt] entgegen) bestehen die Dinge nur als Komplexe von Vorstellungen (erkenntnistheoret. I.; → Positivismus, → Psychomonismus, → Konszientialismus); Kant (†1804): → **transzendentaler** od. **kritischer I.;** ethisch bez. I. das Verfolgen von Hochzielen (Ggs. → Opportunismus, → Utilitarismus, → Realismus); **Idealität,** ein Sein in bloßer Vorstellung (Ggs. → Realität)

Idee *gr., Bild, Erscheinung, Gedanke;* **ideell,** nur *gedacht;* **Ideenfest,** → liturg. Fest, das nicht die → Heilsgeschichte oder ein Ereignis aus ihr zum Thema hat, sd. eine «Idee», z. B. → Trinitatis u. → Fronleichnam; Platons (†347 v. Chr.) **Ideenlehre:** das eingeborene Urbild jedes Dinges ist wahrhaft Seiendes u. Beständiges, das sich im Ding u. seinen Erscheinungen nur unvollkommen verkörpert; aber (Aristoteles) → Entelechie, → forma

Identität, *lat., Übereinstimmung;* **Identitätskrise** (pastorale), subjektiv empfundene u./oder objektiv verursachte Störung des Selbstverständnisses u. Selbstbewußtseins (bei Pfarrern); **Identitätsphilosophie,** hält Körper, Geist u. Seele für verschiedene Äußerungen eines Zugrundeliegenden (Schelling †1854: → metaphysisches Zusammenfallen von → Subjekt u. → Objekt)

Ideologie, System von best. Anschauungen, Ideen u. Begriffen gesellschaftl. Bewußtseins; in der Wissenschaftstheorie auch: Standort-Gebundenheit des Denkens

Idiolatrie *gr., Selbstvergötterung*

Idiom *gr.,* sprachl. *Eigen*tümlichkeit; **idioma,** Plr. **idiomata,** dogm.: die Besonderheiten der zwei Naturen Christi; → communicatio idiomatum

idiorrhythmische Klöster (v. *gr. idios rhythmos, eigenes Maß*); Privateigentumsklöster, in denen die Mönche außerhalb der Gottesdienste frei waren; → Coenobium

Idol *gr., (Gottes-, Götzen)bild, Abgott, Trugbild;* **Ido(lo)latrie,** *Götzendienst*

Idschma *arab.,* die für die Deutung der rel. Quellen entscheidende *Übereinstimmung* der islamischen Gelehrten

Jedinovjercy *russ., Altgläubige,* Gruppe der → Popowcy, die sich 1800 wieder mit der russ.-orth. Kirche vereinigte

Jehova → Jahve; **Jehovist,** der → Redaktor, der viell. → Jahvist u. → Elohist zusammenarbeitete

Jenochowcy *russ., Henochleute,* russ. → Sekte, die in einem Dorfpriester

Henoch und in einem Mönch Elias verehrte

Jeschiwa *hebr., Sitzung;* → Tora-Schule, → Talmud-Akademie

Jesse, Isai, Vater des Königs David

Jesuaten, ital. Laiengenossenschaft (1367); Gebet, Kasteiung, Nächstenliebe

Jesuiten → Societas Jesu

Jesum habemus socium → JHS

Jesus → Christus; **historischer Jesus,** Jesus v. Nazareth als → hist. Gestalt, abgesehen vom Christus- → Kerygma; → Heilstatsachen

Jesusgebet, Herzensgebet, Immerwährendes Gebet im Atemrhythmus in der östl. Mystik (Herr, erbarme dich mein! o.ä.)

Jesus People *engl., Jesus-Leute,* rel. Jugendbewegung (1967 in Kalifornien entstanden) als Gegenströmung zur polit. Studentenbewegung u. zur Drogenszene; von → fundamentalist, z.T. auch → ekstat. → Bekehrungsfrömmigkeit; weltweit verbreitet; 1972/73 wieder abgeebbt

Jezịra *hebr.,* Buch, das die *Schöpfung* in einem Zahlen- u. Buchstabenspiel darstellt (um 500 n. Chr.)

igni'tẹgium *lat., Feuerabdecken;* MA: Feierabendläuten, das das Zeichen zum Bewahren des Herdfeuers gab

ignoramus et ignorabismus *lat., wir wissen es nicht und werden es nicht wissen,* Ausspruch Du Bois-Reymonds († 1896), der eine letzte Erkennbarkeit der Natur leugnete (→ Agnostizismus)

IHC-XRC → XP

IHS → Abk.-Anhang

Jhvh → Jahve

jiddisch, jüdisch-deutsche Mundart der Juden Osteuropas

Jinismus, Jainismus → Dschinismus

Ijob → Iob

Ikone *gr., Bild;* orth.: heiliges Bild, das die Anwesenheit Gottes verbürgt; **Ikonodulie, -latrie,** *Bilderverehrung;* (im Ggs. zur gr.-orth. Kirche) kath.: die Verehrung gilt nur der dargestellten Person → cultus relativus personae, CIC (1917); **Ikonographie,** Methode der Ikonenherstellung u. -beschreibung, allgemeiner: Lehre von oder Beschreibung der (christl.) Bildinhalte; **Ikonoklast,** *Bilderzerbrecher,* -stürmer; **Ikonostas(e),** orth. Bilderwand vor dem Altarraum

illatio *lat., Hineinbringen;* → Präfation in der span. Messe

Illuminaten, *lat., Erleuchtete,* → Alumbrados; **Illuminatenorden,** zur Verbreitung der → Aufklärung (→ Deismus) 1776 gegr. kath. Gesellschaft; **illuminatio,** *Erleuchtung;* **i. evangelica,** *E. durch das Evangelium,* **i. legalis,** *durch das Gesetz,* **i. Spiritus Sancti,** *durch den Heiligen Geist* (→ unio mystica); **illuminieren,** ein (handschriftliches) Buch bebildern

imaginär, nur scheinbar wirklich

imago Dẹi *lat., Ebenbild Gottes* (1 Mose 1,27)

Imam *arab., Vorsteher;* islam. Gelehrter; Vorbeter in der Moschee; bei den → Schiiten rel. Oberhaupt u. Prophet der Zeit nach Mohammed; **Imamiten,** → Schiiten, die 12 → Imame anerkennen u. die Wiederkunft des 12. Imams erwarten (→ Ismailiten, Zaiditen)

imitatio Christi *lat., Nachahmung Christi,* weitverbreitetes spätmtl. Erbauungsbuch, Thomas von Kempen († 1471) zugeschrieben; aber → Nachfolge

immaculata conceptio *lat., unbefleckte Empfängnis;* kath. → Dogma (seit 8.12.1854) von der Erbsündenfreiheit (→ peccatum originis) Marias; **Immakulateneid** kath.: eidliche Bestätigung des Glaubens an die i. c.

immanent *lat., darin seiend,* innerweltlich (Ggs. → transzendent); **Immanenz,** Welt; **immanente Trinität,** denkt die Dreieinigkeit als ein innergöttliches Verhältnis von Vater, Sohn und Geist, dagegen redet die **Offenbarungstrinität** nur von einer dreifachen Offenbarung Gottes als Vater, Sohn u. Geist; → ökonomische → Trinität; **Immanentismus,** Leugnung der Transzendenz; **Immanenz-** → apologetik, der Versuch M. Blondels († 1949) bei der Verbreitung u. Verteidigung der christl. Wahrheit an die im Ungläubigen liegenden pos. Motive anzuknüpfen (Frankr., 19./20. Jh.), Fortwirken in der → Nouvelle Théologie

Immanu'el *hbr., Gott mit uns;* kult. Heilsruf am Herusalemer Tempel (Jes 8,10), danach Eigenname (Jes 7,14; Mt 1,23); **I.bewegung,** amerikan. Arzt-Seelsorger-Bewegung, die das Gebet in den Dienst der Heilung psychisch bedingter Krankheiten stellt

Immaterialität *lat., Unstofflichkeit*

immersio *lat., Eintauchung;* **Immersionstaufe,** Taufe, bei der der Täufling im (fließenden) Wasser *untertaucht;* Ggs. → aspersio

Immerwährendes Gebet → Jesusgebet

immissio panis in Caliceam *lat.,* kath.: das *Einwerfen* eines Teiles *des Brotes* (→ Hostie) *in den Kelch* bei der Messe

immolatio *lat., Opferung;* kath.: Zerstörung der → Opfergabe

Immoralismus, Geringschätzung des Sittlichen

Immunität *lat., Unempfindlichkeit;* Freiheit von einer Verpflichtung; Befreiung kirchl. Personen, Orte u. Güter von Diensten, Lasten u. Abgaben an die öffentl. Gewalt; gesetzl. garantierter Schutz

Impanation (v. *lat. panis, Brot),* → sakramentales Verbundensein des Leibes Christi mit der → Hostie

impedimenta matrimonii *lat.,* **Ehehindernisse;** kath.: sie bestehen als öffentliche *(publica)* oder geheime *(occulta)* nach kirchl., göttl. (natürl.), staatl. oder Gewohnheitsrecht aus «aufschiebenden» bzw. «verbietenden» **(imp. impedientia, prohibentia)** (z. B. Bekenntnisverschiedenheit: *imp. mixtae religionis)* u. «trennenden» **(imp. dirimentia)** (z. B. Blutsverwandtschaft: *imp. consanguinitatis),* sie unterscheiden sich in relative (nur auf eine bestimmte Person bezogene) u. absolute (allgemeingültige), zeitweilige u. dauernde, sichere u. zweifelhafte, vorangehende u. nachfolgende, aufhebbare *(dispensable)* u. unaufhebbare *(indispensable)*

impeditio *lat., Hinderung* (des Bösen durch Gott)

imperium *lat.,* (Kaiser)*reich* im Ggs. zum → sacerdotium

impetus *lat., Angriff;* scholast.: von Gott verliehene Bewegungskraft der Körper im All

implicit(e) *lat., eingeschlossen;* unentfaltet (→ fides; Ggs. → explicite)

Implikation *lat., Verflechtung;* **theologische I.,** dogm. Voraussetzung eines → Theologumenon

impositio manuum *lat., Handauflegung*

impostores, tres, *lat., die drei Betrüger,* angebl. Kaiser Friedrich II. († 1250) über Moses, Jesus, Mohammed; Titel einer Schrift um 1540

imprekatorisch *lat., durch Fürbitten erwirkt,* bes. von Christus (Röm 8,34) und dem Hl. Geist (Röm 8,26)

Imprimatur *lat., es möge gedruckt werden;* kath.: Formel der Druckerlaubnis für rel. Bücher

Improperien *lat., Vorwürfe;* Klagen des Gekreuzigten über sein treuloses Volk in der alten lat. Karfreitagsliturgie

impulsio ad scribendum *lat., der Antrieb* (des Hl. Geistes an die bibl. Schriftsteller) *zum Schreiben*

imputative Rechtfertigung → justitia imputativa

Inanamarga → Bhakti(marga)

Inauguration *lat., Einweihung* eines Tempels u. ä. mit → Haruspicium; Amtseinführung

inclinatio *lat., (Ver)neigung;* **i. capitis maxima,** *tiefes Verneigen des Hauptes* bei der Gott allein gebührenden → latreia; **i. corporis,** *Verneigen des Körpers,* **media,** *mittleres V.* bei → Hyperdulie; **i. mediocris,** *mittelmäßiges* V. mit Haupt u. Schultern, **minima,** *geringes* V. bei → Dulie; **i. prava,** dem Menschen seit dem Fall anhaftende *böse Neigung;* **i. profunda,** *tiefes Verneigen*

incurvatus in se'ipsum *lat., auf sich selbst zurückgebogen,* das auf sich selbst (statt auf Gott) bezogene Streben des → Sünders; → amor sui; Ggs.: → amor dei, → fides

Indefektibilität *lat., Fehlerlosigkeit,* kath.: die I. der Kirche ist Grundlage für die → Infallibilität des Papstes

Independenten → Kongregationalisten

Indeterminismus *lat.,* Anschauung, der Wille könne *ohne fremde bestimmende Einflüsse* frei entscheiden; **Ggs.** → Determinismus

Index (librorum prohibitorum) *lat.,* kath.: *Liste (der verbotenen Bücher),* seit (1559) 1564, heute praktisch abgeschafft; **indizieren,** auf den Index setzen

indictio precum *lat.,* liturg. *Gebetsankündigung:* «Lasset uns beten»

Indikativ *lat., Aussageform,* Wirklichkeitsform; das Zugleich von **Indikativ u. Imperativ** spielt in den ntl. Briefen eine bedeutsame Rolle, z. B.: Ihr seid der Sünde gestorben – nun laßt die Sünde nicht herrschen in eurem sterblichen Leibe (Röm 6,11 f); dem liegt das → dialekt. Verhältnis von Gegenwart u. Zukunft der Erlösung zugrunde, des Schonjetzt (bruchstückhaft) u. Nochnicht (vollendet); → eschatolog. Existenz

Individualethik → Ethik

Individuation, *Vereinzelung;* **principium individuationis,** scholast.: die Kraft, die aus einer Gattung Einzelwesen entstehen läßt

Induktive Theologie (G. Casalis), an der Situation in Lateinamerika orientierte neue Richtung der Theologie im Ggs. zur traditionellen Th., «ausgehend von gesellschaftl. revolutionärer Praxis, hin zu einer sinnvollen Lektüre der Bibel u. zu einer neuen Theologie des Volkes Gottes» führend (G. M. Martin)

In dulci jubilo *lat., in süßem Jubel,* mtl. lat.-dtsch. Mischlied (14. Jh.)

Indulgenz → Ablaß

Indult *lat., Gnade;* Gunsterweis, Übertragung von Gesetzgebungsgewalt an einen kirchl. Hoheitsträger (insbes. durch den Papst); Befreiung von einer gesetzl. Verpflichtung

Infallibilität *lat., Unfehlbarkeit* (des Papstes bei Entscheidungen ex → cathedra [= vom Stuhle Petri] in Glaubens- [→ Dogma] u. Sittenfragen [→ Vatikanum I]); **Infallibilist,** Anhänger des kath. Unfehlbarkeitsdogmas

Infamie *lat., Ehrlosigkeit;* kath. Kirchenrecht: Verlust der kirchl. *Ehrenhaftigkeit* durch eig. Verhalten oder richterl. Ehrloserklärung

infernum *lat., Unterwelt; Hölle;* **infernalisch,** *höllisch, teuflisch*

Infra- *(lat., unterhalb),* **Postlapsarismus** *(post, nach,* u. *lapsus,* [Sünden]*fall),* ref. Lehre, die → Prädestination sei erst nach dem Sündenfall wirksam; Ggs. → Supralapsarismus

Inful(a) *lat., röm. Kopfbinde* mit Bändern, Zeichen der → Immunität; (Bänder der) → Mitra **(infulierte Mitra); Infulierung,** päpstliche Auszeichnung eines → Abtes mit der I. (infulierter Abt)

infusio *lat.,* das *Aufgießen* (des Taufwassers); → aspersio, → gratia infusa, → immersio

ingressio *lat., Eingang;* → Introitus der mailändischen Liturgie; **ingressus,** liturg. *Einleitung* des Beichtgottesdienstes

Inhabitation *lat., Einwohnung* (Gottes in den Gläubigen)

in hoc signo vinces → IHS

Initiation *lat.,* rituelle *Einweihung* in ein Geheimnis, *Eintritt* in einen neuen Lebensstand (I.sriten: → Taufe, → Beschneidung u. ä.); **Initiand,** *der Einzuweihende*

Initiative Kirche von unten (IKvu), gegr. 1980, auf die beiden → Katholikentage Freiburg 1978 u. Berlin 1980 zurückgehende Gruppenbewegung des Reformkatholizismus; teilweise Zusammenarbeit mit den → Basisgemeinden u. den → «Christen für den Sozialismus»

initium fidei *lat.,* kath.: *Beginn des Glaubens* an Gott, der aus der → gratia praeveniens und nicht allein aus menschl. Tun entsteht (vgl. Joh 15,5)

Inkantation *lat., durch Zauberformeln weihen* oder *abwehren*

Inkapazität *lat., Unfähigkeit zum Empfang* der → Ordination

Inkardination *(lat. cardo, Türangel),* bei der → Tonsur erfolgende Zuweisung des → Klerikers an eine → Diözese od. einen → Orden; Ggs. → Exkardination

Inkarnation *lat., Fleischwerdung,* Menschwerdung des → Logos in Jesus (Joh 1,14)

Inklination *lat., Neigen* des Hauptes mit Bekreuzigung, Antwort auf die Beräucherung

Inklusen *lat., Eingeschlossene;* Einsiedler, die ihr Leben in einer Zelle zubringen **(Rekluse)**

Inkorporation *lat., Einverleibung, Eingliederung* (z. B. eines → beneficium oder einer → Pfründe in eine andere kirchl. Institution); aber → Inkarnation; → Verleiblichung

Inkubation *lat., das Schlafen an* hl. Stätte, um durch Traum Belehrung von der Gottheit zu bekommen

Inkubus *lat., Aufliegender;* Dämonen, Waldgeister u. ä., denen man im MA Alpdrücken u. Verleitung von Frauen zur Unzucht zuschrieb; → Sukkubus

Inkulturation → Akkulturation

Inkunabeln *lat., Wiegendrucke* (bis 1500)

Innere Mission (IM) → Mission

Innocentium (dies) *lat., (Tag) der unschuldigen Kinder* (Mt 2,16), der 28. Dez.

in partibus infidelium *lat., in Gebieten der Ungläubigen,* früher Titelzusatz (i. p. i.) eines auf den Titel einer untergegangenen → Diözese geweihten → Titularbischofs

Inquisition *lat.,* (Glaubens)*erfor-*

schung; 1232 eingerichtetes päpstl. Glaubenstribunal zur Verfolgung der Ketzer (→ Dominikanerorden); **Inquisitor,** Richter beim I.sgericht

I.N.R.I. → Abk.-Anhang

inschallah → Allah

Insignien *lat.*, Ehren*zeichen*

Inspektion, Inspektorat *lat., Aufsichts-,* Kirchenbezirk, Kirchenkreis der ref. Kirche, → Propstei, → Dekanat

Inspiration *lat. Einhauchung,* Eingebung (→ Personal-, → Real-, → Verbal-I.); aber → Manifestation

Installation, Introduktion *lat.*, (Amts)*einführung;* → Investitur

Instauration *lat., Erneuerung;* → Restauration

institutio *lat., Einrichtung, Unterricht,* **i. canonica,** kath.: kirchl. Amtsübertragung; «**I. Christianae religionis**», Titel des Hauptwerks des Genfer Reformators Joh. Calvin (1536–1559 in versch. Fassungen entstanden)

instructio *lat., Unterrichtung,* ausführl. Erklärung durch eine Kardinals → kongregation

Instrumentalursächlichkeit → causa instrumentalis

instrumentum *lat., Dokument, (Beweis)urkunde, Werkzeug;* altkirchl. Bez. für AT u. NT; Luther: der Ungläubige dient Gott als Werkzeug zur Weltregierung (aber → cooperatio); **i. pacis,** mtl.: Kußtäfelchen, das den priesterlichen Segen vermittelte

insufflatio *lat.*, kath.: *Anhauchen* (Joh 20,22) als Sinnbild für die Mitteilung des Hl. Geistes (bei Taufe, Weihe u. a.)

intakte Kirchen, z. Z. des → Kirchenkampfes seitens der → Bekennenden Kirche gebräuchl. Bez. für diejenigen dt. Landeskirchen, deren Leitung nicht an die → Deutschen Christen übergegangen war

integer *lat., unberührt, unberührbar;* ehrenhaft; **Integralismus,** radikale Richtung zur Katholisierung des gesamten öffentl. Lebens; **Integration,** *Eingliederung;* **Integrität,** *Vollständigkeit, Ehrenhaftigkeit;* dogm.: Unschuld des Menschen vor dem Sündenfall; Unantastbarkeit der Hl. Schrift

Intellektualismus *lat.*, allg.: einseitige Betonung der *Verstandes*tätigkeit (gegenüber Gemüts- u. Willenskräften); theol.: Überordnung der Gottes*erkenntnis* (→ Glauben u. → eschatol. Schauen, → visio beatifica) über die willensmäßige Übereinstimmung mit Gott (→ amor dei); → Thomismus; Ggs.: → Voluntarismus, → Scotismus

intęlligo ut credam *lat., ich benütze den Verstand, um zum* (kirchl.) *Glauben zu kommen* (Abälard † 1142); Ggs. → credo ut intelligam

Intention *lat., Absicht* (Sakramente verlangen eine pos. Intention beim Spender u. Empfänger); **Intentionalismus**, Anschauung, die I. entscheide über Gültigkeit od. sittl. Wert einer Handlung

Interdikt *lat., Untersagung* aller kirchl. Handlungen

Interim *lat., inzwischen, vorerst,* einstweilige Regelung; **Augsburger I.,** Reichsgesetz vom Mai 1548, das den Evangelischen vorläufig → Laienkelch u. Priesterehe (→ Zölibat) gestattete, im übrigen kath. Brauch u. Lehre vorschrieb; **Leipziger I.,** durch die bes. Stellung Moritz' von Sachsen im → Schmalkald. Krieg ermöglichtes, im Kern ev. Interim (Dez. 1548), löste den → adiaphorist. Streit aus; **Interimsethik** → Ethik

Interkalarien, Einkünfte einer unbesetzten → Pfründe

Interkommunion, kath. für → Abendmahlsgemeinschaft

Interkonfessionalismus, (vor dem 1. Weltkrieg bes. in England u. USA) Bestrebung, die konfessionellen Schranken zu überwinden

Interlinearversion *lat., zwischen die Zeilen* des Urtextes geschriebene wortgetreue Übersetzung (in alten Handschriften)

International Documentation Center (IDOC), 1962 während des → Vatikanum II gegr., inzwischen interkonfessionelles Dokumentations- u. Informationszentrum in Rom, v. a. über Dritte Welt i. w. S., → Basisgemeinden, Befreiungsbewegungen u. ä.

Internationaler Missionsrat, 1921 gegr. Dachorganisation für protest. Missionsgesellschaften und Nationale Christenräte der aus der → Mission hervorgegangenen Kirchen; Schrittmacher der → Ökumen. Bewegung, nach der Weltmissionskonferenz von Accra (1958) als «Kommission f. Weltmission u. Evangelisation» in den → Weltkirchenrat eingegliedert

Internationaler Rat christlicher Kirchen (International Council of Christian Churches/ICCC), → evangelikal → fundamentalist. Gegenorganisation zum → Ökumen. Rat der Kirchen, 1948 in Amsterdam wenige Tage vor diesem gegr.; heute 480 prot. Mitgliedskirchen mit ca. 40. Mill. Mitgliedern

Internuntius *lat.,* päpst. diplomat. *Gesandter,* vgl. → Nuntius

Interpolation *lat., Texteinschub*

Interpret, interpres *lat., Ausleger;* **Interpretament,** *Verständigungsmittel;* erklärender Textzusatz; **Interpretation,** *Deutung;* **interpretatio graeca,** gr. Deutung oriental. Götter; **i. romana,** röm. Deutung außerröm. Götter; Übernahme german. rel. Vorstellungen usw. in die christl. Kirche; → dogmat., → existentiale Interpretation

Interregnum *lat., Zwischenherrschaft;* → Sedisvakanz

interrogatio de fide *lat., Befragung über den Glauben* bei Erwachsenentaufe

Interstitien *mlat., Zeit zwischen* dem Empfang zweier → Weihen

Interzelebration, → **Kanzelgemeinschaft,** Freiheit zur gegenseitigen Vertretung von Geistlichen versch. Kirchen, oft mit → Interkommunion verbunden

Interzession *lat., Dazwischentreten, Eintreten* für jemand; **Interzessionsgebet** → Fürbittengebet

Inthronisation *gr.-lat.,* kath.: feierl. Besitzergreifung vom päpstl. od. bischöfl. *Stuhl (thronos,* → cathedra)

intinctio *lat., Eintauchung;* **Intinktionskelch, Tauchkelch,** → **Patenen-Kelch,** der Brauch, die → Hostie in Wein zu tauchen, statt aus gemeins. Kelch zu trinken, im MA, um Christi Blut (→ Transsubstantiation) nicht zu verschütten (dagegen Lehre von der → Konkomitanz), heute z. T. aus hygienischen Gründen

Intoleranz *lat., Unduldsamkeit;* Ggs. → Toleranz

Introduktion → Installation

introibo ad altare Dei *lat., ich trete vor Gottes Altar;* kath.: Eingangsgebet des Priesters vor der Messe

Introitus, *lat., Eingang;* vom Chor begleiteter Einzug des Priesters in den Altarraum; liturg. Eingangsstück der Messe bzw. des ev. Gottesdienstes, meist Bez. für den Eingangspsalm (nach dessen lat. Anfangsworten einige Sonntage d. → Kirchenjahres benannt sind)

Intuition *lat., Anschauung,* auf ganzheitliches Erfassen orientierte, gefühlsmäßige Erkenntnis (des Wesens der Dinge), aber → Reflexion; **intuitiv,** *gefühlsmäßig sicher* (Ggs. → diskursiv); **Intuitionismus,** idealist. Lehre, wonach intuitives Erkennen der sicherste Erkenntnisweg ist; ethisch: vorgegebenes Wissen um den Unterschied von Gut und Böse

invariata → Confessio Augustana

Investitur *lat., Einkleidung;* MA: Belehnung mit einem hohen kirchl. Amt; heute: kath.: Einweisung in ein niederes Kirchenamt; → Installation, → Inthronisation; **I.streit,** Auseinandersetzung im 11./12. Jh. (bes. zw. Gregor VII. u. Heinrich IV.) um das Recht der I. durch Laiengewalt; → Gregorianer; → Wormser Konkordat

invitatorium *lat. Einladung;* Einleitungsgesang der → Matutin; liturg. Aufforderung zum Gebet

Invokation *lat., Anrufung* Gottes am Beginn einer Urkunde; Anruf der Fürbitte der Heiligen; → Adoration; **Invokavit,** *er rief an;* 1. Sonntag der Passionszeit (→ Introitus Ps 91,15); **Invokavitpredigten,** Luthers Predigten (1522), mit denen er die Rücknahme der von Karlstadt betriebenen radikalen reformator. Maßnahmen in Wittenberg (u. a. Bildersturm) begründete

Inzensation *lat.,* kath.: *Beräucherung* mit Weihrauch; **inzensieren; Inzensorium,** Räucherfaß

Inzineration *lat., Einäscherung;* Bestreuen mit Asche

Iob (Job) *hebr.* (kath.), **Hiob**

Jobeljahr, Amnestiejahr (3 Mose 25, 8–10): jedes 50. Jahr, in dem in Israel aller veräußerte Grundbesitz zurückerstattet u. jeder Unfreie freigelassen werden sollte

Jodo *ind., Reich ohne Makel;* im → Mahayana: Idealreich nach dem Tode, wo alle Menschen → Bodhisattva werden können

Joga → Yoga

Johanniterorden → Ritterorden

jom kippur *hbr.,* der große *Versöhnungstag* (3 Mose 16)

jonisch, 11. → Kirchentonart: c-g-c

Josephinismus, aufgeklärte kath. Staatskirchenpolitik in Österreich unter u. nach Joseph II. († 1790)

Josephsehe, kath.: Ehe in geschlechtlicher Enthaltsamkeit

ipsissima vox (Jesu) *lat.,* Jesu *eigenste Rede,* Ziel einer → histor. → Exegese (H. Jeremias), die zum Kern der Offenbarung Gottes durch Jesus vordringen will (aber → existentiale Interpretation)

ipso facto *lat., durch die Tat(sache) selbst*

irenisch *gr., friedfertig* (→ eirene); **Irenik,** *Friedfertigkeit,* bewußt ausgleichende Tendenz; Richtung in der luth. → Orthodoxie des 17. Jh., um Ausgleich mit kath. Theologie u. Kirche bemüht; Ggs. → Polemik, → Kontroverstheologie

iroschottische Kirche, eigenständige, von Klöstern aus geleitete irische Kirche (nach 400), deren Mönche weitreichende Missionsarbeit trieben

Irregularität *lat., Regelwidrigkeit;* kath.: → Weihehindernis, das vom Empfang der Priesterweihe oder der Ausübung des Priesteramtes ausschließt

irreligiös *lat., unreligiös*

Irwingianer, von E. Irwing († 1834) begründete → enthusiast. → Sekte, die urchristl. Frömmigkeit erneuern wollte (→ Naherwartung, Ernennung von → «Aposteln» usw.)

Isagogik → *Einleitungswissenschaft*

Isai → Jesse

Ischariot, Mann aus Karjoth oder →

Sikarier; Beiname des Judas, des Verräters Jesu (Mt 10,4 u. ö.)

Ischtar, babylon. Furchtbarkeits- u. Kriegsgöttin

Isis, urspr. ägypt. Himmelsgöttin, dann Universalgottheit, deren Kult bes. im röm. Imperium weite Verbreitung fand

Islam *arab., Hingebung* (an Gott), im 7. Jh. von Mohammed († 632) als Prophet → Allahs unter Einbeziehung jüd. u. christl. Elemente (atl. Propheten u. Jesus als Mohammeds Vorläufer) verkündete Rel.: Allah ist der einzige, gnädige, unbedingten Gehorsam fordernde Gott u. der → Koran seine Offenbarung; bilderloser, nur aus → rituellen Gebetshandlungen bestehender Kult, Glaube an ein Gericht über die Toten; 661 Spaltung in → Sunniten u. → Schiiten

Ismailiten, → Schiiten, die nur 7 → Imame (Ismail als 7.) anerkennen, behaupten ein ständiges Innewohnen des Göttlichen in den Imamen

Israel *(hebr., Gott wird streiten),* von → Jahve an Jakob verliehener Name (1 Mose 32,25), auf das Volk I. als dessen Nachkommenschaft übergehend (auch «Haus I.» 2 Mose 16,31 od. «Kinder I.» 5 Mose 4,44); seit der Reichsteilung (um 926 v. Chr.) meist Bez. f. das Nordreich im Ggs. zu → Juda, seit dem babylon. → Exil auch auf die Juden bezogen: **I.iten,** Angehörige des jüd. Volkes (z. B. Apg 2,22; Röm 11,1); → urchristl.: Selbstbez. der Christen als (neues) I. (Gal 6,15 f.); seit 1948 Bez. des jüd. Nationalstaates in Palästina (→ Zionismus)

Isvara *ind., der Herr,* die persönlich gedachte Gottheit der → Bhakti im Ggs. zum unpersönl. → Brahman-→ Atman

Itala, veraltete, unrichtige Sammelbez. der altlat. Bibelübersetzungen vor der → Vulgata; richtiger: Praevulgata oder → Vetus Latina

Itazismus, in der früh- → hellenist. Zeit einsetzende Vokalaussprache, wonach gr. ē, ei, oi, y wie i ausgesprochen wurden; Ggs. von Erasmus († 1536) in Deutschland eingeführter **Etazismus** (Aussprache nach der Schreibung)

ite, → **missa est** *lat., geht,* (die Versammlung) *ist entlassen,* oder: *es findet Entlassung statt.* Zuruf im altchristl. Gottesdienst nach dem für die → Katechumenen bestimmten Teil vor Beginn der Abendmahlsfeier, daher «Messe»; in der kath. Messe am Ende

Ithyphallos *gr.,* im → Dionysos-Kult Nachbildung des aufgereckten männl. Gliedes als Fruchbarkeitssymbol; → Phallos

Itinerar *lat. Reisebericht*

itio in partes *lat., das Auseinandertreten in Parteien;* im Westfälischen Frieden (1648) festgelegtes Recht, das in Religionssachen nicht Mehrheitsentscheide, sondern nur Parteienbeschluß gelten läßt

Jubeljahr → Jobeljahr

Jubiläen, → spätjüd. Schrift, ausmalende Wiedergabe der bibl. Geschichte bis zur Einsetzung des → Passa; **Jubiläumsjahr** → Jobeljahr; kath.: zu besonderer Heiligung der Gläubigen (Gnadenerweise, Wallfahrten) bestimmtes «hl. Jahr»

Jubilate *lat., jubelt!*, 3. Sonntag nach Ostern, → Introitus Ps 66,1

Juda, südpalästinische Landschaft; israelit. Stamm; Sohn des Erzvaters Jakob; Südreich nach Salomos Tod (926 v. Chr.); **Judaismus,** von Paulus bekämpte Versuche, das jüd. Gesetz als notwendigen Heilsweg für Christen zu erklären; **Ju-**

daisten, → Häretiker im → Urchristentum; **Judaistik,** Bez. für die wiss. Judentumskunde; **Judenchristen,** (palästin.) Christen jüd. Abstammung im 1./2. Jh.; **Judengenosse** → Proselyt

judex *lat., Richter;* **judicium,** *Gericht;* **Judices, Judicum** (Jud), Buch *der Richter* (Ri); **Judika,** *richte*!, 5. → Passions-Sonntag, → Introitus Ps 43,1; **Judikatur,** *Rechtsprechung;* **judikatorisch,** *richterlich*

Jugendbund für → Entschiedenes Christentum

Jugendreligionen, (umstrittene) Sammelbez. für neue internat. rel. Bewegungen, die meist aus Asien kommen u. bes. junge Menschen ansprechen

Jugendweihe, der → Konfirmation nachgestaltete feierl. Handlung in freireligiösen Gemeinschaften u. im → atheist. Staat, z. B. der DDR, zur Aufnahme Jugendlicher mit etwa 15 Jahren in die Gemeinschaft der Erwachsenen

Julianismus, Lehre Julians von Halikarnaß (6. Jh.), der Leib Jesu habe seit der Einigung mit dem göttl. → Logos die Eigenschaften des Auferstehungsleibes besessen

junctio manuum *lat., Händefalten*

Junge Kirche, seit der Weltmissionskonferenz in Jerusalem 1928 gebräuchl. Bez. für die überseeischen, allmählich selbständig gewordenen Missionskirchen

Jungfräulichkeit, freiwilliger Verzicht auf sexuelle Verwirklichung u. ehel. Leben, nach Mt 19,12 als → consilium evangelicum verstanden, bes. in den Orden verwirklicht; irreführend oft als → Keuschheit bez.

Jungreformatorische Bewegung, im Frühjahr 1933 auftretende kirchl. Bewegung in Opposition zu den → Deutschen Christen; ging bald in der → Bekennenden Kirche auf

Jupiter, oberster röm. Gott, Herr des Himmels u. des Lichtes sowie (als Wettergott) des Donners u. des Blitzes

jure divino *lat.,* kath.: *nach göttl. Recht;* **j. humano,** *nach menschl. Recht*

juridisch *lat., Rechtsdenken entsprechend;* **Jurisdiktion,** *Rechtsprechungsgewalt* → potestas jurisdictionis

jus *lat., Recht;* **j. canonicum,** kath.: das gültige Kirchenrecht; **j. circa sacra** (= **j. externum**), *äußere* Kirchenhoheit, **j. in sacra** (= **j. internum**), *Recht in geistlichen Fragen;* **j. divinum,** *göttliches Recht;* **j. (divinum) naturale,** *(göttl. gegebenes) natürl. Recht*(sempfinden), z. B. im → Dekalog enthalten; **j. (divinum) positivum,** in Gesetzen festgelegtes *(göttliches) Recht;* **j. gentium,** *Völkerrecht;* **j. gladii,** *Recht des Schwertes* (= zu bestrafen); **j. humanum,** *menschliches Recht;* **j. liturgicum,** das *Recht der Liturgiegestaltung;* **j. primarum precum,** *erstes Vorschlagsrecht* (des Landesherrn) bei → erledigten Pfründen; **j. reformandi,** *das Recht* (des Landesherrn) *zu* kirchl. *Reformen;* **j. regale** → Regalien; **j. talionis,** *Vergeltungsrecht* (Mt 5,38)

justificatio, *Rechtfertigung;* **j. effectiva,** *wirksame R.;* kath.: macht durch die → gratia infusa aus dem Ungerechten einen tatsächlichen Gerechten; **j. forensis,** ev.: *gerichtliche R.:* Gott erklärt den Sünder (→ simul justus et peccator) aus richterl. Vollmacht für gerecht (= **j. impii,** *R. des Gottlosen)*

justificator, *lat., Richter;* theol: Gott als der den Sünder *Rechtfertigende*

justitia *lat., Gerechtigkeit;* **j. activa,**

tätige G.; **j. aliena,** *fremde G.* (→ j. imputativa; Ggs. → j. propria); **j. christiana** (= **spiritualis**), *geistgewirkte,* dem Willen Gottes entsprechende *G.,* **j. civilis** (= **legalis**), *bürgerl. (= äußerl. gesetzl.) G.;* **j. commutativa,** *ausgleichende G.;* **j. dei passiva,** Luthers reformator. Entdeckung (→ Turmerlebnis), wonach die *G. Gottes* (Röm 1,17) nicht seine gegenüber dem Sünder betätigte (→ j. activa) Eigenschaft (→ Seinsmetaphysik), sondern das diesem im → Glauben (*«passiv»*) zuteil werdende Geschenk Gottes ist (→ sola gratia); **j. distributiva,** *austeilende* (Lasten, Vergeltung) *G.* (Gottes); **j. imputativa,** die *G.* des Sünders (→ simul justus et peccator) im Hinblick darauf, daß ihm Christi G. (→ j. aliena) *angerechnet* wird; **j. inhaerens,** *anhängende G.;* kath.: durch Aufnahme des Verdienstes Christi im Menschen gewirkte → Tugend; **j. legislatoria,** *gesetzgeberische G.* (Gottes); **j. originalis,** *urspr. G.* des Menschen vor dem Sündenfall; **j. propria,** die *eigene G.* (des Menschen), Ggs. → j. aliena; **j. socialis,** *soziale G.;* **j. vindicatrix,** *strafende G.;* **Justitia et Pax,** *Gerechtigkeit und Frieden,* päpstl. Kommission zur Förderung von sozialer Gerechtigkeit u. Frieden in der Welt

ΙΧΘΥΣ → ichthys

K

Kaaba *arab., Würfel;* würfelförmiges Zentralheiligtum des Islam in Mekka mit dem in der Mauer eingebauten schwarzen Stein; → Haddsch

Kabbala̱ *hbr., Überlieferung;* urspr. Bez. für alle nicht zum → Pentateuch gehörenden atl. bibl. Bücher (z. B. im → Midrasch); mtl. jüd. Geheimwissenschaft aus bibl. Religion u. → pantheist. Philosophie, die in → allegor. Deutung der Schrift einen geheimen Sinn unterlegte; **Kabbalistik,** jüd. → Mystik (7.–18. Jh.); **kabbalistisch,** nach Art der K. verfahrend, ihrem Sinn entsprechend; geheimnisvoll

kabo̦d → Doxa

kaddi̱sch *hbr., er ist heilig,* das → Synagogen-Gebet abschließender → Hymnus

Kämmerer → Eunuch

Kärrner, Karrenschieber; Totengräber

kaha̱l *hbr., gr. → ekklesia, Versammlung, Gemeinde*

Kainiten, scharf antijüdische → Gnostiker, die den höchsten Gott vom jüd. Weltschöpfer unterschieden u. Kain, Esau, dem Verräter Judas u. a. eine höhere Gotteserkenntnis zuschrieben

kairo̦s *gr., (der rechte) Zeitpunkt,* die erfüllte Zeit; **Kairos-Dokument**, Erklärung versch. südafrikanischer Theologen vom Sept. 1985 zur polit. u. kirchl. Situation in Südafrika, veröffentlicht in Harare/Zimbabwe

Kaiserswerther Verband, Zusammenschluß dt. → Diakonissen- → Mutterhäuser

Kakodämon, *gr. böses Geistwesen*

Kalendarium, liturg.: Verzeichnis der Feste des Jahres

Kale̦nden, Abgaben an Geistliche u. Organisten

Kalender, heute gebräuchl. Gregorianischer K. wurde 1582 von Papst Gregor XIII. eingeführt

Kalif *arab., Stellvertreter, Nachfolger* (Mohammeds), polit.-rel. Führer des Islam; **Kalifat,** Amt des K.

Kalixtiner *lat., Kelchler,* Utraquisten

(→ communio sub utraque); gemäßigte → Hussiten, die in den «4 Prager Artikeln» (1420) u. a. den → Laienkelch forderten; → Konkomitanz, → Taboriten; aber: → Calixtiner

Kalkant *lat., Bälgetreter* an der Orgel

Kalliope → Musen

Kalo'kagathie *gr., schön und gut sein;* gr. Menschheitsideal, Inbegriff der Tugenden

Kalvaria → Golgotha; **Kalvarienberg,** Anhöhe mit Kreuzen als Endpunkt von → Kreuzwegstationen; in der Kunst: Kreuzigungsgruppe

kalymmauchion *gr. Nackenbedekkung;* zylinderförmiger, schwarzer Hut der östl. Mönche

Kalzeatan *lat., Schuhe (Sandalen) tragende* Bettelmönche; Ggs. → Diskalzeaten

Kamadulenser, strenge → Eremitengenossenschaft von Camaldoli (Appeninen, 10. Jh.)

Kami jap., die Gottheiten im → Schintoismus

Kamisarden *lat., camisia, Hemd, Bluse,* verfolgte → hugenott. Bauern der Cevennen (Ende 17. Jh.)

Kanaan, Land der Kanaaniter, alte Bez. für Palästina, das Land, das die israelit. Stämme unter Josua einnahmen

Kandidat *lat.,* Röm. Reich: Bewerber um ein öffentl. Amt mit *weißer (candidus)* → Toga; Prüfling, geprüfter zukünftiger Amtsanwärter in der Weiterbildung; → cand. im Abk.-Anhang

Kandschur → Sutren; → Tandschur

Kanon *gr., Rohrstab, Richtschnur, Maßstab, Regel, Norm, maßgebende Liste;* Bibel (→ Apokryphen); **Kanon im Kanon,** Mitte, Norm innerhalb der Bibel (Luther: «was Christum treibet»); Heiligenverzeichnis (→ Kanonisation); kath. Bez. (seit 4. Jh.) für bestimmte kirchl. Gesetze; **Meßkanon,** kath.: → Messe; **Kanones,** kirchengesetzl. Lehrformulierungen von → Konzilien; gr.-orth.: 9 Gesänge im Sonntagmorgengottesdienst zur Verherrlichung des Tages u. seines Heiligen; **Kanonikat,** Amt eines → Kanonikers im → Domkapitel; **Kanonikatsstift,** → Stift mit Kanonikern eines → Kapitels; **Kanoniker,** → Chorherr, in die → Matrikel eingetragenes Mitglied eines Kapitels (→ Domherren, → Domkapitel), z. T. nach einer → Ordensregel lebend (**Regular-K.; regulierte K.**); **Kanonisation,** kath.: Heiligsprechung u. Aufnahme eines Heiligen in das Heiligenverzeichnis (→ «**Kanon**»); **kanonisch,** zur Bibel gehörig; kath.: nach dem Recht des → Codex Juris Canonici (= **kanonisches Recht**); allg.: von → dogmat. Verbindlichkeit; → **kanonisches Alter,** kath.: im → kanon. Recht festgelegtes jeweil. Mindestalter für bestimmte kirchl. Rechte u. Ämter (z. B. Priester: 24 J., Bischof: 30 J.); volkstüml. auch Bez. für Mindestalter einer nicht nahe verwandten Haushälterin eines kath. Priesters (40–45 J.); **kanonische Sendung** → missio canonica; **Kanonisse** → Stiftsdame; **Kanonist,** kath.: Kirchenrechtslehrer; **Kanonistik,** kath.: Kirchenrechtswissenschaft; **Kanonizität,** Zugehörigkeit zum Kanon; dem kanon. Recht entsprechend; **Kanon Muratori, Muratorisches Fragment,** von L. A. Muratori († 1750) entdeckte röm. Handschrift (2. Jh.) mit Begründung der Kanonizität der ntl. u. a. Schriften (enthält einige ntl. Briefe nicht), älteste bekannte Aufstellung eines

Bibel-Kanons; **Kanontafeln,** seit Eusebius von Caesarea: tabellar. Übersicht über die Parallelstellen in den vier Evv.; kath.: Gebetstafeln mit liturg. Texten der Messe (→ missa) auf Altären (seit ca. 1600 bis zur → Liturgiereform des → Vatikanum II)

Kantate *lat., singet!;* 4. Sonntag nach Ostern, → Introitus Ps 98,1; Singstück mit Instrumentalbegleitung, große Form mit → Chören, Arien, Rezitativen

Kantharus *gr., Brunnen* (im Vorhof der altchristl. Kirche); großer Kelch mit Henkeln

kantillieren *lat.*, liturg. Sprechgesang

Kantor *lat., Sänger;* Lehrer, Chorleiter; **Kantorei,** Vereinigung zur Pflege kirchl. Musik

Kanzel → cancelli; **Kanzelgemeinschaft** → Interzelebration

Kapelle *(lat. capella),* kl. Gotteshaus, oft als Anbau; Instrumentalgruppe

kapernaitisch (kapharnaitisch; Joh 6, 52), materielles Verständnis der → Wandlung im Abendmahl

Kapitel *lat., Köpfchen,* Textabschnitt (in der Bibel K.einteilung seit 1205, Verseinteilung seit 1551); Versammlung der Mönche eines Klosters; Kollegium der → Kleriker (→ Kanoniker) einer Kirche (→ Domkapitel, → Kollegiatkirche) oder eines Kirchenbezirks (→ Rural-Kap.); **General-, Provinzialkapitel,** → Delegierten-Versammlung eines → Ordensdistrikts; **Kapitelsvikar,** Verwalter einer unbesetzten → Diözese; **Kapitular,** stimmberechtigtes Mitglied eines Kapitels; **Kapitularien,** von den → Karolingern erlassene, in kurze Abschnitte (lat. capitulum) eingeteilte Gesetze

Kapitulation, Wahl-K., Vertrag, in dem der Bewerber um ein Amt seinen Wählern feste Zusagen macht

Kaplan (v. *lat. capella*), urspr. an einer → Kapelle angestellter Geistlicher; kath.: dem einzigen → Pfarrer nachgeordneter seelsorgerlich tätiger Geistlicher; Seelsorger mit besonderem Auftrag (z. B. Krankenhaus)

Kappadozier, die drei K., die sich nahestehenden → Kirchenväter Basilius der Gr. (†379), Gregor von Nazianz (†um 390) und Gregor von Nyssa (†nach 394) aus Kappadozien, brachten die → Trinitätslehre zum Abschluß

kapporeth *hbr., Sühnegerät;* Deckel der Bundeslade

Kapuziner (FMCap; O[FM]C[ap]), Fratres Minores Capucini; Ordo Fratrum Minorum (Sancti Francisci) Capucinorum, 1525 von den → Franziskanern abgespaltener → Orden für Seelsorge u. Mission

Karäer *hbr., Schriftkundige;* jüd. Sekte (8. Jh.), die die → rabbinische Überlieferung u. den → Talmud verwarf

Kardinal (v. *lat. cardo, Türangel, Hauptpunkt, Hauptsache),* urspr. Titel der Bischöfe der Hauptkirchen Roms, seit 1059 Titel der zur Wahl des Papstes berechtigten höchsten Geistlichen (→ Konklave); jeder K. hat in Rom eine → Titelkirche; **K.bischöfe,** Inhaber der (7) → suburbikarischen → Diözesen, Vertreter des Papstes bei → Pontifikalfunktionen, → Kurienkardinäle; **K.diakone,** urspr. Vorsteher einer der (7 bzw. 12) Armenregionen; → Pfalzdiakone; → Assistenten beim päpstl. Gottesdienst; **K.legat** → Legat; **K.priester,** Vorsteher der → Titelkirchen, versehen abwechselnd den Gottesdienst in den → Patriarchalbasiliken; **K.protektor,** der K., der die Schutzherrschaft über die → Orden ausübt; **Kardinalshut,** selten getragener roter Hut mit breiter Krempe u. beiderseits 15 Quasten (Wappenzier); **Kardinalskollegium (Hl. Kollegium),** Gesamtheit der K.e.; **Kardinalskongregationen,** ständige → kuriale Behörden in den Händen von K.en; **K.staatssekretär,** polit. Berater des Papstes, Leiter d. Staatssekretariats d. → Kurie; **Kardinaltugenden** → Siebentugendlehre, → Tugend; **K.vikar,** → Generalvikar (Bischof) von Rom u. als solcher Vertreter des Papstes

Kardiognosie *gr., Herzenserkenntnis;* kath.: unmittelbare (ungewöhnliche) Einsicht in die Religiosität eines Menschen oder bes. persönl. Heils- → gewißheit

Karenzjahr *mlat., Verzichtjahr;* kath.: das Jahr, in dem einem neuen → Pfründeninhaber das Einkommen (teilweise) entzogen wurde

Karfreitag (v. *altdtsch. kara, wehklagen), Klagefreitag;* Gedenktag der Kreuzigung Jesu (Freitag vor → Ostern); **Karwoche,** *Klagewoche* (Woche vor → Ostern)

karitativ *lat.,* → *caritas,* christl. *Liebestätigkeit* ausübend

Karmamarga *ind., Weg der Tat,* in den → Brahmanas das Bestreben, das Heil mittels → ritueller Handlungen zu erlangen; in den → Upanischaden das Bemühen, durch Tun des Guten eine bessere → Wiedergeburt (nicht Befreiung von dieser) zu erreichen; → Bhaktimarga

Karman *ind., Tat,* das Tun des Menschen als die Qualität d. nächsten Wiedergeburt (→ Seelenwanderung) bestimmende Größe

Karmeliten, Karmelitinnen (OC[arm], OCD), Ordo Fratum → Beatae Mariae Virginis de Monte Carmelo bzw. Ordo Carmelitarum → Discalceatorum, Orden der Brüder der seligen Jungfrau Maria vom Berg Karmel bzw. O. der Carmelitinnen von den Barfüßer-Brüdern; aus einer → Eremiten-Vereinigung (Karmel, Mitte 12. Jh.) entstandener → kontemplativ- → myst. → Bettelorden (1247/53), betrachtete die Marienverehrung als seine bes. Aufgabe

Karner, *(carnarium* von *lat. caro, Fleisch),* kapellen- oder turmartiges Beinhaus auf dem Friedhof; → Ossuarium

Karolinger, fränk. Herrschergeschlecht, ab 751 Könige des Frankenreiches, das unter Karl d. Gr. zu einem (zweiten neben → Byzanz) christl. → Imperium wurde (800 Kaiserkrönung); → patricius Romanorum; **karoling.** → **Renaissance,** auf Karl d. Gr. zurückgehende Bemühungen um die Hebung der Bildung des → Klerus

Karrner → Kärrner

Kartäuser (OCart), Ordo Cartusiensis, Einsiedlerorden des hl. Bruno (seit 1084 in der Wildnis Cartusia [lat., frz. Chartreuse]); stetes Schweigen, Gebet, Handarbeit, Enthaltung von Fleischspeisen; **Kartause,** Kartäuserkloster (durch Gänge verbundene Einzelhäuschen der Mönche)

Kartusche *frz.,* in der Kunst: mit Bändern, Beschlägen, Laubwerk u. a. verzierter Schild (für Inschriften etc.)

Kasel, planeta, paenula *lat.,* Übergewand des Priesters

Kaste *portugies., Geschlecht, Stamm;* durch Abstammung u. Sitte verbundene, abgeschlossene Gruppe, Element der sozialen, ökonom. u. rel. Gliederung der ind. Gesellschaft.

Kastrat → Eunuch

Kasualien *(lat., casus, Vorfall);* geistliche Amtshandlungen, wie Taufen, Trauungen, Beerdigungen u. a.

Kasualismus, Verstehen des Weltgeschehens aus dem Zufall

Kasuistik, kath. → Moraltheologie: methodische Anwendung allgemeiner sittl. Normen auf Einzelfälle; **kasuistisch,** auf Einzelfälle bezogen; spitzfindig

katabasis *gr., Niedersteigen* (Christi in das Totenreich); → Höllenfahrt

Katafalk *ital., lat.* **tumba,** *Schaugerüst* (für Särge)

Katakomben *gr.-lat., kata cumbas, bei der Schlucht;* altchristl. unterird. Grabanlagen, bes. bei Rom

kataphatische Theologie (v. *gr. kataphatizo), beteuernde* Th. des Dionysius → Areopagita: von dem namenlosen, unsagbaren Höchsten (daher auch Negative Th.) zur Mannigfaltigkeit der Schöpfung herabsteigend; → apophatisch

Katechese *gr.,* (christl.) *Unterweisung;* **Katechet,** Unterrichtender; **Katechetik,** Lehre von der Katechese; **katechetisch,** → **erotematisch; Katechismus,** kurzes *Lehrbuch* (des christl. Glaubens) in Frage u. Antwort (Luthers **Kleiner K.** und **Großer K.** 1529 mit 5 Hauptstücken: → Dekalog, → Apostolikum, → Vaterunser, → Taufe, → Abendmahl; ref.: **Genfer K.** 1537 u. 1541/42, **Heidelberger K.** 1563; sowie verschiedene kath. Katechismen mit gleicher Grundthematik, → Catechismus Romanus), Katechismen mit zeitgemäßer theol.-inhaltl. u. (erwachsenen-)pädagog. Gestaltung u. a.: **Holländischer Katechismus** 1966 (kath.); **Ev. Erwachsenenkatechismus** 1975, **Ev. Gemeindekatechismus** 1979; **Kath. Erwachsenenkatechismus** 1985; **Katechumenat,** Tauf- bzw. Konfirmandenunterricht; **Katechumene,** Taufschüler

Kategorie *gr., Aussage;* oberster Begriff; **kategorial,** einer Begriffsebene entspechend; **kategoriale Seelsorge** → Gruppenseelsorge; **kategorisch,** grundsätzlich gültig (→ apodiktisch, → assertorisch, → hypothetisch); **kategorischer Imperativ,** von Kant († 1804) in «Grundlegung zur Metaphysik der Sitten» (1785) mehrfach formuliert (z. B. «Handle nur nach derjenigen Maxime, durch die du zugleich wollen kannst, daß sie ein allgemeines Gesetz werde»)

Katene *gr., Kette;* aneinandergereihte Auslegungsstücke von → Kirchenvätern zu bibl. Schriften

Katharer (gr. *katharoi, Reine*; davon → «Ketzer»); Selbstbez. der → Novatianer u. mtl. → asketischer u. → dualistischer Gruppen; **Kathartik,** kath.: der rel. Reinigung dienende Regeln

Katheder *gr., Lehrstuhl;* **K.sozialisten,** teils christliche sozialreformerische Theoretiker (1870ff.)

Kathedrale → Dom; **Kathedralentscheidung** ex → cathedra

Kat'henotheismus → Henotheismus

kathisma *gr.,* gr.-orth. Chorgesang *(im Sitzen)* verschiedener Psalmen im Gottesdienst

Katholikentage («Generalversammlung der dt. Katholiken»), seit 1848, zuerst «Pius-Vereine für rel. Freiheit», wenden sich bes. polit. u. sozialen Fragen zu

katholikos *gr.,* urspr. hoher Finanzbeamter; altkirchl.: Vorgesetzter aller Klöster eines Ortes; später Titel höherer ostkirchl. Geistlicher, bes. der → nestorianischen u. armenischen → Patriarchen

katholisch *(gr. katholikos), allgemein, allumfassend;* **K.e Aktion,** von Papst Pius XI. (1926) angeregte, planmäßig geleitete Betätigung der Laien u. Sammlung aller organisierten kath. Kräfte zu gezielter kirchl. Arbeit; **K.e Briefe,** die (aufgrund der fehlenden od. sehr allg. gehaltenen Adresse) angeblich an die ganze Christenheit gerichteten Briefe Jak, 1. 2 Petr, 1. 2. 3 Joh, Jud; **k.e Wahrheiten,** *lat. veritates catholicae,* **doctrina catholica** *(kath. Lehre),* alle von der kath. Kirche anzunehmenden Wahrheiten; **Katholizität,** das Bestehen der Kirche durch alle Zeit u. über die ganze Welt als → nota ecclesiae (vgl. → Ökumenizität)

Kedeschen *hbr., Geweihte;* Tempeldirnen (1 Mose 38,14ff.)

«Kein anderes Evangelium» → Bekenntnisbewegung

Kellion, ostkirchl.: kl. Kloster, meist 3 Mönche (u. 3 Laienbrüder)

Kenosis *gr., Selbsterniedrigung;* nach Phil 2,5–11 hat Christus zu seiner göttlichen eine Knechtsgestalt angenommen; ev.: **1. luth. «Kenosis-Streit»** 17. Jh.: theol. Fakultät Gießen: Jesus hat auf den Gebrauch seiner göttl. Hoheitsrechte verzichtet (**kenosis chreseos**), theol. Fak. Tübingen: Jesus hat ihn nur verhüllt (**Krypsis chreseos** = *gr., Verhüllung des Gebrauchs),* wobei die Wunder als Ausnahme galten; **2. luth. «Kenosis-Streit»** 19. Jh.: verschiedenartige Ausprägung des Gedankens von der Selbstentäußerung des → präexistenten → Logos, was zum Übergang auf den Begriff **Kondeszendenz** (*gnädige Herablassung*) führte (→ status exinanitionis)

Kenotaph, Zenotaph, *gr., Leerbegräbnis;* Grabmal für anderswo Begrabene

keropegia *gr., Kerzenhalter* an der → Ikonostase

Kerygma *gr.* (Inhalt der) *Verkündigung, Botschaft,* → Evangelium; **kerygmatisch,** *verkündigend;* kerygmat. Christus → Glaubensursache, → Heilstatsachen; **kerygmat. Stilisierung,** → formgeschichtlicher → terminus: um des zu verkündigenden Inhalts willen einer Erzählung o. ä. bestimmte Züge verleihen, die den Leser (Hörer) von der → Bildhälfte absehen u. auf die → Sachhälfte achten lassen

ketib *hbr., geschrieben,* im atl. Text weiterüberlieferte, unsichere oder fehlerhafte hbr. Lesart; → qere

Ketubim *hbr., gr.* **Hagiographen,** *heilige Schriften,* 3. Teil des hebr. AT (Ps, Hi, Spr, → Megillot, Dan, Esr, Neh, Chron); → Nebiim, → Tora (vgl. Anhang)

Ketzer → Häretiker; → Katharer

Keuschheit, mehr tugendhafte Gesinnung u. Haltung als Tat; → Jungfräulichkeit

Kibbuz *hbr.,* Gemeinschaftssiedlung im Staat Israel, genossenschaftl.

Kiblah *arab.,* mohamm. Gebetsrichtung nach Mekka

Kimbanguistische Kirche von S. Kimbangu († 1951) gegr., unter Verfolgungen gewachsene → unabhängige Kirche in Zaïre u. Nachbarländern

Kinah → Qina

Kinder Gottes → Children of God

Kirche, v. *gr. kyriakę* (hemęra), Herren(tag) (→ Sonntag), (Tag bzw. Ort der) Versammlung der Gläubigen (→ ecclesia; → Pfingsten); → **Alte K.; K. Jesu Christi d. Heiligen d. letzten Tage** → Mormonen; **Kirchenältester** → Presbyter; **Kir-**

chenbann → Exkommunikation; **Kirchenbriefe** → Kath. Briefe; **Kirchenbuch,** → Agende; im Pfarramt geführte Register d. Getauften, Getrauten, Konfirmierten u. Bestatteten; **Kirchenbund** → Deutscher Ev. K.; **Kirchendiener** → mansionarius; **Kirchenfabrik** → fabrica ecclesiae; **Kirchenjahr,** folgt der inneren Linie von Jesus zur Kirche u. zum Weltende (→ Weihnachtszeit, → Passion, → Osterzeit;, → Pfingsten; → Ewigkeitssonntag); **Kirchenkampf,** innerkirchl. Auseinandersetzungen um den Weg der ev. Kirche in Deutschland z. Z. der nationalsozialist. Herrschaft (1933–45), verbunden mit z. T. massiven Eingriffen des Staates in Leben u. Ordnung der Kirche (→ Barmen, → Bekennende Kirche, → Deutsche Christen, → Pfarrernotbund); **Kirchenkreis** → Sprengel eines → Superintendenten; **Kirchenordnungen,** Landesgesetze (→ cuius regio, eius religio) zur Regelung von Gottesdienst, Verfassung u. Verwaltung (Ämter, Einkünfte u. Besitz) sowie → Kirchenzucht in den ev. Kirchen nach der Reformation; im 19./20. Jh. allg. durch → Presbyterial- bzw. → Synodalverfassung abgelöst; → Grundordnung, → Lebensordnung; **Kirchenprovinz,** kath.: Zusammenfassung mehrerer Nachbar- → Diözesen unter einem → Metropoliten bzw. → Erzbischof; ev.: kirchl. Verwaltungsbezirk der altpreuß. → Union, heute ev. Gliedkirchen; **Kirchenrat,** kath.: gelegentl. Bez. für Kirchenstiftungsrat (Kollegium zur Verwaltung des örtl. Kirchenvermögens); Kirchenvorstand; ev.: Oberrat eines Landeskirchenamtes bzw. dieses selbst (→ Konsistorium), → Oberkirchenrat; Titel dortiger Dezernatsleiter; z. T. Titel ohne Amt; andere kollegiale Selbstverwaltungsorgane (→ Gemeinde-, → Kreiskirchenrat); **Kirchenregiment,** landesherrliches, → Summepiskopat, → cuius regio eius religio; **Kirchensoziologie,** Erforschung der gesellschaftl. Grundlagen u. soziolog. Strukturen der Kirche(n); → Religionssoziologie; **Kirchenstaat,** päpstl. Hoheitsgebiet in Mittelitalien, beruht auf König Pippins Schenkung (aber → Donatio Constantini) an Papst Stefan II. (754), entstanden unter der Schutz- und Oberhoheit der → karolingischen, später der deutschen Kaiser, ab 1200 souverän, seit dem 16. Jh. von der Anerkennung der Italien beherrschenden Mächte abhängig, 1809 von Napoleon aufgehoben, im Wiener Kongreß (1815) wiederhergestellt, 1870 durch König Viktor Emanuel dem Königreich Italien einverleibt, 1929 in kleinerem Umfang als «Vatikanstadt» wieder souverän; **Kirchenstrafe** → poena; **Dt. Ev. Kirchentag,** erstmalig 1848 in Wittenberg, dann 15mal bis 1872; Zusammenschluß von Kirchen, 1921 mit der Verfassung des → Dt. Ev. Kirchenbundes; seit 1949 Kirchentage als große Laienveranstaltungen in wechselnden Städten, bis 1954 jährl., dann alle 2 Jahre (1987: 22. Kirchentag); in der DDR gr. regionale Kirchentagsveranstaltungen; **Kirchentonarten, Kirchentöne,** Grundlage der → Gregorianik, Oktavausschnitte aus einer C-Skala; von Bedeutung ist der → Reperkussionston, den die Melodien umspielen; I. dorisch (D-a-d), II. hypodorisch (A-f-a), III. phrygisch (E-c-e), IV. hypophrygisch (H-a-h), V. lydisch (F-c-f), VI. hypolydisch (C-a-c), VII. mixolydisch (G-d-g), VIII. hypomixolydisch (D-c-d), IX. jonisch (C-g-d [= Dur]), X. hypojonisch (G-c-g), XI. äolisch (A-e-a [= Moll]), XII. hypoäolisch (E-a-e); **Kirchenväter,** die rechtgläubigen Lehrer der → Alten Kirche; **Kirchenvolk,** die Gesamtheit der Angehörigen einer Kirche, auch (abwertende) Bez. der Kirchgänger; **Kirchenvorsteher** → Presbyter; **Kirchenzucht,** Strafen (des Pfarrers als Vertreter) der Gemeinde an sog. «öffentlichen Sündern», reichte je nach Brauch u. → Konfession von (vorübergehendem) Abendmahlausschluß bis zu öffentl. Anprangerungen; **Kirchliche Bruderschaften,** freiwillige Zusammenschlüsse zur Wahrnehmung bestimmter gottesdienstl. (→ liturg.) Anliegen bzw. (bes. ev.:) theologischer u. politischer Verantwortung (→ Friedensbewegung); → Konfraternität; **Kirchliche Sammlung** («K.S. um Bibel u. Bekenntnis in Deutschland»), Gruppierung der → Bekenntnisbewegung in luth. Landeskirchen

Kislev, 9. jüd. Monat (Nov.-Dez.)

Kismet *arab., Schicksal*

Klarissen, weibl. Zweig des → Franziskanerordens, gegr. von Clara Sciffi (1212)

kla̧sis tu artu *gr., → Brotbrechen*

klaustral *lat., klosterartig*

Klausu̱r *lat., Abschließung;* abgeschlossener, nur Mönchen (Nonnen) zugänglicher Teil des Klosters; Zusammenwohnen der → Kanoniker im Stiftsgebäude

Kleines Fahrzeug → Hinayana

kleines Gloria → Gloria

Kleio → Musen

Klerus *gr., Los, erloster Anteil;* dessen Inhaber; kath.: durch die → Weihen vom → Laienstand gesonderte höhere Geistliche (**Kleriker,** «clerus major»: ab Priesterweihe) u. untere Kirchenbeamte («clerus minor»); **klerikal,** zum Klerus gehörig, dessen Interessen betreffend, sich «geistlich» gebärdend; **Klerikalismus,** unberechtigte Bevormundung der → Laien innerhalb der Kirche (K. nach innen); Anmaßung kirchlicher (klerikaler) Kompetenzen u. Erstreben v. Einfluß u. Macht im gesellschaftl., kulturellen u. polit. Bereich (K. nach außen)

klientenzentrierte Psychotherapie → Gesprächspsychotherapie

Klingelbeutel, an e. Stange befestigter kl. Sack, früher mit e. kl. Glokke versehen, zum Einsammeln der → Kollekte in den Bankreihen

Klinische Seelsorgeausbildung (engl.: Clinical Pastoral Training, C. P. Education), integrierte prakt.-theol. u. psycholog. Ausbildung von Pfarrern (→ Pastoralpsychologie), bei der die Arbeit in prakt. Seelsorge in Kliniken, im Strafvollzug oder in der Gemeindearbeit u. deren Reflexion in Einzel- oder Gruppen- → Supervision miteinander verbunden werden; auch: pastoralpsycholog. Seelsorgepraktika, die Kommunikations- u. Gesprächsführungstechnik vermitteln (→ Gesprächspsychotherapie)

Klio → Musen

Kloster, *von lat. claustrum, verschlossener Raum;* Haus od. Siedlung d. Mönche, meist mit → Klausur; Bez. auch bei and. Religionen üblich; → klaustral

Koadamiten *lat., mit Adam Lebende;* Bez. früher Menschenarten

Ko'ad'ju̱tor *lat., Beihelfer;* kath.:

vertretender → Vikar bei dauernder Unfähigkeit des Stelleninhabers mit dem Recht der Nachfolge; → Eideshelfer

Kodifikation → codex

Königsherrschaft Christi → Christusherrschaft

Körperschaft (des) öffentlichen Rechts, jurist. Bez. einer staatl. anerkannten, unabhängigen gesellschaftl. Institution mit bes. rechtl. Status; die Kirche, genauer: → Landeskirchen u. → Diözesen sowie Kirchengemeinden (nicht jedoch die kirchl. Zwischenebenen) sowie weitere Religionsgemeinschaften sind K. ö. R.

Kohelet (Koh.) *hbr., gr.* **Ecclesiastes** (Eccl, Ekkl), *Prediger* Salomonis (Pred)

Kohorte *lat., Schar, Tausendschaft,* röm. Truppeneinheit, Zehntel einer Legion (Mk 15,16, Apg 21, 31 u. ö.), untersteht e. → Tribun

Kojiki, Kujiki *jap., Urzeitgeschichte;* jap. Sagenchronik, neben dem → Nihongi die wichtigste Quellenschrift des → Schintoismus

koimesis *gr., Schlaf;* das Fest Mariä Himmelfahrt; **Koimeterien,** *Schlafstätten;* altchristl. Grabanlagen, auch **Zoemeterien** (→ Katakomben); **Zoemeterialkirche,** über einem → Märtyrer- oder Heiligengrab erbaute Kirche

Koine *gr.,* gr. *Gemeinsprache* der → hellenist. Zeit (Sprache der → Septuaginta, des NT u. vieler gr. → Kirchenväter); **Koinobiten** → Coenobiten; **Koinonia** *gr.,* bes. neutestamentl. Wort für (christl.) *Gemeinschaft* (→ ecclesia) u. Abendmahlsgemeinschaft

Kollaborator *lat., Mitarbeiter;* Hilfslehrer, -geistlicher, -prediger (→ Pastor coll.), ein Jahr nach dem 2. theol. Examen (ev.)

Kollar, ein die Brust bedeckendes schwarzes Tuch mit weißem Rand am Stehkragen, wird von Geistlichen getragen, bes. in der → anglikan. Kirche

Kollation *lat.,* kath.: Abendimbiß, an Fasttagen außer der Hauptmahlzeit erlaubt; im Kloster die Erfrischung für den Gast

Kollationsrecht, Kollator, Kollatur → collatio

Kollegialismus, ev. Kirchenrechtstheorie im 18. Jh.: die Kirche ist ein Verein, hält sich wie andere Vereine an die Staatsgesetze (Fürst hat als Staatsoberhaupt jura majestatica = gesetzl. Gewalt) u. hat aus prakt. Gründen die jura collegialia (vereinsinternen Rechte) dem Fürsten übertragen, während Christus der eigentl. Herr der Kirche ist; → Episkopalismus, → Territorialismus; **Kollegialität,** Verbundenheit der kath. Bischöfe untereinander unter dem Papst; **Kollegianten,** holl. ref. → Anabaptisten, die das geistl. Amt verwarfen (17. Jh.); **Kollegiatkapitel(-stift),** Vereinigung der Geistlichen (→ Kanoniker) einer «**Kollegiatkirche**», in der sie gemeinsam leben; **Hl. Kollegium** → Kardinalskollegium

Kollekte *lat., Sammlung;* altchristl. Gemeindeversammlung; kurzes liturg. Gebet vor den Schriftlesungen im Hauptgottesdienst (Anrede an Gott – Bitte – Ziel der Bitte [«auf daß ...»] – Schlußformel [«durch Jesus Christus ...»]); Geldsammlung im bzw. nach dem Gottesdienst

Kollektiv *lat.,* durch gemeinsame Pflichten u. Rechte verbundene Gruppe; **Kollektivschuld,** ein eth., kein jurist. Begriff: ein Kollektiv ist mitschuldig an der Schuld einzelner oder einer Gruppe; umstrittene Vorstellung, jedoch schon im AT angelegt (5 Mose 21,1–9), wie die Sippenhaft m Alten Orient

kol nidre *hebr., alle Gelübde;* Anfang des Einleitungsgebetes im Synagogengottesdienst am Vorabend des → jom kippur

Kolometrie *gr., Versmaß*; Zerlegung fortlaufender Texte in Verse, z. B. bei der → Psalmodie

Kolophon *neugr., Abschluß;* Schluß in Handschriften u. Frühdrucken, mit Angaben über Ort, Zeit usw.

Koloristen *lat., Verzierer;* Organisten des 16. Jh., die musikalische Vorlagen ausschmückten

Kolpingverein, kath. Gesellenverein, 1849 in Köln von dem Priester A. Kolping gegr. (hatte von Anfang an auch ev. Mitglieder); die Ortsvereine nennen sich K.familien; in vielen Ländern verbreitet

kolymbethra *gr., Taufbecken*

kombologion → Rosenkranz

Kommende *(lat. commendare, anvertrauen),* → beneficium, dessen Inhaber ohne Verwaltung des Kirchenamtes die → Pfründeneinkünfte genießt; → Komturei

Kommunikant *lat.,* Abendmahlsteilnehmer; **kommunizieren**

Kommunion → communio

Kommunismus, urchristl., → Gütergemeinschaft

Kommunität *lat.,* (rel.) *Gemeinschaft*

Komparativethik → Ethik

Kompatronat *lat.,* Berechtigung mehrerer zum → Patronat

Kompetenten *lat.,* Tauf-*bewerber;* → Katechumenen

Komplet *lat., Abschluß* der tägl. → Offizien, letzte → Hore des klösterl. u. priesterl. Stundengebetes

Komputation *lat.,* kirchl. *Berechnung* der Verwandtschaftsverhältnisse; → computus

Komtur (v. *lat. commendator, Empfehler),* Ordensritter als Inhaber einer → Kommende (Johanniter, Deutschorden) oder als Provinz- (Templer) oder Ordenshausvorsteher; **Komturat, Komturei,** kleines Verwaltungsgebiet in geistl. → Ritterorden (Burg u. a.)

Konche *lat., Muschel;* halbkreisförmige, muschelartig überwölbte → Apsis

Kondeszendenz → Kenosis

Kondeterminismus, franziskan. Gnadenlehre (17. Jh.): der determinierende *(bestimmende)* Ratschluß Gottes betrifft die schon im Vollzug befindliche Willenstätigkeit des Geschöpfes, d. h. nicht den ersten Impuls des Willens

Konferenz Bekennender Gemeinschaften, → evangelikale Dachorganisation, gegr. 1970; → Bekenntnisbewegung, → Gnadauer Verband, → Kirchl. Sammlung

Konferenz Europäischer Kirchen, ökumen. Gesprächs- u. Arbeitsgemeinschaft von (1994) 118 europ. Kirchen aus 26 (1981) östl. u. westl. Ländern (ohne die kath. Kirche), konstituiert 1959

Konferenz evangelikaler Publizisten (kep), 1975 als loser Zus.schluß gegr., strebt eine ähnl. Institutionalisierung u. Finanzierung wie beim → GEP an; → idea (Abk.-Verz.)

Konfession *lat., Bekenntnis* (→ confessio); Kirchengemeinschaft (mit eigener Glaubenslehre); **Konfessionalismus,** Absolutsetzung des eig. Bekenntnisses (→ Neu-Luthertum); **Konfessionskunde,** Wissenschaft von den verschiedenen Kirchenlehren (→ Kontroverstheologie); **Konfessionsschule** → Bekenntnisschule

Konfirmanden, Teilnehmer am kirchl. Unterricht zur Vorbereitung auf die → Konfirmation

Konfirmation *lat., ev.: Bestätigung* der Taufe; feierl. Einsegnung nach Abschluß des kirchl. Unterrichts u. Zulassung zu → Abendmahl u. → Patenamt; → Firmung

Konfitent *lat., Beichtender*

Konföderation *lat., Bündnis;* **Konföderation evangelischer Kirchen in Niedersachen**, seit 1971, Zus.-schluß der rechtl. selbst. luth. Landeskirchen Hannover, Braunschweig, Oldenburg, Schaumburg-Lippe sowie der Ev.-ref. Kirche in Nordwestdeutschland, v.a. auf kirchenrechtl. u. kirchenpolit. Gebiet

Konformisten *lat.,* Anhänger der → anglikan. Kirche (aber → Nonkonformisten) bzw. allg. Ansichten

Konfraternität *lat., Bruderschaft,* kath. Vereinigungen, bes. zur Pflege des öffentl. Gottesdienstes

Konfuzianismus, auf die Lehren des Konfuzius († 479 v. Chr.) zurückgehende Form des → Taoismus

Kongregation, congregatio *lat., Vereinigung,* kath.: ordensähnliche Vereinigungen, die in unfeierlicher («einfacher») Form Mönchsgelübde fordern; Ordensverbände (z. B. → Benediktiner-K. von Beuron); **sacra congregatio de doctrina fidei,** *heilige* → Kardinals*kongr. für die Glaubenslehre,* seit → Vatikanum II statt → Sanctum Officium; **congregatio de propaganda fide,** Kardinals*kongr. für die Mission;* **congregation,** *engl.* Bez. für die *Gemeinde;* **Kongregationalisten, Independenten** *(Unabhängige),* engl. kirchl. Richtung seit dem 17. Jh., die die Unabhängigkeit der Einzelgemeinde zum kirchenrechtl. Grundsatz macht

Kongrua *lat., das Schickliche, Angemessene;* dem → Pfründeinhaber zustehendes Mindesteinkommen;

Kongruismus, Lehre des Jesuiten Suarez († 1617), die göttliche Gnade passe sich an Art u. Bedarf des Menschen an u. erreiche daher trotz Freiheit des menschl. Willens unfehlbar ihr Ziel (→ Banezianismus, → Molinismus)

Konjektur *lat., Vermutung;* Verbesserungsvorschlag bei schlecht erhaltenem (Bibel)text; → Textkritik

Konklave *lat., Verschluß, Zimmer;* streng abgeschlossene Versammlung der Kardinäle zur Papstwahl

Konklusionstheologie *lat.,* kath.: im Schlußverfahren theol. Sätze aus anderen ableiten

Konkomitanz *lat., Begleitung;* scholast.: im Leib Christi ist das Blut mitenthalten, wird also in der → Hostie mitgegeben (→ communio sub una; Lehre geg. → Kalixtiner)

Konkordanz *lat., Einklang;* alph. Liste der Wörter eines Buches mit Angabe der Fundstellen

Konkordat (auch: **conventio, pactio**) *lat., Übereinkunft, Vertrag* bes. zwischen Papst u. Staatsregierungen (unkündbar); **Konkordats'-ära,** Gültigkeit des Konkordates mit Napoleon I. (1810 bis 1905) bzw. neuerer K.e

Konkordie *lat., Eintracht;* Einigungsformeln protest. Richtungen: Wittenberger K. von 1536; schwäb.-sächs. K. von 1574; **Leuenberger K.** von 1973, gemeinsame Lehrformulierung von (1987: 80) reformator. (luth., ref. u. unierten) Kirchen v. a. Europas mit Kanzel- u. Abendmahlsgemeinschaft (nach dem Entstehungsort bei Basel); Kunst: Gegenüberstellung atl. u. ntl. Szenen; **Konkordienbuch** (1580) umfaßt die 3 → ökumenischen → Symbole, die → Confessio Augustana mit Melanchthons → Apologie, Luthers → Schmalkald. Artikel, Melanchthons «De potestate et primatu Papae tractatus» *(Tr. über Macht u. → Primat des Papstes,* 1537), den Kl. u. Gr. → Katechismus u. die **Konkordienformel,** Formula Concordiae (FC), luth. → Bekenntnisschrift von 1577, bestehend aus «Epitome» («Summar. Begriff der streitigen Artikel») u. «Solida ... declaratio» («Allg. Erklärung etlicher Artikel der Augsburg. Konfession»), dem «Bergischen Buch»

Konkubinat *lat.,* dauernde, nicht als Ehe legitimierte geschlechtliche Gemeinschaft

Konkupiszenz *lat., sinnliche Begierde,* nach Augustin (†430) u. mtl. Theologie (mit Mangel an Gottvertrauen u. Gottesfurcht) die Erb- → sünde; mod. kath.: Folge von Adams Sünde u. dem Menschen ein Anreiz zur Sünde

Konkurrenz *lat.,* liturg. *Zusammentreffen* zweier Feste an folgenden Tagen; → Okkurenz

Konkurs *lat.,* Zusammentreffen; Bewerbung mehrerer um eine Stelle; Prüfung der Bewerber (Pfarrkonkurs)

Konsekration *lat., Weihung;* **konsekrieren,** *weihen;* kath.: bes. Form der → Weihe, z. B. eines Bischofs, auch Wandlung der → Eucharistie; ev.: Aussonderung der Abendmahlselemente zum hl. Gebrauch; → Dermung

Konsens *lat., Übereinstimmung,* (→ consensus); **Konsenserklärung** → Ehekonsens; **Konsensus'union** → Union

Konsistorium *lat., Versammlungszimmer, Rat,* Vollversammlung der → Kardinäle in Rom; ev.: oberste kirchl. Behörde, andere Bez. (→ **Ober-**)→ **kirchenrat** (urspr. mit and. Rechtsfunktionen) oder (seit 1920) **Landeskirchenamt; Konsistorialverfassung,** kollegiale Kirchenleitung

Konsole *frz., Vorspringendes* (Tragstein, Krage, Gestell u. ä.); → Pendentif

Konstantinische Schenkung → Donatio Constantini

Konstitutionen *lat., Anordnungen;* kirchliche, bes. päpstliche Erlasse mit Gesetzeskraft; → Reskripte; → apostolische K.; **K. über die Liturgie** des → Vatikanum II, fordert die → actuosa participatio u. führt die Nationalsprache als Erg. zum Lat. in die Meßliturgie ein; **Konstitutionenbuch,** Grundbekenntnis der → Freimaurerei von 1723, bis heute deren Grundlage

Konsubstantiation *lat.,* scholast., von Luther übernommene Auffassung, im Abendmahl seien Leib u. Blut Christi mit Brot u. Wein verbunden (Ggs. → Transsubstantiation); **Konsubstantialität**

Konsultor *lat., Ratgeber;* kath.: in der Ablaß- u. der Bibelsektion der röm. → Kurie; zur Mitverwaltung einer Diözese berufener Geistlicher, falls kein → Domkapitel vorhanden ist; **Pfarrkonsultor,** bei verwaltungsgerichtl., Standesgenossen betreffenden Verfahren hinzugezogene Pfarrer

Konszientialismus (v. *lat.* → *conscientia),* philosoph. Lehre, die Wirklichkeit falle in das Bewußtsein

Kontakion *gr., Rolle;* ostkirchl.: → liturg. → Hymne, mehrstrophig mit Zwischenversen

Kontemplation *lat., Betrachtung;* Stufe der → mystischen → Meditation; **kontemplativ,** beschaulich

Kontext *lat., Begleittext, Textzusammenhang;* heute auch allg.: (z. B. gesellschaftl.) Zusammenhang; **Kontextualität** der Theologie, Bezug der Th. zum soziokulturellen Umfeld; → Induktive, → Schwarze Th., → Th. der Befreiung

Kontingenz *lat., Zufälligkeit,* Unwiederholbarkeit

Kontrafakta → Parodien

Kontritionismus *lat.,* kath.: die → contritio ist für den Empfang der → Absolution notwendig; Ggs. → Attritionismus

Kontroverstheologie *lat., Streittheologie,* Erforschung der Streitfragen zwischen den → Konfessionen

Konventịkel *lat.,* rel. Privatversammlung; **Konventuale** → conventus

Konvergenzerklärung → Lima-Erklärung

Konversen → conversi; **Konversion** *lat.* (→ conversio), *Bekehrung,* Glaubenswechsel, → Konfessionswechsel; kath.: Ggs. → Apostasie; **Konversionstheorie,** Theorie über die Wandlung der → Eucharistie von L. Billot († 1931), der → annihilatio der Materie ablehnt, da sie selber die Seinsweise des Enthaltens des Leibes u. Blutes Christi (habitudo continentiae) annehme (aber → Transsubstantiation); **Konvertịt,** Übergetretener

Konvikt *lat., Geselligkeit,* Wohnheim

Konvokation *(lat.: Einberufung)* einer Europäischen Ökumenischen Versammlung über Frieden und Gerechtigkeit 1989 in Basel als Station des weltweiten → Konziliaren Prozesses für Gerechtigkeit, Frieden u. Bewahrung der Schöpfung anstelle des → Konzils des Friedens; 2. Europ. Ökumen. Versammlung 1997 in Graz

Konzelebration *(lat. concelebrare, feiern),* gemeinsamer Vollzug einer → liturg. Handlung unter Führung eines Hauptzelebranten

Konzeptualismus → Nominalismus

Konzil *(m)lat., Versammlung* von → Bischöfen, → Synode; **ökumenische Konzil(i)e(n)** erheben den Anspruch, die gesamte Christenheit zu vertreten; zutreffend nur für die ersten 7: Nicäa (325 → Nicaenum), Konstantinopel (381 → Nicaeno-Constant.), Ephesus (431), Chalkedon (451 → Chalkedonense), Konstantinopel (552 u. 680), Nicäa (787); die folgenden fanden ohne die gr.-orth. Kirche (8.–18. ök. K.) und (seit der Reformation) ohne die Protestanten statt: → Tridentinum 1545–63 (19.), → Vatikanum I 1869/70 (20.), → Vatikanum II 1962–65 (21.); **Konzil des Friedens**, als weltweite christl. (→ ökumen.) Friedenskonferenz mit verbindl. Erklärung von C. F. v. Weizsäcker 1985 gefordert; → Konvokation; **Konziliarismus,** Anschauung, ein Konzil, das die Gesamtheit der Bischöfe vertrete (→ Episkopalismus), sei dem Papst übergeordnet (14./15. Jh.); → Appellation, → Reformkonzilien; **Nationalk., Provinzialk.,** für teilkirchl. Gesetzgebung zuständig; → Partikularsynode; **Konziliarität,** Begriff für ein Modell der Einheit der Kirchen in der → ökumen. Bewegung (seit Uppsala 1968); Ziel ist ein universales Konzil aller Kirchen – ein **konziliarer Prozeß; konziliar**, heute auch allg. → ekklesiolog. Begr. für das Zusammenwirken von → Konfessionen od. kirchl. Gruppen in »versöhnter Verschiedenheit«

Ko'operator *lat., Mitarbeiter;* kath.: Hilfsgeistlicher

Kopialbuch *lat.,* Sammlung von Urkunden*abschriften*

Kopiaten *gr.,* Totengräber

Koptische Kirche, → monophysit. Kirche, Hauptsitz in Kairo

Kopulation *lat., Trauung;* **copulatio carnalis,** *geschlechtl. (fleischl.) Verbindung;* **kopulieren,** verheiraten
kor → epha
Koran *arab., Lesung,* heilige Schrift (114 → Suren) des → Islam, gilt als Wiedergabe einer sich bei → Allah befindenden u. durch Mohammed verkündigten Urschrift
korban *hbr., Opfer, Gabe* (Mk 7,11)
Korporale *(lat. corpus, Körper);* Leinen- oder Seidentuch als Unterlage für Kelch u. → Patene bzw. zur Bedeckung von Kelch u. geweihter → Hostie; → palla, → velum
Korrelat *lat., Entsprechung;* **Korrelationstheologie** P. Tillichs († 1965): Offenbarung u. Wirklichkeit, Botschaft u. Situation, Rechtfertigung u. Zweifel, Kirche u. Kultur, Theologie u. Philosophie entsprechen sich wie Antwort und Frage in bezug auf das, »was uns unbedingt angeht« (Gott)
Korruption *lat.,* Textverderbnis
Korybanten *gr., Verzückte;* → Kybelepriester; **Korybantismus,** rasend sein
koscher *hbr., rein;* jüd.-rel. Speisegesetzen entsprechend
Kosmos *gr., Schmuck, Ordnung, Welt* (Joh.-Evangelium: als Ort der Sünde), *Universum;* **kosmisch,** das Universum betreffend; **Kosmogonie,** Lehre von der Weltentstehung; **Kosmokrator,** *Weltherr* (→ Christusherrschaft); **Kosmologie,** Lehre von der Weltordnung; **kosmologischer → Gottesbeweis; Kosmopolit,** *Weltbürger*
Krage → Konsole, → Pendentif
krama *gr., Mischtrank* aus Wein u. Wasser beim Abendmahl
Krankensalbung → unctio extrema
Krasis *gr., Mischung*
Kreatur *lat., Geschöpf,* Günstling; **Kreatianismus,** Anschauung, jede Seele sei eine Neuschöpfung Gottes (aber → Traduzianismus)
Kredenz *lat.,* Tisch neben Altar für die bei der Messe gebrauchten Gefäße; Tisch neben dem Taufstein für den Täufling
Kreispfarrer → Dekan; **Kreissynode,** aus Vertretern von → Gemeindekirchenräten gebildetes Beratungs- u. Beschlußgremium eines Kirchenkreises (Superintendentur); → Synode
Krematorium *lat.,* Leichen*verbrennungshaus*
Krethi und Plethi, Leibwache Davids (2 Sam 8,18)
Kreuzbund, kath. Verband zur Bekämpfung des Alkoholismus u. zur Therapie Alkoholabhängiger; → Blaues Kreuz; **Kreuzgang,** Umgang im Innenhof des Klosters; **Kreuzschiff,** Kirchenraum mit Querschiff; **Kreuzweg,** Wegkreuzung; Aufenthaltsort böser Geister; kath.: fromm betrachtendes Nachschreiten des Leidensweges Christi in 14 **K.wegstationen,** Haltepunkten, die durch kleine Kapellen od. durch Bilder markiert sind; **Kreuzzüge,** im MA mit urspr. rel. Motivation («Befreiung des hl. Grabes» von der Herrschaft der «Ungläubigen» = → Muslim), bald v. a. wegen polit. u. ökonom. Interessen geführte abendländ. Kriegszüge zur Eroberung Syriens u. Palästinas (seit 1095/6), aber auch u. a. gg. heidn. Slawen im Elbe-Oder-Gebiet (1147 «Wendenkreuzzug»)
Krischna, ind. Sagenheld (Hirte, Wagenlenker), der in der → Bhagavadgita zu einer → Inkarnation → Vischnus wurde
krisis *gr., Entscheidung*
Kriterium *gr., Kennzeichen; Kriteriologie, Lehre von den Kennzeichen* der Wahrheit

Kritische Kirche, Selbstbez. von Gruppen der kirchenreformerischen Bewegung der 60er Jahre; **Kritischer Rationalismus,** Schule der wissenschaftstheoret. Philosophie (K. R. Popper, *1902), die u. a. die Theologie als Wissenschaft infrage stellt (Kontroverse H. Albert, *1921 – G. Ebeling, *1912)

Krummstab, antikem Hirtenstab ähnlicher kath. Bischofsstab

Kruzifix *lat., der Gekreuzigte;* (Hänge-, Stand- oder Trage-)Kreuz mit dem Gekreuzigten daran

Krypsis chreseos → Kenosis

Krypta *gr., Verborgenes,* hinter u. unter dem Altar befindliche → Gruft; **Kryptogramm,** eine Formulierung, die in ihren Buchstaben mehrere Bedeutungen verbirgt (→ Sator ...); **Kryptocalvinisten,** Bez. von melanchthonischen Theologen, die sich (angeblich) Calvinischen Lehren näherten (16. Jh.)

Kümmernis, sagenhafte Heilige, gekreuzigte → Märtyrerin, dargest. mit Bart, oft in die Gestalt des → Kruzifixus übergehend

Küster → mansionarius

Kujiki → Kojiki

Kult(us), öffentl. gemeinsame, geregelte Gottesverehrung

Kulturexamen, vom preuß. Staat 1873–1886 im → Kulturkampf geforderte staatl. Prüfung in Philosophie, Geschichte u. dtsch. Literatur vor Zulassung zum geistl. Amt; **Kulturkampf,** Gesamtheit der Auseinandersetzungen zw. dem Deutschen Reich (durch gesetzgeber. u. polizeil. Maßnahmen) u. der → ultramontanist. kath. Kirche (1871–79); **Kulturprotestantismus,** → liberale Konzeption einer gegenseitigen Durchdringung von christl. Geist u. moderner Kultur (bes. um 1900)

Kumran → Qumran

Kumulation *lat.,* Ämter*häufung*

Kurat *lat.,* kath.: mit der Seelsorge in einem Bezirk betrauter Geistlicher (z. B. → Kaplan); **Kuratie,** Seelsorgebezirk

Kurie *lat.,* Versammlungsort der röm. Senatoren; päpstl. Hof, Spitze der kath. Kirchenregierung; **kurial,** zur Kurie gehörig; **Kurialismus** → Episkopalismus; **Kurialist,** Beamter der Kurie, Vertreter des K.lismus; **Kurienkardinal,** an der Kurie residierender → Kardinal; **Kurienkongregationen,** röm. Kirchenbehörden

Kurrende *lat., Wander*chor; früher Schulchor, der um milde Gaben sang; später allg. jugendl. Singkreis

Kustodie *lat.,* kath.: Behälter f. Weihbrot; Teil e. → Ordensprovinz

Kuthäer → Samaritaner

Kybele, phrygische Muttergöttin; → Korybanten

Kybernese *gr., Leitung* (der Kirche); **Kybernetik,** allg.: Wissenschaft von Kontrolle u. Information; theol.: Lehre von der Kirchen- u. Gemeindeleitung (1 Kor 12,28) u. vom Gemeindeaufbau als prakt.-theol. Lehrfach bzw. Teilgebiet des Kirchenrechts

Kyniker *(gr. kyon, Hund);* gr. philos. Schule (Diogenes, um 450 v. Chr.), die Kultur u. Sitte verachtete, Bedürfnislosigkeit forderte, Religion meist ablehnte u. sich als Seelsorgerin verstand

Kyrenaiker, auf Aristipp von *Kyrene* († 355 v. Chr.) zurückgehende griech. Philosophenschule, vertrat die Lust (→ Hedonismus) als ehtisches Prinzip

Kyriale *gr.,* Sammlung bes. der Meßgesänge

Kyrie eleison *gr., Herr, erbarme dich!;* liturg. Bittruf

Kyrillische Schrift → *Glagolica*

kyrios *gr., Eigentümer, Besitzer;* Fürstenanrede: *Herr* als Bez. u. Anrede Gottes (z. B. → Septuaginta für → Jahve) oder Jesu (Mk 1,3; 11, 3; Röm 10,9 u. ö.)

L

Labadisten, Anhänger des sittenstrengen calvinischen Predigers Jean de Labadie († 1674) in Holland, die nach seinem Tod eine in Gütergemeinschaft lebende Gemeinde der wahren Gläubigen bildeten

labarum (kelt.?), von Kaiser Konstantin eingeführte Standarte mit dem → XP

Labial'pfeifen *lat., Lippenpfeifen;* Orgelregister nach Flötenart, wobei der Ton durch Reibung an Kanten (Lippen) am Unterende der Pfeife entsteht

«Laborem exercens», (Sozial-) → Enzyklika Johannes Pauls II. vom 14. 9. 1981 über d. menschl. Arbeit

lacti'cinia *lat., Milchspeisen;* Speisen, die mittelbar von Tieren stammen

Lade → Bundeslade

Lädierung *lat., Beschädigung*

läßliche Sünden → Sünde

Laestadianer, Anhänger einer radikalen → Erweckungsbewegung innerhalb der luth. Staatskirche von Finnland (nach dem Prediger L. L. Laestadius, † 1861)

Laetare *lat., freue dich!*, 4. Sonntag der → Passionszeit («**Mittfasten**»; → Introitus Jes 66, 10)

Laie (v. *gr. laos, Volk), Nichtfachmann, Nichtgeweihter,* Nichtkleriker; **Laienapostolat**, Sendungs- u. Zeugnisamt der Laien, im Unterschied zum Priestertum; → Apostolat, → Katholische Aktion, → Priestertum aller Gläubigen; **Laienbeichte**, MA: Notbeichte vor Laien ohne volles → Bußsakrament; **Laienkelch** → communio sub utraque; **Laientheologie**, vom kirchl. → Lehramt unabhängige wissenschaftl. Theologie von u. für Laien; **laikal**, zum Laienstand gehörig; **Laïsierung**, (strafweise) Rückversetzung eines Klerikers in den Laienstand (Entzug des Ausübungsrechts der → Ordination, aber → character indelebilis); **Laïzismus**, Anschauung, die sich für Freiheit von nichtweltlichen Autoritäten einsetzt (Trennung von Kirche u. Staat; → Antiklerikalismus)

Lakune *lat., Lücke*, bes. in Handschriften

Lama *tibetisch, Oberer*; die → buddhistischen Priester in Tibet; **Lamaismus**, → hierarch. Form des → Buddhismus in Tibet u. der Mongolei unter zwei Priesterfürsten (→ Dalai Lama u. → Pan[t]chen-[Erdeni-] Lama)

Lambethartikel, 1595 im Lambethpalast in London beschlossene Artikel für scharfe → Prädestinationslehre; **L.konferenzen**, allg. → anglikanische Bischofskonferenzen, ursprgl. im Londoner L.palast (seit 1867 alle zehn Jahre); **Lambeth-Quadrilateral** (lat.: *Viererlei*), die Grundlage einer → ökumen. Einheit nach der → anglikan. Kirche: die Bibel, das → apostol. u. das → nizän. Glaubensbekenntnis, Taufe u. Abendmahl, das hist. Bischofsamt (apostol. → Sukzession)

Lamentabili → Syllabus

Lamentationes, Klagelieder Jeremiae, Threni (Klgl, Thr), in der kath. Liturgie der → Karwoche gesungen

Lamisten, holländ. gemäßigte → Mennoniten mit dem Lamm als

Giebelzeichen der Kirche; → Sonnisten

landesherrliches Kirchenregiment → Summepiskopat, → cuius regio eius religio

Landeskirchentum, auf Einzelterritorien beschränkte Kirchenorganisation, die alle Bewohner dieses Territoriums umfaßt

Landnahme, AT: Inbesitznahme des verheißenen Landes → Kanaan durch die Stämme Israels unter Josua um 1200 v. Chr.

Laodizeerbrief, aus echten Paulusbriefen zusammengesetztes → apokryphes Schreiben (4. Jh.)

lapsi *lat., Gefallene*; Christen, die in Verfolgungen ihren Glauben verleugneten u. Kaiser- bzw. Götzen*opfer brachten* (**sacrificati**; → libellatici) (2./3. Jh.); **lapsus**, (Sünden-) *Fall*; **lapsus linguae**, *Fall der Zunge*; Versprecher

Laren, *lat.*, röm. Hausgötter; **lararium**, Hauskapelle

Lasterkataloge, in den Paulusbriefen Aufzählungen von Lastern, wie die vergleichbaren Tugendkataloge aus d. hellenist. Judentum übernommen, z.B.: Röm 1, 29–31; Gal 5, 19–21

late dicta *lat., im weiteren Sinn*

latent *lat., verborgen vorhanden* oder *wirksam;* **Latenz**

latera *mlt., die Seite;* Seitenschiff der Kirche

Lateran (vom lat. Familiennamen Lateranus), ehemal. päpstl. Palast mit Kirche in Rom; 1123, 1139, 1179, 1215, 1512–17 → **Konzilsstätte; Lateranverträge**, Abkommen zw. → Kurie u. ital. Staat

Latitudinarier *lat., die Weitherzigen der → anglik. Kirche* (17./18. Jh.)

latreia (latria) *gr., Dienst*; kath: die Gott u. Christus allein gebührende Anbetung (→ Dulie, → Hyperdulie); **latreutisch**, den kultischen Dienst betreffend

latrocinium Ephesinum *lat.*, **Räubersynode** von Ephesus (449); **l. magnum**, *der gr. Straßenraub*, die Annexion des → Kirchenstaates 1870

Laubhüttenfest → Sukkot

lauda *ital., Lobgesang*, volkstüml. geistl. Lied in der Volkssprache; → cantio; **Laudamus** *lat., Wir loben (dich...)*, Forts. des gr. → Gloria in der Festtagsliturgie

laudabiliter se subjecit *lat., er hat sich löblich unterworfen*; kath.: kirchl. Anerkennungsformel bei Widerruf einer Irrlehre

laudatio *lat., Lobrede*; **l. funebris**, L. bei der Bestattung (röm.); **laudes** *lat., Lobgesänge*, → Matutin, für die die **Laudate-Psalmen** (148–150) vorgeschrieben sind; das → Alleluja der span. Liturgie

Lauretanische Litanei, aus dem 16. Jh. stammende → Litanei von Loreto

lavabo *lat.*, Ps 26,6 *ich werde waschen*; Handwaschung des Priesters in der Messe; Wandnische dazu; Waschbecken in der → Sakristei; **L.tüchlein** → abstersorium

lavacrum *lat., Bad, Taufe*

lax *lat., weit, schlaff*; **Laxismus,** *Schlaffheit* gegenüber sittl. Forderungen; Ggs. → Rigorismus

Lazaristen, Vincentiner (CM[iss]), Congregatio Missionis, von Vinzenz v. Paul 1624 gegründete → Kongregation; **Lazarusorden**, im 12. Jh. in Palästina gestifteter, 1154 nach Frankreich verpflanzter Orden

Lebenskundlicher Unterricht, Bez. für den in der Bundeswehr von den Militärpfarrern im Auftr. erteilten eth.-rel. Unterricht; die themat. u. inhaltl. Ausgestaltung liegt allein bei der Militärseelsorge

Lebensordnungen, ev.: Bestimmungen über das Leben der Gemeinde u. (Rechte u. Pflichten) des Christen, bes. bei Kasualien

lectio → Lektion; **l. ardua** oder **difficilior** *lat., schwierig(ere)*, meist bessere *Lesart* bei unsicherem Text; **l. continua**, tägl. od. von Sonntag zu Sonntag im Gottesdienst *fortlaufende Lesung* ganzer bibl. Bücher; **l. propria**, bibl. Leseordnung nach dem → Kirchenjahr (Kirchenjahrslese); **l. selecta**, (den Festzeiten angepaßte) *Auswahllesung;* **lectiuncula,** *kurze Lesung* in den → Horen

Lectisternien → Theoxenien

lectorilium *lat., Lesepult*

Legalismus *lat.*, Anschauung, für die das Wesen der Religion in *Gesetzen* u. Vorschriften besteht

Legaltheorie, Theorie über die Rechtsnatur der → Konkordate u. Staatskirchenverträge: der Staat räumt der Kirche Rechte ein; daneben die **Privilegientheorie** (die Kirche billigt dem Staat Rechte zu) u. die (heute meist vertretene) **Vertragstheorie** (Staat u. Kirche als zwei unabhäng. Vertragspartner)

legat(um) *lat., Vermächtnis*

legat(us) *lat., Gesandter*; päpstl. → Nuntius, als → Kardinal **legatus a latere**, (*von der Seite* [des Papstes]); **Kardinal'legat**, Ehrentitel einiger Erzbischöfe (legatus **natus** oder **perpetuus,** *geborener, ständiger);* **Legation,** *Gesandtschaft*; Provinz des → Kirchenstaates

legenda aurea *lat. die goldene L.*; Heiligenlegendensammlung des Jakobus de Voragine († 1298); **Legende** *lat., zu Lesendes*; kath.: (die an den Heiligentagen zu lesenden Teile ihrer) Lebensgeschichte; scheinbar geschichtl. (rel.) Erzählung (aber → Mythos); In- u. Umschrift auf Münzen u. a.; **legendär**, ohne geschichtl. Wirklichkeit

legio fulminatrix *(lat. fulmen, Blitz)*, XII. röm. Legion (→ Kohorte), deren christl. Soldaten durch Gebet ein Gewitter herbeigeführt haben sollen, das die Legion vor dem Verdursten rettete (174)

Legion → Kohorte

Legismus, Überbetonung des *Gesetzes*buchstabens; **Legisten**, MA: Rechtslehrer von Bologna, die → kanon. Recht auslegten; → Dekretisten

Lehen, *verliehenes* (erbl.) Nutzungsrecht an einer Sache bzw. diese selbst: → beneficium, → feudum

Lehramt, kath.: Träger des autoritativen **kirchl. L.es** ist das Kollegium der → Apostel u. als dessen Nachfolgerschaft (apostol. → Sukzession) das Kollegium der → Bischöfe, das (zus. mit dem Papst) unfehlbar (→ Infallibilität) lehrt, sofern es eine Lehre als absolut verbindl. vorträgt

Lehrbeanstandungsverfahren, Lehrzucht(verfahren), Abwehr falscher Lehre; ev.: Beanstandung der Lehre u. notfalls Amtsenthebung von Pfarrern, deren öffentl. Verkündigung nicht (mehr) ihrer in der → Ordination übernommenen Verpflichtung auf Bibel u. Bekenntnisschriften entspricht; dem Feststellungsverfahren geht ein Lehrgespräch voraus; aber → Kirchenzucht; auch Disziplinarverfahren bei Amtspflichtverletzungen sind von der Lehrbeanstandung zu unterscheiden

Leibrock → Ephod

Leis(e) → eleison; dtsch. mtl. Kirchenlieder mit → Kyrie eleison

leiturgia → Liturgie

Lekanomantie *gr., Wahrsagung aus der Schüssel*

Lektion (→ lectio) *lat., (Vorlesung,* Lehre) *Leseabschnitt*; **Lektionar**, → Perikopenbuch; Lesepult; **Lektions'ton** → Rezitationston; **Lektor**, altkirchl. Amt des *Vorlesers* der hl. Schriften im Gottesdienst; kath.: 2. Stufe der niederen → Weihen; ev.: mit der Abhaltung von Lesegottesdiensten bzw. der → Perikopenverlesung beauftragter → Laie; **Lektorat**, Lese- (Lehr-) Auftrag (-Amt); **Lektorium, Lettner**, erhöhter Platz für Sänger u. Vorleser in der Kirche zw. → Chor u. Mittelschiff bzw. die davorliegende, oft bis zur halben Mittelschiff-Höhe reichende Trennwand

Lemuren, röm.: die toten Seelen, die (als Gespenster) umhergehen u. die man aus den Häusern zu bannen sucht (Lemurenfest)

Lentulusbrief, → apokryphe Schrift des → legendären Amtsvorgängers des Pilatus, schildert Jesu Aussehen u. Auftreten

Lepra *gr., Aussatz;* **Leprosenhäuser**, mtl. Häuser zur Pflege Aussätziger

Lesegang → collatio libera

Leseton, rezitative Vortragsweise der gottesdienstl. Lesungen; → kantillieren; → Rezitationston

Lettner → Lektorium

letzte Dinge → Eschatologie

Letzte Ölung → unctio extrema

Leuenberger Konkordie → Konkordie

Leutpriester → Weltgeistlicher

Leviathan *hbr.*, → mytholog. Drache (Hiob 40,25 ff. als Krododil)

Leviratsehe *lat.*, pflichtmäßige *Schwagerehe* (5 Mose 25,5–10)

Levit, AT: Glied des Stammes Levi mit priesterl. Rechten, später nur noch Tempeldiener; kath.: → Diakone als Helfer des Priesters; **Levitenamt**, feierliche Messe, bei der **L.en** dem Priester dienen; **Levitengewand** → Dalmatik; **Levitenstuhl**, Sitzplatz für Priester u. Diakon; **Levitikus** (Lev), 3 Mose; **levitisch**, priesterlich im atl. Sinn; → kultisch

Levitation *lat., Leichtwerden*; schwereloses Schweben (von Heiligen u. Fakiren)

lex *lat., Gesetz*; → usus legis; **L. Ecclesiae Fundamentalis** (LEF), *Grundgesetz der Kirche*, kath.: die (noch zu erlassende) Zusammenfassung gesamtkirchl. Grundprinzipien u. Normen (Verfassungsrecht); Teil des Reformvorhabens, das Papst Johannes XXIII. 1959 durch die Ankündigung eines (→) «aggiornamento del Codice di Diritto Canonico» in Gang brachte u. das theol.- → pastorale Anliegen des → Vatikanum II auch im Kirchenrecht zur Geltung bringen soll; → Codex Iuris Canonici; **l. mortifera,** *todbringendes G.*; **l. mortua,** *totes G.;* **l. naturalis** (= **naturae**), *natürl. G.;* **l. revelata,** *geoffenbartes G.;* **l. ceremonialis,** *den Kultus betreffendes G.;* **lex orandi – lex credendi**, Kurzform von «legem credendi lex statuat supplicandi» (*die Notwendigkeit des Bittgebetes setzt eine Notwendigkeit des Glaubens*), kath. Kurzformel für die → normative Bedeutung der Liturgie bei Schrift- u. Traditionsbeweisen (theol. Erkenntnislehre)

Libation *lat., Trankopfer*

libellatici *(lat., libellus, Bescheinigung)*, Christen, die sich in Verfolgungszeiten eine behördl. Bescheinigung über (angeblich) vollzogenes Opfer («sacrificati», → lapsi) geben ließen (3. Jh.)

libelli pacis → litterae pacis

liber *lat., frei* (Wortstamm *liber-*); **Liberale Theologie**, theol. Richtung im 19. u. zu Beginn des 20. Jh., die gegen strenge → dogmat. Bindungen der Theologie kämpfte u. das rel.-sittl. Bewußtsein des einzelnen betonte, das Jesus in urbild. Vollendung verwirklicht habe (u. a. A. Ritschl †1889 u. A. v. Harnack †1930; → Kulturprotestantismus); **libera me**, *befreie mich* (Herr), Gebet bei der Totenaussegnung

liber (Plr. libri) *lat., Buch*; **l. comicus** → comes; **L. diurnus Romanorum pontificum** *lat., Tagebuch der röm. Priester*; Formular-Sammlung der päpstl. Kanzlei für kirchl. Handlungen; **L. figurarum** → Concordantia caritatis; **L. pontificalis,** *Päpstebuch*, Biographien der Päpste; **L. sextus,** *6. Buch* im → Corpus Juris Canonici, Anhang zu den 5 Büchern der → Dekretalen, enth. die Dekr. von Papst Bonifaz VIII.; **L. septimus,** *7. Buch*, 1950 dem vorigen angefügte Dekretalensammlung; **L. usualis**, offizielle Sammlung der in Gebrauch befindl. → gregorian. Gesänge der → Liturgie; **Libri Carolini**, Denkschrift Karls d. Gr. (†814) gegen → Ikonolatrie u. → Ikonoklasmus, Protest gegen die Billigung der Bilderverehrung durch das → Konzil von Nicäa (787); **libri poenitentiales**, mtl. *Bußbücher* mit dem Strafmaß für Vergehen

libertas ecclesiae *lat., Freiheit der Kirche* ggüber dem Staat, im MA latenter od. auch offen proklamierter Anspruch auf Herrschaft über den Staat; → Investiturstreit, → Zwei-Schwerter-Theorie; **l. evangelica** (od. **christiana**), *evang.* (od. *christl.*) *Freiheit* von der Anklage des → Gewissens (→ Gesetz u. Evangelium) durch den → Glauben an → Christus zum Leben nach Gottes Willen (tertius → usus legis); **Libertinismus**, Hemmungslosigkeit als Verwirklichung von (christlicher) Freiheit (Ggs. → Asketismus); **libert(in)us,** *freigelassener* Sklave (Apg 6,9); **Libertiner**, Vertreter freierer Moral oder Kirchenlehre; **liberum → arbitrium,** *freier Wille*, Entscheidungsfreiheit im Verhältnis zu Gott (Ggs. → servum arbitrium)

licentia (= → **venia**) **concionandi** *lat.*, durch das 1. theol. → Examen (→ Tentamen) erworbenes *Recht zu geistl. Handlungen* (außer → Sakramentsspendung); **licite,** *erlaubterweise;* **religio licita**, im röm. Reich *zugelassene Rel.* (Ggs. rel. illicita); → Lizentiat

Lichtfunken → Gnosis

Lichtmeß → Candelaria

Lichtreich → Gnosis

Liebeskommunismus → Gütergemeinschaft, urchristliche

Liebesmahl → Agape

Life and Work *engl., Leben u. Arbeit*; Bewegung für prakt. Christentum, 1919 durch N. Söderblom (schwed. Erzbischof, †1931) angeregt, führte mit → Faith and Order zur Einheit der → Ökumen. Bewegung

Liguorianer → Redemptoristen

Lima-Erklärung (Lima-Text[e]), Konvergenzerklärung der Kommission für Glauben u. Kirchenverfassung des → Ökumen. Rates der Kirchen über Taufe, Eucharistie u. Amt auf deren Weltkonferenz 1982 in Lima; **Lima-Liturgie**, ökumen. Gottesdienstordnung, gefeiert zum Abschluß der Weltkonferenz in Lima

limbus *lat., Rand*; kath.: Vorraum der Hölle für die ohne persönl. Schuld vom Himmel Ausgeschlossenen; **l. infantium**, dass. für ungetauft gestorbene *Kinder*; **l. patrum**, dass. für die atl. Frommen (*«Vä-*

ter», seit Christi Auferstehung leer)

limina apostolorum *lat., Schwellen* (der Grabeskirchen) der *Apostel* Petrus u. Paulus in Rom; → visitatio

Linga *ind.*, → Phallos als Symbol → Schivas

lingua vulgaris oder **vernacula** *lat.*, Volkssprache

Linguistik, *Sprachforschung*; bes. die neue Sprachwissenschaft mit Struktur- u. Wortfeldanalysen literar. Dokumente, daher eher Teilgebiet bzw. Methode der Literaturwissenschaft, in der Theologie: der → Exegese

lipsanum → Reliquie; **Lipsanothek** → Reliquiar

Lischkat haggasit *hbr., Quaderhalle*; altjüd.: Sitzungssaal des → Synedriums

Litanei *gr., Bitt-* u. *Fürbittgebet* im Wechselgesang; → Lauretanische L.; → Synapte; **litania major**, kath.: *größere L.* am Markustag (25. Apr.) mit feierl. → Prozession, **l.ae minores**, Prozession an den 3 Bittagen vor Himmelfahrt

litera, auch **littera** *lat., Buchstabe*, Plr. **literae,** *Schreiben, Brief, Urkunde, Wissenschaft;* **literae apostolicae,** *apostolische Briefe*, päpstl. Erlasse in einfacher Form; **l. canonicae (= formatae)**, päpstl. Empfehlungsbriefe mit Geheimzeichen zur Sicherung gegen Fälschungen; **literae pacis,** *Friedensbriefe*, die den → lapsi u. → libellatici Vergebung zusprachen u. den Gemeinden ihre Wiederaufnahme empfahlen; **Literalsinn** → Hermeneutik; **Literarkritik**, wissensch. Untersuchung von Texten nach Einheit, Urform, Quellen (→ Quellenscheidung) u. ä. (→ Bibelkritik); **literarische Gattungen** erforscht die → Formgeschichtl. Methode

Liturgie *gr.* **Leiturgia,** *Dienst* in amtl. Funktion (Staat oder → Kult); (geformte Teile im) *Gottesdienst*; kath.: kult. Vergegenwärtigung des Erlösungswerkes Christi durch die Kirche, bes. im → eucharist. → Opfer u. im → Chorgebet; **Liturg**, in den festgelegten (liturg.) Teilen des Gottesdienstes amtierender Geistlicher; **Liturgie-Konstitution** → Konstitution; **Liturgik**, Wissensch. von den Gottesdienstformen; **liturgische Bewegung**, ev., dringt auf stärkere Betonung der Liturgie (20. Jh.; → hochkirchlich); **liturgische Farben**, die im Ablauf des → Kirchenjahres wechselnden 4 Farben der → Paramente, v. a. zu den gr. Festen u. Festzeiten: weiß: Weihnachten, Ostern; rot: Pfingsten; violett: Advent, Passion; grün: festlose Zeiten (Schwarz ist keine l. F.)

Lizentiat (Lic.). *lat.*, urspr. *der die Erlaubnis hat* zu → promovieren; seit 17. Jh. bis 1944 wiss. erworbener theol. Grad, seitdem Dr. theol.

loculi *lat., Särge*; mit Ziegelplatten verschlossene Nischengräber in → Katakomben

locus *lat., Stelle, Satz; Thema* (→ topos); **loci communes,** *allgemeine Gegenstände*, Grundwahrheiten (Ggs. **l. proprii** *Einzel*wahrheiten); **loci theologici,** *theol. Hauptbegriffe* bzw. Beweisquellen; Titel von Melanchthons erster Glaubenslehre (1521 u. ö.)

Lösegewalt → potestas clavium

Loge → Freimaurerei

Logik *gr.,* Lehre vom (richtigen) Denken; **logisch**, vernünftig, schlüssig, **Logion,** *Plr.* **Logia** *gr., Aussprüche* (Jesu); **Logienquelle** (Q), *Redenquelle*, → literarkritische → Hypothese einer aus Worten Jesu bestehenden Quelle, die Mt u. Lk zusätzl. zum MkEv. zugrunde liegt; **Lọgo'logie**, Normlehre der → Logik; **lọgos**, Plr. **logoi,** *Wort, Gedanke, Vernunft(grund), Sinn;* → Stoa: Vernunft; Philo (jüd. → hellenist. Philosoph, † ca. 45): der die Welt im Urbild enthaltende Schöpfergedanke Gottes u. seine Schöpferkräfte; Joh 1: Christus als → Inkarnation des (Schöpfungs-)Wortes (vgl. 1 Mose 1,1) Gottes zur Erlösung des bösen → Kosmos; **l. ạ'sarkos**, *der unfleischliche* göttl. *Logos* (→ präexistenter Christus) vor der Menschwerdung; **l. ẹn'sarkos**, *der fleischgewordene Logos*; **l. endiathetos,** *der L. als innerlicher Gedanke Gottes;* **l. prophorikọs**, der im Wort *herausgetretene Gedanke* Gottes; **l. spermatikọs**, die *samenartig* schon im Heidentum wirksame göttl. *Offenbarung*; **Lọgos'christologie**, Lehre von Christus als Logos Gottes; **Lọgos'mystik**, → alexandrin. Lehre, in der Taufe entstehe eine → mystisch-reale Gemeinschaft mit Christus; **Logotherapie** *gr., «Sinnheilung»*, Richtung der → Psychotherapie, begr. von Viktor E. Frankl (* 1905), bei der die Verknüpfung von → existentieller Schuld u. Krankheit durch eine personale Sinnverwirklichung überwunden wird

Loịsten, → pantheist. Sekte des Holländers E. Loy, 16. Jh.

Lokalmethode, Darstellung der Glaubenslehre in → loci

Lollarden *niederdtsch. Leisinger*, rel. Gemeinschaft im 14. Jh. zur Krankenpflege u. Leichenbestattung; in England Bez. für die → Wyclifiten

Lorẹtohäuser, Nachbildungen der → casa santa

loria, Zierbesätze des bischöfl. → sticharion

Lossprechung → Absolution, → potestas clavium

Losungen, Herrnhuter L. (L. im Sinne v. Parolen), von der → Brüdergemeine seit 1731 jährl. neu ausgewählte Bibelworte für jeden Tag

Lọtio mạnuum *lat., Händewaschen* des Priesters

Lotus-Sekten, moderne → buddhist. Gruppen in Japan

Low Church Party *engl., Niederkirchl. Partei* der → anglik. Kirche, aus der → Erweckungsbewegung des → Methodismus stammend

lucerna *lat.,* kath.: Ewige *Lampe* (Licht) zum Zeichen der Gegenwart Christi als Licht der Welt (Joh 8,12); **Lucernar** *lat.*, das feierl. *Anzünden des Lichts* am Abend, metonymisch für die ganze → Vesper

Lukanisches Geschichtswerk, Lukasevangelium u. Apostelgeschichte des Lukas

Lukianisten, Syllukianisten, die Anhänger des Lukian v. Antiochia († 312), der die Unterordnung Christi unter Gott lehrte: → Subordinatianer

lumen glọriae *lat., Glorienlicht*, kath.: den Seligen geschenktes Vermögen zur Anschauung der Trinität; **l. internum,** *inneres Licht*; vom Hl. Geist gewirkte unmittelbare Gotteserkenntnis; **l. naturae naturale,** *Licht der Vernunft* als Vermögen zur Gotteserkenntnis (→ natürl. Theologie); **luminaria**, Licht- u. Luft-Schächte in den → Katakomben; → Candelaria

lunula *lat., mondförmige* Zwinge zum Halten der → Hostie in der → Monstranz

Lun yü *chin., Unterredungen*; Sammlung von Worten des → Konfuzius, Hauptquelle seiner Lehre

Lustration *lat.*, Darbringung eines *Sühneopfers*, → rituelle Reinigung; **lustrum**, röm.: alle 5 Jahre stattfindendes Reinigungsopfer; Zeitraum von 5 Jahren

Lutheraner, Bez. für luth. Christen (insbes. Theologen); theol.: Verbindlichkeit der luth. → Bekenntnisschriften (→ Konkordienbuch) sowie → Zwei-Reiche-Lehre betonend (→ Ordnungstheologen); **Lutheran World Federation** (LWF) *engl.*, **Luth. Weltbund** (LWB), besteht seit 1947 aus über 60 luth. Kirchen, mit dem Ziel, sie in → Glauben u. Bekennen zu einigen; **Lutherrat**, nach der Spaltung der → Bekennenden Kirche im → Kirchenkampf 1936 der «bischöfl.» (verständigungsbereitere, luth.-konfessionelle) Teil der BK neben dem → «bruderrätlichen»; **Lutherrenaissance**, 1917 (Lutherjubiläum) einsetzende Wiederentdekkung Luthers u. der reformator. Theologie (Holl u. Schüler; Elert, Althaus u. a.); aber → Neuluthertum; **Luthertum**, Gesamtheit der durch die luth. Reformation geprägten Kirchen

Luzifer *lat., Lichtbringer*, Morgenstern (Venus); christl.: der gefallene oberste Lichtengel (Jes 14,12; Lk 10,18) = **Teufel; Luziferianer**, mtl. Teufelsanbeter, weil Luzifer Schöpfer u. Herr der Erde sei (→ Libertinisten)

LXX → Septuaginta

lydisch, 5. → Kirchentonart (F-c-f)

M

Macedonianer → Pneumatomachen

Machsor *hbr., Zyklus*; jüd. Gebetbuch für die Festtage

madida eucharistia, *lat.*, in den Abendmahlswein getauchte *feuchte* → *Hostie*

Madonna *ital., meine Herrin*; Maria

Madrigal *ital., Hirtenlied* (?), Gedicht, Chorlied

Märtyrer *gr.*, (Blut)*zeuge*, der wegen seines Glaubens den Tod erleidet (aber → confessor); **M.akten**, Gerichtsakten röm. Christenverfolgungsprozesse, vielfach literar. ausgestaltet bzw. fingiert; **M.grab** → Reliquiengrab; **Martyrium**, unschuldiges Leiden um einer Überzeugung willen; Kirche mit → Reliquiengrab; **Martyrius,** → Kleriker mit der Obhut über ein Martyrium; **Martyrologien**, kalendar. Zusammenstellung der Märtyrer-Gedächtnistage, teilweise mit entspr. → Märtyrerakten

Magie *pers.-gr., Zauberkunst*; Beherrschung unsichtbarer Kräfte mittels → ritueller Handlungen, Formeln u. → Symbole; **schwarze M.**, bedient sich unheimlicher, lebensfeindlicher Mächte; **weiße M.**, Beherrschung lebenspendender u. -erhaltender Gottheiten zum Wohle der Gemeinschaft; **Magier**, urspr. Priester der Meder, dann Angehörige der Priesterschaft des → Parsismus; seit der → hellenist. Zeit Bez. für die der → Magie mächtigen Personen

Magister *lat., Lehrer;* **M. artium liberalium (M. A.), Lehrer der** → *artes liberales*; akadem. Grad (urspr. Bez. f. philos. Doktorgrad); **M. ceremoniarum**, päpstl. Beamter für die Ordnung der Zeremonien; **M. disciplinae**, Lehrer der dem Kloster bestimmten Kinder; **M. historiarum**, Petrus Comestor († 1179 od. 1198), Verf. einer lat. → Historienbibel; **M. novitiorum**, im → Jesuitenorden der → Superior über das Probationshaus; **M.sacri Pala-**

tii, Lehrer d. hl. Palastes; Hofprediger u. theol. Ratgeber d. Papstes

Magna Mater *lat., große Mutter*, röm. Bez. der phrygischen Fruchtbarkeitsgöttin → Kybele

Magnificat *lat., sie preist, erhebt*; Lobpreis der Maria (Lk 1,46–55)

Mahabharata, altind. Heldenepos üb. die Rivalität zweier verwandter Geschlechter, zw. 4. Jh. v. Chr. u. 4. Jh. n. Chr. erheblich erweitert (→ Bhagavadgita)

Mahabodhi, Gesellschaft zur Neubelebung des → Buddhismus, seit 1906 auch in Deutschland

Mahayana *ind., großes Fahrzeug*, «Laienbuddhismus»; jüngere Form des → Buddhismus, in der jeder zur Erleuchtung u. zum Heil vordringen kann (→ Bodhisattva); aber → Hinayana, → Vadschrayana

Mahdi *arab.*, islam.: der (letzte) Prophet, der die Welt in eine gerechte verwandeln wird

Mahomet, ält. frz. Form für Mohammed; → Islam

Majoristen *lat.*, Inhaber der *höheren* → Weihen im kath. Klerus

Majoristischer Streit (1552–58) über die Notwendigkeit der guten Werke (so G. Major geg. Amsdorf u. Flacius)

Maitri *ind., Wohlwollen*, die Grundforderung des Nicht-Hassens im → Hinayana, die im → Mahayana zur unbegrenzten Nächstenliebe wird

Majuskeln *lat., etwas größer*; aus der → Unzialschrift hervorgegangene große (Anfangs-) Buchstaben (Ggs. → Minuskeln)

Makarismus *gr., Seligpreisung*

Makkabäer *hbr., Hämmerer*; Beiname des jüd. Freiheitskämpfers Judas (1. Mkk 2,4) u. seiner Brüder u. Anhänger (2. Jh. v. Chr.)

Makrokosmos *gr., das Weltall*; Ggs. → Mikrokosmos

Malabarische Liturgie → Liturgie der → Thomaschristen

malankarische → Liturgie, westsyr., meist in der Malayalamsprache im Süden Indiens

malakh Jahve *hbr., der Engel(Bote) → Jahves*

maledictio *lat., Schmähung*

Malefikantenkelch *lat.*, mtl. schmuckloser Zinn*kelch* für Dirnen u. *Verbrecher*

Malle'us maleficarum *lat., Hexenhammer*, von zwei → Dominikaner- → inquisitoren verfaßter → Codex des Hexenprozesses

Malteser, Johanniter → Ritterorden

Mameluke *arab., erkaufter Sklave*, meist kriegsgefangene Kaukasier u. Türken, die als Leibgarde persischer u. bes. ägyptischer Herrscher großen Einfluß gewannen

Mammon *aram., Habe, Geld, Gut*

Mana → Orenda

Mandäer *aram., Gotterkenner* (= Sabier, *Täufer*), syr.- babylon. → gnost. Sekte mit → Taufe u. «Aufstieg» (des Verstorbenen in die Lichtwelt) als → Sakramente

Mandala *sanskr., Kreis- od. Vieleckdiagramm*, Meditationshilfe in asiat. Religionen (bes. im → Lamaismus, → Tantrismus, → Zen-Buddhismus) u. Analysehilfe in d. Analyt. Psychologie C. G. Jungs

mandatum *lat., Auftrag, Befehl*; kath.: Fußwaschung in der → Gründonnerstags- → Liturgie; **m. divinum** oder **Dei,** *Gebot Gottes* (Bonhoeffer: Arbeit, Ehe, Staat, Kirche; → Schöpfungsordnung); **Mandatar,** *Beauftragter*

Mandorla *ital.*, die ganze Gestalt umgebender Heiligenschein; → Aureole, → Nimbus

Mandrit *gr. mandra, Hürde, Pferch, Kloster)*, Mönch; → Archimandrit

manducatio oralis (physica) *lat., mit dem Munde geschehendes Essen (des Leibes Christi im Abendmahl)*; **m. o. hyperphysica**, *übernatürliches Genießen* Christi im Abendmahl; **m. spiritualis**, *geistliches Genießen*; **m. indignorum** (= **impiorum**) *Genießen* von Leib und Blut Christi durch *Unwürdige (Unfromme)* (zum Gericht; 1 Kor 11,27)

Mandyas, → liturg. Mantel → orth. Bischöfe

Manen *lat.*, bei den Römern die Seelen der Toten, denen man bes. Verehrung entgegenbrachte, um sie günstig zu stimmen

Manichäer, Anhänger der Religion bzw. Lehre des Persers Mani (†277), die unter Aufnahme christlicher Motive eine schroff→ dualist. → Gnosis enthält; **Manichäismus**

Manifestation *lat., Handgreiflichwerden*; Selbstbezeugung Gottes in äußeren Ereignissen; aber → Inspiration

Manipel *(alt., manus, Hand)*, ehem. zur Amtstracht des Priesters gehöriges, urspr. in der Hand getragenes Taschentuch, später gestickter Tuchstreifen am linken Unterarm

Manismus, Totenkult

Manitu → Orenda

Manna, himmlische, d. h. vom Himmel fallende Speise der Israeliten in der Wüste (2 Mose 16,31)

mansionarius *(lat., mansio, Wohnung)*, Sakristan, Mesner, Küster, Kirchendiener; → ostiarius

Mantelletta *ital.*, knielanger Mantel ohne Ärmel, von höheren → Prälaten der röm. → Kurie getragen; **Mantellone**, knöchellanger ärmelloser Mantel der päpstl. → Kapläne (Monsignori); 1969 abgeschafft

Mantik *(gr. mantis, Seher)*, Kunst der Wahrsagung

mantra *ind., Zauberformel*, die man nach strengen Regeln murmelt; **Mantrayana,** *Spruchfahrzeug*, → buddhist. Richtung, die die Erlösung von ständig wiederholten hl. Formeln erwartet

Manual(e) *lat.*, mtl. *liturg. Handbücher* mit Anweisungen über den Vollzug der → Sakramente; Orgel-Tastatur für die Hände

manus mortua *lat., tote Hand*; die Kirche als Vermögensbesitzerin ohne Veräußerungsrechte; → Amortisation

Mappa *lat. Tuch*; Schulter → velum des → Akoluthen; Altartuch; **Mappula**, *Tüchlein*, → Manipel; Trag- → baldachin; Tuch zum Bedecken von Kelch und → Patene; Schulter- → velum des → patenarius

Maranatha *aram., unser Herr, komm!* oder *unser Herr ist gekommen*, urchristl. Abendmahls-Formel (1 Kor 16,22; vgl. Offb 22,20)

Marburger Religionsgespräch 1529 zw. Luther u. Zwingli mit Begleitern über die schriftgemäße ev. Lehre, ohne Einigung in der Abendmahlslehre (→ Realpräsenz), aber in den «15 Marburger Artikeln»

Marcioniten, Anhänger Marcions († um 160), der den obersten, in Christus geoffenbarten gnädigen Gott von dem Weltschöpfer, dem nur gerecht vergeltenden Gott der Juden, unterschied; → Dualismus, → Gnosis

Marduk, urspr. babylon. Gott der Früh- u. Frühlingssonne; Stadtgott von Babylon, mit dessen Aufstieg er als Weltschöpfer u. Schicksalsgottheit an die Spitze des babylon. → Pantheons rückte

margo *lat., Rand*; **marginal**, *am Rand befindlich*; **Marginaltexte**, Predigttexte außerhalb der → Perikopen-Ordnung

Maria Eleusa *gr., die mitleidende, sich erbarmende M.*; **M. Hodegetria** *gr., M. als Wegführerin;* **M. orans** *lat.*, die *betende M.:* **M. Theotokos** *gr., M. als Gottgebärerin* = Ehrennamen der Maria u. (→ ikonograph.) → Madonnentypen

Mariä Empfängnis → immaculata conceptio; **M. Himmelfahrt** → assumptio B. M. V.; **M. Lichtmeß** → Candelaria; **M. Verkündigung** → annunciatio

mariage du desêrt *frz., Heirat eines Abtrünnigen*, rechtl. ungültige Ehen der Protestanten in Frankreich 1685–1787

Marianisten, 1817 gegr. «Gesellschaft Mariens», die «unter Mithilfe der Gottesmutter» der Selbstheiligung u. dem kath. Glauben durch Unterricht, Jugendvereine u. Mission dienen will; **Mariaviten** (Mariae vitam imitantur *lat., sie ahmen Marias Leben nach*), poln. kath. → mystizistische Schwesternschaft (1888 gegr.), die 1906 exkommuniziert wurde; starke Verehrung Marias u. der → Eucharistie, **Mariolatrie** *gr., Verehrung der Maria* (→ Hyperdulie); **Mariologie** *gr., Lehre von Maria;* **Maristen**, Gesellschaft Mariens, 1824 gegr. → Kongregation aus Priestern u. Laien, Heiligung durch Nachahmung Mariens

Mari-Texte, in Mari am Euphrat gefundene 20000 beschriebene Tontafeln, wichtig für die Kultur- u. Religionsgeschichte des Vorderen Orients

Markosier, Sekte des kleinasiat. → Gnostikers Markus (Ende 2. Jh.; → Zahlenmystik, → Magie)

Markusliturgie, dem Evangelisten Markus zugeschriebene → Liturgie Alexandriens

Maroniten, syr. Christen im Libanon nach dem hl. Maron († ca. 423), mit Rom uniert (→ Union)

Marranen *span. Schweinekerle*, Schimpfname für Juden u. Mauren, die sich zum Schein taufen ließen, um Verfolgungen zu entgehen

Martinianer, Mittelgruppe im → Franziskanerorden zwischen → Observanten u. → Konventualen, Bez. nach Papst Martin V. († 1431)

Martin-Luther-Bund, → Diasporawerk luth. → Landes- u. Freikirchen in Deutschland, Zusammenschluß der Martin-Luther-Vereine (früher «Luth. Gotteskasten», seit 1853); → Gustaf-Adolf-Verein, → Bonifatiusverein

Martyrium → Märtyrer

maschal *hbr., (Denk-)spruch, Gleichnis, Sprichwort, Rätsel*

Maske *arab., Possenreißer*, Nachbildung eines Gesichtes od. Kopfes in Hohlform zur Abschreckung von Feinden u. → Dämonen sowie zur Aneignung der dem dargestellten Wesen eignenden Kräfte

Mas(s)ora *hbr., Überlieferung*; krit. Bemerkungen der → Masoreten zum hbr. Text des AT; **M. finalis,** *lat., Schlußmasora* am Ende der Bücher; **M. marginalis,** *Randmasora*, am oberen u. unteren (**magna,** *groß*), an den Seitenrändern (**parva,** *klein*); **Masoreten**, jüd. Schriftgelehrte, die Überlieferung u. Vokalisation des Textes besorgten (4.–6. Jh., → Punktatoren)

massa perditionis *lat., die verlorene Masse* der nicht zum Heil → Prädestinierten (Augustin † 430)

Massebe (Mazzebe), westsemit. Bez. für eine aufgerichtete Steinsäule mit meist kult. Bedeutung

Massilianer, Massilienser, Semi- → pelagianer, → Molinisten

Mastaba, altägypt. Grabbauten

mater dolorosa *lat. Schmerzensreiche Mutter* (Jesu)

mater lectionis *lat., Mutter des* (lauten) *Lesens*; Vokalbuchstabe in Konsonantenschriften; → Punktation

materia *lat. Stoff*; scholast.: das Naturding; die an sich wertfreie Handlung (Taufe: Abwaschung), der erst das → sakramentale Wort ihre Bestimmung (→ forma) gibt; **materia coelestis,** *das himmlische* Gnadengut im Sakrament, **m. terrestris**, dessen *irdische* Seite; **Materialethik** → Ethik; **Materialisation**, Verstofflichung, vom → Spiritismus angenommene Wandlungsfähigkeit des Geistigen in Stoffliches; **Materialismus, historischer**, Anwendung der Lehre des → Dialektischen M. auf die menschl. Gesellschaft u. ihre Geschichte; **praktischer M.**, Streben nach materiellen Gütern; **materialistische Bibellektüre**, polit., gesellschaftsbezogene B., bei der die polit. Bezüge des Textes hervorgehoben u. zu den Auseinandersetzungen der Gegenwart (um Gerechtigkeit, Demokratie, Umweltschutz usw.) in Beziehung gesetzt werden (Veröff. des Portugiesen F. Belo Orig. 1974, dt. 1980 u. der Franzosen M. Clévenot 1976/78 u. G. Casalis 1977/80); **Materialprinzip**, luth. Dogmatik: Rechtfertigungslehre (→ justitia Dei passiva) als «Mitte» der Hl. Schrift (→ Formalprinzip)

Matriarchat *gr. Mutterherrschaft*; (in primitiven Kulturen) die Herrschaft der Mutter über die Sippe; Ggs. → Patriarchat

matricularii *lat., in eine Liste Eingetragene*; MA: Arme, die aus kirchl. Mitteln ihren Unterhalt empfingen; **Matrikel,** *Liste*, amtl. Verzeichnis (z. B. der Studierenden einer Hochschule od. der → Kleriker einer Kirche); **Pfarr-M.**, Liste der vollzogenen kirchl. Handlungen (Tauf-M. usw.)

matrimonium *lat., Ehe*; **m. clandestinum,** *heimliche*, nur durch → Ehekonsens geschlossene *Ehe;* **m. irritum**, wegen eines trennenden Ehehindernisses (→ impedimenta matrimonii) *unrechtmäßige* Ehe; **m. nullum**, *ungültige Ehe;* **m. putativum**, *Scheinehe*, die wenigstens von einem Ehegatten für gültig gehalten wird; **m. ratum**, durch Vertrag geschlossene *(beglaubigte)* **et consummatum,** *und* durch Beischlaf *vollzogene Ehe* (alles kath.)

Matthäusklausel, der Zusatz «außer wegen Ehebruchs» im Verbot der Ehescheidung Mt 5,32; 19,9; nach dem Kontext u. den → synopt. Parallelen vermutl. Einschub des Evangelisten

Matutin *(lat., morgendlich)*, **Mette**, bei Tagesanbruch zu haltende Gebetsstunde, jetzt mit → Nokturn u. → Laudes verbunden; **matutinarius**, Frühmesseleser

Mauriner, frz. → benediktinische, wissenschaftl. bedeutende → Kongregation (1627 päpstl. bestätigt)

Maya *ind., Täuschung, Blendwerk*; Verständnis der → empirischen Wirklichkeit als durch Zauber hervorgerufenes → Phänomen (→ Upanischaden) bzw. als bloße Täuschung (→ Vedanta)

Mazdaismus → Parsismus, Bez. nach d. höchsten Gott → Ahura Mazda

Mazdakismus, von dem Perser Mazdak († 528) ausgehende Bewegung, der auf der Grundlage einer → gnost. Lehre allgemeine Bruderliebe, gleichmäßige Verteilung der Lebensgüter u. Auflösung der Einzelfamilie forderte

Mazdaznan, mod. Erneuerung der iran. Weltanschauung, die den Menschen durch Streben nach Reinheit (Speisevorschriften) zur Überwindung der Sünde befähigen will

Mazzebe → Massebe

Mazzen, Mazzot → Passa

mea (maxima) culpa *lat., durch meine (übergroße) Schuld*

Mechanismus *gr.*, philos.: Deutung von natürl. (u. gesellschaftl.) Prozessen nach dem Modell (→ kausaler) mechanischer Vorgänge; Ggs. → Teleologie, → Vitalismus

Mechiltha *hbr.*, → Midrasch zu einem Teil des → Exodus

Mechitaristen, von dem Armenier Mechitar 1701 gegr., in der dortigen Mission verdienstvolle → Benediktinerkongregation

medi'äval, *lat., mittelalterlich*; **Mediävist**, Forscher in mtl. Geschichte u. Literatur

Media vita in morte sumus, *lat.* → Antiphon (11. Jh.), dt. von Luther bearb.: *«Mitten wir im Leben sind von dem Tod umfangen»*

media salutis *lat., die Gnadenmittel*; → analytische Methode

Mediatkirche, *lat.*, reichs*mittelbare* Kirche; **Mediatkonsistorium**, von einem Fürsten oder einer Stadt eingesetztes → Konsistorium

mediatrix omnium gratiarum *lat.*, kath.: Maria als *Mittlerin aller Gnaden*

Medicaea editio *lat., Medicaeische Ausgabe*; 1614 in der Druckerei des Kardinals Medici gedruckte → normative Ausgabe der → Gregorianischen Gesänge (neu 1877), 1908 durch die Vaticana abgelöst

Mediendienstleistungsgesellschaft (MDG), Einrichtung der kath. Dt. Bischofskonferenz zur Förderung kirchl. Medienarbeit

Meditation, *lat., Nachdenken*, ganzheitl. auf Hingabe an die Sache zielendes Betrachten (Ggs. krit. Reflexion); vollbewußte erste Stufe des → myst. Erkenntnisweges (→ Kontemplation, → Transzendentale M., → unio)

meditullium *lat., Binnenland*; das Kreuzungsquadrat zwischen Längs- u. Querschiff in → roman. Kirchen

Medium *lat., Mitte, Vermittelndes*; → Spiritismus: die den Verkehr mit dem Geistigen vermittelnde Person; **Mediumismus**, weniger gebräuchl. Bez. für → Spiritismus

medulla *lat., das Mark*, Innerstes einer Sache

Meeting *engl., Versammlung;* **silent m.** bei → Quäkern, *schweigendes* Warten auf die Eingebung u. den Antrieb des Hl. Geistes zum Reden

Megalos'chemos, Plr. **Megalis'chimi** *gr.*, ostkirchl. Bez. für einen Mönch, der das *große* Mönchs*gewand* (mega schema) als Zeichen des vollkommenen Mönches erhalten hat (aber → Mikroschemos)

megaron *gr.*, Antike: einziger Raum des ältesten griech. Hauses; Männersaal; nur dem Priester zugängliches Allerheiligstes des Tempels

Megilla *hbr., Rolle*, → Mischnatraktat über das → Purimfest; **Megillot**, Sammelbez. für Hoheslied, Rut, Klagelieder, Prediger u. Ester, die an 5 jüd. Festen verlesen wurden; «Festrollen» (vgl. Anh.)

Melancholie *gr., Schwarzzorn; Schwermut*

melanchthonisch, den theol. Anschauungen Phil. Melanchthons († 1560) entsprechend; Bez. für theol. u. kirchenpolit. → Ireniker im 16./17. Jh.; → Philippisten

Melchisedekianer, Gruppe der → dynamistischen → Monarchianer, die Hebr 5,6 auf den Hl. Geist bezogen

Melchiten *aram., Königliche*; im Ggs. zu → Monophysiten das → Chalkedonense billigende syr. Anhänger der Reichskirche

Meletianisches → **S'chisma**, Kirchenspaltung des ägypt. Bischofs Meletius († 325/26), der abtrünnige Christen erst nach der Verfolgungszeit wiederaufnehmen wollte u. → erzbischöfl. Rechte über Oberägypten beanspruchte

Melismen *gr., Tonreihen, Melodien*; Gesänge mit reichen Tonfolgen über jede Silbe; **melismatisch**

Melkiten → Melchiten

Mellusiner, 1874 unter Bischof Mellus abgespaltene Gruppe der → Thomaschristen

melos *gr., Lied;* **melisch,** *liedartig*

Melpomene → Musen

memento mori *lat., gedenke des Sterbens*! (wörtl. *zu sterben*)

Memoriale rituum *lat., Ritenmerkbuch*, kath.: → liturg. Büchlein mit (verkürzten) Gottesdienst- u. → Weiheformularen

Memorie *lat., Erinnerung*; Grabstätte, → Reliquie; Erinnerungsplatten mit Inschrift u. → Symbolen

Memra *aram., Wort*, Umschreibung für das → Tetragramm im → Targum

Menäen *gr., Monatsbücher*; gr.-orth. → liturg. Bücher mit den für Fest- u. → Heiligentage bestimmten Gebeten, → Hymnen u. Heiligen-Biographien

Mendikanten *lat.*, → *Bettelorden*

mene mene tekel upharsin, «**Menetekel**» *pers.* (Dan 5,25), *gezählt, gezählt, gewogen u. zerteilt,* Unheilsweissagung (über Babylon)

Menhir *kel.*, vorgeschichtl. Grab- oder Göttersteine; → Masseben

Mennoniten, → Freikirche des Holländers Menno Simons († 1559); Ablehnung der Kindertaufe, des → Eides, der Ehescheidung u. jeglicher Gewalt; → Anabaptisten, → Friedenskirchen

Menorah *hebr.*, siebenarmiger *Leuchter*, jüd. Kultgerät, neben dem → Hexagramm Symbol des Judentums

mensa *lat.*, (Altar)*tisch*; Deckplatte des → Altars

Mensalgut *lat.*, dem Inhaber zur persönl. Verfügung stehendes → Pfründevermögen

Menschensohn, (vgl. Dan 7) Selbst(?)- bez. Jesu in den → Evangelien (über 80mal, sonst nur Apg 7,56; Offb 1,13; 14,14); in der Forschung unterteilt in Worte vom leidenden, gegenwärtigen u. zukünftigen M.; → Prädikationen

Menschenweihehandlung, Bez. für den der → Messe ähnlichen → Vollgottesdienst der → Sekte der → Christengemeinschaft

Mental'reservation → reservatio mentalis

meritum de condigno *lat., Verdienst* im strengen Sinn *nach Würdigkeit;* **meritum de congruo**, *Verdienst nach Billigkeit*; scholast.: V. im uneigentlichen Sinn (ohne Anspruch); **meritum Christi**, *Verdienst Christi*, uns zugut erworben durch seine → oboedientia activa et passiva

Merkaba *hbr., (Thron-)wagen* Gottes (Hes 1)

Mesmerismus, Anschauung nach F. Mesmer († 1815), der Mensch verfüge über Heilkraft, den «tierischen Magnetismus»

Mesner → mansionarius

meso'nyktion → **Vigilie**

Messalianer → Euchiten

Messe → *missa;* **Meßformular**, → Liturgie der missa; **Meßkanon: canon major,** *größerer K.*, unveränderlicher Teil der Meßliturgie, enthält die → Konsekration, der **canon minor,** *kleinerer K.*, umfaßt in letzterem die → Oblationsgebete, heute mit 4 alternativen Formularen des → Hochgebets; **Meßopfer** → Opfer; **Meßstipendium** *(M.-Sold)*, Spende, die den Priester zum Messelesen verpflichtet, als Stiftung (fundierte Messe) oder Handgeld (Manual-M.)

Messias *hbr.* (urspr. *Maschiach*), *gr.* **Christus,** *Gesalbter* (Gottes), jüd. Heilskönig der Endzeit; **messianische Weissagungen**, zumeist im → Perfect propheticum, betreffen das Kommen des M. u. die Umkehr aller Verhältnisse (vgl. z.B. Lk 1,51f.)

Mesusa, Mezuza *hbr., Pfosten*; am Türpfosten befestigte Kapsel mit Pergamentblättchen, das 5 Mose 6,4–9 u. 11,13–21 enthält

metadosis, metalepsis *gr.*, gr.-orth.: *Darreichung* bzw. *Empfangen* des Abendmahls (mit Löffel)

Metaethik, krit. Theorie u. log.-method. Reflexion über die Ethik u. ihre sprachl. Ausdrucksformen, bes. im ango-amerikan. Raum (20. Jh.) verbreitet; **Meta'historie**, die Geschichte von überwelt. Faktoren her sehen

meta'lepsis → metadosis

Metamorphose *gr., Um-, Verwandlung*

metanoia *gr., Umsinnen, Buße, Umkehr;* **metanoetisch**, bußfertig

Metapher *gr., übertragener*, bildlicher Ausdruck; **metaphorisch**

Meta'physik *gr.*, urspr. die in den Werken des Aristoteles *nach der Physik* folgenden Werke von den Ursachen der Dinge; Wissenschaft von dem der Natur Vor- u. Übergeordneten, dem Unbeweisbaren; rationale Theologie als Teil der Philosophie; **metaphysisch,** *übersinnlich*, → transzendent

Met'em'psychose → Seelenwanderung

Meth'exie *gr.*, *Teilhabe* des Abbilds am Urbild, des menschl. Seins am göttl. Sein

Methode *gr.-lat., Weg, etwas zu erreichen,* wissenschaftl. (sachgemäßes) *Verfahren*; **methodisch**, geplant (Ggs. → heuristisch, → intuitiv); **Methodisten**, → Freikirche, urspr. Spottname für die Anhänger der → Erweckungsbewegung J. Wesleys († 1791), die Frömmigkeit methodisch pflegen wollten, später Selbstbez.; **methodistisch**, zur M.-Kirche gehörig; **Methodismus**

Metropolit *gr.*, kath.: *Hauptstadt*-Bischof, Vorsteher einer → Kirchenprovinz; → Erzbischof, → Patriarch; **Metropolitan**, dem Metropoliten zustehend; in Kurhessen früher Zwischenstufe zw. Superintendent (→ Dekan) u. Pfarrer

Mette → Matutin

Mettenleuchter → Tenebraeleuchter

Mezuza → Mesusa

Michael → Erzengel

Midgard, in der nordgerman. Mythologie das umhegte Land der Menschen in der Mitte der Welt; → Asgard, → Utgard

Midrasch *(hbr. darasch, erforschen)*, jüd.: schriftgelehrte Erklärung des AT nach best. Regeln; → Rabbinismus

Migne, Herausgebername u. Zitiertitel einer vielbänd. Textausgabe der Werke d. lat. u. gr. → Kirchenväter

Mihrab *arab.*, die Gebetsnische der → Moschee

Mikrokosmos *gr., kleine Welt*; ein Mensch als kleines Abbild des → Kosmos; → Makrokosmos

Mikros'chemos, Plr. **Mikris'chimi** *gr.*, ostkirchl. Bez. für den Mönch, der vorerst nur das *kleine* Mönchs*gewand* (mikron schema) erhalten hat (aber → Megaloschemos)

militia Christi *lat.*, das Christenleben als *Kriegsdienst für Christus*

Millennium *mlat., Zeitraum von* 1000 *Jahren*; das Tausendjährige Reich (Offb 20,2ff.); **Millenarier** → Chiliasten

Minäer → Minim

Minarett *arab., Leuchter*, Turm neben der → Moschee, von dem der → Muezzin fünfmal tägl. zum Gebet ruft; → Islam

Minderehe → Morganatische Ehe

Mine → Pfund

minhag *hbr., Brauch*, der gottesdienstl. → Ritus der Juden

Miniatur, bunte, mit *Mennige* (Bleioxyd, *lat. minium*) fein ausgeführte Malerei (in mtl. Handschriften: → Initialen u. a.)

minim, Minäer *hbr., Abtrünnige*

Minimen *(lat. minimi fratres, die geringsten Brüder)*, Pauliner, → Eremiten des hl. Franz; spätmtl. → Bettelorden, der die → Franziskaner an Strenge übertraf (Armut, Enthaltung von jegl. tier. Nahrung, Fasten)

minister *lat., Diener;* kath.: der Spender des → Sakraments; *engl. Pfarrer;* **m.generalis**, der Vorsteher des → Franziskaner- bzw. des → Trinitarierordens; **m.principalis, primarius,** *Hauptspender*, Gott; **m. secundarius, instrumentalis,** der Priester als *zweitrangiger Sp.* bzw. *als Werkzeug;* **Ministerialen** *lat.*, im MA urspr. die Oberschicht unfreier Diener, die später in den freien Ritterstand aufstiegen u. den Kern des niederen Adels bildeten; → Feudalismus; **Ministerienspiele** → Mysterienspiele; **ministerium ecclesiasticum**, *der kirchl. Dienst* (Amt des Pfarrers); **m. verbi divini,** *Amt des göttl. Wortes* (Predigtamt); **m. sacramentorum**, *Amt der Sakramentsverwaltung*; **Ministrant**, kath.: Meßdiener (→ missa)

Minjung (-Theologie), südkorean. Theol. des Volkes; → Kontextualität d. Theologie

Minoristen *lat.*, Inhaber der *niederen* → *Weihen im kath.* → *Klerus*

Minoriten → Franziskaner

Minuskel *lat., etwas kleiner*, Kleinbuchstabe; Ggs. → Majuskel

Mirakel *lat., wunderbare Begebenheit*; kath.: vom eig. → Wunder (**mirum**) unterschieden; Gebetserhörung an Gnadenstätten (Gründungslegenden!); **M.spiele**, dagestellte → Heiligenlegenden; **miraculum gratiae**, *wunderhaftes* Wirken der *Gnade (z. B. Bekehrung);* **m. naturae,** *wunderhaftes* Geschehen in der *Natur*

Mischna *hbr., Wiederholung*; im 2. Jh. n. Chr. schriftl. fixierte Sammlung der mündl. überlieferten → rabbin. → Tora-Auslegungen, gliedert sich in 6 Teile (→ Seder) mit insges. 63 → Traktaten

Misereor *lat., ich erbarme mich*, Bischöfl. Hilfswerk der dt. Katholiken als «Aktion gg. Hunger u. Krankheit in der Welt», für das jährl. in der → Fastenzeit gesammelt wird (Fastenaktion, Fastenopfer), seit 1959; in der DDR; «Not in der Welt»

Miserere *lat., erbarme dich*! (Ps 51, 3); zugleich Bez. des ganzen Psalmes (Bußpsalm)

Misericordias Domini *lat., die Barmherzigkeit des Herrn;* 2. Sonntag nach Ostern (→ Introitus Ps 89, 2)

Miserikordie, → Konsole im → Chor-Gestühl an der Unterseite der Klappsitze als Stütze während des Stehens; Erleichterung in → Ordensbestimmungen; Darstellung des «Schmerzensmannes» (Erbärmdebild)

missa (→ ite, m. est) *lat., Entlassung, Messe*; kath. Gottesdienst mit → Eucharistiefeier (aber → Mette); **m. aurea**, *goldene Messe* am → Quatember-Mittwoch der Adventszeit; **m. bifaciata, trifaciata,** *doppel-, dreigesichtige M.*, mehrere Meßformulare zusammenfassende M.; **m. cantata**, *gesungene* M.; **m. catechumenorum**, Teil des altchristl. Gottesdienstes, dem auch Büßer u. → Katechumenen beiwohnen durften; **m. chrismatis**, Messe am → Gründonnerstag, zur Weihe der heiligen *Öle*; → Chrisma; **m. conventualis**, → *Konvent-M.*, Tages-M. in → Stiften u. Klöstern; **m. de communi**, Messe an → Heiligen-Festen mit *allg.* → Liturgie; **m. de Sanctis**, *M. der Heiligen-Feste;* **m. sicca,** trockene M., d. h. ohne → Meßkanon; **m. de tempore,** *der Zeit*, d. h. dem Kirchenjahr entspr. M.; **m. dialogata**, M. im *Dialog* zw. Priester u. Gemeinde, im Unterschied zur → m. privata einerseits u. dem → Hochamt mit einem Chor anstelle der Gemeinde andererseits; schon vor dem → Vatikanum II geübt, aber umstritten; seit der → Liturgie-Konstitution die meistgebrauchte Meßform; → actuosa participatio; **m. fidelium**, M. der Gläubigen; für Büßer u. Katechumenen verbotener Teil des altchristl. Gottesdienstes; **m. maior,** *größere*, oder **summa,** *höchste M.*, Haupt-M.: **m. Minor,** *kleinere*, oder **matutinalis,** *Morgen-M.*, Frühamt (in Klosterkirchen); **m.sine nomine,** *namenlose M.* mit nichtkirchl. → cantus firmi; **m. non** → **solemnis**, einfach gesungene *(cantata)* oder still gelesene *(lecta)* M.; **m. Papalis,** *vom Papst gehaltene M.*; **m. parochialis,** *Pfarr-M.*, Haupt-M. an Sonn- und Feiertagen; **m. pontificalis**, vom Bischof gehaltene M.; **m. praesanctificatorum**, M. derer, die vor der heiligen → Firmung stehen; **m. privata**, Votivmesse, von Privatpersonen erbetene oder zur eigenen Andacht gehaltene M.; **m. pro defunctis,** *Toten-M.*, Seelen-M.; **m. publica,** *öffentliche M.*; **m. quotidiana,** *tägl.*, gewöhnl. M.; **m. solemnis,** *feierl. M.*, → Hochamt; bes. an hohen Feiertagen; **m. solitaria,** *einsame*, vom Priester allein gefeierte Messe; **Missale Romanum**, kath. Meß-Liturgie-Buch; **missalis**, zur Messe gehörig

missio canonica *lat.*, → *kanonische Sendung*; kath.: Beauftragung durch den → Bischof zu öffentl. Wortverkündigung; **Mission,** *Sendung;* **Missionsbefehl** (Mt 28, 19); **äußere M.**, Predigt, die Nichtchristen zu Glauben und Taufe bewegen soll (**Weltmission**); **Innere M.**, urspr. (1848) → Evangelisation unter Getauften mit Wort u. Tat (Wichern † 1881), später überwiegend → Diakonie; Koordination aller entspr. Werke u. Vereine im «Centralausschuß für die I. M.» (→ Diakonisches Werk); **Missionar**, Heidenprediger, auch Bez. für andere in der äuß. Mission Tätige (Ärzte u. a.); **Schwertmission**, der → karoling. Reichsidee entsprechende Verbindung von Unterwerfung und Bekehrung; **Volksmission** → Evangelisation

Missio, Name des Int. kath. Missionswerks e. V., päpstl, Werk der Glaubensverbreitung, Aachen

Missourisynode, 1847: «Deutsche ev.-luth. Synode von Missouri, Ohio u. and. Staaten», 1947: «The Lutheran Church Missouri Synod», → konfessionalist. u. → fundamentalist. Kirche, gehört nicht der → Lutheran World Federation an

Mithraismus, aus Persien stammender, im röm. Kaiserreich verbreiteter → Mysterienkult des Lichtgottes **Mithra(s)** (→ sol invictus)

Mitra *gr., Kopfbinde*; → liturg. Kopfbedeckung von → Bischöfen, → Kardinälen u. → Äbten

Mitteldinge → adiaphora

Mitternachtsmission, missionar.-diakon. Arbeit an Prostituierten u. ihrem Umfeld

Mittfasten → Laetare

Mittlere Axiome, sozialeth. Begriff der → Ökumen. Bewegung zw. 1937 u. 1948: Normen des gesellschaftl. u. polit. Handelns der Christen, für die sich keine eindeutige bibl. Begründung angeben läßt; 1948 abgelöst durch den Begriff «verantwortl. Gesellschaft»

mixolydisch, 7. → Kirchentonart: G-d-g

Modalismus *lat.*, Anschauung, Christus sei eine Erscheinungs*weise (modus)* Gottes (2. Jh.); → Monarchianismus, → Sabellianismus

Modell-Messe → Parodie-Messe

Moderamen *lat., Lenkung(smittel)*; ref.: von der Synode gewählter Vorstand, der die laufenden Geschäfte besorgt; **Moderator,** *Leiter* der kirchl. Versammlungen bzw. Körperschaften bes. der schottisch-ref. Kirche; **supremus m.,** *höchster* Generaloberer in jüngeren kath. → Orden

Modernismus, kath.: theol. Strömung um die Jh.-Wende geg. die Ungeschichtlichkeit der kath. → dogmat. Methode u. für Aufnahme mod. Gedankengutes u. individuellen, krit. Bibelverständnisses, 1907 verurteilt, 1910 bis 1967 → Antimodernisteneid; → fundamentalist. Bez. für alle → hist.-krit. Theologie

Möbelwagenkonversion, Bez. für den staatskirchenrechtl. Sachverhalt, daß ein ev. Christ beim Umzug Glied d. ev. Kirchengemeinde u. Landeskirche s. neuen Wohnortes wird, auch wenn diese einen and. Bekenntnisstand (→ status confessionis) haben als die bisherige

Mönch → monachos; **Mönchsgelübde** beziehen sich auf die → consilia evangelica sowie ggf. weitere Verpflichtungen des betr. → Ordens

Mohammedanismus → Islam

moira *gr., Schicksal;* **Moiren,** *gr.* Schicksalsgöttinnen

Molinismus, Lehre des → Jesuiten Molina († 1600): göttl. → Prädestination u. menschl. Willensfreiheit bedingen einander, da Gott die freie menschl. Entscheidung voraussieht u. ihr seine Mitwirkung zur Verfügung stellt; → Banezianismus, → Kongruismus

monachos *gr., allein*, Mönch (Alleinsein, Einzigartigsein im Dienst für das Heilige, Absonderung vom weltl. Leben); zum → Chordienst verpflichteter Klosterbruder; **monachium** *gr.*, **monasterium** *lat.*, Zelle des Einsiedlers od. Mönches; Kloster; Kirche (Münster) u. Schule; **monastisch**, mönchisch

Monade *gr., Einheit*; Grundwesen der Gesamtwirklichkeit (Leibniz, † 1716)

Monarchianismus *gr.*, → Häresie im

2. Jh., die Christus als einen von göttl. Kraft erfüllten (vergotteten) Menschen (→ dynamist. M.) oder als eine Erscheinungsweise Gottes ansah (→ Modalismus), um Gottes *Alleinherrschaft* zu sichern

monarchischer Episkopat, Gemeindeleitung durch *einen* Bischof (seit 2. Jh.)

monasterium *gr.-lat.*, Kloster, Münster, → monachium; **monastisch,** *mönchisch*

Mon'energismus, dogm. Formel von Dionysius → Areopagita, beide Naturen Christi seien in *einer Wirkungsweise (gr. energeia)* vereinigt; → Monotheletismus

Mon'ergismus *gr.*, dogm.: Gottes *Alleinwirken* (bei der Bekehrung); Ggs. → Synergismus

moniales *lat.*, → *Nonnen*

Monismus *gr.*, *Einheitslehre*, die die Gesamtwirklichkeit auf ein Grundlegendes zurückführt u. als dessen Entfaltung erklärt (Ggs. → Dualismus); **Monistenbund** (Dt. Monisten- Bund = DMB), 1906 in Jena gegr., auf Haeckels (* 1919) Naturerkenntnis-Theorie(→ Deszendenztheorie) fußend

Monitum *lat.*, *Ermahnung*, Erklärung einer röm. → Kurienkongregation

Mon'odie *gr.*, *Alleingesang*, homophone oder unbegleitete Melodie

monogenes *gr. ein(zig)geboren* (Joh 1, 14; 3, 16: Jesus)

Mono'genie, Monogenismus *gr.*, *Alleinabstammung*; Auffassung, der → homo sapiens stamme von einem Urelternpaar; aber → Deszendenztheorie, → Polygenie

Monogramm *gr.*, *Einzelbuchstabe*; Namensabkürzung; **M. Christi** → **XP** (*gr.*, = ChR)

Monolatrie *gr.*, *Verehrung eines* Gottes, ohne die Existenz anderer Gottheiten auszuschließen; → Henotheismus, → Monotheismus

Mono'physitismus *gr.*, auf dem → Konzil von Chalkedon 451 abgelehnte Lehre, in Christus seien menschl. u. göttl. Natur zu *einer* (göttl.) *Natur* verbunden; Ggs. → Dyophysitismus

Mono'theismus *gr.*, *Eingottglaube*; → Henotheismus; Ggs. → Polytheismus

Mono'theletismus *gr.*, auf dem → Konzil von Konstantinopel (681) abgelehnte Lehre, die zwei Naturen Christi hätten nur *einen Willen (thelema)*

Monsignore (Mgr.) *ital.*, vom Papst verliehener Titel für kath. Geistliche, im roman. Sprachraum offizielle Anrede für Bischöfe u. höhere Geistliche der → Kurie; seit 1969 tragen sie einen schwarzen → Talar mit violetten Knöpfen; → Prälaten

Monstranz *lat.*, kath.: Schaugefäß für die geweihte → Hostie oder für → Reliquien

Montanismus, «prophetische» Bewegung des Montanus (um 150) gegen die Verkirchlichung des Christentums (→ Frühkatholizismus), → Naherwartung, strenge Sittenzucht

montes pietatis *lat.*, *Berge der Frömmigkeit*, Leihhäuser (bes. 15. Jh.), die Armen gegen ein Pfand Geld liehen, um sie vor Wucherern zu bewahren

Monumentale Theologie in (archäologischen) Denkmälern zum Ausdruck kommende Theologie

Monumentum Ancyranum *lat.*, Inschrift am Augustustempel von Ancyra (Ankara) mit den Taten des Augustus

Moral *lat.*, *Sittenlehre;* **m. insanity** *engl.*, *moralisches Irresein*, krankhaftes Fehlen sittlicher Begriffe u. Gefühle; **moralisch,** *sittlich;* **Moralische Aufrüstung**, engl. Moral Re-Armament (MRA), Caux-Bewegung (europ. Zentrale in Caux/Genfer See), 1938 aus der (von F. Buchmann 1921 gegr.) Oxfordgruppenbewegung entstanden, vertritt die Theorie einer Veränderung der Welt durch Änderung des einzelnen entspr. den «Vier Absoluten» (Ehrlichkeit, Reinheit, Selbstlosigkeit, Liebe); **Moralische Gewißheit**, sinnvolle Begründetheit für eine Hdlg. (→ Probabilismus); **Moralismus**, Verständnis der Sittlichkeit als (rel.) Grundprinzip; auch: enge Moralauffassung; **moralistisch**, überspannt sittlich; **Moralphilosophie**, → philosoph. → Ethik, die ihre Grundsätze durch Vernunft gewinnt; **Moralprinzipien** → Ethik; **Moralsysteme**, Prinzipien, die im Falle der Unsicherheit → ethische Entscheidungen ermöglichen: → Äquiprobabilismus, → Laxismus, → Probabiliorismus, → Probabilismus; **Moraltheologie**, kath.: theol. Grundlegung der rel.-sittl. Normen; ev.: → Ethik

Morganaticum, Morgengabe, nach germ. Recht Geschenk des Mannes an die Frau nach der Brautnacht; **Morganatische Ehe**, Minderehe, Ehe zur linken Hand, unebenbürtige Ehe

Morgenländische Kirche(n) → orth. Kirchen, → Ostkirchen; auch die → unierten Kirchen des Ostens

Mormonen, «Kirche Jesu Christi der Heiligen der letzten Tage», → synkretist. Religionsgemeinschaft, nach Joseph Smith u. dessen 1823 geoffenbartem «Buch Mormon»; → anthropomorpher Gottesbegriff, sozialwirtschaftl. Tätigkeit, früher Vielehe; Zentrum in Salt Lake City in Utah/USA

Morphologie *gr., Gestaltlehre*; Lehre von der Bildung u. Umbildung der Gestalten od. Formen (biolog.; auch auf anderen Gebieten)

mortificato *lat.*, (→ asket.) Abtötung

Moschee *arab., Anbetungsort*; mohamm. Gottesdienstgebäude

Moslem → Muslim

Motette *nlat.*, in der Regel auf einem Bibelspruch aufgebautes geistl. Gesangstück ohne Instrumentalstimmen

Motetus *altfrz., Ausleger*; über dem Tenor liegende Stimme, die dessen → liturg. Töne → paraphrasiert; auch das gesamte Stück; Vorform für die → Motette

Motu proprio *lat., aus eigener Regung*; Klausel in → Reskripten, die anzeigt, daß ein Bescheid aus persönl. Wohlwollen gegenüber dem Adressaten erfolgt; persönl. Verfügung des → Papstes in Briefform; Gesetzgebungsakt auf Initiative des Papstes

Mozaraber, (eigentl. *must arabi*) *arab.-span., zu Arabern gemachte;* Christen unter arab. Herrschaft in Spanien

Mozzetta (ital. = *abgeschnittener* [Mantel]), bis zu den Ellenbogen reichender, vorne zugeknöpfter Schulterkragen kath. Geistlicher, früher mit kleiner Kapuze, seit 1969 nur noch bei Bischöfen

Muckertum → Erweckungsbewegung

Mudra *sanskr., Gebetshaltung d. Hände in Indien*

Münster, Kloster, (Kloster-)Kirche, von → monasterium

Muezzin *arab.*, moham. Gebetsrufer; → Minarett, → Salat

Mufti *arab., Entscheider*; moham. rechtlich-religiöser Gutachter

Muhammedanismus → Islam

mulier taceat in ecclesia (1 Kor 14, 34) *lat., das Weib schweige in der Gemeinde*

Multi'voli'präsenz *lat., willentliche mehrörtliche Gegenwart*; luth. → dogmat. Lehre, der Auferstandene könne leiblich sein, wo er will (z. B. in der → Hostie)

Mumie (v. *arab. mumija, Erdharz*), durch Salbung u. a. (Mumifizierung) vor Verwesung geschützte Leiche

munus (= officium) triplex *lat., das dreifache Amt* Christi als: Verkündigung (**m. propheticum**), hohe*priesterliche* (Hebr 2, 17 u. ö.), Versöhnung schaffende Selbsthingabe (**m. sacerdotale**) u. *königliche Herrschaft* (**m. regium**)

Muratorisches Fragment → Kanon Muratori

Musaf *hbr., Zugabe*; zusätzl. jüd. Opfer an best. Tagen

Musen, antike göttl. Beschützerinnen von Kunst u. Wissenschaft (die 9 Töchter des Zeus): **Erato** (erot. Poesie), **Euterpe** (Flötenspiel/Lyrik), **Kalliope** (epische Dichtung), **Klio** (Geschichtsschreibung), **Melpomene** (Tragödie), **Polyhymnia** (Gesang/Musik), **Terpsichore** (Tanz), **Urania** (Sternkunde), **Thalia** (Komödie)

Muslim, Moslem arab., Gottergebener, **Muselman**; Anhänger des → Islam

Muspilli *germ., Weltbrand* (?), althochdeutsches Gedicht über den Weltuntergang (um 800)

Mutterhaus, Ausbildungsstätte für → Diakonissen

mutuum colloquium et consolatio fratrum *lat. gegenseitige Unterredung u. Tröstung der Brüder*, nach Luther zur christl. Gemeinde gehörig; → notae ecclesiae

Myron *gr.*, das vornehmste Salböl der orth. Kirche, vor allem zur → Firmung

Mystagoge *gr., Geheimnisführer*, in die → Mysterien od. die → Magie einführende Person; **Mysterien,** *Geheimnisse*, antike Geheimkulte, die dem Eingeweihten (**Mysten**) aufgrund der sich im Kult vollziehenden Vergottung die fortwährende jenseitige Gemeinschaft mit der Gottheit verheißen; **Mysterienspiele** (eigentl. Ministerienspiele), im MA die an Festtagen stattfindenden Aufführungen bibl. Geschichten u. Heiligen → -legenden durch → Kleriker, anfangs in der Kirche, später meist unter freiem Himmel; **Mysterientheologie**, Verstehen der gegenwärtigen Heilswirkung (→ heilsgeschichtlich) im → sakramentalen Zeichen (O. Casel, † 1948) oder → Kerygma (u. a. bei → Kirchenvätern); **mysterion, mysterium** kath.: → missa; → Sakrament; das Glaubensgeheimnis; Mysterium des Lebens Jesu, kath.: alle Ereignisse z. Z. d. ird. u. verklärten Jesus, die am Geheimnis s. Person teilhaben; **m. fascinans** → fascinosum; **m. tremendum** → tremendum

Mystifikation *gr.-lat., Täuschung, Vorspiegelung*; natürl. Dinge mit geheimnisvoller od. göttl. Bedeutung umgeben

Mystik (*gr., myein, sich schließen* [Augen u. Lippen]), rel. Versenkung mit dem Ziel unmittelbarer Vereinigung mit Gott (→ unio mystica); Auffassung der Gesamtwirklichkeit als All-Einheit; **mystisch,** *geheimnisvoll*, der Art der Mystik entsprechend; **Mystizismus**, übersteigerte Mystik; Spottname für die → Erweckungsbewegung

Mythos, Plr. **Mythen** *gr.*, (Götter)*erzählung* (aber → Legende), veranschaulicht rel. Grundaussagen; **Mythologie**, Überlieferung über Götter u. ä.; wissenschaftl. Deutung der Mythen; **mythologisch** reden, in unwirklichen, aber vorstellbaren Bildern eine Wahrheit sagen; **Mythologumenon**, mytholog. Redeweise

N

Naassener → Ophiten

nabi *hbr.*, AT: am Kultheiligentum angestellter *Prophet;* **Nabitum, Nebiismus,** *Prophetenstand*; Ggs. klassische → Prophetie

Nachfolge, nach Mt 10, 38 pp. die Beugung unter den gleichen Gehorsam gegen Gott, wie Jesus ihn übte; aber → imitatio Christi

Nächster, jeder, der (bewußt) als Gebender (Lk 10, 29ff., bes. 36f.!) oder Nehmender (auch als Feind, Mt 5, 43f.) in den Lebens- u. Verantwortungsbereich eines anderen eintritt; **Nächstenliebe**, Gebot Jesu: Mt 5, 43; 22, 39; vgl. 3 Mose 19, 18

Nag-Hammadi-Texte, 13 kopt., 1945/46 bei N. H. in Oberägypten gefundene Kodexhandschriften einer christl.- → gnost. Gruppe aus dem 2. Jh., u. a. ein Thomasevangelium

Naherwartung, baldige Erwartung der → Parusie

naos *gr., Tempel*

naqdanim → Punktatoren

Narr in Christo, Bez. für einen in der ganzen Geschichte der → orth. Kirche lebendigen Typ innerweltl. → Askese u. Frömmigkeit

Narrative Theologie *lat., erzählende Theologie*, neue theol. Richtung, bes. in der Bibelauslegung

Nasiräer *hbr.*, durch Gelübde Gott zu besonderem Dienst *Geweihter* (4 Mose 6, 1ff.)

natalicium *lat. Geburtstagsgeschenk*; der Todestag der → Märtyrer u. → Heiligen (entspr. der Auffassung des Todes als Gnade u. Geschenk)

Nationalkonzil, nur von einer Nation beschicktes → Konzil

Nat-Kult, Volksreligion in Birma

natürliche Religion, R. der Naturvölker; → Aufklärung: R. der Vernunft ohne bindenden Bezug an → Historie (z. B. Jesus), → Tradition oder → Dogma (Ggs. → positive R.); «R. des Herzens» (→ Pantheismus); **natürliche Theologie,** *lat. theologia naturalis*, kath. (→ Thomismus): Lehre von der → revelatio universalis als → praeambula fidei (→ analogia entis); ev.: allen Menschen innewohnendes Wissen um Gottes → Existenz (Röm 1, 18: → Uroffenbarung) u. seine → Schöpfungsordnung (von der → Dialektischen Theologie bestritten)

natura carnalis *lat., Fleischesnatur*, das sündhafte Menschsein; **natura creans, non creata** *lat., schaffende, nicht geschaffene Natur;* Gott; **n. creata et creans,** *geschaffene u. schaffende N.*; → logos. **n. creata, non creans,** *geschaffene. nicht schaffende N.*; Welt; **n. divina,** *göttl. N.*; **n. humana,** *menschl. N.;* **ex puris naturalibus,** *rein aus den natürlichen Fähigkeiten*, ohne Beistand der Gnade; **natura naturans,** *wirkende N.*, die schöpferisch Einzeleigenschaften u. -gestaltungen hervorbringt; **n. naturata,** *ausgestaltete N.,* Inbegriff aller Einzeldinge (→ Neuplatonismus, Spinoza † 1677, Schelling † 1854); **Natur u. Übernatur**, kath. (scholast.): *geschöpfl.* u. *nicht-geschöpfl.* (göttl.

gnadenhaftes) Sein; **Natur u. Gnade; übernatürlich** (z. B. theol. → Tugenden); **Naturalismus**, philos.: Erklärung der Welt aus natürl. Ursachen

Naturrecht, aus den Naturgesetzen begr. Rechtsprinzipien

naviculum *lat. Schiffchen* zur Aufbewahrung des Weihrauchs

navis *lat., Schiff*; Langhaus d. Kirche

Nazaräer, Nazoräer, Nazarener, Beiname Jesu (= v. Nazareth?); geringschätzige jüd. Bez. der Christen (Apg 24, 5); Selbstbez. der → Judenchristen; **Nazarenerevangelium**, → judenchristl. → apokryphes → Evangelium

nebiim *hbr., Propheten*; im hbr. → Kanon 2. Teil des AT (Jos–Mal); → Ketubim, → Tora (vgl. Anhang)

Nebiismus → Nabitum

neceassitas *lat. Notwendigkeit* (Ggs. → Kontingenz); **n. medii**, *N. als Mittel* zum (Heils-)Zweck; **n. praecepti**, kath.: *N.* durch das Vorhandensein *einer Vorschrift*; **in necessariis unitas, in dubiis libertas, in omnibus autem caritas,** *in notwendigen Dingen Einheit, in zweifelhaften Freiheit, in allen aber Liebe*

Negative Theologie → kataphat. Th.

Negro Spiritual → Spiritual

Nekrolog *gr., Totenrede, Nachruf*; **Nekrologien**, mtl. Kalender mit den Namen der an best. Tagen in die öffentl. Fürbitte einzuschließenden Verstorbenen; **Nekromantie,** *Wahrsagung durch Toten*beschwörung; **Nakromant**, Geisterbeschwörer; **Nekropole,** Totenstadt, meist umfangreiche, kunstvolle Begräbnisanlage antiker Städte

Nektar und Ambrosia, gr. Göttertrank u. Götterspeise, die unsterbl. machen sollen

Neologie *gr.* zweite Phase der → Aufklärungs-Theologie in Deutschland zw. → Physikotheologie u. → Rationalismus, kritisierte überkommene → Dogmen (z. B. → Trinitäts-, → Erbsünden-, → Rechtfertigungslehre) sowie den bibl. → Kanon unter d. Gesichtspunkt des moralisch Förderlichen

Neomyst *gr. Neugeweihter*, kath. Priester nach Empfang der → Weihe

Neophyt *gr. Neugeborener, Neugetaufter* in einer Gemeinschaft; neugeweihter Priester

Neo-Vulgata → Vulgata

Nepotismus *(v. ital. nepote, Neffe)* Bevorzugung von Verwandten bei der Verleihung von Ämtern u. ä.

Nestorianer, zu einer eigenen Kirche gewordene Anhängerschaft des → Patriarchen Nestorius von Konstantinopel († um 451), dessen Lehre von Maria als → christotokos das → Konzil von Ephesus 431 als → dyophysitisch verwarf

Neuapostolische Gemeinde, Name 1907, vorher: «Allg. Christl. Apostol. Mission» (1860), heute auch **Neuapost. Kirche** (→ Sekte), untersteht ca. 50 «Aposteln», diese einem «Stamm-Ap.» als Repräsentant Christi; → Naherwartung; → Versiegelung

Neue Weltgesellschaft, Selbstbez. der → Zeugen Jehovas

Neu-Luthertum, im Ggs. zu → Aufklärung, → Rationalismus u. → Liberalismus, oft mit Beziehungen zur → Erweckungsbewegung in Deutschland 1817 entstandene Bewegung mit dem Ziel der Erneuerung des Ansehens der → Bekenntnisschriften, der → orth. Lehrgrundlagen u. des → positiven Glaubens (→ Supranaturalismus), daher Selbstbez. «Positive», von

Gegnern aber «Konfessionelle», → «Konfessionalisten», «Neu-Orthodoxe»; → Erlanger Theologie, → Repristinationstheologie

Neume *gr. Wink*, Bildzeichen über mtl. → liturg. Texten, die die rhythmisch-melod. Bewegung angeben

Neuplatonismus, letzte antike philos.-rel. Schule: Gott ist ausschließlicher Grund alles Seins, das in vielen Stufen zu ihm hin entfaltet ist (Plotin † 270)

Neuprotestantismus, wie → Freies od. Freisinniges Christentum Bez. für eine → liberale, anti- → klerikalist., anti- → konfessionalist. Strömung im 19. u. beginnenden 20. Jh.; → Kulturprotestantismus

Neuscholastik, Neubelebung der → Scholastik in der kath. Theologie des 19. u. 20. Jh.; **Neuthomismus**, ebenso des → Thomismus

New Age *engl., Neues Zeitalter*, Sammelbez. für eine neue → synkretist. Bewegung interdisziplinärer Geistigkeit u. evolutionärer → esoter. Religiosität angesichts d. Krise d. bisherigen Weltbildes, die sich auf C. G. Jung († 1961) beruft (Vertreter z. B. F. Capra, Kritiker z. B. J. Moltmann), dabei Einfluß d. → Astrologie (d. Wassermann-Zeitalter löst z. Z. das d. Fische ab)

Nicaenum, Symbolum N., auf dem → ökumenischen → Konzil von Nicaea (325) angenommenes Glaubensbekenntnis (anti- → arianisch); **S. Nicaeno-Constantinopolitanum**, auf dem → Konzil von Konstantinopel (381) angenommene Erweiterung des → Nicaenums; ökumen. → Symbole

Nicht-Kirche-Bewegung, von K. Utschimura († 1930) gegr. erweckliche japan. Bewegung aus der Bibel lebender Christen, geg. verfaßtes Kirchentum u. Sakramente

Nichtdirektives Beratungsgespräch → Gesprächspsychotherapie

nichtreligiöse Interpretation biblischer Begriffe; Bonhoeffer († 1945): Überwindung vergangener rel.- → metaphys. Denkformen, Betonung der «Diesseitigkeit» des («religionslosen») Christentums in der «mündig» geword. Welt; → etsi deus non daretur; → Hermeneutik

Niederstift, rechtl. = → Hochstift

nihil negativum *lat., völliges Nichtsein*; Zustand vor der Schöpfung; **n. privativum**, ungeformter Weltstoff, → Chaos; **nihil obstat** *lat., es steht nichts im Wege*; kath. Formel der Druckerlaubnis; **Nihilianismus**, mtl. Häresie, Christus sei als Mensch kein → substantielles Wesen, sein «Menschsein» drückte nur eine Beziehung der göttl. zur menschl. Natur aus; **Nihilismus**, Leugnung übergeordneter Autoritäten u. Werte

Nihongi *jap.*, → *Annalen*; älteste offizielle jap. Reichsgeschichte, wichtige Quellenschrift des → Schintoismus; → Kojiki

Nikolaiten, nach Offb 2 → libertinist. Gruppe von Irrlehrern in Kleinasien; **Nikolaitismus**; mtl. Bez. der Priesterehe

Nimbus *lat. Wolke, Nebelhülle*, in der Gott erscheint; Heiligenschein; → Aureole, → Mandorla

ninivitisches Fasten, in einigen östl. Kirchen vor der gr. Fastenzeit gehaltenes (dreitägiges) Fasten zur Erinnerung an die Bußpredigt des Propheten Jona in Ninive

Nirwana *ind., Verlöschen*, im → Buddhismus Bez. für das Ende der ständigen → Wiedergeburt als → absoluter, ewiger, unerkennbarer, weder Sein noch Nichtsein darstellender Zustand, der durch Erlöschen des Strebens nach irdisch-leibl. Existenz erreicht wird

Nisan, jüd.: erster Monat des Jahres (März–April)

Noachi(ti)sche Gebote (vgl. 1 Mose 9,1ff.), 7 Gebote, die die → Schriftgelehrten für allgemein gültig erklärten u. auch → Proselyten auferlegten (Meiden von Götzendienst, Unzucht, Blutgenuß u. a.; vgl. Apg 15, 20 → Aposteldekret)

Nobelgarde aus Adligen gebildete Ehrenwache (des Papstes)

nodus *lat., Knoten*; der Knauf des Kelches

Nokturn *lat., nächtlich*, mtl. → liturg. Nachtgebet; altchristl. Nachtgottesdienst; heute: → Matutin oder eines ihrer 3 Teile (Nokturnen)

noli me tangere *lat., Rühre mich nicht an*! (Joh 20, 17)

Nominal'elenchus *lat.-gr., namentliche* öffentl. *Straf- u. Mahnrede* an ein Gemeindeglied als Kirchenstrafe («Abkanzeln»)

Nominalismus, MA: Richtung, die den → Universalien keine Eigenwirklichkeit zuerkennt, sd. sie nur für Sprachlaute (Vokalismus) oder → abstrahierte Begriffe (Konzeptualismus, Terminismus) hält; Ggs. → Realismus

Nominationsrecht, *Ernennungsrecht*

nomos *gr., Gesetz*, **Nomismus**, vom Gesetz bestimmte Denkweise; **Nomo'kanon**, gr.-orth.: kirchl.-staatl. Gesetzessammlungen; **nomo'logisch**, die Lehre vom Gesetz betreffend; **Nomo'theismus**, Gleichsetzung Gottes mit einem abstrakten Weltgesetz

Non'ad'oranten *lat., Nichtanbeter* (Jesu), radikale Splittergruppe der → Unitarier (16. Jh.)

Non(e) *lat., neunte* Stunde nach Sonnenaufgang; klösterl. u. priesterl. → Hore (15 Uhr)

Nonkonformisten *mlat., Nichtgleichförmige*, die → Uniformitätsakte oder die 39 Artikel der → anglikan. Kirche (1563) ablehnende engl. Protestanten, bes. → Puritaner; → Dissenters; Ggs. → Konformisten

nonnus *mlat.*, durch Alter u. rel. Leben zu Verehrende(r); **Nonne, Moniale**, → Ordensfrau

non possumus *lat., wir können nicht*, Weigerungsformel der kath. Kirche ggüber d. welt. Macht

Norm *lat., Regel, Vorschrift, Maß*; ev.: **norma normans**, die Bibel als *maßgebende Norm* der kirchl. Lehre; **normae normatae**, die Bekenntnisse (→ confessio) als an der Bibel *gemessene Lehrnormen*; → Tradition (kath.)

Nornen, Schicksalsgöttinnen der nord. Rel. (**Urd** für Vergangenheit, **Verdandi** für Gegenwart, **Skuld** für Zukunft)

notae (= signa) → ecclesia *lat., (Kenn)zeichen der* (wahren) *Kirche*; allg.: Einheit (**unitas**), Heiligkeit (**sanctitas**), → **Katholizität** (vgl. → Ökumenizität), → **Apostolizität**; ev.: rechte (= bibelgemäße, → norma normans) Verkündigung (bzw. Lehre) u. → Sakramentsverwaltung, Leiden (→ Martyrium) in der → Nachfolge, → potestas clavium, → mutuum colloquium et consolatio fratrum (den einzelnen Punkten wird unterschiedl. Gewicht beigemessen)

notaricum *lat.*, abgekürzte Schreibung eines Wortes durch Anfangsbuchstaben; → rabbin. Auslegungsregel, Teile eines Wortes als bes. Worte auszuscheiden

Nothelfer, Gruppe von 14 Heiligen, die aus je bes. Nöten helfen sollen (seit dem 9. Jh.)

Not in der Welt → Misereor

notitia Dei naturalis *lat., natürliche Gotteserkenntnis*, außerhalb des Glaubens; **notitia Dei revelata,** *die* (dem Glaubenden) *geoffenbarte Gotteserkenntnis*

Notrecht, kirchliches, im → Kirchenkampf aufgekommener Begr., der trotz des staatl. Aufsichtsrechts die kirchl. Rechtsautonomie betont

Notre-Dame-Epoche, der → ars antiqua vorausgehende Musik des 12./13. Jh.; → Organum, → conductus

Nottaufe, kirchl. anerkannte (unfeierl.) Taufe bei Lebensgefahr, auch durch Laien, wo kein Geistlicher erreichbar ist

Nottrauung, kirchl. Trauung in Notfällen vor mindestens zwei Zeugen ohne Geistlichen

no'umenon *gr.*, den Erscheinungen zugrunde Liegendes (**Ding an sich**) (Kant †1804), nicht mit den Sinnen Wahrzunehmendes; Ggs. → Phänomen

Nouvelle Théologie *frz., neue Theologie*, Sammelbez. für neuere (bes. frz.) kath. Richtungen seit 1940; gemeinsam ist ihnen der Rückgriff auf die (gr.) → Kirchenväter, gg. → Zwei-Stockwerk-Denken (H. de Lubac, auch H.U. v. Balthasar)

Novatianer, Anhänger des röm. → Presbyters Novatian (um 250), der eine Wiederaufnahme der Todsünder (→ lapsi) ablehnte, bildeten eine bis ins 7. Jh. bestehende Nebenkirche (**Novatianisches** → **Schisma**)

Novene *lat., neun*tägige Andacht, bes. in der → Barockzeit, zur Vorbereitung auf Feste, z. B. Pfingstnovene

novissima → Eschatologie

Novize *lat., Neuling*, Mönch im Probestand vor Ablegung der Gelübde; **Noviziat**, Novizenhaus, -zeit

numen *lat., Macht (einer Gottheit)*; das Göttliche als Träger einer Willensäußerung ohne persönl. Prägung; **numinosum**, das im rel. Erleben den Menschen unbegreifl. Überwältigende des → irrational Göttlichen

Numeri (Num.) *lat., Zahlen*; 4 Mose, beginnt mit Volkszählung

numerus clausus *lat., geschlossene, begrenzte Zahl;* **numerus praedestinatorum**, *die Zahl der* zum Heil *Vorherbestimmten* (→ Prädestination)

Nunc dimittis *lat.*, Anfang des Lobpreises des Simeon *(Lk 2, 29–32): «Nun entläßt du...»*

Nuntius *lat., Bote*; ständiger diplomat. Vertreter der → Kurie (→ Legat), **Doyen** (*frz.*, ranghöchstes Mitglied) des diplomat. Korps. → Titularbischof; **Nuntiatur**, Sitz eines N.

Nzambi → Orenda

O

Obelisk *gr., kleiner Spieß*; Spitzpfeiler, in Ägypten als Sonnenuhr bzw. als Kultsymbol des Sonnengottes verwendet; antikes krit. Text-Kennzeichen (†, ÷), auch **Obelos**

Oberkirchenrat, zentrale Behörde einer → Landeskirche (oft «Landeskirchenamt»); theol. od. jurist. Mitglied einer Landeskirchenleitung (auch des Kirchenamtes der EKD); → Kirchenrat

Oberprokurator, ostkirchl.: weltl. Vorsitzender des Hl. → Synod

obex *lat., Riegel*; kath.: die Wirksamkeit des → Sakraments hinderndes Beharren in Unglaube u. Unbußfertigkeit (**obicem ponere** = *einen R. setzen*)

Objekt *lat.*, (das) *Entgegenstellen*

bzw. *-stehen*; dann *Gegenstand* od. Inhalt eines Gedankens; **ideelles O.** (subjekt. → Idealismus); **reales O.**, unabhängig vom → Subjekt (→ Materialismus); **objektiv**, unabhängig vom einzelnen Subjekt u. seinem Bewußtsein; **Objektivation** *Vergegenständlichung*, Verlegung ins Überpersönliche

obit(us) *lat., Hingang, Sterben*; kath.: Gottesdienst vor der Beerdigung; jährl. Totenamt

Oblaten *lat., Dargebrachte, Gaben, Geopferte*; Kinder, die als zukünftige Mönche oder Nonnen im Kloster leben; Laienbrüder (u. -schwestern) für niedere Dienste im Kloster; Personen, die für die Opferung ihres Vermögens das → Skapulier (früher das Ordenskleid) tragen dürfen; Bez. verschiedener → Kongregationen; → Hostien; **Oblation** → Opfer, *Darbringung*; alt-kirchl.: von der Gemeinde für die → Agapen gestiftete Gaben; freiwillige monatl. Liebesgaben; kath.: Darbringung von → Hostie u. Kelch in der Messe; Abgabe des → Pfründen-Inhabers an den ihn Anstellenden; **Oblationstheorien**, kath. → Meßopfertheorien, die die Wiederholung von Christi Sühnopfer umgehen; Ggs.: → Destruktionstheorien

oboedientia activa *lat., tätiger Gehorsam* (Christi); **o. passiva**, *leidender G.* (Christi) (Phil 2, 8); **oboedientia canonica**, vom kath. Geistlichen u. Mönch dem Oberen geschuldeter, durch **Oboedienzeid** bekräftigter G.; **oboedientia nova** *lat.*, der durch die Gnade (→ iustitia dei passiva) ermöglichte *neue* (Glaubens-) *Gehorsam*; **Oboedienz**, Gebiet bzw. Anhängerschaft eines Papstes oder Bischofs

Obsequiale *lat.*, priesterl. → Liturgie-Buch für Leichenbegängnisse (→ Exsequien); **Obsequien**, den → Horen zugeordnete Psalmengebete

Observanten *lat., Einhaltende*; innerhalb mancher → Orden die Verfechter einer strengen Auslegung u. Einhaltung der Ordensregel, schlossen sich u. U. zu einem eigenen Ordensverband zusammen (z. B. im → Franziskanerorden); **Observanz,** *Beobachtung*; das Einhalten rel. Gebräuche, um den Anforderungen einer Rel. zu entsprechen u. sich in ihr zu bewähren

obsessio corporalis *lat., leibl. Besessenheit* (durch einen Dämon)

Obskurantismus (*lat., obscurus, finster*), Bestreben, Aufklärung jeder Art fernzuhalten

Occamismus, Schule von W. Occam (Ockham, †1347), der Wissen (→ Logik) im Ggs. zu → Glauben auf Erfahrung zurückführte, die Allmacht Gottes der philos. → Spekulation entzog u. die → Kontingenz der Einzeldinge behauptete; Ggs. → Realismus; → Thomismus

Octavarium Romanum *lat.*, → liturg. Buch für die → Oktaven der Feste

Oculi *lat., die Augen*; 3. Passionssonntag (→ Introitus Ps 25, 15: meine Augen sehen stets zu dem Herrn)

Ode *gr., Lobgesang*; → Canticum

Odeum *gr., Konzerthaus, Bühne,* → *Empore*, → Lettner

Ökonomie *gr., Verwaltung, Einrichtung, Anordnung;* oeconomia salutis, **Ö. des Heils** (Heilsökonomie), Gottes *Heilsplan;* **ökonomische** → **Trinitätslehre**

Ökumene, Oekumene, eigentl.: **Oikumene** *gr.*, die *bewohnte* Erde; Bez. für das weltweite Zusammenwirken fast aller christl. Kirchen; → World Council of Churches;

Ökumene der Weltreligionen, Bez. für den (v. a. von ökumen. Institutionen angeregten u. geförderten) Dialog zw. den gr. Weltreligionen, u. a. in der → Weltkonferenz der Religionen für den Frieden («große Ökumene»); **Ökumenik**, Lehre von der kirchl. Ökumene (→ Disziplin); **Ök.e Arbeitsgemeinschaft für Bibellesen**, legt jährl. Bibelleseplan, Monatssprüche u. Jahreslosung fest; **Ökumenische Bewegung**, Einigungsbestrebungen nichtkath. Konfessionen, bes. gefördert durch: → Young Men's Christian Association (1855), Weltmissionskonferenz (1878, 1910), → Life and Work (1919), → Faith and Order (1927), → World Council of Churches (1938) 1948, → Luth. World Federation (1947) u.v.a.; **ök.e → Konzile; ök.er Patriarch**, Titel des → Patriarchen von Konstantinopel; **ök.e** (= **altkirchliche**) → **Symbole**, die überall anerkannten S.e → Apostolikum, → Nicaeno-Konstantinopolitanum (nicht → Nicaenum), → Athanasianum; **Ökumenischer Rat der Kirchen**, offizielle dtspr. Bez. für → World Council of Churches; **Ök.e Versammlung** → Konvokation; **Ökumenismus**, v. a. kath. Bez. für den Gedanken der Ökumene (engl. ecumensim aber = Ökumene); **Ökumenismusdekret**, Beschluß des → Vatikanum II (1964), das die bis dahin restriktive Haltung Roms ggüber der → Ökumen. Bewegung korrigiert; **Ökumenizität der Kirche**, Verbreitetsein der wahren K. (→ ecclesia), kath.: über alle Erdteile, ev.: über → Konfessionsgrenzen hinweg (→ notae ecclesiae; → Katholizität)

Offenbarung (des Johannes) → Apokalypse

Offenbarungspositivismus (D. Bonhoeffer, † 1945), krit. Bez. für die jede → Anknüpfung ablehnende Theologie K. Barths († 1968)

Offenbarungstrinität → immanente Trinität

offene Kommunion → Abendmahlsgemeinschaft

offene Schuld, Gebetsformel, allg. → Beichte im ev. Gottesdienst; → confessio generalis

Offertọrium *lat.*, kath.: *Darbringung*, → Opfer von Brot u. Wein in der Messe durch die Gemeinde; heute: Gebete, die die Zubereitung begleiten

officium *lat., Pflicht, Amt, Behörde*; → munus; **o. defunctorum**, *Totenamt* (→ Vigilie); **o. dị̣ei (= diurnum)**, *pflichtmäßige tägl.* → Horen (→ Brevier) des kath. Priesters; **Sanctum O.**, *ital.* **Santo Uffizio** *heiliges O.*, früher für Glaubensfragen (→ Inquisition) zuständ. → Kurien-Behörde, seit → Vatikanum II → Sacra Congregatio pro doctrina fidei; **o. elẹnchticum**, *Strafamt;* **o. didascạlicum**, *Lehramt;* **o. paedagogicum**, *Besserungsamt;* **o. paracleticum**, *Trostamt* des Hl. Geistes (→ Paraklese)

Offizial *lat., Beamter*; kath.: Vertreter des Bischofs in Rechtsfragen; **Offizialat**, kath.: bischöfl. Rechtsbehörde, bischöfl. Gericht

Ogdọas *gr., Achtheit*; aus dem Urwesen u. 7 Geisteswesen gebildetes «Lichtreich» in der → Gnosis

oikos *gr., Haus;* **oikodomẹ**, *(Haus-) Bau*, → Gemeindeaufbau, vgl. Eph 4, 12; 1 Petr 2, 5 u. oft; **Oikosformel**: «mit seinem ganzen Hause» (Apg 11, 14 u. ö.); **Oikoumene** → Ökumene

Okkultismus *lat.*, Lehre vom *Verborgenen* (Übersinnlichen); Geheimwissenschaft; → Präkognition, → Spiritismus, → Telepathie

Okkurrenz *lat., Zusammentreffen* zweier Feste auf denselben Tag; → Konkurrenz

Oktateuch *gr., die 8 Bücher* 1–5 Mose, Jos, Richter, Rut

Oktav(e) *lat., acht*tägige Nachfeier gr. kirchl. Feste; Musik: 8stufige Tonleiter

Omega → Alpha; **Omega-Punkt**, bei P. Teilhard de Chardin († 1955) Zielpunkt der Weltentwicklung, auf den hin Natur (Biosphäre) u. Kultur (Noosphäre) ausgerichtet sind

Omen *lat., Anzeichen, Vorbedeutung*

Omer → Epha

om mani padme hum *sanskr., o. du Kleinod auf der Lotosblume*, Anrufungsformel im tibetanischen → Buddhismus (→ Lamaismus)

Omnipotenz *lat., Allmacht;* **Omnipräsenz**, *Allgegenwart;* **Omniscienz**, *Allwissenheit*

Omophagie *gr., Rohessen*, kult. Verzehren rohen Fleisches des eben geschlachteten Tieres, um der Kraft der in ihm verkörperten Gottheit teilhaftig zu werden (z. B. im → Dionysos-Kult)

omophorion *gr.*, das von gr.-orth. Bischöfen auf der Schulter getragene → pallium

onomastica sacra *gr.-lat., heilige Namenkunde*

Ontologie, *Lehre vom Sein des Seienden;* **ontologisch** (→ Gottesbeweis)

opera ad intra *lat., inner* → trinitarische *Handlungen;* **opera ad extra** oder **trans'euntia**, *nach außen*, auf die Welt gerichtete, *überschreitende Handlungen* (der Trinität)

Opfer, *Gabe* an die Gottheit als Dank, Bitte, Huldigung, Ausgleich (für Sünde) oder zur (→ mag.) Abwehr von Feinden od. Unglück; Verzicht (um anderer Zwecke willen); dogm.: Christi Kreuzestod (Gott gibt seinen Sohn, Joh 3, 16) zur Versöhnung des gerechten Zornes Gottes; **Meßopfer** (→ missa), kath.: Darbringung der durch das Priesterwort gewandelten (→ Wandlung) → Eucharistie (→ Transsubstantiation) zu myst. (→ Mysterium) Vergegenwärtigung bzw. Wiederholung des Opfers Christi durch den Priester; ev.: Ablehnung dieser Lehre wegen Unwiederholbarkeit der ein für allemal gültigen Heilstat Christi (Röm 6, 10; Hebr 9, 28)

Ophianer, Ophiten, Naassener; → gnost. Sekten (2./3. Jh.), bei denen die Schlange (*gr. ophis, hbr. nachasch*) eine bes. Rolle spielte (1 Mose 3)

Opus Dei *lat., Werk Gottes*, int. → ordensähnliche Vereinigung konservativer, kämpferischer → Priester u. → Laien zur Stärkung der kath. Kirche in Gesellschaft u. Gemeinde, gegr. 1928 in Spanien (eigentl. Bez.: Societas Sacerdotalis Sanctae Crucis et Opus Dei)

opus meritorium *lat.*, kath.: *verdienstliches Werk*, das der Gläubige im Gnadenstand vollbringt; **o. super'erogationis**, kath.: *W. der Übergebühr*, über Verpflichtung hinaus (→ consilia evangelica); **o. alienum Dei**, *das Gott fremde Werk* (Gesetz, Zorn, Gericht), das nur mittelbar dem Heilsziel dient; **o. proprium Dei**, *Gottes eigentliches Werk* (Liebe, Gnade; → justitia Dei passiva); **ex opere operantis**, eine Handlung, deren Wirksamkeit von persönlichen Voraussetzungen (z. B. Glaube, Reue) der Beteiligten abhängt; **ex opere operato**, *durch das vollzogene Werk*;

kath.: ein → Sakrament ist unabhängig von subjekt. Voraussetzungen der an seinem Vollzug Beteiligten wirksam

oracula vivae vocis *lat., mündliche Bescheide* (des Papstes)

ora et labora, *lat.* Sprichwort: *bete u. arbeite*; Wahlspruch des → benediktin. Mönchtums

Orakel *lat.*, (Ort eines) *Götterspruch(es)*

Oranten *lat.*, in der altchristl. Grabkunst mit erhobenen Händen («Gebetsgestus») *betende*, meist weibl. Gestalten

ora pro nobis *lat., bitte für uns*!; kath.: Anrufung der Gottesmutter Maria und der Heiligen

orarium (v. *lat.* ṓs, Mund), Tuch zum Mundabwischen; früher → Stola

oratio *mlat., Gebet*; **o. dominica**, *Herrengebet*, → Vaterunser; **o. mentalis**, stummes, *gedankliches Gebet;* **o. super oblata** → *Gabengebet;* **o. super populum**, *Gebet über dem Volk*, Segen

Oratorianer, Philippiner, von Filippo Neri 1558 in Rom gegr. freie Vereinigung (ohne Gelübde) von → Weltpriestern für Predigt u. a.; Priester vom Oratorium Jesu, nach dem Vorbild der Philippiner 1611 in Frankreich gegr. Gemeinschaft

oratorium *lat., Gebetsstätte;* Privatkapelle; kirchl. Musikwerk der → Oratorianer zur Verdrängung der weltl. Oper (17. Jh.)

orbis catholicus *lat., die kath. Welt*

Ordal *angelsächs.-mlat., Gottesurteil*; germ.: Mittel zur Rechtsfindung

Orden (von → ordo), Auszeichnung; rel. Genossenschaften mit **Ordensregeln** (grundlegend: Gehorsam, → Jungfräulichkeit, Armut), auf die der (die) Eintretende nach dem → Noviziat **Ordensgelübde** (→ consilia evangelica) ablegt (→ Profeß), meist von einem Mutterkloster aus in weiteren Tochterklöstern verbreitet, daher u. U. unter einem Generaloberen, der den in **Ordensdistrikte** gegliederten **Ordensprovinzen** (deren Leiter: **Ordensprovinzial**) vorsteht; **Ordensritter**, Mitglieder von → Ritterorden; → Kongregationen

Ordinariat *lat.*, vom → Generalvikar der → Diözese für den Bischof geleitete Verwaltungsbehörde; **Ordinarius**, *ordentl.* Träger hoheitlicher geistl. Gewalt, i. a. Diözesanbischöfe u. Ordensobere; Universitätsprofessor; **O loci**, *Orts*oberhirte (z. B. → Bischof, → Abt); **Ordinarium**, *das Geordnete*; unveränderl. Teile der → Liturgie (Ggs. → Proprium); **Ordination**, (Amts-) einsetzung; kath.: durch die Priester → weihe Schaffung eines → character indelebilis; ev.: kirchl. Bestätigung für die Befähigung zum Amt der öffentl. Verkündigung; **O.svorhalt**, ev.: die vom **Ordinator** dem **Ordinanden** vorgetragene Verpflichtung zur Lehre gemäß der Hl. Schrift u. den ev. Bekenntnissen (luth. bzw. ref.)

Ordnungstheologie, Theologie der Ordnungen oder **Th. des 1. Artikels** (= Schöpfungsartikel des → Apostolikums), luth. Lehre von Staat, Familie u. ä. als von Gott gesetzten («natürlichen») Schöpfungsordnungen (→ Natürliche Theologie); aber → Christusherrschaft

ordo (Plr. **ordines**) lat., *Ordnung, Stand, Rang*; kath.: → Weihe; **o. missae** → Meßkanon; **o. salutis**, *Heilsordnung*: dogm.: fortschreitende Verwirklichung der göttl. Heilsabsicht; Stufen des chr. Lebens: → vocatio, → illuminatio, → conversio, → sanctificatio, → unio mystica; **o. triplex** → **hierarchicus**, dogm.: *dreifache Ständeordnung*: Lehrstand, Obrigkeit («Wehrstand»), Familie («Nährstand»; → status); **O. Romanus**, *röm. Ordnung*; mtl. röm. → Liturgie-Buch für alle liturg. Handlungen

oremus *lat., laßt uns beten*!

Orenda, bei den Irokesen unpersönl. Macht u. Zauberkraft; dem entsprechen: Mana (Polynesien), Wakanda (Sioux), Manitu (Algonkin), Nzambi (Bantu) u. a.

Organizismus → Holismus

Orgel *gr. organon, Gerät, Werkzeug*, großes Tasteninstrument mit Lippen- u. Zungenpfeifen; älteste abendländ. Form mehrstimmig zu spielender Musikinstrumente; typ. Kircheninstrument; Kleinformen: → Portativ, → Positiv, → Regal

Orgie *lat., Ausschweifung*; geheimer, rauschhafter Gottesdienst in den → Mysterien; **orgiastisch**

Orientation *lat., Ostung*; Ausrichtung gottesdienstl. Gebäude nach Sonnenaufgang

Origenisten, Anhänger der Theologie des Origenes (†254) (→ Neuplatonismus, → Hermeneutik, → Subordinatianer)

Orkus → Hades

Ormuzd → Ahura Mazda

Ornat *lat., Schmuck*; (Amts-)Kleidung

Orphiker, gr., rel.-philos. Sekte, die ihre Lehren auf den → myth. Sänger Orpheus zurückführte, mit pessimist. Weltdeutung (Erbsünde, Seelenwanderung, Reinigungen)

orthodox *gr., rechtgläubig* (lehrend), Ggs. → heterodox; **o.e Kirche**, Selbstbez. v. a. der gr. u. der russ. Kirche im Ggs. zur röm.-kath.; **Orthodoxie**, *Rechtgläubigkeit*, Übereinstimmung mit der Kirchenlehre; Bez. auch für die Gesamtheit der → Ostkirchen; luth. Theologie im 16./17. Jh mit dem Hauptziel, die reine Lehre zu sichern, gekennzeichnet durch ev. → Formal- u. → Materialprinzip und → aristotel. Methode (→ analyt.- → synthet. Meth.); **Neu-Orthodoxie** → Neu-Luthertum; **Orthopraxie** *gr., rechtes Handeln*, im Gegenüber zu Orthodoxie gebildeter Begriff

orthros *gr., Morgendämmerung*; gr.-orth.: den → Laudes entspr. Morgengottesdienst

osculatorium *lat.*, kath.: *Kußtäfelchen* bei der Heiligenverehrung; **osculum pacis**, kath.: → liturg. → *Friedenskuß* der → Kleriker (vgl. Röm 16, 16)

Osiris, ägypt. Totengott

Osservatore Romano *ital., Römischer Beobachter*; → Vatikan-Zeitung (seit 1860)

ossuarium *lat.*, Bergungs*raum für* menschl. *Knochen*

Ostasienmission (DOAM = Deutsche Ostasien-M.), früher **Allg. Ev.-prot. Missionsverein** (s. 1884)

ostensorium *lat., Schaugefäß*

Ostern *(ahdt.)*, wichtigstes Fest der Christenheit: Fest der Auferstehung Christi; zugleich Verchristlichung des jüd. → Passafestes, das in den meisten anderen Sprachen auch die Namensform des Osterfestes bestimmt; **Osterkerze**, mit Christussymbolen verzierte u. auf eigenem Bodenleuchter stehende Kerze, die in der Osternachtfeier zum ersten Mal entzündet wird; **Osterlamm**, Lamm, das beim → Passa geschlachtet wird; **Osterpflicht**, Bestimmung des 4. Laterankonzils (1215), nach der jeder Christ wenigstens einmal im Jahr beichten u. in der Osterzeit → kommunizieren soll

ostia *lat., Tür*; Türflügel des Altarschreins; **ostiarius** *lat., Türhüter*; → mansionarius; früher kath.: niederster → Weihegrad

Ostkirche(n), v. a. die byzantin. → orthodoxen Kirchen, nämlich die gr.-orth. u. die russ.-orth. Kirche; sodann die altoriental. u. die mit Rom → unierten Ostkirchen; außerdem Bez. für die ev. → Landeskirchen der (ehemal.) dt. Ostgebiete

Ostung → Orientation

Oxford-Bewegung, *engl. O.-Movement*, 1832 ff. → Hochkirchl. Bewegg.; **Oxford(gruppen)bewegg.** (1921 ff.) → Moral. Aufrüstung

Oxyrhynchus-papyri, im Schutt der altägypt. Stadt Oxyrhynchus (heute Behnesa) gefundene → Papyri (2./3. Jh.), die z. T. «Worte Jesu» bieten, die die Evv. nicht enthalten

P

pacem pulsare *lat., Frieden schlagen*; die Betglocke ziehen; **pacificale**, *Friedenstifter;* → liturg. Kußtäfelchen

pactum *lat., Vertrag;* **pacta dotalia**, *Mitgift-*, Ehe-*Vertrag*

paenula → Kasel

Päsach → Passa

Paganismus *lat. paganus, ländlich*; altkirchl. Bez. für Heidentum

Pagode *ind., heiliges Haus*; → buddhist. Tempelanlage

Palindrom *gr., wiederlaufend*, d. h. vor- u. rückwärts lesbar; → Sator

Palin'genese *gr.,* → *Wiedergeburt*

palla *lat., Festkleid*; Altardecke; kath.: Linnen zur Bedeckung des Kelches zw. → Opfer u. → Kommunion (→ Korporale, → velum)

Palladion *gr., (lat. -dium)*, Kultbild der mit Schild u. Speer bewaffneten Göttin Pallas Athene als Schutzgottheit einer Stadt

pallium *lat., Hülle*, antikes Obergewand; langer, schmaler, weißwollener Tuchstreifen, vom Papst als Amtszeichen den → Erzbischöfen verliehen, über dem Meßgewand um die Schulter getragen

Palmarum *lat.*, Palmsonntag (Joh 12, 13), Sonntag vor Ostern; **Palmzweig**, generelles Attribut der → Märtyrer als Zeichen des Sieges über den Tod u. des Einzugs in das (neue) → Paradies

Pan, *gr.* Wald- u. Hirtengott; **panischer Schrecken**, urspr. von Pan erregter Schrecken; **Panik**

pan *gr., das All;* **Panagia** → Pan(h)agia; **Pan'athenäen**, Hauptfest der Athene; **Pan'babylonismus**, Lehre, die babylon. Weltanschauung liege den antiken Kulturen u. Religionen, bes. der Bibel zugrunde (→ religionsgeschichtliche Schule); **Pan'dekten**, *alles aufnehmende*, im Auftrag Kaiser Justinians (533) aus röm. Schriftstellern gesammeltes Gesetzbuch (*«corpus»*) des bürgerl. Rechtes (*«juris civilis»*); **Panegyricus**, *Lobrede;* **Panegyrikon**, gr. Sammlung von Reden für Heiligenfeste; **Pan'en'theismus**, philos. Lehre, das *All* sein *in Gott*, aber Gott gehe nicht in der Welt auf; **Pan(h)agia**, *die Allheilige*; Ehrentitel der Maria; Marienbild in der → Ikonostase; Brustmedaillon des → Bischofs mit Marienbild; zu Ehren Marias gesegnetes Brot; **Panlogismus**, Lehre von der → log. Natur des Weltalls; **Pannychis**, *nächtl. Fest*, heidn.: bes. zu Ehren weibl. Gottheiten (z. B. Demeter, Hera); gr.-orth.: die *ganze Nacht* währender Gottesdienst (→ agrypniè); **Panorthodoxe Bewegung**, Bestrebung, alle → orth. Kirchen, d. h. die versch. → Ostkirchen zusammenführen;

seit vielen Jahren angestrebtes Ziel ist ein **Panorthodoxes** → **Konzil (Panorth.** → **Synode)**; bisher fanden seit 1961 mehrere **Panorth. Konferenzen** statt; **Panpsychismus**, Lehre v. d. *Beseelung aller Dinge;* **Pansakralität**, Auffassung vom → *sakralen* Wesen *aller Dinge*; **Pantelismus**, Lehre, *alles* sei *zielgerichtet;* **Pantheismus**, die Lehre, das *All* sei *Gott*, die Gleichsetzung Natur/Gott; **Pantheon**, (Heiligtum für) *alle Götter*

Pandit *ind., klug, gelehrt*; → hinduist. Ehrentitel

pannus *lat., Tuch*; Altar- → Baldachin; Altartuch bzw. -behang; → Gremiale; **pannisellus**, Leinen*tüchlein* (urspr. wohl Schweißtuch), 13.–16. Jh. an Abt- u. Bischofstäben

Pan(t)chen-(Erdeni-)Lama, geistl. Oberhaupt des → Lamaismus, polit. unter dem → Dalai-Lama

pantokrator *gr., Allbeherrscher*, Gott bzw. Christus (Kol 1,15 ff.; Offb 19,6)

Papa (von *gr. pappas*), *Vater*; urspr. Anrede an hohe → Kleriker; seit 5. Jh. Bez. des Bischofs von Rom als «Vater» der (abendländ.) Kirche; **Papalsystem, Papalismus**, Anschauung, wonach der Papst Inhaber der → Primatsgewalt ist; Ggs. → Episkopalismus; **papalistisch; Papa-Ré** *ital., Papst-König;* **Papas**, gr.-orth.: niedere Geistliche, davon → Pope; **Papat**, der P., Amt des Papstes; **Papst**, *ital.* **Papa**, kath.: Petri Nachfolger u. Christi Stellvertreter auf Erden; **Papismus**, (abwertend) Papsttum

Parabel *gr.*, (zu einer Erzählung erweitertes) *Gleichnis*

Parabiologie *gr.*, Wissenschaft, die → okkultist. Erscheinungen biolog. u. → psychophys. erklärt

Para'bolanen *gr.*, Körperschaft für Krankenpflege in Ägypten (5. Jh.); Leibwache des Bischofs

Paradies *pers., Tiergarten, Park*; (jenseits.) Ort des Friedens u. Glücks; Aufenthaltsort der ersten Menschen u. Belohnung für treue Anhänger der entspr. Religionen (→ Parsismus, Judentum, [Christentum, volkstüml.], → Islam); die oft phantast. Ausmalung des P.es ging auch in die → Nirwana-Vorstellung des → Mahayana ein; Spät-MA: Bez. für Kirchen-Portalvorbau

Paradigma *gr.-lat., Beispiel, Vorbild, (Denk-)Muster*; Weltbild; Plr. **Paradigmata, Paradigmen**

paradosis *gr., Überlieferung*; die kirchl. Lehre bzw. → Tradition

paradox gr., wirklich od. scheinbar *widersinnig*, unauflösbar widersprüchlich; **Paradoxon**

Paränese, Parainese *gr., Mahnung;*

Paragemeinde → Gemeinde

parakanonistisch *gr.*, neben bzw. außerhalb der → Kanones; kirchenrechtl. Gegebenheiten, die nicht kanonisch sind

Paraklese *gr., Ermunterung, Trost, Ermahnung;* **Paraklet**, *Beistand* (vor Gericht); Joh.-Ev.: der Hl. Geist als *Tröster* u. *Mahner;* **Parakletike(-kon)**, gr.-orth. Kirchenliederbuch

Parakonikon *mgr., Nordtür* in der → Ikonostase; → Diakonikon

para'lipomena *gr., Ausgelassenes*; bibl. Bücher der Chronik

parallelismus membrorum *lat., Entsprechung der* Vers*glieder*, hbr. poet. Form, bei der mehrere Satz*glieder parallel* formuliert werden (z. B. Ps 1, 1)

Parallelstrukturen → evangelikale Werke u. Einrichtungen der Ev. → Allianz neben der verfaßten Kirche, z. B. → Hilfe für Brüder, idea, kep. (s. Abk.-Verz.)

Paraliturgie gr., gottesdienstl. Formen außerhalb der offiziellen → Liturgie; → pia exercitia

Paramente *mlat.*, gottesdienstl. *Gewänder*; Altar- u. Kanzel-*Decken;* **Paramentik**, Kunst der P.-Herstellung

Paraphrase *gr., Umschreibung,* Erläuterung, freie Übertragung, ausschmückende Wiedergabe

Parapsychologie *gr.,* Wissenschaft des → Okkulten

Parareligiosität, abnorme Erscheinungen der Religiosität, z. B. depressive Schuldgefühle, eth. → Rigorismus, → Bigotterie, → ekklesiogene Neurosen usw.

Parascha *hbr.*, jüd.: größerer Verlesungsabschnitt aus der → Tora nach Einteilung der → Schriftgelehrten; → Haphtare

paraskeue *gr.*, ein dem Fest vorangehender *Rüsttag*; jüd.: Rüsttag zum → Sabbat; kath.: → Karfreitag (p. megale)

par'edros *gr., Besitzer, Genosse*; gr. Götter u. Heroen, die in einem Tempel verehrt wurden

Parentation *(lat. parentes, Eltern),* Totenfeier; **P.shalle**, Leichenhalle

Pariser Basis → Young Men's...

Parität *lat., Gleichberechtigung;* **Paritätischer Wohlfahrtsverband**, Verb. rechtlich gleicher freier Wohlfahrtsorganisationen

Parochie *mlat.* → *Gemeinde;* **Parochialzwang**, Verpflichtung, sich wegen → Kasualien u. ä. (zuerst) an den Gemeindepfarrer zu wenden; → Dimissoriale; **parochus** *lat., Gastwirt; mlat., Gemeindepfarrer*

Parodie *gr., Parallelweg*, spöttische Umdichtung; mtl.: Kontrafakten (*lat., Gegenwerke*), Umdichtung geistl. Lieder: **P.-Messe**, Modell-Messe, legt im Musikteil eine → Motette oder ein → Madrigal zugrunde (→ Chanson-Messe)

Parömie *gr., Gleichnis*; gr.-orth.: Gottesdienst-Lesung

Parrhesie *gr., Freimut*

Parsismus, Zoroastrismus, Mazdaismus; aus der Reform der altiran. Rel. durch Zoroaster (Zarathustra, zw. 1000 u. 700 v. Chr.) hervorgegangene Rel.; Auffassung vom Weltgeschehen als Kampf des Guten (→ Ahura Mazda) geg. das Böse (→ Ahra Manyu), Sieg des Guten (Weltgericht), strenge Reinheitsvorschriften, → rituelle Beschwörungen; im 8. Jh. n. Chr. durch den → Islam nach Indien verdrängt (**Parsen**)

pars pro toto lat., ein *Teil* steht *fürs Ganze;* **im partibus infidelium**, *im Gebiet der Ungläubigen*

Partheno'genese *gr., Jungfrauengeburt*, bibl. Vorstellung von der Geburt Christi

Parthenon *gr., Tempel der Jungfrau*; Pallas-Athene-Tempel

particulae exclusivae *lat.*, das *ausschließende* reformator. «allein», → solus Christus, sola gratia, sola scriptura, sola fide

Partikularismus *lat.*, Streben nach *Vereinzelung*; dogm.: Beschränkung der → Prädestination auf eine best. Zahl Menschen; Ggs. → Universalismus

Partikularsynode → Konzil

Parure *gr.*, im MA üblicher Zierbesatz an der Priesterkleidung (*am Rand*)

Parusie *gr., Anwesenheit*; Wiederkunft Christi am Ende der Zeit

Parzen *lat.*, die drei antiken *Schicksalsgöttinnen*

Pas'cha → Passa

Paß, aus 3–6 Kreis → segmenten gebildete Figur im → gotischen Maßwerk

Passa(h)(fest), *hebr. päsach,* gr. *pas'-cha* (→ Passion), urspr. wohl: *das Vorübergehen*; jüd. Opferfest der *ungesäuerten Brote* (*gr.* **ạzyma**, → Azymiten; *hebr.,* **Mazzọt**, daher «**Mazzen-Fest**») am Frühlingsvollmond (14. → Nisan) zur Erinnerung an den Auszug aus Ägypten (2 Mose 12); Joh 1, 29. 36 u. Offb deuten Jesus als **Passalamm** (Sühneopfer), u. a. weil nach Mk 14, 12 ff. pp. Jesu Abendmahl ein **P.mahl** war

Passion *mlat., Leidenschaft; Leiden* (Jesu); Vertonung der P. Jesu; **Passional**, mhdt. Gedicht (um 1300) über das Leben Jesu u. Marias, der → Apostel u. → Evangelisten u. der → Heiligen; **Passionar**, → liturg. Buch mit Lebensgeschichten der → Heiligen; **Passionswerkzeuge**, Leidenswerkzeuge (*lat.: → arma Christi*), Symbole des Leidens Christi: Kreuz, Dornenkrone, Lanze, Stab mit Essigschwamm, Martersäule, Geißel, Rute(nbündel), Fesseln, drei Nägel, Hammer, Leiter, Zange, drei Würfel, Purpurrock; **Passionszeit**, im → Kirchenjahr Vorbereitungszeit auf → Karfreitag; ev.: ab → Aschermittwoch; kath.: ab → Judika (5. Fastensonntag), aber → Fastenzeit

Passio'nisten (CP), → Kleriker- → Kongregation (18. Jh.) mit bes. Missions- u. Andachtseifer

pastophorion *gr.*, urspr. *Nische für Götterbild*; altkirchl.: kultischer Aufbewahrungsraum; → Sakristei

Pastor *lat., Hirte*; Geistlicher; **Pastor aeternus** *lat., der ewige Hirte,* Anfangsworte der dogmat. → Konstitution Pius' IX. vom 18. 7. 1870, durch die das → Dogma von der Unfehlbarkeit des → Papstes → promulgiert wurde (→ Infallibilität, → Vatikanum II); **pastoral**, kath.: seelsorgerlich, die Gemeinde betreffend; **Pastoralanthropologie**, Zusammenfassung der Erkenntnisse u. Methoden der Humanwissenschaften im Dienste der Seelsorge; **Pastoralassistenten**, kath.: → Laien-Theologen, die hauptberufl. in der Seelsorge einer Pfarrgemeinde od. eines Pfarrverbandes mitarbeiten; **Pastoralbriefe** *Hirtenbriefe*, 1/2 Tim u. Tit die von Gemeindeämtern handeln; **Pastoral Counseling** *engl., seelsorgerliche Beratung*, speziell das → therapeut. orientierte, method. geführte Seelsorgegespräch; → Pastoralpsychologie; **Pastorale**, → Krummstab des Bischofs; Hirtenlied; **Pastoralinstitute**, kath.: beratende Forschungsstätten der → Pastoraltheologie außerhalb der Universitäten u. Hochschulen auf → diözesaner oder nationaler Ebene; **Pastoralkolleg**, Fortbildungsveranstaltung bzw. -einrichtung für Pfarrer; **Pastoralkonferenzen**, kath.: bischöfl. angeordnete, regelmäßig stattfindende Zusammenkünfte der Seelsorger eines Gebiets, meist eines → Dekanats; ev.: Pfarrkonferenzen; **Pastoral → konstitution**, Bez. für das Dokument «Gaudium et spes» des → Vatikanum II, das das Verhältnis der Kirche zur Welt neu formuliert u. zu Gegenwartsproblemen Stellung nimmt; **Pastorallehre**, Lehre von Seelsorge u. Gemeindearbeit / → Gemeindeaufbau; **Pastoralliturgische Institute**, seit 1945 allmählich entstehende von der → Liturgiekonstitution gewünschte Arbeitsstellen für → Liturgik zur Forschung, Ausbildung u. Beratung; **Pastoralmedizin**, medizin. Grundlegung der → Poimenik; **Pastoralpsychologie**, «alternative» oder «therapeut.» Seelsorgelehre, humanwiss. Seelsorgeausbildung, seit etwa 1970 (Gesellschaft f. Pastoralpsychologie, gegr. 1972), Teilgebiet der → Prakt. Theologie, in dem die Seelsorgelehre durch die Einübung der → psychotherapeut. Beratung ergänzt wird; → Gesprächspsychotherapie, → Klinische Seelsorgeausbildung; **Pastoralring,** Bischofsring als Zeichen der Vermählung mit der Kirche; **Pastoralsoziologie**, Teilgebiet der → Prakt. Theologie, in dem Methoden der Sozialwissenschaften Anwendung finden; benachbart der → Kirchensoziologie u. der → Religionssoziologie; **Pastoraltheologie**, (kath.:) → Prakt. Theologie u. Kirchenrecht; **Pastorat**, Amts(wohnung) des P.; **Pastor coll(aborator)**, ein P. im ersten Amtsjahr als *Mitarbeiter* des eigentlichen P.s, teils Hilfsprediger genannt; **Pastor diac(onus)**, in einigen luth. Kirchen Bez. für 2. u. 3. Pfarrer an einer Gemeinde, auch differenziert in → Archid. und → Subd.; **P. loci,** *Ortspfarrer;* **P. primarius** (P. prim), *Hauptpastor;* **Pastorin**, zum Pfarramt → ordinierte Theologin

Pastorellen, rel.- → ekstat. Bewegung im frz. Landvolk (13. Jh.)

Patarener, nach dem Mailänder Stadtteil Pataria benannte, → dualist. Sekte in Norditalien, die → Bogomilen u. → Katharern nahestand (12. Jh.); **Pataria, Patarener**, gegen Bischöfe u. Adel gerichtete Bewegung in Oberitalien (11. Jh.)

Pate(-in) (von → *pater*), Taufzeuge u. Gehilfe («Gevatter») bei der christl. Erziehung des Täuflings, dem Patenkind; → cognatio spiritualis

patenarius, → Akoluth oder → Subdiakon, der beim → Hochamt die → Patene zu halten hatte

Patene *gr., Schüssel*, → Hostien-Teller; **P.nkelch**, ein Kelch u. P. verbindendes Gefäß zur → Intinktion der → Hostie

pater *lat., Vater*; kath.: (Mönch mit) Priester(weihe); mtl. Bischofsanrede; **p. monasterii** → Abt; **P.noster** → *Vaterunser;* **p. peccavi**, *Vater, ich habe gesündigt* (Lk 15, 18); **p. seraphicus**, *engelgleicher Vater*, Beiname des Franz von Assisi; **p. spiritualis**, *geistl. Vater* (für jüngere Mönche) (Beichtvater in Jesuitenklöstern); *gr.*: **pater pneumatikos**; russ.-orth.: → Starez

patres apostolici *lat.*, → *apostol. Väter;* **p. ecclesiae** → *Kirchenväter*

Patriarch *gr.*, altkirchl.: Titel der Bischöfe von Rom, Konstantinopel, Alexandria, Antiochia u. Jerusalem (→ Metropolit), seit 1589 Moskau, heute Titel von obersten Bischöfen auch anderer → orth. Kirchen; Sippenoberhaupt; Israels Stammväter Abraham, Isaak u. Jakob; **ökumen. P.**, seit 518 Titel des als Oberhaupt der gr.-orth. Kirche geltenden P.en von Konstantinopel; **Patriarchalbasiliken** (7. Jh.; «**patriarchium**» = päpstl. Palast) in Rom: St. Johann im Lateran, S. Maria Maggiore, St. Peter im Vatikan, St. Paul, St. Laurentius; in Assisi: St. Francesco, S. Maria degli Angeli (*von den Engeln*); alle unterstehen dem Papst u. haben Papstaltar u. -thron, den nur Papst, → Kardinalpriester u. bes. beauftragte → Legaten benutzen dürfen; **patriarchalisch; Patriarchat**, Amt und Amtsbereich eines P.; Gesellschaftsordnung mit männl. Sippenoberhaupt (Ggs. → Matriarchat); **Patriarchenkreuz**,

Kreuz mit zwei kleeblattförmig endenden Querbalken

patricius *lat.*, byzantin. Amt; *Stellvertreter*; **P. Romanorum**, vom Papst den fränk. Königen verliehener Titel «Schutzherr der röm. Kirche» u. Vertreter von Christi Herrschaft in der Welt (→ karoling. Reichsidee; geg. byzantin. Kaisertum)

patrimonium *lat., väterl. Erbgut;* **p. Petri**, ältester Teil des → Kirchenstaates; **p. pauperum, Armengut**, Kirchenvermögen (bis 5. Jh.)

patrinus *mlat., Taufpate, Firmpate*

Patripassianer *lat.,* → modalist. → Monarchianer (2. Jh.), nach deren Lehre in Christus Gott*vater* selbst *gelitten* hat

Patristik, Patrologie *gr., Wissenschaft von den* (Schriften der) → Kirchen*väter(n)*

Patron *lat., Schutzherr*, Erbauer oder Stifter einer Kirche mit bes. Rechten; Schutzheiliger; **Patronat**, Aufsichtsrecht u. Schutzpflicht über eine Kirche; **Patrozinium** *lat.*, mtl.: Schutz einer Person über Untergebene, eines → Heiligen über eine ihm geweihte Kirche; Heiligenfest; → Reliquien des Heiligen in seiner Namenskirche

Paulinisches Privileg → Privilegium Paulinum

Paulizianer (von Paulus), → dualist. → Sekte im 7.–12. Jh. in Armenien, Syrien u. auf dem Balkan; neben den → Bogomilen bildeten sie die Wurzeln der → Katharer

Pauperes Christi *lat., Die Armen Christi*, → ordensähnl. Bruderschaften im 12./13. Jh., Predigt des → Evangeliums u. Leben in → apostol. Armut; **P. catholici**, *kath. Arme*; mit der kath. Kirche ausgesöhnte → Waldenser, **P. von Lyon**

pausatio *lat., Ruhen* im Grab; das Fest Mariä Himmelfahrt

pavor conscientiae *lat., Gewissensangst*

pax *lat., Frieden(sgöttin*,-gruß); → osculum pacis; **Pax Christi**, int. kath. Friedensbewegung, entstanden 1948, förderte die dt.-frz. u. die dt.-poln. Aussöhnung; **p. Dei**, *Gottesfriede;* **P. Romana**, internat. Arbeitsgemeinschaft der kath. Studentenverbände; **pax tecum**, *Fr. sei mit dir*, liturg. Gruß beim → osculum pacis; **Pazifismus**, *Streben nach Frieden* um jeden Preis (ohne Rücksicht auf die jeweil. sozialen u. polit. Bedingungen) durch grundsätzl. Ablehnung militär. Mittel; **Pazifist**; → Friedensbewegung, → Weltfriedensbewegung

pecca fortiter, crede fortius *lat., sündige tapfer, glaube tapferer*! (Luther; Sinn: stehe zu deinen geschehenen Sünden, dein Glaube an Vergebung sei stärker als sie); **peccatum** → *Sünde*; kath.: **p. actuale**, *Tatsünde;* **p. capitale**, *Haupt-S.;* **p. clamans**, nach Gottes Rache *schreiende S.;* **p. commissionis**, *Begehungs-S.;* **p. habituale**, *Zustands-S.;* **p. ignorantiae**, *Unwissenheits-S.;* **p. infirmitatis**, *Schwachheits-S.;* **p. irremissibile**, *unvergebbare S.* (wider den Hl. Geist: Mt 12, 31); **p. mortale**, *Tod-S.;* **p. omissionis**, *Unterlassungs-S.;* **p.originis (= originale)**, *Ursünde*, «Erbsünde», Vererbl. S. (→ Traduzianismus); **p. originis originans**, Adams persönl. *fortwirkende Ur-S.;* **p. originis originatum,** auf Adams Nachkommen *fortgepflanzte Zustands-S.;* **p. veniale**, *läßliche S.;* **p. voluntarium**, *willentl. Sünde*

peccator in re, justus in spe *lat., in* (der gegenwärt.) *Wirklichkeit Sünder, in Hoffnung gerecht* (Luther), → simul justus et peccator

Pedạlion *gr., Steuerruder*; ostkirchl. Gesetzessammlung des Athosmönchs Nikodemos Hagiorites (†1809)

Pehlevi, pers./aram. Schriftsprache (3.–7. Jh.)

Pektorale *lat., Brust*kreuz od. -schild höherer Geistlicher

Pelagianer, Anhänger des brit. Mönches Pelagius (†418), der gegen Augustin (†430) Willensfreiheit behauptete u. dessen Erbsündenlehre bestritt; **Semipelagianer (***gr., semi, halb*), seit 16. Jh., urspr. die **Massilienser** (= Marseiller), Theologen, die den Anfang des heilschaffenden → Glaubens in der Willensfreiheit sahen (5. Jh.), dann auch Bez. der → Molinisten

Pelikan, Symbol für Christus u. seinen Opfertod: der Vogel P. öffnet in größter Not mit dem Schnabel seine Brust, um mit dem eig. Blut seine Jungen zu tränken

Penaten (v. *lat. penus, Vorrat*); röm.: Schutzgottheiten der Familie; des Staates

Pendentif *frz.*, zwischen → Tambour und Kuppel vermittelndes sphärisches (gewölbtes) Dreieck; dessen vorgekragter (vorspringender) Tragstein (Sockel); → Konsole

Pensum lat., das *Zugewogene*, die Leistungsmenge; die vom Bischof den Neugeweihten auferlegte Gebetsleistung; Umfang des Psalmenbetens in den → Horen

Pentagramm *gr., fünf*zackiger Stern, **Drudenfuß**

Pentạpolis *gr., 5-Städte*-Gruppe Sodom, Gomorrha, Adma, Zeboim, Bela-Zoar (1 Mose 14, 2. 8f.; Weish 10, 6); Asdod, Gaza, Askalon, Gath, Ekron (1 Sam 6)

Pent'archie *gr., Herrschaft der fünf* → Patriarchen über die Gesamtkirche

Pentateuch *gr., die fünf Bücher* Moses; **P.kritik**; → literarkrit. u. → formgeschichtl. Untersuchung des P.; → Hexateuch, → Heptateuch

pentekostẹ *gr., der 50.* Tag (nach Ostern), **Pfingsten**, Fest der Ausgießung des Hl. Geistes u. der Stiftung der → Kirche (Apg 2); **Pentekostarium**, gr.-orth. → Liturgiebuch (gilt Ostern bis Pfingsten); **Pentekostler** → Pfingstbewegung

Per annum *lat., das Jahr hindurch*, die festlosen Zeiten des → Kirchenjahres, die «grünen Sonntage» (→ liturg. Farben), d. h. die Sonntage nach Pfingsten (kath.) bzw. nach → Trinitatis (ev., = Trinitatiszeit)

Peraten *(gr. peras, Ende)*, zu den → Ophianern zählende → Gnostiker (2. Jh.)

percussio pẹctoris *lat.*, kath.: (liturg.) *Schlagen des Herzens,* Schlagen an die Brust (zum Zeichen der Buße)

peregrinatio propter Christum *lat., Aufenthalt in der Fremde*, (mlat.) *Pilgerschaft um Christi willen*; **Peregrinen**, Wanderprediger

perennis *lat., das Jahr hindurch, dauernd;* **philosophia p.**, die Jh.e überdauernder Kern der klass.-griech. u. christl.-mtl. Philosophie (Grundl. der kath. → Dogmatik)

perfecti *lat., Vollkommene*; Vollmitglieder bei den → Manichäern; **perfectio sacrae scripturae**, *Vollkommenheit der Hl. Schrift* (→ Suffizienz); → status perfectionis; **Perfekt**, vollendete Gegenwart; **perfect(um) propheticum**, hbr. Sprachform der atl. → Propheten: Schilderung von Zukünftigem im P.; **Perfektionisten**, von J. H. Noyes (†1886) gegr. amerikan. Sekte (Gütergemeinschaft, keine Einzelfamilien); Gruppe der → Disciples of Christ, die Organisation, → normative Bekenntnisse u. → Erbsündenlehre ablehnen

Peri'chorese *gr., lat.* **circumincessio (-sessio), permeatio,** *wechselseitiges Sichdurchdringen* (der Personen der → Trinität bzw. der beiden Naturen Christi)

in periculo mortis *lat., in Todesgefahr*

peri'kephalaia *gr., Kopfumhang*; gr.-orth. Mönchsschleier

Perikope *gr., Abschnitt*, in der → liturg. Ordnung vorgesehener Text zur Verlesung im Gottesdienst u. für die Predigt (→ Evangelium, → Epistel); aber → Marginaltexte

Peri'odeuten *gr., Herumreisende*; vom → Bischof der Stadt für die Landgemeinden bestellte Priester, Nachfolger der → Chorbischöfe

Peripetie *gr.,* Schicksals*umschwung*

Peristasenkatalog *gr.*, (bei Paulus) Aufzählung von widrigen Schicksalsfügungen u. *Lebensumständen* (z. B. 1 Kor 4, 10–13)

peristerium *gr., Taubengefäß*; Gefäß für → Hostien in Taubenform

Periti *lat., Erfahrene*, Fachberater der → Konzilsväter

peritome → Beschneidung

peritrachelion → epitrachelion

perizonium *gr., Lendenschurz*

permeatio → Perichorese

permissio *lat., Zulassung*; kath.: Geschehenlassen von (bösen) Handlungen durch Gott; **permissive Gesellschaft** (J. Kardinal Höffner), Bez. für eine G., in der (von Staats wegen) ethisch vieles *zugelassen* wird od. erlaubt scheint

Perse'ität *lat.*, (scholast.:) *Durch-sich-selbst-Sein*, Unabhängigkeit

Perseveranz *lat., Beharrung*; → donum perseverantiae

persona (v. *lat. personare, hindurchtönen*), Maske des Schauspielers; Rolle; **personae divinae**, die drei *göttl. Personen* der → Trinität; **Personalgemeinde**, im Unterschied zur → Parochie (kath.: Territorialpfarrei) eine Gemeinde für eine best. Personengruppe, z. B. Gefängnis-, Militär-, Studentengemeinde; → Gruppenseelsorge, → Paragemeinde; **Personal'inspiration**, Lehre, die Eingebung des Hl. Geistes sei an die Person der bibl. Verfasser ergangen (aber → Verbal-, → Real-I.); **Personal-Schematismus** → Schematismus; **Personifikation,** *Verpersönlichung* (→ abstrakter Größen)

Perspikuität *lat., Klarheit*

Pesach → Passa

Peschitta *syr., die einfache;* syr. Bibelübersetzung (4. Jh.)

Pesiqtha *mhbr.*, jüd. → Lektionar

Peterspfennig → Denarius St. Petri

petitio principii *lat., Erschleichung des Grundsatzes*; Beweisfehler durch Benutzung eines unbewiesenen Satzes als Beweisgrund; → hysteroproteron

Petrinisches → **Privileg**

Petrobrusianer, Sekte des Petrus v. Bruys († ca. 1126), der die kath. → Sakraments-Lehre bekämpfte

Pfalzdiakon, ständiger Geistlicher einer Kaiserpfalz

Pfarre(i) von *gr.* → Parochie; kath.: so viel wie (Regional-) Gemeinde; **Pfarrer** v. *gr.* → *parochus;* **Pfarrernotbund**, im Sept. 1933 von M. Niemöller gegen die → Deutschen Christen gegr. (→ Bruderrat, → Kirchenkampf); **Pfarrgemeinderat**, gewähltes → Laiengremium zur Mitarbeit in der Pfarrei; vgl. → Presbyterium; **Pfarrkonkurs** → Konkurs; **Pfarrprovisor, -verweser, -vikar**, Verwalter einer unbesetzten Pfarre (→ Vikar); **Pfarrzwang** → Parochialzwang

Pfingsten → pentekoste; **Pfingstbewegung**, → charismat. Bewegung, meist in → sektenhafter Ausprägung (**Pfingstgemeinden**), die die Notwendigkeit der Geistbegabung u. der Geistesgaben (v. a. → Zungenreden) betont (Pentekostler); **Pfingstkirchen** gehören seit 1961 zunehmend zum → World Council of Churches

Pfründe, Pfarrstelle, die ihren Inhaber (teilweise) unterhält, durch Gehaltsgleichheit der beamtenmäßig angestellten Pfarrer abgeschafft

Pfund, Mine (Lk 19, 13f.) gr. Silbermünze = 100 Denare

Phänomen *gr., Erscheinung; Wahrgenommenes* (aber → Noumenon); **Phänomenalismus**, philos. Lehre, man erkenne nur die Erscheinung der Dinge, nicht diese selbst; **Phänomenologie**, *Lehre von den Erscheinungen,* will ohne → Spekulation durch eine → Analyse der Erscheinungen zu deren Wesen vordringen

phagiphania *gr., Eßwunder*; gr.-orth.: → Epiphanias (nach der Speisung der Fünftausend)

phallos *gr.*, das erigierte männl. Glied, bes. seine Nachbildungen als → Symbol der Zeugungskraft u. Fruchtbarkeit

Pharisäer *hbr., Abgesonderter;* seit der → Makkabäerzeit streng gesetzl. lebende jüd. Partei von großem Ansehen (aber → Sadduzäer, → Schriftgelehrte); **Pharisäismus**, Stolz u. Vertrauen auf eigene vollkommene Gesetzestreue; Überheblichkeit

pharmakon athanasias *gr., Unsterblichkeitsarznei*; altkirchl. (Ignatius, † nach 110): Abendmahl

pharus, pharocantharus *gr., Leuchtgefäß*, Hängeleuchter

phelonion *gr., mantel*artiges Meßgewand des gr.-orth. Priesters

phil'adelphia *gr., Bruderliebe*

philema (hagion) *gr., (heiliger)* Friedens-, Bruder*kuß* im urchr. Gottesdienst (Röm 16, 16)

Phil'anthrop *gr., Menschenfreund*

Philippisten, Anhänger der Theologie Philipp Melanchthons im 16. Jh.; → melanchthonisch, Ggs. → Gnesiolutheraner

philokalia *gr., Liebe zur* (geistigen) *Schönheit*; gr.-orth. Sammlung aus → myst. → asket. Schriften (4.–14. Jahrhundert)

Philosemit *gr.*, Freund des Judentums; Ggs. → Antisemit

philosophia → **perennis**

Phönix, → mytholog. Vogel Ägyptens (wohl Sinnbild der aufgehenden Sonne), der nach 500jähr. Leben beim Nahen des Todes sich in seinem Nest verbrennt u. verjüngt aus der Asche steigt; christl. Kunst: Sinnbild der Auferstehung

Photinianer, Anhänger des Photinus von Sirmium, der den → Logos als unpersönliche Kraft auffaßte (345 verurteilt)

Photismos *gr., Erleuchtung,* in der → Ostkirche Bez. für die Taufe; **Photizomenen**, *die erleuchtet werden*, die → Katechumenen, die auf die Taufe vorbereitet werden

phrygisch, 3. → Kirchentonart (E-c-e)

Phtharto'latren *gr., Verehrer des Vergänglichen;* Richtung im 6. Jh., die die Unvergänglichkeit des Fleisches Christi erst nach der Auferstehung glaubte; → Aphthartodoketen

Phylakterien *gr., Schutzmittel,* → Amulette; → Tefillim; kath.: → Reliquiengefäß

Phyletismus *gr.*, Streben nach *Stammes-*, National-Kirchentum in der Ostkirche

Physikotheologie *gr.*, frühe Phase der

Aufklärung in England u. Deutschland, deutet die mannigfachen Erscheinungen der *Natur* als Offenbarungen der Herrlichkeit *Gottes*; **physikotheolog.** → Gottesbeweis

physis *gr., Natur;* **physische Erlösungslehre**, sieht die Erlösung in der Vergöttlichung der menschlichen Natur

piaculum *lat., Versöhnungsopfer, Sühnemittel*

Pia desideria *lat., Fromme Wünsche* (Schrift Speners 1675); **ad pias causas,** *zu frommen Zwecken,* Formel für Schenkungen

pia exercitia *lat., fromme* (gottesdienstähnliche) *Übungen* über die offizielle → Liturgie hinaus, z. B. → Prozessionen, → Wallfahrten, → Rosenkranzandachten usw.

pia fraus *lat., frommer Betrug*

Piaristen, Patres piarum scholarum *lat., Väter frommer Schulen,* von Jos. A Calasanca gegr. Gemeinschaft (1621 als → Orden anerkannt) zur Erteilung unentgeltl. Unterrichts an arme Kinder

pietas, Pietät *lat., Frömmigkeit*

Pietà *ital., Frömmigkeit, Mutterliebe;* Maria mit dem Leichnam Christi

Pietismus *lat.,* ev. Bewegung, die Herzensfrömmigkeit u. tätige Nächstenliebe betont (seit 17. Jh.; **Neupietismus** → Erweckungsbewegung); **erwecklicher Pietismus** neue Bez. für die → evangelikale Bewegung, von den Betreffenden der Bez. evangelikal vorgezogen; **Pietist**, (oft abwertende) Bez. eines Anhängers der pietist. Frömmigkeit; **pietistisch**, auch: enges, → gesetzl. Glaubens- u. → Moralverständnis

Pilaster *ital.,* aus der Wand teilweise *hervortretender Pfeiler*

Pilęolus (auch: subbiretum, Soli-Deo, Calotte, Zucchetto) *lat.-ital.,* kath.: nicht- → liturg. Scheitelkäppchen (Papst: weiß; → Kardinäle: rot; Bischöfe, → Äbte, → Prälaten: violett; sonst scharz)

pịleus → Barett

Pilgerväter, Pilgrim Fathers *engl.,* → Kongregationalisten, die im 17. Jh. nach Amerika auswanderten, dort d. Staaten Neuenglands gründeten u. d. gesamte rel. u. polit. Leben der Neuen Welt stark beeinflußten

Pirkę Abọth *hbr., Sprüche der Väter*; → Mischnatraktat

piscina *lat., Fischteich*; alt-kirchl.: Taufbrunnen; Ausguß (→ sacrarium) in der → Sakristei; Weihwasserbecken

Pistiker → Gnosis

pistis → Glauben

Pistis-Sophia *gr., Glaube-Weisheit,* ägypt. → gnost. Werk (3. Jh.), mit angebl. Offenbarungen Jesu an die Jünger nach seiner Auferstehung (Begegnung mit dem weibl. → Äon Pistis-Sophia)

placet *lat., es gefällt; es wird genehmigt;* Zustimmungsformel

plaga australis *lat., Südraum*; südlicher, **pl. septentrionalis**, *Nordraum*, nördl. Querschiff-Flügel der → roman. Kirche

planeta → Kasel

Platonismus, Denken in den Gegensätzen von sichtbar u. unsichtbar, leiblich u. geistig, Erscheinung u. Idee in Anlehnung an Platons († 347 v. Chr.) Philosophie, → Ideen-Lehre

plebanus *lat.,* **Leutpriester**; → Weltgeistlicher; mtl.: → Pfarrvikar statt → Pfründen-Inhaber

Plenar'ablaß *lat., Voll-* → *Ablaß*

Plenarien *lat., Vollbücher*; mtl. → Agenden

Plenarkonzil, Organ der teilkirchl. Gesetzgebung, → Konzil mehrerer

→ Kirchenprovinzen unter einem → Legaten, statt → Nationalkonzil

pleroma *gr., Vollzahl, Fülle*; → gnost.: Fülle der Gottheit, des → Lichtreiches

Plerophorie *gr., Fülle* (des Glaubens)

Pluralismus *lat., Vielheitslehre*, nach der eine Ganzheit aus vielen eigenständigen Teilen besteht; kath. Kirchenrecht: unzulässige Vereinigung mehrerer hoher Ämter in einer Person

plutonisch, zur Unterwelt gehörig (Pluto = gr. Gott der Unterwelt)

Pluviale *lat.*, kath.: offener, mit einer Schließe zusammengehaltener Überwurf (mit Kapuze) des Priesters; Chormantel, getragen auch von → Kantoren, → Mitra- u. Stabträgern

Plymouthbrüder → Darbysmus

pneuma *gr., Geist* (Gottes); **Pneumatiker**, *Geisterfüllter* (aber → Charismatiker; → Gnosis); **pneumatisch**, geistgewirkt, geisterfüllt, geistlich; **Pneumatologie**, *Lehre vom Hl. Geist*; **Pneumatomachen**, *Geistbekämpfer* (= Macedonianer), altkirchl. Gruppe, die die → Homousie des Hl. Geistes ablehnte

poena *lat., Strafe*; **p. vindicativa**, kath.: *Sühnestrafe*, die das Vergehen unmittelbar bestraft; **p. medicinalis**, *bessernde Strafe*, **p. temporalis**, *zeitlich* begrenzte *Str.;* **Poenalitäten**, kath.: Sündenfolgen, die nach der persönl. Erlösung bleiben (Leiden, Tod u. a.); **Poenitenten**, *Büßende*; **Poenitentenorden**, *Büßerorden*; **poenitentia**, *Buße*, kath.: Bußsakrament; **Poenitentialien**, kath.: *Büßbücher* mit dem Strafmaß für die verschiedenen Sünden; **Poenitentiar**, kath.: Geistlicher, der auch in bischöfl. → Reservatfällen → Absolution aussprechen darf; **Poenitentiarie**, Behörde der → Kurie für Absolution in päpstl. → Reservatfällen, das für innere Bereiche zuständige Gericht der Kurie; **Poenitenz**, kath.: in der Beichte aufgelegte Bußleistung

Pogrom *russ., Verwüstung*; Hetze u. Ausschreitungen geg. einen Bevölkerungsteil, z. B. Juden od. Neger

Poimenik *gr., Lehre vom Hirtenamt*, d. h. der Seelsorge

Polemik *gr., Feindseligkeit*; (wissenschaftl.) Streit; **polemisch**, kämpferisch; Ggs. → Irenik

politia *gr.-lat., Staatswesen (Polizei)*; Dreiständelehre

Politisches Nachtgebet, abendl. Gottesdienst mit einem (sozial-) polit. Thema, das in Information, Diskussion, Meditation u. Aktion behandelt wird (zuerst in den sechziger Jahren in der ev. Kölner Antoniterkirche mit D. Sölle u. a.); **Politische Theologie**, Versuch, die christl. Botschaft unter den Bedingungen der «nachbürgerlichen» Gesellschaft zu formulieren angesichts ihres sozialen u. polit. Strukturwandels (J. B. Metz, J. Moltmann), der → Theologie der Revolution verwandt, wenn sie auch nicht unter dieser subsumiert werden möchte

Polyandrie *gr., Vielmännerei*; **Polydämonismus**, Glaube an eine *Vielzahl von Dämonen*; **Polygamie**, *Vielehe*; **Polygenie, Polygenismus**, die Annahme, die verschiedenen Rassen *stammten von vielen* Urelternpaaren *ab*; **Polyglotte**, *mehrsprachige* (Bibel); **Polygynie**, *Vielweiberei*; **Polyhymnia** → Musen; **Polytheismus,** *Vielgötterei*

pomellum *lat., kleiner Apfel*: Knauf des Kelches; → nodus

pompa *lat.*, **pompe** *gr.*, in der Antike

kult. Umzug zu od. mit einer Gottheit bei öffentl. Festen; **p. diaboli**, *Teufels-Aufzug*, mtl. Bez. für Schaustellungen, Theater, Wettkämpfe u. ä.

pontifex *lat., Brückenbauer*; röm.: *Oberpriester*; christl.: Bischof; **p. maximus (summus)**, *oberster Priester; Hoherpriester*; Titel des röm. Kaisers, seit 445 des Bischofs von Rom (→ Papst); **Pontificale**, → Liturgiebuch für bischöfl. Handlungen; **Pontifikalamt**, kath.: vom Bischof gehaltenes → Hochamt; **Pontifikalien**, Handlungen, bei denen der B. seine → Insignien gebraucht; **Pontifikalkleidung**, vollständige Amtstracht («voller Ornat»), von Päpsten u. Bischöfen früher gelegentl. auch außerhalb der Meßfeier angelegt; **Pontifikat**, Amt u. Würde des Papstes; **pontifizieren**, das → Hochamt halten

Pope (von gr. → papas), fälschl. Bez. für alle Priester der orth. Kirchen; urspr. Bez. von → Weltgeistlichen (nur im griech.-balkan.-russ. Raum); seit 19. Jh. im Russischen nur noch Schimpfwort

Popowcy, russ.-orth.: zu den → Raskolniken gehörige, im 17. Jh. aus den → Starowerzen hervorgegangene Gruppe, die nicht auf Priester verzichten wollte; Ggs. → Bezpopowcy

porta coeli *lat., Himmelstür*; häufig Klostername; Ehrenname Marias

Portatil *lat., Trag*altar für Reisen; **Portativ**, *Trag*orgel

porticus *lat., Vorhalle* (der Kirche)

Portiuncula'ablaß, vollk. → Ablaß, urspr. nur am Einweihungstag (2. Aug.) der Portiunculakirche (Lieblingskirche des Franz von Assisi) den Besuchern erteilt; seit 1622 in allen Franziskanerkirchen

Positiv, kleine Standorgel

positiv *lat., bejahend; gut; wirklich;* **positiver Glaube** → Neu-Luthertum; **positive Religion**, Offenbarungsglaube im Ggs. zur → natürl. Rel.: **Positivismus**, subjektiv-→ empirist. Lehre im 19./20. Jh. (begr. von A. Comte, †1857): Erkenntnis beruhe nur auf «positiven» Tatsachen, die in Wahrnehmungen (Sinneseindrücken, Empfindungen) vorliegen

possibi̦litas non morie̦ndi *lat., die Möglichkeit, nicht zu sterben,* dogmat. Aussage über die Urbeschaffenheit des Menschen; **p. utriu̦sque**, *die Fähigkeit, nach beiden Seiten* zu entscheiden

Postexistenz *lat., nach*irdisches *Dasein*; Ggs. → Präexistenz

Postille *(v. lat. post illa verba, nach jenen Worten),* Erklärung eines bibl. Abschnitts; (Jahrgang von → Homilien); Predigtbuch

Postkommunion *lat.*, (Schlußgebet) *nach der Abendmahlsfeier* (→ missa)

Postlapsarier → Infralapsarismus

Postsanctus *lat., nach dem Heiligen*; Lobgebet nach dem → Trishagion

Postulant *lat., Fordernder*; → Novize vor der Einkleidung; **Postulat**, vorausgesetzte *Forderung*; **postulator** → advocatus Dei; **Postulats'theologie**, Kants Forderung einer Theologie, die sich nicht an → Spekulationen, sd. an Postulaten der «prakt. Vernunft» orientiert (→ kategor. Imperativ)

potentia *lat., Kraft, Vermögen, Möglichkeit*; **p. absoluta**, scholast.: *die unbedingte Macht* Gottes, in einer möglichen anderen Schöpfung anders zu handeln; **p. oboedientialis** *Fähigkeit* des Geschöpfes *zum Gehorsam* bzw. zum Hören auf das Offenbarungswort (vgl. → Anknüpfung); **p. ordinata**, scholast.:

die *geordnete Macht*, durch die Gott sich selbst an die von ihm erlassene Ordnung bindet; **potentiell**, verborgen vorhanden, *möglich* (Ggs. → aktuell)

potęstas *lat., Macht, Amtsgewalt*; **p. clavium**, *Amt der Schlüssel*, d. h. der Sündenvergebung u. -behaltung («Löse-» u. «Bindeschlüssel», Mt 16,19; 18, 18) **p. ecclesiastica**, *Kirchengewalt*; **p. jurisdictionis**, *Rechtsgewalt*; **p. legislativa**, *gesetzgebende Gewalt*; **p. magisterii**, *die Gewalt des* (kirchl.) → *Lehramts*; **p. ordinis**, → *Weihe-Gewalt*; kath.: Fähigkeit der → Sakraments-Spendung

Präadamiten, Lehre von La Peyére (1655) über die Existenz von Menschen vor der Erschaffung Adams (vgl. 1 Mose 4,14)

Präambel *lat., Vorrede, Vorspruch*; **praeambula fidęi**, *Voraussetzungen des Glaubens*, kath.-dogmat.: die → natürliche Theologie (Vernunft) weiß das Dasein Gottes u. geht dem Glauben voran

Präanimismus → Dynamismus

Präbęnde *lat., das zu Gewährende*; → Pfründe; Einkünfte eines Kirchenamtes, für eine Stelle an einem → Stift

Präcentor *lat., Vorsänger*, mtl.: Leiter des → Chordienstes

praeceptum *lat., Vorschrift*; kath.: göttliches Gebot

praecipuum membrum ecclęsiae *lat., hervorragendes Glied der Kirche*, Melanchthon über ev. Landesherren zur Begründung für ihre Übernahme bischöfl. Rechte (→ Summepiskopat)

praeconium pas'chale *lat., Osterankündigung*; kath.: in der Osternacht bei der Weihe der → Osterkerze vom → Diakon gesungener → Hymnus

prae'definitio *lat.*, kath.: die → Prädestination, die auf einzelne Akte des Menschen bezogen ist

Prädeismus *lat., dem Götterglauben voraus*liegende rel. Vorstellungen des → Dynamismus

Prädestination *lat.*, Gottes *Vorherbestimmung*; Erwählung; **gemina pr.**, *doppelte Pr.* (zu Heil u. Verwerfung); aber → vocatio

Prädetermination *lat., Vorausbestimmung* (menschl. Verhaltens zu Gott)

Prädikant *lat.*, (Hilfs-)*prediger;* **Prädikantenorden**, *Predigerorden* (→ Dominikaner)

Prädikation *lat., Bekanntmachung*; ntl. *Titel* für Jesus Christus: → Rabbi, → Prophet, Sohn Davids, König, der Heilige, Knecht Gottes (→ ebed Jahve), → Messias, → Menschensohn, → Kyrios, Sohn Gottes, → Logos, Anfänger (Urheber) u. Vollender (des Glaubens), Stein (→ Eckstein, [besser: Gewölbe-] Schlußstein), Haupt (der Kirche), Leib der Gemeinde, Heiland, Retter, → Hoherpriester, Lamm, → Paraklet

Präexistenz *lat., Vorherdasein* (Christi vor der Welt: Phil 2,6; Joh 1,1 f., 14; Gal 4,4); **Präexistenzianismus**, Lehre, Gott habe alle Seelen bereits am Anfang der Weltschöpfung miterschaffen

Präfamen *lat., Vorspruch*, kurze einleitende Erklärung vor einer Bibellesung im Gottesdienst

Präfation *lat., Vorrede*; → liturg. Stück im Abendmahl («die Herzen in der Höhe»)

Präfekt *lat., Vorgesetzter, Aufseher;* **apostolischer Pr.**, kath.: Leiter eines bistumsähnlichen Gebietes (apostol. Präfektur), das als Missionsgebiet gilt; **praefectus praetorio** → Prätorium

Präfiguration *lat., Vorbildung*, in der Bibelauslegung der → Kirchenväter gebräuchl. Bez. für atl. (Heils-) Geschehnisse, in denen ntl. Heilsgeschehnisse vorgebildet erscheinen (z. B. Adam als erster Mensch der alten Schöpfung u. Christus als erster Mensch der neuen Schöpfung); → Typologie

Präkognition *lat., Vorher-Erkenntnis*, Hellsehen in bezug auf die Zukunft; Ausdruck der → Parapsychologie

Präkonisation *(lat. praeco, Herold)*, feierl. Besetzung eines Bischofsstuhles durch den Papst im Geheimen → Konsistorium; Namensverkündigung eines neuen → Bischofs im → Kardinalskollegium nach der Ernennung durch ein päpstl. → Dekret

Prälat *lat.*, höherer Geistlicher (kath.: an der → Kurie), → Protonotar ad instar; **praelatus nullius** (dioecesis), kath.: Pr., der eine Regierungsgewalt ausübt, ohne einem Bischof zu unterstehen, **Prälatur**, Amt u. Gebiet eines Prälaten

Prämonstratenser, (OPraem), vom Kloster Prémontré (Frankreich) aus durch Norbert v. Xanten 1120 gegr. Orden von → regulierten → Kanonikern, bes. für die Christianisierung des Ostens

praemotio physica *lat., Vorbewegung der Natur*; kath.: Gottes dem natürl. Tun des Menschen vorausgehendes Wirken

praepositus *lat., Vorgesetzter, Vorsteher*; Bischof; → Propst; **pr. major**, Dompropst

Präsanktifikatenliturgie *lat.-gr.*, → *Liturgie der vorher geheiligten* Gaben, → Kommunionfeier an Tagen ohne → Messe, bes. in den → Ostkirchen

Präsentationsrecht *lat.*, das auf dem → Patronat od. anderen Rechtstiteln beruhende Vorschlagsrecht für Kirchenämter, insbes. Pfarrstellen (→ Benefizien)

Präses *lat., Vorsitzender*, einer → Synode (dann meist: Präsident) oder einer Landeskirchenleitung anstelle eines Bischofs

Praeskript *lat.*, Briefeinleitung

Prästabilierte → **Harmonie**

Präszienz *lat., Vorauswissen* (Gottes)

praetorium *lat.*, Amtswohnung des röm. Statthalters (Prätors); kaiserl. Villa; Königspalast; **praefectus praetorio**, Befehlshaber der kaiserl. Leibgarde

Praevulgata → Vetus Latina

Präzedenz *lat., Vorhergehen*, Vortritt bei → Prozessionen; **P.fall**, als Vorbild dienendes Ereignis

Präzisismus *lat.*, → pietist. Anschauung, die keine → adiaphora gelten läßt

Prager Friedenskonferenz → Friedensbewegung

pragmatisch *gr., auf das Handeln bezüglich*; **Pragmatische Sanktion von Bourges** → gallikanisch; **Pragmatismus**, Anschauung, wonach Vorstellungen u. Begriffe nur Regeln für das Verhalten (*gr.* pragma) bilden; → Kriterium ihrer «Wahrheit» sei ihre Bewährung (Nützlichkeit) in der Erfahrung; → Utilitarismus, → Positivismus

Praktische Theologie, Zweig der wissenschaftl. Th., der auf das Pfarramt vorbereiten will; → Pastoraltheologie

praxis pietatis *lat., Praxis (Art) der* (tägl.) *Frömmigkeit*

preces *lat., Bitten*; mtl. Empfehlungsschreiben (des Papstes) für → Pfründe-Bewerber; Fürbitten in den → Horen; **Precist**, Anwärter auf eine → Pfründe

Predella *ital., Staffel*; geschmückter Sockel des Altar-Aufbaus

Predigt *(von lat. praedicare, verkündigen)*, gottesdienstl. Rede, in der Regel über einen bibl. Text; → Kerygma, → fides ex auditu, → ministerium verbi divini, → viva vox Evangelii

Prekarie *lat., bittweise*, auf Widerruf gewährtes Besitzverhältnis; mtl. Form der Landverleihung od. einer Schenkung an die Kirche

Presbyter *gr.*, **Archipresbyter**, *Ältester*, (urchristl.) Gemeindeleiter, davon «**Priester**»; kath.: zweiter höh. → Weihegrad; calvinist.: mit der Kirchenzucht betraute Mitglieder des → Presbyteriums, Laienälteste; **presbyter assistens**, kath.: beim → Pontifikalamt mithelf. Priester; **Presbyterialverfassung**, auf Calvin zurückgehender, ref. Typus der ev. Kirchenverfassung; Geistliche u. Laien wirken gleichberechtigt zusammen; **Presbyterianer**, diejenigen ref. Kirchen u. Gemeinschaften, die die Presbyterialverfassung zur Grundlage kirchl. Ordnung machen (Ablehnung von → episkopalist. Verfassung u. kirchl. → Konsistorialsystem), herkömml. nur auf die engl. Pr. angewandt; **Presbyterianische Allianz** → Reformierter Weltbund; **Presbyterium**, (altchr.:) Kollegium der Presbyter (und → Diakone); calvinist.: **Kirchenvorstand, Gemeindekirchenrat; presbyter(oi)**, Gruppe von namentl. meist unbekannten Zeugen der nachapostol. mündl. Überlieferung

Priester → Presbyter

Priesterkodex, Priesterschrift (P), jüngste Quellenschrift im → Pentateuch, aus jüd. Priesterkreisen; → Elohist, → Jahvist

Priestertum aller Gläubigen, luth.: Verkündigungs- u. Seelsorgeauftrag aller Christen nach 1 Petr 2,9; auch: allgemeines Priestertum; → Laienapostolat

Priesterweihe → Ordination, → Sakrament, → Weihen

Prim *lat.*, früher klösterl. u. priesterl. Gebetszeit (→ Hore) um die 1. Stunde (Sonnenaufgang)

prima causa *lat., Erstursache* (bei der Entstehung der Welt), Aristoteles († 322 v. Chr.): unbewegter (erster) Beweger (*gr. protos kinun, lat. primus movens*); → Gottesbeweis; **prima gratia**, *die erste* (=die Tauf-) *Gnade*

primär *lat., an erster Stelle*; **P.-literatur**, → Quellen (Ggs. → Sekundärliteratur)

primarius → Pastor

Primas *lat., der erste, vornehmste;* Oberbischof mit Ehrenvorrang vor den → Metropoliten u. Bischöfen eines Landes, teilweise mit größeren Hoheitsrechten betraut (Berufung u. Leitung einer National-→synode, Annahme von → Appellationen u. Weihe der Metropoliten); Ehrentitel von → Erzbischöfen (Salzburg: P. Germaniae)

Primat *lat., erste Stelle, Vorrang* (des Papstes; → Infallibilität)

Primitialopfer *lat., Erstlingsopfer*

Primiz *lat.*, kath.: *erste Messe* eines Priesters; → Sekundiz

primus → **usus legis; primus movens** → *prima causa*; **primus inter pares** *lat., erster unter gleichen*

princeps → **apostolorum** *lat., Fürst der Apostel*, Ehrentitel des Petrus

Prior *mlat., Oberer* des Klosters unter dem → Abt; **Priorat**, kleinere Klostergemeinschaft

Priscillianismus, nach Priscillian († 385) benannte asket. Bewegung in Spanien (4.–6. Jh.)

Privatbeichte, Einzelbeichte (v. a.: kath.) im Unterschied zur Gemeindebeichte (v. a.: ev.); → Beichte; **Privatkommunion**, Abendmahlsfeier für einzelne (Kranke); **Privatmesse** → missa privata

Privilegientheorie → Legaltheorie

privilegierte Totenmessen, kath.: an best. Tagen des ersten Monats nach dem Tode, werden mit Vorrang behandelt

privilegium *lat., Vorrecht*; **pr. canonis**, kath.: Vorrecht des → Klerus auf staatsrechtl. Schutz gegen tätl. Angriffe; **pr. competentiae**, Vorrecht, wonach Kleriker mit einem Teil ihres Einkommens vor Beschlagnahme geschützt sind; **pr. fori**, kath.: Freiheit des Klerus *von* weltl. *Gericht*; **pr. immunitatis**, kath.: Vorrecht der Steuerfreiheit für → Kleriker; Militärdienstfreiheit für Kleriker; **Privilegium Paulinum (Petrinum)**, kath.: Vollmacht des Nachfolgers Petri (= des Papstes), eine nicht → sakramental geschlossene Ehe unter best. Bedingungen zu lösen (vgl. 1 Kor 7, 12–15)

Probabiliorismus *lat.*, kath.: Morallehre, die besser gegründete Meinung möge für das Handeln entscheiden; → Moralsysteme

Probabilismus *lat.*, (→ jesuit.) → Moralsystem, das dem Gewissen geg. sonst sichere Normen eine bessere Meinung erlaubt

processio aetẹrna *lat., das ewige Hervorgehen* (des Geistes aus Gott); → filioque

Processionale *lat.*, → liturg. Buch für → Prozessionen

processus *lat.*, kath.: Heiligsprechungsprozeß; **p. generalis** *allgemeine* Verhängung des Kirchenbannes (→ Exkommunikation)

prodigium *lat., wunderbares Vorzeichen*

profan *lat., vor dem heiligen Bezirk liegend; ungeweiht*, weltlich; **Profanation**, *Entweihung*; Entwürdigung; **Profangeschichte**, weltl. Geschichte, Ggs. Kirchengesch.; **Profangräzität**, Sprachgebrauch der weltl. gr. Schriftsteller

Profẹß *lat., öffentliches Bekenntnis*, feierl. Ablegung der → Ordensgelübde; **professi**, Vollmitglieder eines Ordens; → Jesuiten, die als 4. Gelübde dem Papst unbedingten Gehorsam geschworen haben

professio fịdẹi *lat., Bekenntnis des Glaubens*

Progrom, fälschl. für → Pogrom

prok<u>ei</u>menon *gr., Vorausliegendes, Vorwort*; Psalmvers vor einer Schriftlesung

Proklamation *lat., öffentliche Verkündigung*

Prokurator *lat.*, röm.: Statthalter ritterl. Standes in kaiserl. Provinzen; kath.: Stellvertreter ohne kirchenregimentl. Befugnisse

Prolegọmena *gr.*, grundlegende *Voraus-Erörterungen*

Prolọg *gr., Vorrede*

pro me *lat.*, Luther: die Geltung des Christusheils *für mich* (→ certitudo)

promissio *lat., Versprechen;* **p. sponsalitia**, *Verlöbnis*; **promissiorischer Eid**, *versprechender E.* (→ assertorisch)

promitto *lat., ich verspreche*, das Gehorsamsversprechen der Weihlinge gegenüber dem Bischof bei der Priesterweihe

promọtor fịdẹi → advocatus diaboli

Promulgation *lat., öffentliche* Bekanntmachung (von Gesetzen u. → Konzils-Beschlüssen)

pro'naos *gr., lat.* **ạtricum**, *Vortempel*; Vorhalle der Kirche

pro nobis *lat., für uns*

Pronuntius *lat.*, päpstl. → Nuntius mit → Kardinals-Würde

Pronunziamento *ital., öffentl.* (päpstl.) *Erklärung*

Propaganda *lat., Werbung*; → Kongregation

Prophet *gr.*, berufener *Sprecher* («Mund»: Jer 15,19) Gottes zur Verkündigung seines Willens (u. der Zukunft); **Prophetie**, *öffentl.* Rede in direktem Auftrag Gottes; → munus; **Frühere Propheten** (prophetae priores) = Jos, Ri, 12Sam, 12Kön; **Große Pr.** (pr. maiores) = Jes, Jer, Ez; **Kleine Pr.** (pr. minores) = die 12 Kl. Pr. (→ Dodekapropheton) von Hos bis Mal; **Spätere Pr.** (pr. posteriores) = die Gr. Pr. Jes, Jer, Ez

propitiator *mlat., Versöhner*; **propitiatorisch**, *versöhnend*

propositio *lat., Ankündigung;* Thema der Predigt bzw. der Diskussion; These

propositiones personales *lat., persönliche Bezeichnungen* (Gottes-, Menschensohn u.a.); → Prädikation

proprietates *lat., Eigenschaften;* aber → Akzidenz

Proprium *lat., Eigenes*; Stücke der → Liturgie, die nach dem Kirchenjahr wechseln; **pr. sanctorum**, kath.: dass. *für Heiligen*tage; Ggs. → **Ordinarium**

Propst, Probst (v. *lat.* → *praepositus*), kath.: Vorsteher eines Filialklosters; oder → Prior; mit der Verwaltung des Kapitalvermögens betrauter → Domherr (Dompropst); vielfach Titel f. Pfarrer ehemal. Klosterkirchen; ev.: in Norddtschl. Bez. f. Pfarrer größerer Pfarreien bzw. leitende Geistliche eines größeren Kirchengebietes **(Propstei)**; → Dekan

propter Christum *lat.*, reformator. (CA IV): → Rechtfertigung des Sünders allein *um Christi willen* (→ justitia aliena, → solus Christus)

propylon *gr., Vorhalle*; Torhalle der Kirche

prosarium → Sequenzen-Sammlung

Prose → Sequenz

Pros'elyt *gr., Hinzugekommener*; Fremdling; zum Judentum Übergetretener; **Proselytentaufe**, spätjüd.: → rituelles Reinigungsbad beim Übertritt zum Judentum; **Proselyten machen**, übertragen: andere bekehren, für die eig. (Welt-)Anschauung gewinnen; **Proselytismus**, das Gewinnen von Anhängern mit allen Mitteln

pros'euche *gr., Gebet*; jüd. Gebetsstätte

Proskomidie *gr., Herbei-, Darbringung*, orth.: Zurüstung der Opfergaben Brot u. Wein auf der → Prothesis

Proskynese *gr., kniefällige Huldigung, Anbetung*; kath.: Gott allein zukommende Anbetung (→ latreia); (→ Heiligen-)Verehrung (→ Dulie, → Hyperdulie)

Prosphönese → Fürbittengebet

prosphora *gr., lat.* → *oblatio, Darbringung,* → *Opfer*; gr.-orth.: fünf Weizenbrote auf dem Rüsttisch, aus denen der Priester ein Abendmahlsbrot auswählt

prostratio *lat., Niederwerfung*; kath.: → liturg. sich zu Boden werfen bei den höh. → Weihen u. am Karfreitag; Fußkuß

Protest *lat., Zeugnis für etwas*

Protestantenpatent, Erlaß Kaiser Franz Josephs I. von 1861, der den Evangelischen die Gleichberechtigung gewährte; → Toleranzpatent

Protestantenverein, Zusammenschluß → liberaler Theologen (1863) gegen → Dogmenzwang (→

Neuluthertum) u. für die Verständigung des Protestantismus mit der modernen Kultur

Protestantismus *lat.*, Bez. der aus der Reformation des 16. Jh. hervorgegangenen Kirchen, seit der **«Protestation»** der ev. Stände auf dem Reichstag zu Speyer 1529

Prot'evangelium *gr., Erstevangelium*: 1 Mose 3,15, als Weissagung auf Jesus gedeutet

prothesis *gr., Schaustellung*; gr.-orth.: hinter der Bilderwand (→ Ikonostase) gelegener Zurüstungsraum für Opfergaben mit Rüsttisch; der Rüsttisch; der Zurüstungsakt der → prosphora auf dem Rüsttisch; → Proskomidie

proto'hieros → protopapas

Protokanonische Bücher, *gr., in erster Linie zum → Kanon gehörige Bücher*

Protologie *gr., Lehre vom Ersten*, d. h. von den Weltanfängen; Ggs.: → Eschatologie

Protonotar *gr.-lat.*; MA: Kanzler; **apostolische Pr.e**, sieben hohe Geistliche der → Kurie für Protokollführung u. Abfassung päpstl. Urkunden; **protonotarii supranumerarii**, (→ Prälaten-) → Kanoniker, der 3 röm. → Patriarchalbasiliken u. 9 anderer (nichtröm.) Kirchen; **pr. ad instar**, vom Papst verliehene Würde, mit Erhebung zum → Prälaten; **pr. titulares seu honorarii,** alle → General- u. → Kapitelsvikare im Amt, schließt nicht die Prälatenwürde ein

proton pseudos *gr., Grundirrtum*

protopapas *gr., Erst-Vater;* **Protopope**, *Oberpriester*

Protoplasten *gr., die Erstgeschaffenen* (Adam u. Eva)

Prototyp *gr., Urbild*

proverbia (Prov, Spr) lat., *Sprichwörter, Sprüche* Salomos

providentia *lat., Vorsehung; Fürsorge* (Gottes); **pr. universalis,** *für die Welt,* **specialis**, für die Menschheit, **specialissima**, für den Gläubigen

Provinzial *lat.*, Oberer einer → Ordensprovinz; → Kapitel; **Provinzialkonzil** → Konzil

Provision *lat.*, kirchenrechtl.: rechtmäßige, dauernde Verleihung kirchl. Ämter

Provisor *lat.*, mtl.: *Verwalter* einer → Diözese; ev.: Kirchenvorsteher (-pfleger u. a.) zur Verwaltung des Kirchenvermögens; → **Pfarrprovisor** → Pfarrverweser

pro vivis et pro defunctis *lat., für Lebende u. Gestorbene*

Prozession *lat.*, kath.: *Auf-* u. *Umzug* als gottesdienstl. Feier, Bittgang u. a. ; **Prozessionale**, enth. Gesänge für Prozessionen

Prozeßtheologie, theol. Richtung (in den USA, seit etwa 1970; J.B. Cobb), fußt auf der Theorie des Prozeßdenkens des engl. Mathematikers u. Naturphilosophen A.N. Whitehead († 1947)

Psalm *gr., geistliches Lied*; **Psalmist**, Psalmdichter; **Psalmodie**, → liturg. *Psalmengesang;* **psalter(ium)**, die Sammlung der Psalmen; harfenähnl. Musikinstrument; **Psalterium Romanum**, der → Itala entnommener Psalmtext; **psalterium feriatum**, *Feier*-Psalmbuch, das die Psalmen für einzelne Wochentage durch → Initialen hervorhebt; **ps. non feriatum**, Psalmbuch ohne Hinweise für den → Chordienst

pseud- *gr., irrig, trügerisch*; **Pseudepigraphen**; *fälschl. zugeschriebene Schriften*, bes. Bez. für Schriften des → Spätjudentums, die eine atl. Gestalt als Verfasser ausgeben (Jesaja, Baruch, Henoch, Esra); **Pseudoisidorische Dekretalen**, unter dem Namen des Bischofs Isidor von Sevilla († 636) um 850 im Erzbistum Reims entstandene Sammlung teils echter, teils ver- u. gefälschter → Dekretalen mit dem Ziel der Stärkung der Position der → Bischöfe gegenüber den → Metropoliten; **Pseudo-Klementinen**, Clemens von Rom (1. Jh.) zugeschriebener → judenchristl. Roman aus dem 3. Jh.

Psyche *gr., Seele*; **psychisch**, *seelisch;* **Psychiker** → Gnosis; **Psychoanalyse, Tiefenpsychologie**, von S. Freud († 1939) begründete → Methode der Bewußtmachung von ins Unbewußte verdrängten Ursachen seel. Störungen als wesentl. Moment einer → Psychotherapie; **psychokạtharsis**, *Reinigung der Seele;* **Psychologie**, Wissenschaft von seel. Vorgängen; **Analytische Psychologie**, von C. G. Jung († 1961) u. s. Anhängern vertretene Richtung der Psychoanalyse (mehr geisteswissenschaftl. orientiert, im Unterschied zur mehr naturwiss. orientierten Psychoanalyse Freuds); **Psychologismus**, Anschauung, alle (rel. u. philos.) Aussagen seien Ausformung von seel. Empfindungen; **Psychomonismus**, Anschauung, alles Seiende sei *allein seel.* Natur; **Psychopath**, *seel. Kranker;* **Psychophạrmakon**, *seel. wirkendes Heilmittel;* **Psychophysik**, → empir. Erforschung der Beziehungen zw. Leib u. Seele (Fechner † 1887); **Psychopomp**, *Seelengeleiter* (in den → Hades); **Psychose**, seel. Störung, Geisteskrankheit; **Psychosomatik**, medizin.-therapeut. Lehre von den *Seele – Leib* –Wechselwirkungen (V. v. Weizsäcker, † 1957); **Psychotherapie, psychotherapeutisch**, *Heilung seel.* Störungen (vielfach durch → Psychoanalyse)

pụeri oblạti → Oblaten

pulpitum *lat.*, (Lese)*pult*

Punktation *lat.*, Ausstattung des hbr. Konsonantentextes mit Vokal- u. Lesezeichen (→ mater lectionis); **Punktatoren,** *hbr.* **Naqdanịm**, die → masoretischen → Schriftgelehrten (4.–6. Jh.)

Puranas *ind.*, alte Urkunden des → Hinduismus mit Weltentstehungs- → Mythen, → Legenden u. rel. Vorschriften

purgatorium *lat., Läuterungsort*; kath.: Fegfeuer als Stätte der Begnadeten, die unabgebüßte Sündenstrafen haben (1 Kor 3,15)

purificatio *lat., Reinigung*; die Spülung des Kelches nach der Messe mit Wein; → unio mystica; **p. Mariae** → Candelaria; **Purifikatorium**, Tuch zum Abwischen des Kelches bei der Messe

Purịm, jüd. Fest (14./15. → Adar) zur Erinnerung an die Rettung der Juden vor einem pers. → Pogrom

Purismus *lat.*, (zu starkes) *Streben nach Unverfälschtem*; **Puristen**, Reinheitsfanatiker; Vorkämpfer der → Verbalinspiration des gr. NT (17. Jh.); **Puritanismus**, engl. Richtung seit 16. Jh., die die → anglik. Kirche streng calvinistisch von kath. Bräuchen «reinigen» wollte; **Puritaner**, Anhänger des P.

Putativehe *lat., Meinungsehe*; kath.: nichtige oder anfechtbare Ehe, die in Unkenntnis über ein entgegenstehendes → Ehehindernis besteht

Pythagorẹer, von Pythagoras 532 v. Chr. gegr. → Orden (Gütergemeinsch., → Askese, → Zahlen-Metaphysik, Glaube an → Seelenwanderung)

Pythia, Priesterin in → Delphi

Pythiasritter, amerik. kath. Wohltätigkeitsorden (1864)

Python, schlangenartiger Drache, der → Delphi bewachte, von Apollo erschlagen; Wahrsagegeist überhaupt (Apg 16,16)

pyxis gr., *Büchse* für die → Hostien

Q

Qerę *hbr., lies!*; → Marginal- → Masora mit besserer hbr. Lesart

Qịbla → Kiblah

Qịjas *arab., Analogieschluß*; Zusammenstellung → analoger oder → syllogistischer Stellen aus → Koran u. → Sunna, neben diesen und → Idschma die vierte Quelle des islam. Rechts

Qina *hbr., Klage*; Dichtform des hbr. Klageliedes (3:2 Versfüße)

Qohęlet → Kohelet

Quadragęni *lat.*, kath.: *40*tägige Kirchenbuße

Quadragesima *lat., vierzig*; 40tägige Fastenzeit vor Ostern von → Aschermittwoch an

quadrans → Heller

Quadratnotation *lat., Quadratniederschrift*; in → liturg. Büchern gebräuchl. Notenschrift mit quadratischen Köpfen

Quadratschrift, seit dem → Exil gebräuchl. hbr. Buchstabenform, bei der meist ein Quadrat gefüllt wird

quadrivium *lat., Vierweg*, Kreuzweg; zweite (mathematische) Gruppe der → artes liberales: Arithmetik, Musik, Geometrie, Astronomie

Quäker *engl., Zitterer*, urspr. Spottname für die von G. Fox († 1691) gegr. «Gesellschaft der Freunde»: engl. Freikirche von einfacher, ernster Frömmigkeit; → pazifist. Haltung, soziale Hilfstätigkeit, Ablehnung von → Dogmen u. → normativen Bekenntnissen; Silent → Meeting; → Friedenskirchen

quaestio *lat., Frage*; scholast. Lehrmethode: Frage – Argumente wider u. für – Antwort – Auflösung der Widersprüche (→ distinctio); **qu. facti**, *Tatsachenfrage*; **qu. juris**, *Rechtsfrage*

qualificatio *lat., Befähigungsnachweis*; kath.: kirchl. → Zensur für theologische Lehrsätze; **theol. Qualifikation**, in der → (Neu-)Scholastik Verbindlichkeitsgrad einer theol. Aussage

Quartodezimaner *lat. Anhänger des Vierzehnten*, kleinasiat. Christen im 2. Jh., die am 14. → Nisan unabhängig vom Wochentag Ostern (→ Passa) feierten

Quasimodogeniti *lat., Gleichwie die Neugeborenen*; Sonntag nach Ostern (→ Introitus aus 1 Petr 2, 2)

Quatember *(lat. quattuor tempora, die vier Jahreszeiten)*, kath.: dreitägige Fastenzeiten nach → Aschermittwoch, → Pfingsten, Kreuzerhöhung (14. Sept.) und Lucia (13. Dez.); Fristen für Zahlungen u. ä.

Quattrocento *ital., 400*; Abk. für 1000 + 400, das 15. Jh. (Früh- → renaissance)

Quattuor Coronati *lat., die vier Gekrönten,* Heilige, röm. Bildhauer, Märtyrer († 304) mit Marterkronen aus spitzen Steinen

Quellenscheidung, Heraussonderung selbständiger, älterer Quellen aus einem Text; → Literarkritik

Quępmas *(v. lat. Quem pastores laudavere, «Den die Hirten lobeten sehre»)*, alter volkstüml. Wechselgesang am Heiligabend

quịdditas *mlat.*, scholast.: *das, was etwas ist* (z. B. das Ding ist was? – Stein); aber → haecceitas

quid pro quo *lat., etwas statt etwas,* Verwechslung

Quietismus (*lat. quietus, ruhig*), widerstandsloses Hinnehmen aller Dinge, oft in → myst. Frömmigkeit (Ruhen in Gott); fromme Richtung in der frz.-kath. Kirche (17. Jh.); **quietistisch**, duldend, inaktiv

Quindennien *lat.*, Anspruch des Papstes auf volles Jahreseinkommen gewisser → Prälaturen nach je *15 Jahren* (durchschnittl. Amtszeit eines → Prälaten); → Annaten

Quinisextum *lat.*, Ergänzung zum *5. (lat. quin-)* u. *6. (lat. sext-)* → ökumenischen → Konzil

Quinquagesimae → Estomihi

Quinquennalfakultäten *lat.*, kath.: den Bischöfen verliehene, auf *5 Jahre* begrenzte *Vollmachten* zur Erteilung von → Dispensen, die an sich dem Papst zustehen

Quintessenz *mlat.*, gegenüber den 4 → Elementen der Antike als 5., feinste, oberste, wirklichste *Wesenheit*, nach Aristoteles der Äther; Ergebnis

Quintomonarchisten, engl. → Sekte, die nach den vier Weltreichen Daniels das 1000jährige *Reich* Christi als *fünftes* erwartete (17. Jh.); → Chiliasmus

qui pridie (quam pateretur) *lat., der am Tage (bevor er litt...),* Anfang des → liturg. Einsetzungsberichtes im Abendmahl

Quirinus, altröm. krieger. Gott, später mit dem vergotteten Stadtgründer Romulus gleichgesetzt

Qumran, Gegend e. → Essener-Klosters am Toten Meer, in dessen Nähe man 1947–1956 wichtige Texte aus d. 2. Jh. v. Chr. bis zum 1. Jh. n. Chr. in Höhlen fand

quodlibet, → quaestio de q., *lat., Frage über Beliebiges*; Fragen, die sich an eine mtl. → Disputation anschließen konnten

R

Rabbi *hbr., mein Herr*; Anredeform; → Schriftgelehrter; **Rabban**, *unser Lehrer, ähnl.* **Rabbuni**, Steigerungsform zu Rabbi; **rabbinisch**, vom Rabbinismus gelehrt; **Rabbinismus**, jüd. Schulgelehrsamkeit (2. bis 18. Jh.) der **Rabbinen; Rabbi(ner)**, jüd. Gemeindeleiter (Lehrer u. Prediger)

rabies theologorum *lat., Streitsucht der Theologen*, theol. Eiferertum

Räte, evangelische → consilia evangelica

Räubersynode → latrocinium Ephesinum

Ragnarök *nordisch, Götterschicksal*, in der nord. → Mythologie der Kampf der Götter mit feindl. Mächten, ihr Untergang u. die Vernichtung der Erde («Götterdämmerung»)

Rahmen, → formengeschichtlich: → redaktionelles Konzept, in das ein Zusammenhang (z. B. die Geschichte Jesu in den → Evangelien [K. L. Schmidt]) eingepaßt ist

Rama, *ind. Verbannter, Abenteurer*; Held des ind. Nationalepos **Ramayana,** wurde zu einer → Inkarnation → Vischnus

Ramadan *arab.*, moham. Fastenmonat (der 9. M. des moham. Mondjahres, etwa Ende Febr. bis Ende März), in dem tägl. von Sonnenaufgang bis -untergang zu fasten ist

Ramismus, auf den Humanisten Petrus Ramus († 1572) zurückgehende naturphilos. Richtung

Raphael → Erzengel

raptus in coelum *lat., Entrückung* (Jesu) *in den Himmel*

Raskolniki *russ.*, von der russ. Kirche *Abgespaltene*; die Altgläubigen (→ Starowerzen); → Popowcy, → Jedinovjercy, → Bezpopowcy

Rassismus, Ideologie, nach der bestimmte Rassen («Herrenrassen») wertvoller sind als andere, mit pseudorel. od. pseudowissenschaftl. Rechtfertigung der Unterdrückung od. Vernichtung von angebl. «niederen» Rassen (Völkern, Volksschichten); **rassistisch**; → Antisemitismus, → Apartheid

ratio *lat., Vernunft, Grund, Bestimmungsgrund* (→ causa, *Ursache*); scholast.: Lehre, Lehrmeinung; **rational**, *vernünftig* (aber → auctoritas); **Rationale**, Übersetzung des *gr. logeion* (2 Mose 28, 30), *Brustschild*, aus Streifen zusammengesetztes, vom Papst einzelnen Bischöfen verliehenes Schultertuch; **Rationalismus**, herrschende philos. Richtung der → Aufklärung; hält sinnl. Wahrnehmungen (→ Sensualismus, → Empirismus) für trügerisch u. verworren, (mathemat.-) begriffl. Denken für das einzige Mittel u. → Kriterium d. Erkenntnis (auch rel.); → Krit. Rationalismus; **rationalistisch** , → abstrakten Vernunftgründen entsprechend (aber → Realismus); **Rationalist**, Vertreter des begriffl. Vernunftdenkens

real *lat., sachlich, wirklich* (Ggs. → ideell); **Realenzyklopädie** → Enzyklopädie; **Realinspiration**, göttl. *Eingebung des sachlichen* Inhalts der Offenbarung (vgl. → Verbal-I.; → Personal-I.); **Realismus**, Bemühen um Verstehen (Darstellen) der Wirklichkeit, wie sie ist; scholast. Lehre, die → Universalien seien wirklich (Ggs. → Nominalismus); **Realkonkordanz**, alphabet. Sachregister; **Realpräsenz**, *wirkl. Gegenwart* (Christi im Abendmahl); **Realutopie** → Utopie

reatus *lat., Zustand des Angeklagten, Schuld*

recapitulatio → anakephalaiosis

receptaculum *lat., Behälter*; das früher beim Darreichen des Abendmahlskelches untergebreitete Tuch

Rechabiten, organisierte Gruppe, die im Ggs. zur Ackerbaukultur nomadische Ideale der Wüstenzeit zu verwirklichen suchte (Jer 35, 6–10)

Rechte des geistlichen Standes, im Pfarrerrecht die durch die → Ordination erworbene Berechtigung zur öffentl. Verkündigung u. zum gültigen Vollzug der → Sakramente u. der → Kasualien

Rechtfertigungslehre → justificatio, → justitia Dei passiva

recto *lat., Vorderseite* (einer Handschrift), Ggs. → verso

rectores ecclesiae *lat.*, «Pfarrektoren», kath. Priester, die einer → Pfarrkirche od. → Filialkirche vorstehen; vom 13.–15. Jh. nichtamtierende Inhaber einer Pfarr- → pfründe; Geistliche, die den Gottesdienst an Nebenkirchen ohne pfarramtl. Befugnisse versehen

recursus ab ab'usu *lat., Beschwerde* bei der Staatsgewalt wegen *Mißbrauchs* der kirchl. Amtsgewalt

Redaktionsgeschichte, G. der Bearbeitung eines vorliegenden Bibeltextes durch → Redaktoren; **Redaktionsgeschichtl. Methode**, Untersuchung eines Textes im Blick auf seine Redaktionsgeschichte

Redaktor *lat.*, in der → Bibelkritik Bez. für den Zusammensteller heute vorliegender Bibeltexte; aber → Rezensent

redditio symboli *lat.*, altchr.: *Wiedergabe*, Aufsagen *des* Tauf-*symbols* durch den Täufling vor der Taufe; → traditio

Redemption *lat., Erlösung*; kath.: Ablösung bzw. Umwandlung von Bußstrafen in leichtere (Gebete

u. a.); **Redemptor hominis**, Erlöser des Menschen

Redemptoristen, Liguorianer, Congregatio Sanctissimi Redemptoris *lat.*, *Orden des Allerheiligsten Erlösers*, 1732 von A.M. de Liguori gegr., der → Societas Jesu nahestehender → Orden

redivivus *lat.*, *wiederaufgelebt*

reductio in communionem laicam *lat.*, kath.: strafweise *Rückführung* eines → Klerikers *in den Laienstand* (→ Laisierung); **Reduktionen**, Indianersiedlungen unter Missionaren (Franziskaner in Mexiko, Jesuiten in Paraguay; 1848 aufgehoben)

Refektorium *lat.*, **Remter**, *Speisesaal* im Kloster

Reformation *lat.*, *Erneuerung*

Reformatoren, Sammelbez. der ersten Generation der führenden Vertreter des werdenden → Protestantismus (16. Jh.)

Reformierte → Calvinisten u. → Zwinglianer

Reformierter Bund, ref. Vereinigung (gegr. 1884 in Marburg) zur Förderung der ref. Kirche in Dtschld.; **Reformierter Weltbund**, seit 1921 Bez. für die 1875 mit dem Ziel der Zusammenarbeit aller ref. Kirchen gegr. Presbyterianische Allianz

Reformkatholizismus → Modernismus, → Initiative Kirche von unten

Reformkonzilien, → Konzile des 15. Jh., die (vergeblich) den → Episkopalismus (→ Konziliarismus) gegen den → Papalismus (→ Kurialismus) durchsetzen wollten

Refugiés *frz.*, *Flüchtlinge*, → Hugenotten

Regal *lat.*, *königliches* (Instrument); kleine mtl. Hausorgel mit Zungenstimmen; → Positiv

Regalien *lat.*, mtl. *königliche Rechte*, **Regalienrecht**, dem Kirchherrn, bes. *dem König zustehendes Recht*, die Einkünfte eines → erledigten Bistums einzuziehen u. erledigte niedere → Pfründen zu besetzen

Regens *lat.*, *Leiter* eines Priesterseminars

Regesten *lat.*, chronologisch geordnete Urkunden*verzeichnisse* mit kurzer Inhaltsangabe

regina coeli *lat.*, *Himmelskönigin*, Maria; Marianische → Antiphon in → Vesper, → Komplet u. beim → Angelusläuten in der Osterzeit

regnum *lat.*, *Königtum, Reich*; **r. gloriae**, *Reich der Herrlichkeit* (→ ecclesia triumphans); **r. gratiae**, *Reich der Gnade*, **r. potentiae**, *Reich der Macht*, Herrschaft Christi über die Welt

regula fidei oder **veritatis** *lat.*, *Glaubens-* oder *Wahrheitsnorm*, 2./3. Jh.: Taufbekenntnis, z.T. in lehrhaft erweiterter Gestalt

regulares *lat.*, **Regularkleriker** bzw. **-** → **kanoniker, Regulierte**, kath. Geistliche, die einer → Ordens-Regel verpflichtet sind (Ggs. → Weltgeistliche); → Religiones

Regum, Reges (Reg) *lat.*, *Könige*, Bez. der → Vulgata für d. Samuel- u. Königebücher; vgl. Anhang

Reichsbischof, Reichskirche, Versuch der Gleichschaltung der ev. → Landeskirchen durch die → Deutschen Christen im Dritten Reich, mit Anklängen an das nationalsozialist. «Führerprinzip»; **Reichsbruderrat** → Bruderräte; **Reichslieder**, Reich-Gottes-Lieder, Bez. für die evangelist. Lieder der → Gemeinschaftsbewegung

Reich (Gottes) zur Rechten u. zur Linken → Gesetz u. Evangelium; → Zwei-Reiche-Lehre

Reinheitsgesetz, 3 Mose 11–15, teilw. beruhend auf altoriental. → Tabu-Vorstellungen

Re'inkarnation *lat., Wiederverleiblichung*; → Seelenwanderung

Reiter, die vier → apokalyptischen, Offb 6, 2–8

Rekluse → Inklusen

Rekollekten *lat.*, Mönche, die die urspr. Strenge ihrer Regel *wieder einführen* wollten

Rekonziliation *lat., Versöhnung*; altchr.: Wiederaufnahme des Sünders in die Gemeinschaft nach geleisteter Buße

Relation *lat., Verhältnis*; **relativ**, *bedingt gültig* (Ggs. → absolut); **Relativismus**, Anschauung, alle Erkenntnis könne nur bedingt gültig sein, also auch sittl. Begriffe u. Normen **(ethischer R.)**; **ens relativum**, *eine Sache, die eine andere setzt* (z. B. Herr, Knecht); (Ggs. ens → absolutum)

religio *lat., Verpflichtung; Scheu; Gottesverehrung; (Aber)glaube;* **Religion**, mehr oder weniger genau bestimmte Hinneigung zu Überweltlichem; Religion des Herzens → natürliche Rel.; **religiös**, *fromm;* **religio → licita; Religiones**, kath.: kirchl. genehmigte Vereinigungen, deren Mitglieder («**Religiosen**») nach eig. Regel leben u. Gelübde ablegen (→ Orden); **Religionsgeschichte**, Erforschung u. Darstellung der geschichtl. Entwicklung der versch. Religionen der Menschheit; **religionsgeschichtliche Schule**, Richtung innerhalb der prot. Theologie um 1900, die die Bibel u. das Christentum in den Rahmen der außerchristl. Rel.geschichte stellte u. gegenüber der Lehre die prakt. Frömmigkeit betonte; **Religionspädagogik**, Lehre von der christl. Erziehung u. vom Religionsunterricht; in d. → Aufklärung entstandene Disziplin d. → Prakt. Theologie; Begr. von d. → Dialekt. Theologie bewußt vermieden u. durch «Ev. Unterweisung» u. a. ersetzt, seit ca. 1965 wieder üblich; **Religionsphänomenologie,** vergleichende **Rel.geschichte**, systematisierende Darstellung der vergleichbaren Erscheinungsformen von Religion in den versch. Religionen; **Religionsphilosophie**, Untersuchung des philos. Gehaltes von Religion; Würdigung u. Kritik von Religion(en) auf der Ebene philos. → Reflexion; **Religionspsychologie**, Untersuchung des seelischen, innermenschl. Anteils am Religiösen (gegenüber den allg. Inhalten); **Religionssoziologie**, Erforschung der gesellschaftl. Grundlagen u. soziolog. Strukturen rel. Institutionen u. Organisationen; **Religionswissenschaft**, Gesamtheit aller Wissenschaftszweige, die sich mit Religion u. ihren Ausprägungen beschäftigen; **Religiosität**, *Frömmigkeit*

Religiöser Sozialismus, Bewegung sozialpolit. engag. ev. Theologen seit Ende des 19. Jh. (v. a. 1900–1933), die eine Verbindung von Christentum u. Sozialismus anstrebte; → Soziale Frage

Reliquie *lat., gr.* **lipsanum,** *Überreste* von → Heiligen oder deren Besitz, auch Marterwerkzeuge; **Reliquiar**, *gr.* **Lipsanothek**, Behälter für R.en; **Reliquiengrab**, Aufbewahrungsort (der Überreste) eines Heiligen, häufig unter einem (Neben)altar oder in einer → Krypta

Remanenzlehre des engl. Vorreformators J. Wyclif († 1384), nach der die Substanz von Brot u. Wein beim → Abendmahl entgg. der → Transsubstantiationslehre auch nach der → Konsekration unverändert *bleibt*

Reminiscere *lat., gedenke!*; 2. Sonntag der → Passionszeit (→ Introitus Ps 25, 6)

remissio peccatorum *lat., Erlassung, Vergebung der Sünden*

Remonstranten, Selbstbez. der → Arminianer aufgrund der von ihnen 1610 zur Erlangung staatl. Anerkennung überreichten **Remonstranz** (*lat., Einspruch*)

Remter → Refektorium

Rendant *vulgärlat.*, Verwalter der Kirchenkasse

Renegat *mlat., Verleugner*; einer, der seine Religion (oder Partei) wechselt

Renitenz *lat., Widerstand*; → Altlutheraner

renovatio *lat., Erneuerung* (zum geistl. Leben)

renuntiatio diaboli → abrenuntiatio

Reordination *lat.*, MA: *Wiederholung der* Priester → *weihe*, die → häret., → schismat. oder → simonist. Bischöfe erteilt hatten

Reperkussionston *(lat., widerhallen)*, Ton, den eine Melodie umspielt; → Rezitationston, → Dominante

Repetent *lat., Wiederholer*; (theol.) wissensch. Arbeitender mit Lehrerlaubnis an Universitäten (meist nicht dort angestellt)

repletiv *lat., erfüllend*; dogmat.: Gott erfüllt unbegrenzt (nicht «circumscriptiv» = *umrissen)* den Raum; → diffinitiv

repraesentatio *lat., sichtbares Vorführen*; kath.: Wiedervergegenwärtigung (Christi im Meß → opfer)

Repression *lat., Unterdrückung*; **repressive Moral**, unterdrückende, → gesetzliche, Selbstverantwortung ausschließende Moral

Repristination *lat., Wiederherstellung eines früheren Zustandes;* **Repristinationstheologie**, → Absolutsetzung u. weitgehend kritiklose Übernahme bzw. rein technische Handhabung → orth. Lehren u. Formeln des 17. Jh. durch einige → neu-luth. Theologen des 19. Jh. (z. B. Hengstenberg, † 1869)

reprobatio *lat.*, (ewige) *Verwerfung* (Augustin, † 430)

Requiem *lat.*, kath. Toten- oder Seelenmesse nach dem → Introitus: **requiem aeternam dona eis**, *gib ihnen die ewige Ruhe;* **requiescat in pace** (R. I. P.), *er ruhe in Frieden*, Schlußformel des Requiems

Reservatfälle *lat.*, kath.: Sünden, deren Lossprechung dem zust. Bischof, Ordensoberen oder dem Papst vorbehalten sind; **reservatio mentalis**, *Vorbehalt in Gedanken*, d. h. mehr oder anderes zu denken, als man sagt; kath. Morallehre: **r. late mentalis**, erlaubter *geistiger Vorbehalt im weiteren Sinn*, wenn keine Aussageverpflichtung besteht (z. B. der Hörer kein Recht auf volle Wahrheit hat) oder die Pflicht der Geheimnisbewahrung die Weitergabe der Wahrheit verbietet, der wahre Sinn der Aussage aber aus den Umständen hervorgeht (vgl. → Äquivokation); **r. pure m.**, nicht erlaubter *rein geistiger Vorb.*, d. h., wenn die Situation nicht zur Wahrheitsfindung verhilft; **Reservation**, *Aufbewahrung* der geweihten → Hostie; kath.: Vorbehalt bestimmter Rechtsfälle für kirchl. Obere; **päpstliche R.**, dem Papst vorbehaltene Stellenverleihungen; **reservatum ecclesiasticum**, «geistlicher Vorbehalt», die Anordnung des Augsburger Religionsfriedens (1555), daß geistl. Fürsten (kath. Kirchenfürsten) beim Übertritt zur ev. Kirche ihre geistl. Würden u. Rechte verloren; **sub reservatione (conditio-**

ne) Jacobi, *unter dem Vorbehalt des Jakobus* (Jak 4, 15) → conditio Jacobea

Residenzpflicht *lat., Pflicht* (des Geistlichen) *zum Aufenthalt* am Amtssitz

Resignation *lat., Verzicht, Zurückstecken;* **resignatio ad infernum**, *Verzicht bis zur Hölle*, d. h. Bereitschaft, (um Gottes willen) die eigene Seligkeit preiszugeben (vgl. Röm 9, 3)

Reskript *lat., schriftliche Erwiderung, Erlaß*; (fürstl., päpstl.) Einzelentscheidung; → Konstitution

Responsorium *lat., Antwort*; Wechselgesang zw. Geistlichem und Gemeinde; **Gradual-R.:** MA: → Graduale, mit → Antiphon nach jedem Vers; **respondierend**, *im Wechselgesang;* **Responsoriale**, Sammlung von Wechselgesängen; **Responsum**, Refrain der Gemeinde beim Responsorium

res sacrae *lat., heilige Gegenstände* (für den gottesdienstl. Gebrauch)

res sacramenti *lat.*, kath.: Inhalt des → Sakraments; → forma

Restauration *lat., Wiederherstellung*; das Erneuern einer früheren geistigen Bewegung; **Restaurationstheologie**, (abwertende) Bez. für meist kirchl. u. polit. konservative (z. B. die «Ehe von → Thron u. Altar» befürwortende) theol. (→ konfessionelle) Programme (19. Jh.), keine einheitl. Bewegg.

restitutio *lat., Wiederherstellung*; **Restitutionsedikt**, kaiserl. Erlaß (1629), seit dem Passauer Vertrag (1552) von Protestanten eingezogene geistl. Güter sollten zurückgegeben werden

restrictio mentalis *lat.; geistige Einschränkung*; → reservatio m.

resurrectio *lat., → Auferstehung*

Re'tabel *lat.-span.-franz.*, hochstehende, künstlerisch gestaltete *Rück*wand des Altar*tisches*

Retention *lat., Zurückbehaltung*; Verweigerung der Sündenvergebung; Ggs. → Absolution

retractio *lat., Zurückziehen* (z. B. des Gebrauches der Allmacht durch Christus)

Retraite *frz., Rückzug*; Stätte bzw. Zeit geistl. Sammlung u. geistig-seel. Erholung; → Ashram

re(tro)tabulum *lat.*, der Altaraufsatz

revelatio *lat., Offenbarung*, **r. naturalis, generalis** oder **universalis**, *natürliche* oder *allgemeine O.* (in Natur u. Geschichte) (→ praeambula fidei); **r. specialis, supernaturalis** oder **revelata**, *besondere, übernatürliche, geoffenbarte O.* (im Wort Gottes); **r. immediata**, *unmittelbare*, **mediata**, *vermittelte O.;* **r. sub contrario**, Luther: *O.* (des Heils) *unter dem Gegenteil* (Kreuz Christi), → theologia crucis

Reventismus *lat., Lehre von der Wiederkehr* (der Seele), → Seelenwanderung

Reverend (Rev.), engl. Geistlicher; **Reverendus** *lat., «Hochwürden»*; kath. → Kleriker vom → Diakon aufwärts; **Reverendissimus**, Titel der → Äbte, Bischöfe («bischöfl. Gnaden»), → Prälaten

Revision *lat., Überprüfung*; durchgesehene, verbesserte Neufassung (einer Bibelübersetzung)

revival *engl., → Erweckung*

revocare *lat., widerrufen*

Rezensent *lat., Beurteiler*; in der → Bibelkritik: unbek. Autor, der (aus → dogmat. Gründen) den urspr. Text verändert hat, so daß heute nicht nur auf Versehen beruhende Abweichungen zw. den Handschriften bestehen (aber → Redaktor); **Rezension**, Buchbesprechung

Rezeß *lat., Rückweg*, Gebet(e) des Priesters auf dem Rückweg vom → Altar in die → Sakristei

Rezitationston *lat., Vorlesungston*, Vortrags-, Lektionston, → Reperkussionston

Rgveda, Rigveda, ältester ind. Text, 1. Teil der → Veden, Sammlung → mytholog. → Hymnen

Rhason, gr.-orth.: schwarzer Novizenmantel; **Rhasophorus** *gr., Rhasonträger*, → Novize

Richter → Israels, → charismat. Führer in der Frühzeit des alten Israel zw. der → Landnahme (Josua, um 1200 v. Chr.) u. dem Königtum (Saul, 1012–1004 v. Chr.)

Rigorismus *(lat. rigor, Härte)*, strengste Befolgung der Sittengebote; Ggs. → Laxismus

Rigveda → Rgveda

Rishi *sankr., Eingeweihter;* **Maharishi**, *gr. Eingeweihter*

risus pas'chalis *lat.*, MA: *Ostergelächter*, nach den → Fasten aufgeführte Osterschwänke

rita → rta

rite *lat., vorschriftsmäßig; ausreichend*

Ritenkongregation, Behörde der → Kurie für Fragen des → Ritus u. Heilig- und Seligsprechungsprozesse

Ritterorden, mtl. Gemeinschaften von Rittern, die neben den → Mönchsgelübden das Gelöbnis des Kampfes geg. die «Ungläubigen» (→ Kreuzzug) ablegten, wurden von einem Hoch- od. Großmeister geleitet u. gliederten sich in Ritter, Priester u. dienende Brüder (→ Tempelherren, → Deutschherren, Johanniter u. a.)

Ritus *lat., Brauch*; Ordnung des Gottesdienstes; vorgeschriebene gottesdienstl. Handlung; **Ritual**, kath.: Vorschrift(sbuch) für Riten; **Rituale Romanum**, kath.: → Agende; vgl. → Pontificale, → Missale; **Ritualmord**, Tötung eines Menschen als heiliges → Opfer

Rochett, sarcotium *mlat.*, weißes → Chorhemd der höheren kath. Geistlichen

Rogate *lat., bittet!*, 5. Sonntag nach Ostern (→ Introitus aus Joh 16, 24); **Rogationen**, kath.: kirchl. geordnete Bittgänge

Roma locuta, causa finita *lat., Rom hat gesprochen, der Streitfall ist beendet*

Romanik, romanisch, ca. 900–1200 herrschender Kunststil (Kirchen: Rundbögen, Quadrate im Grundriß, kl. Fenster, schwere Wände)

Romantik (v. *altfrz. romanz, Dichtung, Roman*), urspr. geistesgeschichtl. Epoche um die Wende des 18./19. Jh., zeichnet sich durch Betonung des → Irrationalen, Hintergründigen aus (Verstehen der Wirklichkeit in übergreifenden «Organismen», daher Verherrlichung der mtl. Einheit von Katholizismus [viele → Konversionen] und abendländischem Kaisertum, Erforschung mtl. Geschichtsquellen u. alter Volksüberlieferungen); allg. Bez. für wirklichkeitsfremde Gefühlsabhängigkeit

Romanum (Symbolum), röm. Taufbekenntnis (2. Jh.), → trinitarisch, Vorläufer des → Apostolikum

Rorate *lat., tauet!*, kath.: Messen der Adventszeit (→ Introitus Jes 45, 8); 4. Advent

rosarium *lat.*, **Rosenkranz**, kath.: 15 Vaterunser mit 15×10 → Ave Maria u. 15 → Gloria patri sowie 15 «freudenreiche, schmerzensreiche, glorreiche» Ereignisse des Lebens Jesu als betrachtendes Gebet; Schnur mit 6 größ. u. 53 kleineren Perlen

Rosenkreuzer(-orden), neu → gnost. rel. Bewegung des 17. Jh., nach ihrer Leitfigur «Christian Rosenkreuz»

rota *lat., Rad,* Kronleuchter

Rota Romana *lat.*, oberster Gerichtshof der → Kurie, → Appellationshof zur Entscheidung aller kirchl. Rechtsstreitigkeiten (ausgenommen → causae minores)

Rotulus, Rotel *lat., Schriftrolle*, Aktenbündel, Inhaltsverzeichnis

Rotu̥nde *lat., Rundbau*, gewöhnlich mit Kuppeldach

rta, rita *ind., das Recht*; die gute Ordnung im Weltall

ru̯ach *hebr., Geist* (Gottes); gr. → pneuma, lat. → spiritus

Rubriken (von *lat. ruber, rot*), die in der → Agende (meist) rot gedruckten Anweisungen zur Durchführung der → Liturgie

rural *lat., auf das Land bezogen*; **Ruralbischof** → Chorbischof; **Ruralkapitel**, *Land-* → *kapitel*; mtl. Unterteilung der → Diözesen

S

Sabao̩th → Zebaoth

Sabbat *hbr., Ruhe*; jüd.: 7. Wochentag, soll ohne Arbeit zugebracht werden, weil Gott von der Schöpfung ausruhte (2 Mose 20, 11) bzw. zum Gedenken an Israels Rettung aus Ägypten (5 Mose 5, 15) (→ Sonntag); **Sabbatarier, Sabbatisten**, christl. → Sekten, die den S. statt des Sonntags feiern; **Sabbatjahr**, jüd.: das 7. Jahr, in dem der Acker brachliegen sollte (3 Mose 25, 1–7); **S.weg**, jüd.: 2000 Ellen (ca. 1 km; 2 Mose 16, 29), erlaubter Weg am Sabbat

Sabellianismus, → modalist. → Monarchianismus des Sabellius (um 260), der Vater, Sohn u. Geist als drei Masken Gottes dachte

Sabier → Mandäer

Sacco di Roma *ital., Plünderung Roms* durch Söldner Kaiser Karls V. 1527

sacerdotium *lat., das Priestertum*, die Kirche als heiliges im Ggs. zum weltl. Reich (→ imperium)

sacer mo̩rbus *lat., heilige Krankheit*, Epilepsie (weil häufig mit → myst. Erleben verbunden)

Sachhälfte, (in Gleichnissen) das inhaltl. → tertium comparationis; Ggs. → Bildhälfte

sacra congregatio ... → Kongregation; **sacra doctrina** *lat., heilige Lehre*, die Theologie

sacrarium *lat.*, Behälter für unbrauchbar gewordene geweihte Gegenstände (Ausguß für gebrauchtes Taufwasser [→ piscina] in der → Sakristei)

sacratorium → Sakristei

sacrificati → lapsi

sacrificium *lat.,* → *Opfer;* **s. intelle̩ctu̯s**, *Verzicht auf Verstandes*gebrauch zugunsten von Gehorsam, Glauben oder Einbildung

sacrum imperium *lat., heiliges Reich*, → sacerdotium

Sadduzäer, jüd. Priestergruppe, gegen Weiterbildung der → Tora durch → Tradition u. geg. die Lehre von der Totenauferstehung (seit 2. Jh. v. Chr.; Ggs. → Pharisäer)

saeculares *lat.,* → *Welt*geistliche u. Laien; Ggs. → conversi, → regulares; **saeculum**, *Jahrhundert, lange Zeit, Welt;* **s. obscurum**, *finsteres (10.) Jh.;* **säkular**, *weltlich;* **Säkularinstitute**, kath.: Genossenschaften, deren Mitgl. sich zur Einhaltung der → consilia evangelica verpflichten, aber in normalen Berufen stehen; **Säkularisation**, *Verweltlichung*; Übernahme kirchl.

Eigentums durch weltl. Mächte (bes. durch den Reichsdeputationshauptschluß 1803); allg. (auch Säkularisierung): Ablösung ehemals kirchl. durch weltl. Institutionen bzw. Einflußbereiche; **Säkularisierung**, fortschreitende Lösung von rel. und kirchl. Bindungen; als weltanschaul. Prinzip: **Säkularismus; Säkularkanoniker**, *weltl.* → *Kanoniker* (Ggs. → Regular-K.); **S.kleriker** → Weltgeistliche; **Säkular- → Ökumenismus**, neuer Begr. in der → Ökumen. Bewegung, der besagt, es geht weniger um Lehrkonsens als um gemeinsamen Dienst an der Welt, oder: Aufgabe der → Ökumene ist in gleicher Weise «die Einheit der Kirche u. die Einheit der Menschheit» (Löwen 1971)

Säulenheilige → Styliten

Sagan, Segan *hebr./aram., Tempelhauptmann*; dem Hohenpriester nächster Priester, der über die äuß. Ordnung des Tempels wachte

sakkos *gr., sackförmiges* (der → Dalmatik ähnl.) *Gewand* der gr.-orth. Bischöfe, urspr. der byzantin. Kaiser

sakral *lat., heilig, geweiht*; Ggs. → profan

Sakrament *lat., Eid, Treueid, Fahneneid*; altkirchl.: (Übers. von → mysterion) Glaubensgeheimnis u. hl. Handlungen; kath.: sieben: → Taufe, → Firmung, → Buße, → Eucharistie, → Priesterweihe, → Ehe, → unctio extrema, mit objektiver Wirkung (ex → opere operato), wobei Christus als Ur-S., die Kirche als Gesamt- u. als Grund-S. verstanden werden kann (K. Rahner); ev.: Taufe u. → Abendmahl als auf → Glauben zielende Zeichen zum Wort (→ Evangelium, → Predigt), u. zwar als freie Handlungen Gottes am Menschen (bes. luth.) bzw. als menschl. Bekenntnisakte (bes. ref.): **sakramental**, von Gott gewirkt, göttlich zeichenhaft; **Sakramentalien**, kath.: sakramentähnliche Kulthandlungen u. Segensbräuche; **Sakramentar**, kath.: → liturg. Buch mit Messegebeten; **Sakramentenkongregation**, oberste Behörde der → Kurie für ordnungsgemäße Verwaltung der Sakramente; **Sakramentierer**, luth. Bez. für ref. Leugner der Gegenwart Christi im Abendmahl (16. Jh.); **sacramentum Christi et ecclesiae**, *das Geheimnis Christi u. der Kirche*; kath.: das Geheimnis, durch das sich Christus der Kirche verbindet

Sakrileg *lat., Religionsfrevel*, Kirchendiebstahl; **Sakristan** → mansionarius; **Sakristei**, Raum für die Vorbereitung des Geistlichen, die Aufbewahrung der hl. Geräte u. a.; **sakrosankt**, *geweiht, unverletzlich*

Salat *arab.*, im → Islam das 5mal tägl. zu vollziehende Ritualgebet

Salesianer Don Boscos (SDB, SS), 1857 gegr. kath. → Kongregation zur Fortführung von Don Boscos 1841 begonnener Jugendarbeit

Salutatio *lat., Begrüßung* (in der Liturgie: Der Herr sei mit euch...)

Salutisten, Glieder der → Heilsarmee

Salvation Army → Heilsarmee

salvator *lat., Retter, Erlöser*; Bez. für Jesus Christus als Heiland; **s. mundi**, *Retter der Welt*

salvator salvandus → Gnosis

salvator salvatus → Gnosis

Salvatorianer, → Societas Divini Salvatoris (SDS), 1881 zur inn. u. äuß. → Mission gegr. kath. → Kongregation

Salve-Andachten, volkstüml. Marienandachten, bez. nach dem → Salve, regina

Salve, regina *lat., Sei gegrüßt, Königin!*; kath.: Gesang zu Ehren der Mutter Jesu

Samaritaner (so → Vulgata; Luther: «**Samariter**» nach der gr. Bez.), Bewohner des Gebietes mit der Hauptstadt Samaria, jüd. Bez.: **Kuthäer** wegen Vermischung mit Aussiedlern der babylon. Provinz Kutha (2 Kön 17, 24), erkannten nur den → Pentateuch («**samaritanischer P.**») als Hl. Schrift an u. bildeten im Ggs. zu Jerusalem auf dem Berg Garizim ein eig. Kultzentrum

Samaveda, 3. Teil der → Veden, Sammlung ind. beim Opfer gesungener Melodien

Samhitas → Veda

Sampsäer, beim Gebet sich der *Sonne (hbr. schemesch)* zukehrende → Gnostiker

Samsara → Seelenwanderung

Sanbenito *span., lat.* **saccus benedictus**, *geweihtes Bußkleid*, das der Bußfertige, von der → Inquisition Freigesprochene zu tragen hatte

sanctus *lat., gr. hagios*, → heilig; **Sancta sanctorum** *lat., Heiliges unter den Heiligen*, päpstl. Kapelle im → Lateran mit bes. kostbaren → Reliquien; **Sancta sedes** → Apostolischer Stuhl, höchste Behörde der kath. Kirche; **sanctificatio**, *Heiligung*; **sanctimoniales**, altchristl. Bez. für Nonnen; **sanctissimum**, *Allerheiligstes*; kath.: geweihte → Hostie; **sanctissimus pater**, *heiligster Vater*, Titel des Papstes; **sanctitas**, *Heiligkeit*, Titel des Papstes; **Sanctorale**, → Proprium der Heiligenfeste; **Sanctorum** → **Communio; Sanctuarium**, Aufbewahrungsort für Heiligtümer (z. B. → Reliquien); Altar- und Priesterraum in der altchristl. Kirche; liturg. Gesangbuch für die Heiligenfeste (1615); **Sanctum Officium**, *heiliges Amt*; früher Name der → Inquisitionsbehörde, Nachfolgerin: **Congregatio de doctrina fidei** (→ Kongregation); **Sanctum sanctorum**, *das Allerheiligste* (im Tempel); **Sanctus**, liturg.: Engelgesang (Jes 6, 3), in der Messe Lobgesang nach der Präfation; **Sanctusleuchter**, früher: Standleuchter auf dem Altar (kath.:), der nach dem → Sanctus zur → Wandlung angezündet wird

Sanhedrin → Synedrium

Sanktion *lat., Heiligung, Weihe;* feierliche Bestätigung eines Gesetzes (u. U. durch Strafmaßnahmen bzw. -androhungen)

Sannyasi *sanskr., Entsager*, Wandermönch, bettelnder Weiser

Sanskrit *ind.*, gebildete Hochsprache der klass. Literatur der arischen Inder

Saoschyant *pers., künftiger Retter*, der letzte der 3 Weltheilande des → Parsismus, von einer Jungfrau aus dem Samen → Zarathustras geboren, bringt allg. Auferstehung u. Unsterblichkeit

Sapientia Salomonis *lat., Weisheit Salomos* (Sap, Weish)

sarcotium → Rochett

Sarkiker → Gnosis

Sarkophag *gr., fleischessend*; Kalksteinart, die Leichname schnell verwesen läßt u. darum zum Auslegen von Särgen benutzt wurde; Steinsarg

sarx *gr.*, → *Fleisch*; Paulus: Gegenbegriff zu → pneuma; **sarkisch**, *fleischlich*

Satan *hbr., Feind, Widersacher Gottes;* **satanisch**, teuflisch; **Satanismus**, Teufelskult; **Satanologie**, Lehre vom Teufel

satisfactio operis *lat., Genugtuung durchs Werk*, kath.: als meritorisches (*verdienstliches*) oder als pönales (*zur Strafe gehöriges*) Werk; **s. vicaria**, *stellvertretende Genugtuung;* **Satisfaktionslehre,** Lehre von der s. vicaria durch → Christus (→ Cur Deus homo); **satisfaktorisch**, *Genugtuung wirkend*

Sator Arepo Tenet Opera Rotas *lat.* (mögl. Übersetzung: *Der Säer Arepo hält die Werke, die Räder* [oder: *mit Mühe die Räder*]), → Palindrom, als magisches Quadrat

S A T O R
A R E P O
T E N E T
O P E R A
R O T A S

ein → Kryptogramm für:
A PATERNOSTER O
(1. Jh.) (→ Alpha, → Vaterunser)

Scala santa *ital., heilige Treppe,* Marmorstiege vom Palast des Pilatus(?), von der byzantin. Kaiserin Helena nach Rom geschenkt

Schabbat → Sabbat

Schaddai → El

Schalom *hbr., Wohlbefinden, Heil, Frieden*; israel. Begrüßungskurzformel; **Schalombewegung**, (urspr. holländ.) interkonfessionelle, sozial engagierte Bewegung, die sich inzwischen u. a. Fragen der Entwicklungshilfe zuwandte (seit 1963)

Schamanismus (*sanskrit: Sichabmühen* od. *tangusisch: Toben* [?], Umsichschlagen), → ekstat. Geisterbeschwörung; **Schamane**, *Beschwörer(in)*

Schauen (lat. → visio beatifica), → eschatolog. Erkennen der Herrlichkeit Gottes anstelle des → Glaubens (aber → Ekstase, → Mystik) im zeitl. Dasein (2 Kor 5, 7); → theologia gloriae

s'chedula confessionis *mlat.*, kath.: *Beichtzettel* über abgelegte Beichte

Scheibenkreuz → flabellum

Schekel, *Sekel*, jüd. Silbermünze (= 2 gr. Doppeldrachmen), Handels-Grundeinheit

Schekhina *hbr., spätjüd.*: Wohnen des jenseitigen Gottes in der Gemeinde

schema → schma

S'chema, Plr. **S'chemata** *gr., Haltung, Gestalt, Form; Vorlage*, System; kath.: → Konzils-Vorlage; orth.: Name für Mönchskleid, daher auch für beide Stufen des Mönchtums (→ Megaloschemos, → Mikroschemos); **Schematismus**, statist. Handbuch in kath. Diözesen; **Personal-Schematismus**, Personalverzeichnis einer → Diözese; **quadratischer Schematismus**, Benützung des Vierungsquadrats zur Gewinnung guter architektonischer Verhältnisse im → roman. Kirchenbau

Schem hammephorasch *hbr., der offenbarte Name* (→ Jahve, 2 Mose 6, 3)

Schemone esre → Tefilla

Scheol *hbr., Unterwelt, Totenwelt*

Schia → Schiiten

Schibboleth *hbr., Erkennungszeichen, Losung* (Ri 12, 5 f.)

Schiiten (*arab. schia, Partei*), Richtung im → Islam, die allein Mohammeds Vetter u. Schwiegersohn Ali u. dessen Nachkommen als Oberhäupter u. Träger des göttl. Willens u. als rechtmäßige → Kalifen anerkennen

Schikkuz *hbr., Greuel, Götze*

Schima → Schema

Schinto(ismus) *chin.-jap., Götterweg*, japan. alteinheimische Nationalreligion, in deren Mittelpunkt die Verehrung von Naturgottheiten sowie der Ahnen steht

S'chisma *gr.*, (Kirchen)*spaltung*, v. a. zw. Ost- u. Westkirche 1054; aber → Häresie; **Schismatiker**, (Anhänger) Verursacher einer Kirchenspaltung

S(c)hiva, *ind., der Gnädige*, Hauptgott des → Hinduismus; der schreckliche, grauenvolle Weltzerstörer, aber auch der wilde, ungestüme Tänzer u. Herr der Zeugung (Symbol: → linga); Gegengott: → Vischnu

Schlüsselamt → potestas clavium

schma̱ *hbr., höre!*; jüd. Bekenntnisgebet (5 Mose 6, 4 ff.)

Schmalkaldische Artikel, von Luther 1536 verfaßtes, für den **Schm.n Bund** (1537) bestimmtes (von diesem nicht angenommenes) Bekenntnis (→ Konkordienbuch); **Schm.r Krieg**, erster konfessioneller Krieg zw. Altgläubigen u. Evangelischen in Dtschld. (1546/47), Niederlage des Schm.n Bundes (→ Interim)

Schmerzensmann → Misericordie

Schoa̱h *hebr., Verwüstung, Vernichtung*, Katastrophe; für den → Genozid am europ. Judentum während des Dritten Reichs; jüd. Bezeichnung für → Holocaust

Schöpfungsordnung, luth. Lehre von gottgegebenen, daher «natürlichen» u. im Auftrag Gottes zu bewahrenden Ordnungen; → natürliche Theologie

Schola (cantorum) *lat., Sängerschule*, (Vor-)Sängergruppe im Gottesdienst, die v. a. → gregorian. Melodien singt; **Scholaren** *lat., Studenten* an mtl. Universitäten; **Scholarch**, deren Beaufsichtiger; **Scholastik**, an die Geltung von → Autoritäten (maßgebl. Lehrer u. Texte) gebundene *Schulwissenschaft*; MA (ca 800–1450): an Bibel u. → Kirchenväter bzw. Aristoteles anknüpfende Theologie bzw. Philosophie; → Thomismus, → Scotismus; **Scholastiker**, Vertreter der Scholastik; Jesuit (→ Societas Jesu) während des Studiums (= **Scholastikat**)

Scholion *gr.*, Antike u. MA: Auszüge aus größeren Auslegungswerken, vielfach an den Rand des Buches geschrieben

Schott, «der Sch.», handl. Meßbuch

Schreinmadonna, aufklappbare Statue der Maria (in der → Gotik)

Schriftbesitzer, → islam. Bez. f. Juden u. Christen als Besitzer göttl. Offenbarungsschriften, deshalb rel. zu dulden; → Buchreligion

Schriftgelehrte → Sopherim

Schriftprinzip, reformatorisches, ev.: allein die hl. Schrift (→ sola scriptura) ist Quelle u. → Norm für Glaube u. Verkündigung

Schriftsinn → Hermeneutik

Schulaufsicht, geistliche, Aufsicht durch Pfarrer u. → Superintendenten über den gesamten Schulunterricht, seit dem 18. Jh. in Deutschland, 1872 teilw. u. 1919 endgültig abgeschafft

Schulch'a̱n aru̱ch *hbr., gedeckter, Tisch* (Ps 23, 5), maßgebl. jüd. Gesetzwerk (um 1500)

Schutzmantelmadonna, Darstellung der Maria, die unter ihrem Mantel Gläubige schützend sammelt

Schwagerehe → Leviratsehe

Schwärmer (*«Schwarmgeister»*), abwertende reformator. (luth.) Bezeichnung für → Anabaptisten, → Spiritualisten u. Papsttum im Hinblick auf die theol. Trennung von (Gottes) Wort (→ Evangelium) u. Geist

Schwarze Kunst → Magie

Schwarze Theologie, eigenständige, emanzipator. Theologie schwarzer (Süd-)Afrikaner (A. Boesak,

D. M.B. Tutu) u. Afroamerikaner in den USA; e. → kontextuelle Theologie d. Befreiung u. zugl. universelle Theologie d. Versöhnung

Schweigepflicht → Beichtgeheimnis

Schwertmission → Mission

Schwur, feierl. Versprechen unter Anrufung Gottes; → Eid

scientia media → Molinismus

scintilla animae *lat., Seelenfunke* (= **apex mentis**, *Geistesspitze*), mtl. → myst. Theologie: Verstand u. Willen einender Seelengrund; **sc. notitiae**, *Funke der* (Gottes-)*Erkenntnis*

Scotismus, theol. Richtung des Duns Scotus († 1308) (meist Franziskaner), betont den Willen (Gott = höchster Wille) (→ Voluntarismus) vor der Vernunft (→ Seinsmetaphysik); Ggs. → Thomismus; → Occamismus

scriptio continua *lat., fortlaufende Schrift* ohne Abgrenzung der Wörter

scriptura sacra *lat., Heilige Schrift*, Bibel; **scriptura sui ipsius interpres** *die Schrift ist ihr eigener Interpret*, → Formalprinzip, → Hermeneutik

scrutinium *lat., Erforschung*; altchristl.: Prüfung der → Katechumenen vor der Taufe; kath.: Prüfung der → Weihe-Kandidaten durch den Bischof; geheime Wahl

secreta (oratio) *lat., heimliches Gebet*, «**Stillgebet**», ältere Bez. für das Gabengebet nach dem → Offertorium

secretarium → Sakristei

secundus → **usus legis**

securitas *lat., Sicherheit*, ev.: falsche Sicherheit, die aufgrund der zugesagten Vergebung die Gottesfrage für erledigt hält; aber → certitudo, → Glaubensgewißheit

Seder, Plr. **Sedarim** *aram., Ordnung, Reihe*; die 6 Hauptabteilungen der → Mischna und des → Talmud; häusl. rel. Feier an den ersten beiden Passaabenden

sedes apostolica *lat.*, urspr. *von → Aposteln gegr.* Bischofs*sitz*; heute Papstsitz; **Sedisvakanz**, *Leerstehen des* Papst*thrones* zw. zwei Päpsten, Zeit des → Interregnums

sedile *lat., Sitzbank*; Sitzpflock (am Kreuz)

Seelenamt, Seelenmesse → missa de profunctis

Seelenwanderung, Wiedergeburt (*ind. Samsara, gr. Met'empsychose, lat. Re'inkarnation*), Anschauung, wonach die Seele nach dem Tode jeweils in einem anderen Wesen od. Gegenstand wiederkehrt (bes. in ind. Rel.en u. der griech. Antike)

Sefer, Sepher, Plr. **Sefarim** *hbr., die Bücher*, alte Bez. für d. hebr. Bibel; → Tenach

Segan → **Sagan**

Segen, feierl., meist formelhafter Zuspruch von (göttl.) Heil; religionsgeschichtl. oft mit → mag. Vorstellungen u. Gesten verbunden (christl. Handauflegung, Kreuzeszeichen); in allen → liturg. Ordnungen enthalten; → benedictio

Seinsmetaphysik, (u. a. → thomist.) → spekulative Art des Denkens über → metaphys. Strukturen (z. B. Gott als → summum ens)

Sekel → Schekel

Sekretariat für die Einheit der Christen, S. für die Nichtchristen, S. für die Nichtglaubenden, päpstl. Einrichtungen von 1960 bzw. 1964 (→ Vatikanum II) zum Dialog d. kath. Kirche mit d. nichtkath. Welt (nach Paul VI. bilden Nichtkatholiken, Nichtchristen, Nichtgläubige drei konzentrische Kreise)

Sekte *lat.*, von der → Kirche *abge-*

trennte Gruppe (→ Häresie) mit eig. Lehre oder zentraler Betonung einer sonst nebengeordneten Lehre (Gemeinschaftsgedanke, → Apokalyptik, Erwählungsgedanke od. a.); aber: → Freikirchen

sekundär *lat., zweitrangig*; als Folge; **Sekundärliteratur**, Lit. über → Primärliteratur (→ Quellen)

Sekundizfeier *lat., Zweitfeier*; 50jähr. Jubiläum der → Primiz

sela *hbr.* (Sinn?), Trennwort in den Psalmen

Selbständige Evangelisch-Lutherische Kirche (SELK) (in Deutschland), Zus.schluß von 3 luth. Freikirchen seit 1972, mit gemeins. Ordnung u. e. gemeins. Bischof; seit 1949 Zus.arbeit aufgrund e. Lehrvereinbarung

Seleukiden, → Diadochendynastie, (312–64 v. Chr.)

Seligpreisungen (Jesu): Mt. 5, 3–10; Lk 6, 20–22

Seligsprechung, kath.: kirchenrechtl. Akt, der der Heiligsprechung vorausgeht

Semantik, Semasiologie *gr., (Zeichen =) Wortbedeutungslehre*

Semi'arianer → Homöusianer

seminar(ium) *lat., Pflanzschule, Ausbildungsstätte;* **s.maius**, kath. Priesterseminar; **s. minus**, kath. Knabenseminar

Semiotik *gr., Zeichen*bedeutungslehre

Semipelagianer → Pelagianer

Semi'rationalismus *lat., Halb- → Rationalismus*, philos.-theol. Bewegung im kath. Deutschland des 19. Jh., erstrebte Versöhnung von Wissen u. Glauben, leugnete jedoch die → Autonomie der Vernunft

Semitismen, gramm.: vom Semitischen beeinflußte Sprachbildungen (im gr. NT)

semper virgo *lat., immer Jungfrau*; kath.: Maria

sempiternitas → aeternitas

Sensualismus *lat., Lehre,* alle Erkenntnis gehe auf *Sinnes*wahrnehmungen zurück; **sensus**, *Sinn;* **s. accomodatus**, (willkürlich) *angewandter S.;* **s. communis**, *engl.* **common sense**, *Allgemeinverständnis, «gesunder Menschenverstand»;* **s.moralis**, *moralischer S.;* **s parabolicus**, *gleichnishafter S.* (→ Parabel); **s.plenior**, *vollerer S.* (z. B. eines atl. Textes, der von Christus her neu verstanden wird); **s.typicus** → Typologie; zu **s. allegoricus, anagogicus, historicus, literalis, mysticus, scripturae, spiritualis, tropologicus** → Hermeneutik

Sentenzen *lat., Meinungen, Lehren*; Sammlung von Bibel- u. → Kirchenväterworten; scholast. Gesamtdarstellungen der Theologie (bes. Petrus Lombardus †1160); **Sentenziarier**, Verfasser von S.-büchern; Ausleger der S. des Lombardus

sentire cum ecclesia *lat., mit der Kirche denken*, vom kath. Christen erwartete Haltung in Glaubensfragen

separatio mensae et tori *lat., Trennung von Tisch und Bett*; kirchenrechtl.: (zeitweilige) Trennung der Ehegemeinschaft

Separatismus, christlicher, Bestreben, sich von den offiziellen, → verfaßten Kirchen zu trennen, um in bes. Gemeinschaften ein besseres Christsein zu verwirklichen

Separierte Lutheraner → Altlutheraner

Sephardim *hbr.*, span.-portugies. Juden (Bez. nach dem atl. Buch Obadja 20)

Sepher → Sefer

Septuagesimae *lat., der 70.* Tag = 9. Sonntag vor Ostern

Septuaginta (LXX) *lat., 70*; gr. Bibelübersetzung des AT, nach jüd. → Legende von 70 Übersetzern hergestellt (seit 3. Jh. v. Chr.); → Aristeasbrief

sepulcrum *lat., Grab*, Aushöhlung im Altar für → Reliquie

Sequenz *lat., Folgende,* **Prose**, Tonfolge in der Liturgie

Seraph, Plr. **Seraphim** *hbr.*, dienende Engelwesen vor dem Thron Gottes (Jes 6, 2.6); urspr. wohl → dämon. Schlangenwesen (als Wächter der Gottheit); nach der → hierarchischen Engellehre des Dionysios → Areopagita bilden die S. den höchsten der neun Engelchöre; → Doctor seraphicus

Serapis, Sarapis, ägypt.-griech. Allgott u. Helfer in allen Notlagen; **Serapeum**, Tempel des Serapis

Sermon *lat., Rede, Predigt* (die evtl. ein Thema behandelt, im Unterschied zur → Homilie)

Serviten (*lat., servus, Diener*), OSM, Ordo Sanctae Mariae; → asket. Gebets- → Orden zu Ehren Marias

servitia communia → Annaten; **s. minuta** *lat., kleine* Neben*gebühren* für die päpstl. Kanzlei

servum → arbitrium *lat.*, Luther: (von der Erb → sünde) *geknechteter*, unfreier *Wille*; → **liberum a.**

servus *lat., Sklave, Knecht;* **s. servorum dei**, *Knecht der Knechte Gottes*, seit Gregor I. (†604) Selbstbez. der → Päpste

Severianer, syr. → Monophysiten (nach Severus v. Antiochien, †538)

Sexagesimae *lat., der 60.* Tag = 8. Sonntag vor Ostern

Sexistische Theologie, (neg.- → polem.) Bez. für eine *geschlechts*spezifisch, d.h. hier männl.- → patriarchal. geprägte Theologie; Ggs. → Feministische Theologie

Sext *lat.*, klösterl. u. priesterl. Hore um die *6.* Stunde nach Sonnenaufgang

Shinto → Schinto

Shiva → Schiva

Shoah → Schoah

Sibylle, legendäre Seherin, die, von einer Gottheit ergriffen, in → Ekstase zukünftige (meist unheilvolle) Ereignisse voraussagte; in der Antike werden bis zu 10 verschiedene S.n genannt; **Sibyllinische Bücher**, in Rom aufbewahrte, angebl. auf die Sibylle von Cumae zurückgehende Wahrsagebücher; **Sibyllinen**, als Sibyllenorakel abgefaßt, meist → apokalypt. Literatur aus dem jüd.-christl. Bereich

sic et non *lat., Ja u. Nein*; Bez. der von Abälard (†1142) eingeführten scholast.- → dialekt. Methode

sic transit gloria mundi *lat., so vergeht die Herrlichkeit (der Ruhm) der Welt*

Siebenarmiger Leuchter → Menorah

Siebententagsadventisten (STA), 1844 von E. White gegr. Sekte, die die baldige Wiederkunft Christi erwartet; stark → biblizist. am AT orientiert, gesetzl. verstandene Lebensregeln

Siebentugendlehre, → Ethik, die auf den drei göttl. Tugenden (Glaube, Liebe, Hoffnung) u. den vier Kardinaltugenden (Klugheit, Gerechtigkeit, Tapferkeit, Mäßigung) aufbaut; → Tugend

sigillum *lat., Siegel;* **s. confessionis**, *Beichtsiegel*; Verpflichtung des Beichtvaters zu unbedingter Verschwiegenheit

signacula sacrificii *lat., Zeichen des Opfers*; Wundmale Jesu

signatio crucis *lat., Bekreuzung*

signatura Apostolica *lat.*, päpstl. Ge-

richtshof, oberste Verwaltungsbehörde der kath. Kirche
signum *lat., Zeichen*; → notae ecclesiae
Sigrist → mansionarius
Sikarier *lat., Dolchmänner*, jüd. Nationalisten (1. Jh.)
Sikhs *ind., Schüler*, um 1500 gegr. hinduist.-islam. Sekte, verehren den Sektenführer (→ Guru) als Mittler zw. Gott u. Mensch; im 18./19. Jh. bildeten die S. einen → theokrat. Militärstaat
silentium fidei *lat., Glaubensverschwiegenheit* (→ Arkandisziplin); **s. obsequiosum**, kath.: **ehrerbietiges Schweigen** ohne innere Zustimmung zu einer Entscheidung der Kirche
Silvester, Name e. Papstes, Gedenktag: 31. Dez.; Altjahrsabend
Simonie, nach Apg 8, 18f. der Kauf geistl. Ämter; im → Investiturstreit Bez. für ihre Vergabe durch Laiengewalt
simplicitas *lat., Einfachheit*; Einheit (Gottes)
simul justus et peccator *lat., Gerechter u. Sünder zugleich*; Luthers Verständnis des durch Gottes Urteil (→ forensisch) Gerechtfertigten (→ justitia dei passiva), der sich selbst gleichwohl noch als Sünder er- und bekennen muß; kath.: die allg. Erbsündigkeit bleibt in ihren Auswirkungen auch dem Begnadeten
simultan *lat., gleichzeitig;* **Simultaneum, Simultankirche**, Anrecht versch. → Konfessionen an einer Kirche u. ä.; **Simultanschule**, nimmt Kinder versch. Bekenntnisse auf
Sinaiticus, wichtige Handschrift des NT (4. Jh.), 1853/9 von Tischendorf im St. Katharina-Kloster am Sinai entdeckt
sindon *mtl., Leinwand*; MA: → velum des → patenarius; Tuch, in dem der → Subdiakon Kelch und → Patene beim → Hochamt zum Altar trug; Tuch zum Verhüllen der Ölweihgefäße; Leichentuch von Turin
Sine'kure *lat.*, → Pfründe *ohne* Amts*pflichten*
Sintflut, große Flut (1 Mose 6–8)
Sippenhaft → Kollektivschuld
sistrum *lat.*, beim Gottesdienst der Isis gebrauchte *Klapper*, Haupt- → attribut der Göttin
Situationsethik → Ethik
Sitz im Leben, Entstehungssituation eines Textes: «**erster Sitz im Leben**» = → ipsissima vox; «**2. Sitz im Leben**»: → formgeschichtl. Bez. für den Herkunftsrahmen einer → literar. Gattung (z. B. best. Feste für bes. Liederarten); «**3. Sitz im Leben**» u. weitere Stufen: die Gründe, die → Rezensenten u. → Redaktoren zu Änderungen veranlaßten
Sixtina → Vulgata
skandalon *gr., Ärgernis*
Skapulier *frz., Schulterkleid*; Überwurf am Mönchsgewand
Skarabäus, den Ägyptern heiliger, den Sonnengott symbolisierender Mistkäfer
Skeptizismus (v. *gr. skepsis, Betrachtung, Bedenken*), Zweifel als Grundsatz
Sketioten, Wüstenmönche in der sketischen Wüste (Unter-Ägypten; 6. Jh.)
Skopus *gr., Ziel, Absicht*; Zentralgedanke eines Textes
Skopzen *russ., Selbstverstümmler*, russ. Sekte, die Selbstentmannung forderte
Skuld → Nornen
Social Creed *engl., soziales Bekenntnis,* polit.-soziales Engagement

(urspr. der → Methodisten); **Social Gospel** *engl., soziales Evangelium*, kirchl.-theol. Bewegung (etwa 1890–1930), bes. in den USA, betonte d. soziale Verantwortung d. Christen u. meinte in optimist. u. missionar.-aktivist. Tendenz das Reich Gottes auf Erden verwirklichen zu können

Societas Jesu (SJ) *lat., Gesellschaft Jesu,* **Jesuitenorden**, gegr. 1539 von Ignatius v. Loyola mit dem Ziel, die Welt unter dem Papst zu einigen; direkte Unterstellung unter den Papst

Society for Promoting Christian Knowledge (SPCK), *engl., Gesellschaft zur Förderung christl. Wissens*, gegr. 1699, älteste anglikan. Schriften- u. Missionsgesellschaft, betreibt Verlage u. Buchhandlungen in London u. d. Dritten Welt; **Society for the Propagation of the Gospel** in Foreign Parts (SPG), Ges. zur Verbreitung d. Evangeliums, anglikan., gegr. 1701

Sodalität *lat.*, kath.: *Bruderschaft*, bes. Marian. → Kongregationen

SODEPAX, aus: Society – Development – Pax *engl./lat., Gesellschaft – Entwicklung – Frieden*, gemeinsamer Ausschuß des → World Council of Churches u. des → Vatikans zur Koordination kirchl. Entwicklungshilfe, 1968–1980

Sodomie, Unzucht mit Tieren, nach d. bibl. Stadt Sodom

Soferim → Sopherim

Sohar *hbr., Glanz* (Dan 12, 3); → midraschartiger Kommentar zum → Pentateuch, Hauptschrift der → Kabbala (13. Jh.)

sola → solus

Solarismus *lat., Sonnenverehrung*

solemnis, solenn → sollemnis

Solida declaratio → Konkordienformel

Solidarismus, kath.: Lehre vom gesellschaftl. Verhalten als wechselseitiger, solidar. Verbundenheit zw. Gemeinschaft u. einzelnem

Solidaritätsgruppen → Basisgruppen

Soli-Deo → Pileolus; **S. D. Gloria** *lat., allein Gott die Ehre*

sol invictus *lat., unbesiegte Sonne*, Beiname des → Mithras; der von Kaiser Elagabal 218 nach Rom überführte Stein- → fetisch; der von Kaiser Aurelian 274 in Rom eingeführte Reichsgott

Sol'ipsismus (*lat., ich selbst allein*), philosoph. Lehre, das Erkennbare sei nur im Bewußtsein, die Außenwelt sei nur Vorstellung

sol(l)emnis, sol(l)enn *lat., alljährlich gefeiert, feierlich, gewöhnlich;* **sol(l)emnia**, → *Hochamt*

sollicitatio *lat., Beunruhigung, Aufwiegelung*; **s. ad turpia**, *Aufreizen zu Schändlichem*; Mißbrauch der Beichte zur geschlechtl. Verführung

sollicitudo *lat., Besorgnis*; Seelsorgepflicht; **S. omnium ecclesiarum**, päpstl. → Bulle über die Wiederherstellung d. → Societas Jesu (1814)

solus Christus, sola gratia, sola scriptura *lat.*, Luther: *allein Christus, allein (aus) Gnade, allein die Hl. Schrift*, geg. kath. Lehre von and. Heilsmittlern wie Maria u. die Heiligen, geg. → Werkgerechtigkeit u. geg. → Tradition als der Bibel nebengeordnete Autorität; **sola fide**, *allein aus Glauben* (wird der Mensch gerecht), Luthers freie, von kath. Seite (heute z. T. nicht mehr) bestrittene Übersetzg. von Röm 3, 28

Soma, der → deifizierte Opfertrank im → Vedismus, entspr. dem Haoma (→ Homa) der Iranier

soma *gr., Leib;* **somatisch**, *leiblich;* **Somatiker** → Gnosis

Sonnisten, Gruppe d. → Mennoniten in Amsterdam mit d. Sonne als Giebelzeichen; vgl. → Lamisten

Sonntag, heidn.: der Sonne gewidmeter Tag; christl.: **dies dominica** *lat., Tag des Herrn* (Offb 1, 10)

Sopherim, *hbr. Schriftgelehrte*, → Tora-Kundige

sophia *gr., Weisheit;* **Sophisma**, geschickt angelegter *Trugschluß;* **Sophist**, *Lehrer der Weisheit*; Spitzfindiger

sophrosyne *gr., Besonnenheit*; Tugend der Mäßigung

soter *gr., Retter, Heiland;* **Soteriologie**, *Lehre vom Erlösungswerk* (Christi)

Soutane *frz.*, langer, schwarzer Leibrock der kath. Priester

Sozialdarwinismus, vergröberte Anwendung d. → Darwinismus auf d. Existenzkampf gesellschaftl. Gruppen

Soziale Frage, Bez. für die sozialen Probleme seit der Industrialisierung im beginnenden 19. Jh. – im Blick auf Einstellung u. Verhalten der Kirche

Sozial→enzykliken, → lehramtl. Darlegungen der → Päpste seit Leo XIII. (*Rerum novarum* 1891) zur kath. Soziallehre; **Sozialethik, Soziallehre** → Ethik

Sozialisation lat., (in der Nationalökonomie:) Verstaatlichung von Privateigentum; (in der Sozialwissenschaft:) Prozeß des Hineinwachsens von Einzelnen in die Lebensgewohnheiten u. Wertvorstellungen einer Gruppe bzw. der Gesellschaft, rel. oder kirchl. S.

Sozialismus → Christen für den S., → Religiöser S.

Sozialstation, kommunale oder kirchl., oft → ökumen. Einrichtung der ambulanten Krankenpflege u. Sozialarbeit

Sozinianismus, nach Fausto Sozzini († 1604) benannte → antitrinitar. Richtung des 16./17. Jh., vertrat ein verstandesbetontes, tolerantes → humanist. Christentum; **Sozinianer**, z. Z. der → Aufklärung vielfach polem. Bez. für → Rationalisten; → Unitarismus

Spätjudentum, Bez. des Judentums zw. 200 v. u. 200 n. Chr. (→ Makkabäerzeit bis → Rabbinismus), grundlegende Epoche für seine rel. Weiterentwicklung, daher besser «Frühjudentum» (Schubert); heute meist: «antikes Judentum»

Spätschriften des AT, neue → ökumen. Bez. f. d. → deuterokanon. (kath.) bzw. → apokryphen (ev.) Schriften des AT (vgl. den Anhang)

species *lat., Anblick, Gestalt, Art;* **sub una** bzw. **sub utraque (specie)** → communio; **sub specie aeternitatis**, *unter dem Gesichtspunkt der Ewigkeit*

Speculum humanae salvationis → Heilsspiegel; **Speculum salutis** → Concordantia caritatis

Spekulation *lat., Nachdenken* über Unüberprüfbares, Jenseitiges (→ Metaphysik) oder Zukünftiges (→ Apokalyptik); **spekulativ**, rein denkerisch (in → myst. Versenkung)

Spendeformel *(lat. distributio, Austeilung)*; beim → Abendmahl: urspr. nur «Dies ist der Leib/das Blut Christi» (2. Jh.); kath. (u. Luther) mit dem → deprekativen Zusatz: «er/es bewahre deine Seele (= dich) zum ewigen Leben»; ev.-luth. imperativ/ → affirmativ: «Nehmet hin u. esset; das ist der (wahre) Leib...» oder referierend: «Nehmet hin u. esset, spricht unser Herr u. Heiland; das ist mein

Leib...»; ref.: indirekte Formeln nach 1 Kor 10, 16 od. anderen Bibelworten (bes. 1 Kor 11, 23ff. als Gedächtnismahl; Mt 26, 26ff. pp.); → verba institutionis

sphragis *gr., Siegel*; altchr.: Taufe (→ character indelebilis); gr.-orth.: zur → Kommunion verwendetes Mittelstück des Opferbrotes; Kreuzzeichen beim Segen

Spiritismus, Glaube an einen durch → Medien vermittelten Verkehr mit den *Geistern* Verstorbener (→ Okkultismus, → Parapsychologie); **Spiritual**, kath. Seelsorger geistl. Institute; **(Negro)Spiritual** *amerik., geistl. Lied* nordamerikan. *Neger;* **Spiritualen**, Gruppe im → Franziskanerorden, mit strenger Deutung des Armutsgebotes (14. Jh.), aus ihnen gingen die → Franziskaner-Observanten hervor; **Spiritualisierung**, *Vergeistigung;* **Spiritualismus**, Erklärung der Wirklichkeit aus rein geistigem Grund; **Spiritualisten**, Sammelbez. für Anhänger → pneumat.-spiritualist. Gruppen in der Kirchen- bzw. Christentumsgeschichte; **Spiritualität**, kath.: geistl. → Habitus, geistl. Ordensleben; ev.: Frömmigkeit allg.; **spirituell; Spiritus Sanctus**, *Heiliger Geist*

splendida vitia *lat., glänzende Laster*, Augustin († 430) für die heidn. → Tugenden

Spolienrecht (v. *lat., spolium, Beute*) MA: umstritt. Recht über den Nachlaß von → Klerikern

Sponsalien (v. *lat. sponsus*, Bräutigam), Verlöbnis; kath.: Vertrag über Schließung einer Ehe

sponsor *lat., Gelobender*; Taufpate

Sprengel, Aufsichtsbereich einer → Landeskirche, von einem Landes- → superintendenten od. einem Sprengelbischof geleitet

Staatskirche, Verbindung von Kirche u. Staat zu einer einheitl. Gesamtkörperschaft unter staatl. Leitung; → Religionsedikt, → cuius regio, eius religio, → Volkskirche

Stabat mater *lat., Es stand die Mutter*; Karfreitags → sequenz (13. Jh.)

Stabilität *lat., Beständigkeit;* **stabilitas loci**, Verpflichtung, am *Ort* (Amtssitz, Kloster) zu bleiben

stadion *gr. (lat. stadium)*, Wegmaß von 600 Fuß (= 177–192 m); Kampfbahn

stallum *lat.*, → Chorstuhl

Stand → status

Standesseelsorge → Gruppenseelsorge

Stanzen, ital. Strophenform; von Raffael († 1520) ausgemalte Papstgemächer im → Vatikan

Starez, Plr. **Starzen** *russ., der Alte*; russ.-orth.: geistl. Führer jüngerer Mönche

Starowerzen *russ.*, zu den → Raskolniki gehörige → Sekte der «Altgläubigen»; → Bezpopowzy, → Popowzy

Station *lat., Standort, Wache*; kath.: gottesdienstl. Versammlung; **Stationsfasten**, Fasten an → Stationstagen; **Stationskirchen**, Kirchen (Roms), in denen man an → Stationstagen die → Liturgie feierte; **Stationstage**, altkirchl.: Gottesdiensttage; best. Tage in der → Passion; → Kreuzwegstationen

status *lat., Stand;* **st. confessionis**, *Bekenntnissituation, -stand* (→ adiaphora); **st. corruptionis**, *St. der Verdorbenheit* (nach dem Sündenfall); **st. ecclesiasticus**, Priester- bzw. Pfarrerstand, «**Lehrstand**»; **st. exaltationis**, (Christi) *St. der Erhöhung;* **st. exinanitionis**, (Christi) *St. der Erniedrigung;* **st. gratiae**, *Gnadenstand*; **st. integritatis**, *St. der Unversehrtheit,* «**Urstand**» (vor dem Sündenfall); **st. intermedius**, *Zwischenzustand* (zw. leibl. Tod u. Jüngstem Tag); **st. justitiae originalis**, *St. der urspr. Gerechtigkeit;* **st. majestatis**, (Christi) *St. der Herrlichkeit* (Würde); **st. naturae**, mtl.: *natürlicher St.* der Menschheit vor dem AT; **st. naturae elevatae**, *St. der gehobenen Natur*, (→ hist.) St. der zum Heil berufenen Menschen; **st. naturae lapsae**, *St. der gefallenen Natur*; **st. naturae purae**, (nicht hist.) *Zustand eines rein natürlichen Menschen*; **st. naturae redemptae**, *Erlöstheit*; **st. oeconomiae**, *Stand in der Heilsordnung*; **st. oeconomicus**, *der verwaltende*, für die äußeren Bedürfnisse sorgende *St.*, «**Nährstand**»; **st. perfectionis**, *St. der Vollkommenheit*; kath.: **Ordensstand; st. politicus**, «**Wehrstand**» (Staat); **st. termini**, *St. des Endes*; dem Tod folgender Zustand; **st. viae**, *Zustand des Weges*, d. h. vor dem Tode

stauro'phoros *gr.*, *Kreuzträger* bei → Prozessionen; ostkirchl. Mönch nach der → **Profeß**

Stele *gr.*, (Denk-)*Säule*; aufrechte Grabplatte

stella maris *lat.*, *Stern des Meeres*, nach Fehlschreibung von *stilla maris, Tropfen des Meeres* = hbr. *Mirjam*, falsche altkirchl. Deutung der hbr. Namensform Marias

stemma *gr.*, *Stammbaum*

Sterbesakrament → unctio extrema

Stewardship *engl.*, *Haushalterschaft*, amerikan. Bez. für die Aktivität des Christen in → Gemeinde u. Öffentlichkeit, mit der er sich als ein «guter Haushalter» (1 Petr 4, 10) mit seinen Gaben, seinem Vermögen u. seiner Zeit zum Wohl von Kirche u. → Nächstem einsetzt

sticharion *gr.*, gr.-orth.: der röm. → Tunika entspr. → liturg. Gewand

Stichien *gr.*, *Verse*; → detempore-Loblieder am Vorabend der Feste;

Stichomantie, *Zeilenwahrsagung* aus willkürlich (durch Messer oder Nadel) aufgeschlagenen (Bibel)stellen

Stift, (auf Schenkung beruhende) *Gründung*; → Kollegiatkirche; Kollegium von → Kanonikern, denen die Verrichtung des → Chordienstes an einer **S.skirche** übertragen ist; neben Stiften für Kanoniker auch Kanonissen-S.e bzw. Damen- → Convente, oft Versorgungsstätte für unverheiratete Frauen; ferner (bes. MA) Bez. für das geistl. u. weltl. Herrschaftsgebiet eines → (Erz)bischofs (= «geistl. Territorium»; → Säkularisation); aber → Diözese

stigma, Plr. **stigmata** *gr.*, *Wundmal(e Christi);* **Stigmatisation, Stigmatisierung; Stigmatisierte**, tragen die Wundmale Christi (medizinisch ungeklärt)

Stillgebet → secreta

Stillmesse → missa non solemnis, missa solitaria

Stipendium *lat.*, *Geldunterstützung*; → Meß-Stipendium

stipes *lat.*, *Klotz*; der rechteckige Mauerblock des Altars

Stoa *gr.*, *Halle*, antike philos. Schule (seit 300 v. Chr. in einer Halle Athens), lehrte die Vernunft als Weltgesetz u. die tugendsame → Ataraxie als Lebensideal; **stoisch**, gelassen

stoicheion, Plr. **stoicheia** *gr.*, *Grundbestandteil*, → Element, *Buchstabe*; **stoicheia tu kosmu**, *Geisterwelt* (Gal 4, 3; Kol 2, 8)

Stola *gr./lat.*, *langes Kleid*; um den Hals gelegter Stoffstreifen des Priesters bei Amtshandlungen; daher: **Stolgebühren**, Gebühren für Amtshandlungen

Strannik *russ., Wanderer,* ein Typ des Laien → asketen in den → Ostkirchen

strukturale (strukturalist.) Exegese → Linguistik

Studiten, Mönche des Studionklosters in Konstantinopel, deren Fassung der Basiliusregel (4. Jh.) für viele ostkirchl. Klöster maßgebend wurde; 1900ff.: Ordensgemeinschaft → unierter Ukrainer

Stufengebet, kurzes Rüstgebet vor dem eigentl. Beginn des Gottesdienstes (gleichsam an den Stufen des → Altars)

Stundenbuch, (→ Laien-) → Brevier mit dtspr. liturg. Gebeten, heute auch vom → Klerus benutzt; **Stundengebet** → Hore

Stundismus, russ. → pietist. Bewegung d. frühen 19. Jh., gegr. durch württ. ev. Siedler (**Stundenleute**), die um d. Stunde d. Bekehrung beteten; i.w.S. die Gemeinschaftsübung, zu Stunden d. Gebets u. d. Bibelauslegung zusammenzukommen

Stupa *ind.*, → Reliquienbau als zentrales Kultdenkmal des → Buddhismus

Stuttgarter Schulderklärung des Rates der → EKD vom Okt. 1945 ggüber Vertretern der → Ökumene, mit der die kirchl. Mitschuld (nicht eine → Kollektivschuld des Volkes!) am Unrecht des Nationalsozialismus bekannt wurde: «Wir klagen uns an, daß wir nicht mutiger bekannt, nicht treuer gebetet, nicht fröhlicher geglaubt und nicht brennender geliebt haben.»

Styliten *gr., Säulenheilige*, brachten ihr Leben auf Säulen zu (4./5. Jh.)

Stylobat *gr., Plattenunterlage* einer Säulenreihe

stylus *gr./lat., Kelchschaft*

subbiretum → Pileolus

Subbotniki *russ., → sabbatarische →* Sekte, seit Ende 18. Jh.

subcinctorium, bạlte'us, *mlat., Untergürtel*; Schmuckstück am → cingulum, urspr. zum Befestigen der → Stola

Subdiakon *lat./gr.*, kath.: niederste Stufe d. → Klerus; 1972 abgeschafft

Subjekt *lat., Zugrundeliegendes; Urheber*; erkenntnistheoret.: erkennende u. handelnde Person; **subjektiv**, persönlich, unsachlich, einseitig (Ggs. → objektiv); **Subjektivismus**, Urteilen u. Handeln, das einer → objektiven Sachlage nicht entspricht

subintroduc̣tae virgines → Syneisakten

sublevatio *lat., Erleichterung*; **s. mentis**, *Verzückung*

Submersionstaufe *lat., Taufe durch Untertauchen*

Sub'ordinatianer *lat., die Unterordnenden* (2./3. Jh.), erklärten den Logos für ein göttliches, aber Gott untergeordnetes Wesen (**Subordinatianische Christologie**)

subsidiär *lat., hilfsweise*; **Subsidiaritätsprinzip**, zuerst von Papst Pius XI. in der → Sozialenzyklika «Quadragesimo anno» 1931 vertretener Grundsatz, wonach jedem bestehenden sozialen Gebilde das Seine gelassen u. *Hilfe* zur Selbsthilfe gegeben werden solle, da eine kleinere Gemeinschaft Recht u. Pflicht habe, alle Angelegenheiten, die sie aus natürl. Nähe besser kennt, selbst zu verwalten; entsprechend fördert der Staat rechtl. u. finanziell die sozialen Aktivitäten der Kirchen u. Freien → Wohlfahrtsverbände

subsistentia *lat.*, scholast.: selbständige Daseinsweise

sub specie aeternitatis *lat., unter dem Blickwinkel der Ewigkeit*

substantia, Substanz *lat., das darunter Seiende* (vgl. *gr.* → *Hypostase), Stoff, Wesen*, → usia; philos. Sinn: das, was durch sich selbst besteht (*«res, quae per se subsistit»*); **substantia completa**, scholast.: eine *Ganzheit*; **s. incompleta**, dient zur Ergänzung eines andern (Leib, Seele); **substantiell, substantialiter**, *wesentlich*

Substitut *lat., Ersatz*mann eines zum → Chordienst verpflichteten → Kanonikers; Amt in der → Kurienverwaltung; **substituieren**, an die Stelle eines anderen (bzw. von etwas anderem) setzen

sub una bzw. **utraque** → communio

sub'urbikarisch *lat., vorstädtisch*; die 7 um Rom liegenden Bistümer

successio apostolica → Sukzession, apostolische

sudarium *lat., Schweißtuch*; → Manipel; Tuch, mit dem der → Diakon den Kelch anfaßte

Sünde (lat. → peccatum), allg.: Handeln (wollen) ohne Gott bzw. geg. Gottes Gebote; dogmat.: **Erbsünde**, das durch den **Sündenfall** (1 Mose 3) (→ lapsus, → peccatum originis) ererbte (→ Traduzianismus) Wesen des Menschen, der (ev.: CA II) «sine metu dei, sine fiducia, cum concupiscentia» (*ohne Gottesfurcht, ohne Vertrauen* [auf Gott], *mit* [gottfeindl.] *Begehren*) lebt bzw. (kath.: Augustin †430) dessen (erbsündl.) → Konkupiszenz nach der → Taufe (nur) noch als → fomes vorhanden ist; **läßliche S.**, kath.: S., die nicht in (bewußter) Abkehr von Gott geschieht, daher nicht zum Verlust der Gnade (→ gratia gratum faciens) führt; **Todsünde**, kath.: aus dem Gnadenstand ausschließende (zum geistl. Tod führende) S., die jedoch durch die → sakramentale Buße (→ poenitentia) vergeben werden kann; ev.: (weitgehend) Ablehnung einer Unterscheidung von schweren u. leichten Sünden bzw. überhaupt des dogm. Gebrauchs der Mehrzahl; **Sünden(opfer)bock**, der am jüd. Versöhnungstag nach 3 Mose 16, 10.21 f. vom Hohenpriester mit den Sünden Israels beladene u. in die Wüste hinausgeschickte Opferbock

Suffizienz der Hl. Schrift *lat.*, dogm.: *Ausreichen der Schrift* für die Heilslehre; → Formalprinzip

Suffragan *mlat., Gehilfe*; Bischof gegenüber dem → Erzbischof; → Titularbischof; Bischof, der die → Diözese eines anderen mit Wahrnehmung der → Jurisdiktion verwaltet

suffragium *lat., Stimme, Stimmrecht*; Anrufung der → Heiligen; Fürbitte für Tote; **per modum suffragii,** *fürbittweise*

suggestio *lat., Rat*; geistige Beeinflussung; **suggestio rerum**, *Eingebung der Dinge* (Inhalte) durch den Hl. Geist an die Verfasser der bibl. Schriften; **s. verborum**, *Eingebung der Worte*

Sukkot *hbr., Hütten*; einwöchiges Laubhüttenfest nach der Ernte in Laub- u. Palmenzweighütten zur Erinnerung an den Auszug aus Ägypten u. die Wüstenwanderung

Sukkubus *lat., drunterliegend*; weibl. Buhldämon im mtl. Aberglauben; → Inkubus

Sukkursalpfarrer *lat.*, kath.: geringer bezahlter, jederzeit versetzbarer *(Hilfs)pfarrer*; → Desservant

Sukzession *lat., Nachfolge*; **apostolische S.**, kath., anglikan. u. a.: ununterbrochene Nachfolgereihe der Bischöfe seit d. Aposteln, Bürgschaft für → Apostolizität, Kontinuität u. Identität d. Kirche

summa (theologica) *lat., zusammenfassende* Darstellung der mtl. → Dogmatik; **Summist**

Summepiskopat *(lat.-gr., summus → episcopus), oberste Bischofsgewalt* des ev. Landesherren; **summum bonum**, Gott als *höchstes Gut*; **summum ens**, Gott als *höchstes Wesen*

Sumption *lat., das Nehmen* (der → Hostie)

Sunna *arab.*, rel. *Gewohnheiten* Mohammeds, die man später zur Ergänzung des → Korans aufzeichnete; **Sunniten**, → orthodoxer → Islam; Ggs. → Schiiten

Superintendent *lat., «Oberaufseher»*; ev.: Amtsbezeichnung für den einen → Kirchenkreis (→ Ephorie) leitenden Geistlichen (→ Dekan); **Superintendentur**

Superior *lat., Oberer* (in kleineren Klöstern); → Guardian

superpelliceum *lat.*, → liturg. weißes Linnen-*Obergewand* der → Kleriker; **Chorhemd**

Superstition *lat., Aberglaube;* **superstitiös**, *abergläubisch*

Supervision *lat., Oberaufsicht, Beaufsichtigung*; Förderung u. Praxisberatung von Auszubildenden u. Mitarbeitern sozialer Berufe; oft mit psycholog.- → psychotherapeut. Methoden; → Klinische Seelsorgeausbildung; **Supervisor**, der die S. Ausübende

sup'pedaneum (scabellum) *lat., Standstufe*, oberste Altarstufe als Platz des Priesters

Supplikationen *lat., Bittgänge*, → Prozessionen

Supralapsarismus, Antelapsarismus *(v. lat. supra, oberhalb; ante, vor; lapsus, Fall)*, ref. Richtung, die die → Prädestination vor dem Sündenfall ansetzt; Ggs. → Infralapsarismus

Supranaturalismus *lat.*, Glaube an *übernatürliche* Offenbarung; → Naturalismus

Supremat *lat., Obergewalt* (des Papstes über die Bischöfe); anglikan.: im **S.seid** wird der engl. König als oberster Regent auch in kirchl. Fragen für zuständig erklärt (seit 1534 bzw. 1559)

Sure *arab., Zeile, Hauptstück*; die (114) Einzelabschnitte des → Korans

sursum corda *lat., empor die Herzen*!, → liturg. Ruf

suspensio *lat.*, vom → ciborium *herabhängendes* Gefäß für → Hostien

Suspension *lat.*, (zeitweilige) *Amtsenthebung*; kath.: **suspensio a beneficio**, auf die → *Pfründe* beschränkte S.; **s. ab officio**, auf das *Amt* beschränkte S.; **s. a divinis**, Verbot der Ausübung *von göttlichen* Funktionen, die auf der → Weihe-Gewalt, **s. a jurisdictione**, die auf der *Rechtsprechungs*gewalt beruhen; **s. generalis**, Entzug der Ausübung aller mit Amt u. Pfründe verbundenen Rechte; **suspendieren**

Sutren *ind., Leitfäden*, Ritualbücher zum Auswendiglernen, nach → Veden u. → Brahmanas die dritte Schicht der ind. rel. Literatur

Sutta *ind., Lehre*, 2. Teil des → Tripitaka, enthält die Lehre des → Buddha

Svastica *sanskr., Glück*, altind. Bez. für das → Hakenkreuz

Swami *sanskr., Priester, Gottgeweihter*

Sykophant *gr., Verleumder*

Syllabus errorum *lat.*, päpstl. *Zusammenstellung* von *Irrtümern*, 1864 geg. → Pantheismus, → Rationalismus u. a., 1907 (→ Dekret **Lamentabili**, *bejammernswert*) geg. den → Modernismus

Syllogismus *gr., Schluß*, Ableitung eines Satzes aus zwei anderen (→ Prämissen), die einen Begriff gemeinsam haben; **s. practicus**, *praktisches Schlußverfahren*, in dem von einer Erfahrung (Handeln, Leiden) auf eine sie bewirkende geistl. Wirklichkeit (z. B. Glauben, Gnade) geschlossen wird

Syllukianisten *gr., Mit-* → *lukianisten*

Symbol *gr., Wahrzeichen, Abzeichen, Erkennungszeichen*, rel. Sinnbild, in dem das Unsichtbare u. Unverfügbare anschaulich, gegenwärtig (u. verfügbar) wird; Bez. der → Tauf- u. → Glaubens → bekenntnisse (seit 4. Jh.); **ökumenische S.e.**, die in allen bzw. mehreren christl. → Konfessionen anerkannten S.e: → Apostolikum (nicht in der gr.-orth. Kirche), → Nicaenum (eigentl.: → Nicaeno-Constantinopolitanum), → Athanasianum (wie Apostolikum); **Symbolik** → Konfessionskunde; **symbolisch**, *sinnbildlich;* **symbolische Abendmahlslehre**, faßt Brot und Wein als Sinnbilder von Christi Leib und Blut **(Symbolismus)**; Ggs. → Realismus; **s.e Bücher**, kirchl. → Bekenntnisschriften; **Symbolofideịsmus**, frz. ref. Richtung, die den *bildl.* Charakter der *Glaubens*-Vorstellungen betont; **Symbolum** → **Apostolicum,** → **Romanum; Symbolum Quicunque** → Athanasianum

Synagọge *gr., Zusammenkunft*; jüd. Lehrhaus; → Ekklesia u. S.; **synagogal**, dem jüd. Gottesdienst zugehörig

Synapte *gr., Zusammenstellung*: gr.-orth.: Fürbittengebete zu Beginn der Messe, «**Anliegen-** → **Litanei**»; **S. megale** → Eirenika

Synaxarien *gr.*, gr.-orth. → liturg. kalendar. Heiligenbiographien

synaxis *gr., Vereinigung*, Gemeindeversammlung; gr.-orth. Abendmahlsfeier; priesterl. → Hore

Synchronie (-ismus) *gr., Zeitgleichung* versch. Ereignisse (Lk 3, 1)

syn'deresis → Synteresis

Synẹdrium, Synedrion *gr., Ratsversammlung*, als jüd. Lehnwort **Sanhedri̲n, Hoherrat**, oberste jüd. rel. Instanz

syn'e̲idesis *gr., Gewissen*

Syn'eis'akten *gr., lat.* **subintroductae (virgines)**, *miteingeführte (Jungfrauen)*; geistl. Verlobte, → asket. Jungfrauen u. Männer, die (in Gruppen) zusammenlebten (1 Kor 7, 36 [?]; 2./3. Jh.)

Syn'ekdochẹ *gr., Mitverstehen*; Redeform, in der ein Teil für das Ganze (od. umgekehrt) steht (z. B. Blut Christi für Versöhnungstod Christi)

Syn'ergismus *gr., lat.* → *cooperatio, Zusammenwirken* (Gottes mit dem Menschen bei der Rechtfertigung); **synergistischer Streit**, (1556–60) über das Mitwirken des Menschen bei der Rechtfertigung

syngrapha *gr., Handschrift*; *Schuldschein*

Synhedrium → Synedrium

Synkretismus *gr., Vermischung* verschiedener rel. Auffassungen; **synkretistisch**, glaubens*vermengend*

Synọde *gr.*, (kirchl.) *Zusammenkunft*; → ev.: parlamentar. Gesetzgebungs- u. Kontrollinstanz von Kirchenleitungen; kath.: Versammlung regionaler (Bistums-S.) od. überregionaler (Gemeinsame S. d. Bistümer Deutschlands) od. nach Amtsstellung ausgewählter (Bischofs-S.) Beratungsgremien; **Heiliger Synod**, russ.-orth.: Kirchenbehörde (1721–1917); **Ständige Synode, Heilige S.**, Kollegium von → Bischöfen in den → Ostkirchen, das zus. mit dem → Patriarchen od. → Katholikos die Einzelkirchen leitet; **Synodaler**, Mitglied einer Synode; **Synodalverfassung**, kirchenrechtl.: ev. Verfassung, die grundsätzl. Entscheidungen einer S. zuteilt

Syn'opse *gr., Zusammenschau*; Zusammenstellung der Paralleltexte der 3 ersten (**synoptischen**) → Evangelien (**Synoptiker**, so wegen weitgehender textl. Übereinstimmung im Unterschied zum Joh.-Ev.)

synteresis *gr., Bewahrung, Bewachung*; scholast.: Trieb zum Guten, → syneidesis

Synthese *gr., Verknüpfung* von Verschiedenem zu einer Einheit; **synthetische Methode**, dogm. Lehrweise, die von den Grundwahrheiten ausgehend, zu deren Ziel fortschreitet (Ggs. → analytische M.); **synthetisches Urteil**, ein weiterführendes Urteil (→ a posteriori; Ggs. → analytisches U.)

Syn'usiasten (v. *gr. mit-sein), **Apollinaristen*** (nach Apollinarios v. Laodizea, †nach 380), lehrten den göttl. → logos als Seele des Fleischesleibes Christi

System *gr., geordnetes Ganzes*; Lehrgebäude; **gebundenes S.**, → roman. Baukunst: das Vierungsquadrat als Grundeinheit; **systematisch**, in überlegter Ordnung; Ggs. → heuristisch; **Systematische Theologie, Systematik**, theol. wiss. Glaubenslehre; → Dogmatik u. → Ethik

Sy'zygien *gr., paarweise Verbindungen*; → Gnosis: → Äonen-Ehen

Szientismus → Christian Science

T

tabella secretorum *lat.*, kath.: Tafel auf dem Altar mit dem Text des → Konsekrations- → kanons

Tabernakel *lat., Zelt, Hütte* (Offb 21, 3), → baldachinartiger Überbau über dem Altar; Sakramentshäuschen; Behältnis für geweihte → Hostien (früher auf dem Altar)

Taboriten, radikale Partei der → Hussiten, nach ihrer Lagerstadt Tabor

tabu *polynes.*, etwas Machterfülltes, zu Meidendes

Tachanun *hbr.*, jüd.: stilles Gebet im Morgengottesdienst nach der → Tefilla

Ta'eb *aram., der Wiederkehrende, der Bekehrer*; der → Messias der → Samaritaner

Täufer → Anabaptisten

Talar *lat., bis zu den Knöcheln gehendes Kleid*; Amtskleid von Geistlichen, Gelehrten, Juristen

talion → jus talionis

Talisman *gr.-arab., Geweihtes*; zauberkräftiger Gegenstand, der Schutz bringen soll

Tallith *hbr., Verhüllung*; jüd. Gebetsmantel (4 Mose 15, 37 f.)

Talmud *hbr., Lehre*, im → Rabbinismus entstandene Auslegung u. Weiterbildung der → Tora; **jerusalemischer T.**, im 4. Jh. abgeschlossen; **babylonischer T.**, umfangreicher, um 500 abgeschlossen

Tambour, trommelförmiger Unterbau der Kuppel in Kirchen

Tamid *hbr., das beständige*; jüd.: tägl. Brandopfer (4 Mose 28, 10)

Tandschur *tibetan., übersetzte Lehre*; 2. Teil des → lamaistischen → Kanons, mit Kommentar zum → Kandschur u. a.

Tannaim *hbr., Wiederholer*; → Sopherim aus der Zeit der → Mischna

Tantra *ind., Aufzug eines Gewebes, System*; **Tantrismus**, kult.-rituelle Systeme im Hinduismus u. Buddhismus des 5. Jh.

tao *chin., Weg*, der als ethisches → Ideal gedachte Urgrund alles Seienden; **Taoismus**, Lehre Laotses (8. od. 6.? Jh. v. Chr.) über das Tao u. die → Tugend als Nachahmung der Vollkommenheit des Tao; als Populartaoismus mit → Buddhismus, Volksglauben, Ahnenkult, → Dämonenglauben vermischte chines. Rel.

Targum, Plr. **Targumim** *aram.*, aus der Dolmetschung (**Methurgeman**, *Dragoman, Dolmetscher*) ins Aram. entstandene jüd. u. → samaritan. AT-Übersetzungen

tat tvam asi *ind., das bist du*, Formel der → brahmanischen Religion, die die Einheit der Einzelseele mit dem Allgeist ausspricht

Tauchkelch → Intinktionskelch

Taufe (von *mhdtsch. toufen, untertauchen*; gr.-lat. → baptismus), → Initiationsritus; im Judentum: Reinigungsbad (→ Proselytentaufe); christl.: die Zugehörigkeit zur → Kirche bezeugendes (bzw. bewirkendes) → Sakrament; **Taufbefehl**: Mt 28, 19; **Taufgesinnte** (altevangelische) → Mennoniten; **Taufzeuge**, kath.: ein aus einer «getrennten kirchl. Gemeinschaft» stammender Getaufter, der neben einem kath. → Paten zugelassen werden kann

taurobolium *gr., Stieropfer*, → Taufe eines → Mysten in den → Kybele-, Attis- u. → Mithras → mysterien mit dem Blut eines frisch geschlachteten Stieres

Tausendjähriges Reich → Chiliasmus

Te Deum → Ambrosian. Lobgesang

Teetotalers *engl.*, Gegner jeglichen Alkoholgenusses

Tefilla, Schemone esre *hbr., Achtzehngebet*; jüd.: → liturg. 18 Bitten-Gebet; **Tefillim** *hbr., Gebetsriemen*; jüd.: am linken Oberarm u. an der Stirn zu befestigende Kapseln mit → Pergament-Röllchen, auf denen 2 Mose 13, 1–16 u. 5 Mose 6, 4–9; 11, 13–21 steht (Luther übers. Mt 23, 5 mit «Denkzettel»)

Te igitur *lat., dich also...*, erstes → Interzessionsgebet des röm. → Meßkanons bzw. des 1. → Hochgebets (Beginn), das den Papst, den Ortsbischof u. die Gemeinschaft aller Bischöfe nennt

Telefonseelsorge, anonyme, oft durch ein → ökumen. Mitarbeiterteam angebotene Seelsorge u. Krisenberatung durchs Telefon

Telekinese *gr., Fernbewegung* eines Gegenstandes auf → okkulte Weise; **Telepathie**, *Fernempfinden*; Gedankenübertragung

Teleologie *gr., Zielgerichtetheit*; → Gottesbeweis

Tellurismus *lat.*, rel. Verehrung der «Mutter *Erde*»

telonia *gr., Zollstellen*; gr.-orth.: Prüfungsstationen der Seele nach dem Tode (5–40, entspr. den Sünden)

temenos *gr., abgegrenzter*, heiliger Bezirk

Tempel *lat.*, urspr.: einer Gottheit geweihter Bezirk (→ temenos); in diesem errichtetes Haus der Gottheit; **Tempeldirnen** → Kedeschen;

Temperanzler *lat., Maßhaltende*; Gegner des Mißbrauchs von Alkohol; aber → Abstinenzler

Tempelherren, Mitglieder des → Templerordens (→ Ritterorden)

Templer(orden), Tempelritter (*fratres militiae templi, Brüder des Tempelritterdienstes*), 1119 in Jerusalem zum Schutz christl. Pilger gegr. → Ritterorden (später auch

Hospitaldienst); 1307 unter schweren Anklagen in Frankreich verboten, 1312 von Papst Clemens V. aufgehoben; → Deutschherren

Temporale *lat.*, Teil des Meßbuchs mit → liturg. Texten nach der *zeitlichen* Ordnung des → Kirchenjahrs; → proprium (de tempore)

Temporalien *lat.*, kath. kirchenrechtl.: *zeitlicher* (= ird.) Besitz einer Kirche

tempus clausum *lat.*, → *geschlossene Zeit*, Frist, in der keine lauten Feste stattfinden dürfen

Tẹnach (der), Bez. für d. hebr. Bibel, vgl. d. Übersicht im Anhang

tẹnebrae *lat., Finsternis*; Trauermette; **T.-leuchter**, kath.: in der Karwoche benutzter Leuchter mit 15 Kerzen, die auf den Seiten eines aufgerichteten Dreiecks stehen (Zahl: Jesus, seine Mutter, Maria Magdalena u. 12 Jünger)

Tentạmen *lat., Prüfung*; 1. theol. Examen

Tephillạ → **Tefilla**

teraphịm *hbr.*, menschenähnl. Kultobjekt (1 Sam 19, 13), das beim Orakel verwendet wurde (Hes 21, 16)

terminieren (v. *lat. terminus, Grenze, Gebiet*), Almosensammeln von Bettelorden (u. ä.); **Terminismus** → Nominalismus

Terpsịchore → Musen

Territorialsystem *lat.*, Staatsverfassung (seit 18. Jh.), in der auch die Leitung der Kirche Hoheitspflicht des Staates ist; → Episkopalsystem, → Kollegialismus

terrọres incụssae conscịẹntiae *lat., die Schrecken des erschütterten Gewissens*

tersanctus → Trishagion

tersorium → abstersorium

Tertiarier, Terziaren *lat., Dritt*ordensleute; dem → Orden ohne Gelübde angeschlossene Laien, die fromme Übungen pflegen, aber im weltlichen Leben bleiben

tertium comparationis *lat., das Dritte der Vergleichung*; der Punkt, in dem verglichene Dinge übereinstimmen (z. B. → Bildhälfte u. → Sachhälfte)

tertium non datur *lat., eine dritte* Möglichk. *gibt es nicht*

tertius usus legis → usus

Terz *lat.*, klösterl. u. priesterl. → Hore um die *dritte* Stunde nach Sonnenaufgang

Terziaren → Tertiarier

Testakte, engl. Gesetz von 1673, das öffentl. Ämter vom Eid auf die → anglik. Kirche u. der Verwerfung der → Transsubstantiations-Lehre abhängig machte

Testament *lat., gr.* **diathẹke**, *letztwillige Verfügung*; **Bund**; **Altes T. (Vetus Testamentum)** bzw. **Neues T. (Novum Testamentum, kainẹ diathẹke)** = *lter* zw. *Neuer Bund* Gottes m. d. Menschen (Hebr 8)

testimonium *lat., Zeugnis*; **testimonia patrum**, *Zeugnisse der* → *Kirchenväter;* **testimonium paupertatis**, *Armutszeugnis;* **t. spiritụs sancti internum**, *inneres* (im → Gewissen erfahrenes) *Zeugnis d. Hl. Geistes*

Tetragramm *gr., Vierbuchstabeninschrift*: → Jahve; → I. N. R. I.

Tetramọrph *gr., Viergestalt* (Hes 1,10; 10,14; Offb 4,7), deren Symbole auf die vier → Evangelisten bezogen werden

Tẹtrapla *gr., vierfache*; v. a. Bibelausgabe des Origines († 254) in *vier* gr. Übersetzungen; → Hexapla

Tetra'politạna → Confessio T.

Tetrạrch *gr., Vierfürst*, Fürst eines von vier Teilen eines geteilten Landes (Mt 14, 1)

tetra'vella *gr.-lat., vierseitiger* Altar*behang*

Teufel → Beelzebub, → Belial, → Luzifer, → Satan

Textkritik, Untersuchung des Wortlautes eines (Bibel)textes in allen vorliegenden Fassungen des Urtextes («Textzeugen», «Varianten») mit Hilfe des → Apparates, um die beste Lesart zu finden, dabei evtl. Feststellung von → Konjekturen, → Interpolationen, → Glossen u. → Zäsuren («Nahtstellen»), die durch → Rezensenten, → Redaktoren (→ Literarkritik) u. Einbau geformten Gutes (→ Formgeschichtl. Methode) entstanden sind; die wichtigsten u. besten Textformen des AT: → Masoret. Text (Sigel M), → samaritan. Pentateuch, → Septuaginta (LXX), → Vulgata, → Targume; des NT: → Sinaiticus, → Alexandrinus, → Vaticanus, Bezae Cantabrigiensis; → Bibelkritik

textus receptus *lat.*, bis ins 19. Jh. allgemein *angenommener* gr. NT-*Text* in der von Estienne (= Stephanus) 1546 u. ö. hrsg. Form, Bez. seit der Ausgabe des holländ. Druckers Elzevier von 1633

Thal(e)ia → Musen

Thanatologie *gr.*, *Lehre* von Sterben u. *Tod* des Menschen, meist Lehre von der ärztl. Betreuung der Sterbenden (medizin. Sterbehilfe); **Thanatopsychologie**, Psychologie des Sterbens

Thaumaturg *gr.*, *Wundertäter*

the'andrisch *gr.*, *gottmenschlich*

Theatiner, Clerici Regulares Theatini (CRTh), von C. di Tiene, P. Caraffa, Bischof von Theate u. a. 1524 begr. → Orden → regulierter → Kanoniker zur Belebung kath. Frömmigkeit u. → Ketzer-Bekämpfung

Themenzentrierte Interaktion (TZI), Methode der Gruppenarbeit, die die Konzentration auf ein Thema (Es) u. die persönl. Beteiligung des Einzelnen (Ich – das «Sich-einbringen») u. die Gruppe (Wir) gleichgewichtig (dynamische Balance) miteinander zu verbinden sucht (nach Ruth C. Cohn)

Themistianer → Agnoeten

theos *gr.*, *Gott*; **Theismus**, Glaube an einen persönl., überweltl. Gott, aber → Deismus, → Pantheismus (17./18. Jh.); **Theodizee**, *Rechtfertigung Gottes* angesichts der wahrnehmbaren Übel (Hiob); **Theogonie**, *Götterzeugung*, → Mythos von der Entstehung der Götter; **Theokrasie**, *Göttermischung;* **Theokratie**, *Gottesherrschaft*, Verfassung, in der Gott als Herrscher gilt; **theologia, Theologie** *s. u.*; **theomorph**, *gottgestaltig;* **Theonomie**, *von Gott herstammende Gesetzlichkeit* (Ggs. → Autonomie); **theonom**, *gottbestimmt*; **Theopanismus**, Lehre von *Gott als dem Ein- und Alles;* **Theopas'chiten**, *die Gott selbst leiden lassen*; Anschauung von → Monophysiten des 5./6. Jhs. (Formeln: «Gott ist gestorben» od. als Einfügung in das → Trishagion «der für uns gekreuzigt worden ist»); **Theophanie**, *Erscheinung Gottes*; **Theophilanthropen**, *fromme Menschenfreunde*, → deist. frz. Sekte (1797); **theophor**, (den Namen einer) *Gottheit tragend*; **theophore** → **Prozession**, bei der das → sanctissimum mitgetragen wird; **Theopneustie**, *göttliche Einhauchung*, Eingebung (2 Tim 3, 16); **Theosis**, *Vergöttlichung* (des Menschen); **Theosophie** *Gottesweisheit,* Erkenntnis Gottes durch unmittelbare innere Schau, meist verbunden mit → Spekulation u. tiefer Frömmigkeit; **Theotokion**, → Hymnus an → Maria als

theotọkos (= **deị'para**), *Gottesgebärerin, Gottesmutter*, (→ christotokos); **Theoxẹnien** *lat. lectisternia), Göttermahle*, antike Opfermahle; **theozentrisch**, *Gott in den Mittelpunkt stellend* (Ggs. → anthropozentrisch)

theologia *gr.-lat., Wissenschaft von Gott, Gotteslehre*; die **Theologie** ist im Blick auf ihre Methoden u. auf ihre Teilgebiete die wohl vielseitigste Wissenschaft überhaupt; unterschieden werden i. a. vier Hauptdisziplinen: Bibelwissenschaft, Kirchengeschichte, Systemat. Th., Prakt. Th. (Pastoralth.) (bisweilen auch nur drei: Hist. Th. [mit Bibelwissensch. u. Kirchengesch.], Systemat. Th., Prakt. Th.); **th. crucis**, *Th. des Kreuzes*, weist Jesu Sterben als Gottes Heilsweg auf u. setzt Gottes Verborgenheit (→ Deus absconditus) in allen Lebensbereichen voraus, Ggs. dazu **th. gloriae**, *Th. der Herrlichkeit*, geht von der (Luther: das Kreuz Christi ignorierenden, daher verblendeten) Annahme aus, Gottes Wirklichkeit u. Macht sei gegenwärtig erkennbar; **Theologia Deutsch** → Deutsche Theologie; **th. naturalis** → *natürliche Th.*; **th. revelata**, *geoffenbarte Th.*; **th. viatorum**, *Th. der* (zu nur vorläufiger Gotteserkenntnis gelangenden) *Wanderer*, auch → pietist. Bez. für die kirchl. bekenntnismäßige Lehre im Unterschied zu der **th. regenitorum**, *Th. der Wiedergeborenen*, d. h. nach der wirkl. Bekehrung; **Th. der Befreiung**, theol. Richtung, v. a. in Lateinamerika seit etwa 1968 (Lateinamerikan. Bischofskonferenz von Medellin) (L. Boff, G. Gutierrez, J. Miguez Bonino, J. Sobrino u. a.), die die geistl. u. die soziale Befreiung des Menschen miteinander verbindet; **Th. der Diakonie**, nach d. Revolution 1956 in d. luth. Kirche Ungarns entwikkelte Th. zur Bewältigung der der Kirche in ihrem sozialist. Umfeld gestellten Aufgabe, auch als Th. des Dienens bez. (Hauptvertreter: Zoltan Káldy, † 1987); **Th. der Krise** → Dialektische Theologie; **Th. der Ordnungen** → **Ordnungstheologie; Th. der Revolution**, seit etwa 1966 (bes. im Hinblick auf Lateinamerika) unternommene theol. Reflexionen über revolut. Situationen u. revolut. Handeln (mit z. T. unklaren polit.-gesellschaftl. Zielsetzungen), in Abkehr von traditioneller Kirchlichkeit u. Lehre (bes. gg. → Zwei-Reiche-Lehre); **Th. im Kontext**, kontextuale Th. → Kontextualität der Theologie; **Théologie** → **nouvelle**; **Theologiegeschichte**, Geschichte theol. Gedankenbildung, bes. in der Neuzeit; → Dogmengeschichte; **Theologụmenon**, theol. Aussage

Therapeuten *gr.*, (Seelen-)*Heiler*; jüd. asket. Gemeinschaft in Ägypten (1. Jh. v. Chr./n. Chr); **Therapie**, *Heilung;* **therapeutisch** → Psychotherapie

thermarion → Zeon

thesaurus ecclẹsiae *gr.-lat.*, kath.: d. (Gnaden-)*Schatz der Kirche* durch die überreichen Verdienste Christie u. der → Heiligen, aus dem sie → Ablaß erteilen kann

The'urgie *gr., Zauberei*, die auf die *Gottheit* einwirkt

thịasos *gr., Verein*, festl. Aufzug zu Ehren einer Gottheit

Thnẹto'psychịten *gr.*, Anhänger der Lehre, *die Seele sterbe* und auferstehe mit dem Leib; → Hypnopsychiten

tholedọt → Toledot

thọlos *gr., Rundbau,* Kuppelbau, -dach
thomanisch, nach der Lehre des Thomas v. Aquin († 1274)
Thomas'christen, ind. → monophysitische chr. Gemeinden seit dem 3. Jh. mit → malabar. Liturgie
Thomasevangelium → Nag-Hammadi-Texte
Thomismus, thomistisch, im Katholizismus v. Thomas v. Aquin († 1274) geprägte theol. Richtung, gekennzeichnet durch → aristotel. Denken u. → Seinsmetaphysik; Ggs. → Nominalismus, → Occamismus, → Scotismus, → Voluntarismus
Thorạ → Tora
Thrẹni *gr., Klagelieder* Jeremias
Thron und Altar, meint das (zu) enge Bündnis zw. (monarch.) Staat u. (prot.) Kirche, v. a. im dt. Kaiserreich, wobei insbes. die Kirche in die Abhängigkeit des Staates geriet
thuribulum (v. *lat. thus, Weihrauch*), *Weihrauchfaß*; **Thuriferar,** → **Ministrant,** *der das Weihrauchfaß trägt;* **thurificati**, Christen, die sich durch Weihrauchopfer der röm. staatl. Verfolgung entzogen
thysiastẹrion, trapẹza kyrịu *gr., (Opfer-)altar, Tisch des Herrn*
Tịamat, babylon.: → chaot. Macht des Urmeeres, von → Marduk getötet, der aus ihrem gespaltenen Leib die Welt schuf
Tiạra *pers.*, hohe schirmlose Mütze, Kopfbedeckung der pers. Könige; dreif. Krone des Papstes
tintinnạbulum *lat., Handglöckchen* (Altarschelle) oder an der Chorwand angebrachte Ziehglocke zum Zeichengeben in der Messe
Tipitaka → Tripitaka
Tisserạnds *frz.*, MA: kirchenkrit. Sektierer, bes. unter *Webern*
Titelkirche, seit 4. Jh. Bez. für die Kirche eines jeden → Kardinals in Rom
Titularbischof, Bischof einer fiktiven → Diözese (→ in partibus infidelium) ohne Regierungsgewalt
tobạlea *lat., Tuch*, (Altar-)decke; → gremiale; Kommuniontuch; Schulter- → velum des → patenarius
Todsünde → Sünde
tohu wabọhu *hbr., wüst und leer* (1 Mose 1, 2)
Toledọt *hebr.*, «Buch der Geschlechter», Stammbaum (z. B. 1 Mose 5; 10; 11; 25; 36; 1 Chr 1–9); **Toledot Jesu**, *Geschlechterbuch, Geschichte Jesu*, altes jüd. Volksbuch aus d. 9./10. Jh., in vielen versch. Fassungen verbreitet
toleramus *lat., wir dulden* (es), Formel (16./17. Jh.), durch die unschuldig Geschiedenen die Wiederverheiratung gestattet wurde
Toleranz *lat.,* (Glaubens)*duldung*; **Toleranzakte** (1689), gewährte in England Religions- u. Kultusfreiheit (außer Katholiken u. → Sozinianern); **Toleranzpatent** Josephs II. (1781), gewährte den österreich. Protestanten staatsbürgerl. Rechte u. beschränkte Kultusfreiheit
Tonsụr *lat.*, kath.: *Abscheren* des Haupthaares beim Mönchs- → Klerus zum Zeichen des Dienstes, → Opfers u. der → Weihe, in verschied. Form als «Petrus-», «Paulus-» oder «Johannestonsur»
tọpos, Plr. **topoi** *gr., Ort*; (philos.) Thema (→ Locus)
Torạ (altertüml. Thora) *hbr., Weisung, Gesetz*; jüd.: → Pentateuch: der 1. Teil der hebr. AT (vgl. Anhang); im eng. Sinn → Dekalog bzw. alle atl. Gesetze; **Torarolle**, auf zwei Stäbe (zum Halten u. Aufrollen mit den Händen, ohne die Schrift zu berühren) aufgerollte

Tora im jüd. Gottesdienst; aufbewahrt im **Toraschrein** in der → Synagoge

Toronto-Erklärung (1950), beschreibt das Wesen des → Ökumen. Rates der Kirchen als eine Gemeinschaft von Kirchen, nicht als «Über-Kirche»

Tosaphisten, jüd. Gelehrte, die in MA u. Neuzeit Tosaphot, d. s. Superkommentare zu → Talmud-Kommentaren, verfaßten; **Tosephta** *aram., Fortsetzung* der Mischna im 3. Jh.

totem *indian.*; angenommene Abstammung einer menschl. Gruppe (Stamm u. a.) von einem Tier, das deshalb verehrt wird, nicht gegessen werden darf usw.; **Totemismus**

Totenmesse → missa pro defunctis

Totensonntag → Ewigkeitssonntag

Totentanz, *frz.* **danse macabre**, Darstellung des Todes, der Menschen jeden Standes heimsucht u. holt

Tourismusseelsorge, neues Arbeitsfeld der Seelsorge: kirchl. Betreuung von Menschen auf Reisen, im Urlaub, in Freizeit u. Erholung

Tractus *lat.*, meist den Psalmen entnommener, in Trauerzeiten statt des → Halleluja vom Vorsänger gesungener Teil der Messe

Tradition *lat., Überlieferung* (als Glaubens- → norm kath.: Vermittlerin der Bibel); **apostolische Tr.**, von den → Aposteln herkommende, **kirchliche Tr.**, in der Kirchengeschichte entstandene Ü.; → dogmengeschichtl.: kirchl. Lehraussagen (→ Dogmen); **traditionalistisch**, die Ü. überbewertend; **traditionsgeschichtliche Forschung**, Frage nach Konzeption u. Motiven der Sammler von Einzelüberlieferungen bis zur Entstehung einer einheitlichen Textüberlieferung (→ Formgeschichte, → Überlieferungsgeschichte); **traditio humana**, *menschliche* (nicht in Gottes Wort begründete) *Überlieferung*; **tr. symboli**, die mündl. *Übergabe des* Tauf- → *symbols* an → Katechumenen durch den Priester (vgl. → redditio); **tr. candelae**, *Übergabe der* Tauf*kerze* an den Täufling; **traditores**, *Auslieferer*, Christen, die in röm. Verfolgungszeiten die hl. Schriften auslieferten

Traduzianismus (*lat. tradux, Weinranke*; antike Bez. für Fortpflanzungsorgane), Anschauung, die elterl. Seele beseele bei der Zeugung den kindl. Lebenskeim; Lehre von der natürl. Fortpflanzung der Erb- → sünde (kath.: heute → Kreatianismus)

Traktarianismus → High Church

Traktat *lat., Abhandlung*, rel. Flugschrift; **T.-Gesellschaften**, Vereinigungen zur Verbreitung rel. Volksschrifttums

Transaktionsanalyse (TA), von dem US-Amerikaner E. Berne begründete Methode zur Aufschlüsselung u. Bewußtmachung zwischenmenschl. Kommunikation

transenna *lat., dichtes Gitter* (am Märtyrergrab); Kirchenbau: Querschiff; **per transennam**, *nebenbei*

Transept *lat.*, Querschiff der Kirche

trans'euntes *lat., hinübergehende*; scholast.: Eigenschaften Gottes, die seine Beziehungen zur Welt ausdrücken

Transfiguration *lat., Verklärung* (Jesu): Mt 17, 1–9 pp., Fest 5./6. Aug.

transitus *lat., Heimgang*; Übertritt

Transkulturelle Theologie (W. Hollenweger), Versuch, Elemente → Schwarzer u. europ. («weißer»), → Feminist. u. traditioneller (→ Sexist.) Theologie in Einklang zu bringen

Translation *lat., Überführung* von →

Reliquien; Verlegung eines Festes, weil es mit einem anderen zusammenfällt; Verlegung eines kirchl. Amtssitzes; Versetzung in ein anderes Kirchenamt

Transmigration *lat., Übersiedlung*; → Seelenwanderung

Transsignifikation (E. Schillebeeckx), Bedeutungswandel der → Elemente in der → Eucharistie (neue, umstrittene Theorie der → Realpräsenz)

Transsubstantiation *lat., Wandlung, Überführung in eine andere Substanz*; kath.: → Wandlung der → Substanz von Brot u. Wein unter Wahrung ihrer → species durch das priesterl. Wort (→ Konsekration) beim Meß- → opfer in Leib u. Blut Christi; kath. → Dogma seit IV. Laterankonzil 1215; vgl. → Realpräsenz

transzendent *lat.*, die Vorstellung bzw. Erfahrung *überschreitend, überweltlich* (Ggs. → immanent); **transzendental**, *hinüberschreitend*; scholast.: wie → transzendent; Kant: Bez. für → a priori mögliche Erkenntnis, daher ist Transzendentalphilosophie das → System aller → Prinzipien der «reinen Vernunft»; **Transzendentale Meditation**, rel. Bewegung, begr. von dem ind. → Guru Maharishi Mahesch Yogi, weltweit verbreitet; **Transzendentale Theologie** (K. Rahner), Versuch, in der Theologie die Verstehensbedingungen im menschl. Subjekt mitzudenken u. so die Grundthemen d. Theologie (auch) als theol. → Anthropologie durchzuführen; **Transzendentalien, Transzendentien**, scholast.: allgemeinste Bestimmungen des Seins (Einheit, Wahrheit, Gutheit, Schönheit); **Transzendenz**, *Jenseitigkeit*

Trapeza *gr., Tisch*; gr.-orth.: Speisesaal des Klosters

trapeza kyriú → thysiasterion

Trappisten (OC[ist]R[ef]), Ordo Cisterciensium Reformatorum, streng → asket. frz. → Orden (1664 im → Zisterzienserkloster La Trappe, Normandie gegr.) mit Schweigegebot; dt. Zweig: O. Cist. strictioris observantiae

trauma *gr.*, (seelische) *Wunde*

Travée *frz.*, Kirchenbau: Hauptjoch mit zwei Nebenjochen

tremendum *lat., die erschauernde* Wirkung, die vom Göttlichen ausgeht; aber → fascinosum

treuga (*roman. trewa*), *Waffenstillstand;* **tr. Dei**, *Gottesfriede*

Triangel *lat., Dreieck*; in den → Metten der Karwoche: dreieckiger → Tenebraeleuchter; mtl. dreifache Kerze, die am Karsamstag bzw. in d. Osternacht entzündet wurde

Trias, Plr. **Triaden** *lat., Dreiheit*; **triadisch**, *dreigliedrig*

Tribun (v. *lat. tribus, Gau*), höherer röm. Beamter; Oberst einer → Kohorte (Apg 21, 31 u. ö.)

Tribunal *lat., Richterstuhl*; altchr.: Altarraum mit dem Richtersitz des Bischofs; Kanzel

Trichotomie *gr., Dreiteilung* (Leib, Seele, Geist); Ggs. → Dichotomie

Tridentinum, → Konzil (der → Gegenreformation) von Trient u. seine Beschlüsse: **1. Periode** 1545–47 (u. a. → Inspiration der Hl. Schrift, → Vulgata als → authent. Text, → Tradition als Quelle der Kirchenlehre, d. h. Kirche als Norm der Schriftauslegung, (schwacher) → Synergismus; **2. Periode** 1551–2; **3. Periode** 1561–3 (u. a. → missa als → Repräsentation des → Opfers Christi, Abschaffung von Geld- → ablaß)

triduum mortis Christi *lat., die drei*

Tage des Todes Christi, d. h. die letzten drei Tage der → Karwoche; **österl. Triduum**, später aufgekommener Brauch, → Ostern auf *drei* Tage (bis Osterdienstag, dritter Ostertag) auszudehnen; ähnlich dritter Weihnachtstag u. dritter Pfingsttag (bis in die → Barockzeit)

Triforium *mlat.*, flacher Laufgang mit → Arkaden; Säulchengalerie mit *dreifacher* Bogenstellung als Mittelgeschoß im Wandaufbau mtl.er Kirchen

Trigemination → Gemination

Trimurti, Dreiheit der größten ind. Götter → Brahma, → Vischnu u. → Schiva als Weltschöpfer, Welterhalter u. Weltzerstörer

Trination *lat.*, Erlaubnis zu *drei*maligem Halten der Messe an einem Tag; → Bination

Trinität *lat., Dreifaltigkeit* (Gottes als Vater, Sohn u. Hl. Geist); → **immanente Tr.**, Dreifaltigkeit als *innergöttl.* Verhältnis; der Sohn u. der Geist sind gleichewig u. «gleichen Wesens mit dem Vater» (→ Homousie; kirchl. Lehre seit Nicäa 325 u. Konstantinopel 381, → Nicaeno-Constantinopolitanum); **ökonomische Tr.**, frühchristl. Anschauung, wonach die eine göttl. → Substanz sich erst mit dem → heilsgeschichtl. Handeln Gottes als (Schöpfer und) Erlöser, d. h. zeitlich, als Tr. entfaltet (= «Offenbarungstrinität»); **trinitarisch**; **Trinitatis**, Sonntag *der Dreifaltigkeit* (So. nach Pfingsten)

Trinitatiszeit → Per annum

Trinitarier (OST), Ordo Sanctae Trinitatis, 1198 gestifteter → Orden, der die Befreiung gefangener Christen erstrebte

Tri'ọdion *gr., Drei-Oden*-Buch; ostkirchl. → liturg. Buch für die Fastenzeit (in der man nur 3 statt sonst 8 → Oden singt)

Tripitaka (Tipitaka) *ind.*, 3 *Körbe*, → buddhist. → Kanon, gliedert sich in → Vinaya, → Sutta u. Abhidharma

Trịptychon *gr., dreiteiliges* Altargemälde

Trishạgion *gr., lat.* **tersanctus**, *dreimalheilig*, → liturg. Lobgesang (nach Jes 6, 3); die Formel «Heiliger Gott, heiliger starker, heiliger unsterblicher, erbarme dich unser!», auf die → Trinität bezogen

Tritheịsmus *gr.*, Glaube an *drei Gottheiten* als Auflösung der → Trinität; **Tritheisten**

Tritojesaja, *gr., dritter Jesaja*, wiss. (Verlegenheits-)Bez. für Jes 56–66; → Deuterojesaja

Triumphbogen, trennt Kirchenschiff u. Altarraum; **Triumphkreuz**, das darin hängende Kreuz

Triumphierende Kirche → ecclesia triumphans

Trivium *lat.*, Knotenpunkt *dreier Wege*; MA: untere Stufe der → artes liberales: Grammatik, Dialektik, Rhetorik

tropos *gr., Wendung, Richtung*; Tonweise; Lehrart; uneigentl. bildl. Rede; **tropisch**, *übertragen, bildlich* (→ Hermeneutik); **Tropar(ion), Trope**, eingeschobener Gesang zur Erweiterung von Psalmodie od. anderen → liturg. Stücken

Trullanum, das 6. → ökumenische → Konzil (im Saal «Trullus» des Kaiserpalastes in Konstantinopel 680); 2. Trullanum 692 ebd.

Tschinvat → Cinvatbrücke

Tuba *lat., Posaune*; → Rezitationston

Tudorbogen, spät- → gotischer, engl. gedrückter Spitzbogen mit geschweiften Schenkeln

Tugend *(gr. aretẹ, lat. vịrtus)*, Platon († 347 v. Chr.): Weisheit, Tapferkeit, Besonnenheit, Gerechtigkeit; Aristoteles († 322 v. Chr.) unterscheidet zw. dia- →noet. und → eth. T.en, beeinflußt (u. a. durch die Anschauung vom T. → habitus) die → Scholastik (bes. → Thomismus); den «natürl.» werden hier die «übernatürl.» (→ Natur) od. **theol. T.en** Glaube, Hoffnung, Liebe (1 Kor 13, 13) übergeordnet, die auf Gott zielen u. von der → gratia infusa abhängen; → Siebentugendlehre; Luther († 1546) setzt an die Stelle des aristotel.-scholast. T.begriffs das bibl.-reformator. Verständnis vom rechtfertigenden → Glauben, der sich in der Liebe lebendig erweist (→ libertas evangelica) und Wesen u. Grundlage aller «guten Werke» ist; die → Aufklärung versteht Sittlichkeit als Summe tugendhaften (→ humanen) Handelns; gegenwärtig ist der T.begriff weitgehend durch andere eth. → Kategorien abgelöst (→ Humanität bzw. → Humanismus, Situations- → ethik, Sozial- → ethik u. a.); theol. bleibend bedeutsam: → Dekalog, (ev.:) → Gesetz u. Evangelium, tertius → usus legis, → Christusherrschaft; **Tugendkataloge** → Lasterkataloge

Tuismus → Altruismus

Tumba → Katafalk

Tunika *lat.*, MA: → liturg. Obergewand des → Subdiakons (→ Dalmatik); **Tunizella, subtile T.**, *schlichtes Hemd*, kürzere Tunika, heute = Dalmatik

tunsio pectoris → percussio p.

Turmerlebnis, nach Luthers Zeugnis seine Entdeckung der → justitia Dei passiva in der Turmstube (?) des Wittenberger Augustinerklosters (als Zeitpunkt u. «Erlebnis» umstritten)

turris, turricula *lat., Turm, Türmchen*; Gefäß für → Hostien, dem Hl. Grab in Jerusalem nachgebildet; kuppelförmiges → Reliquiar

Tutiorismus *lat. tutior, sicherer, verstärkter* → Probabiliorismus, ethische Anschauung, eine frei gewählte Handlung sei erst bei sicheren Gründen erlaubt

Tyche *gr., Schicksal*, Göttin des glückl. Zufalls; **Tychismus**, Lehre, der Zufall regiere die Welt

Tympanon *gr., Handpauke*; vertieftes, halbrundes Türbogenfeld an kirchl. Portalen

Typikọn *gr., Vorlage*; ostkirchl. → liturg. Buch, das das Zusammenfallen des bewegl. mit dem unbewegl. Festkreis regelt

Typologese → Hermeneutik

typos *gr., Muster, Entwurf, Vorbild, Urbild*; **Typologie**, Erklärung (in Gegenüberstellung) einer neuen Sache (Person) durch eine längst bekannte, v. a. Gegenüberstellung atl. u. ntl. Texte, Aussagen, Heilsereignisse, Personen (z. B. Adam – Christus Röm 5, 12ff.); → Präfiguration

U

Ubiquität *lat., Allgegenwart*; **U.slehre**, luth. Lehre von der Allenthalbenheit (auch) des Leibes Christi (→ communicatio idiomatum); theol. Begründung für die leibl. → Realpräsenz Christi im Abendmahl(sbrot u. -wein); Streitpunkt zw. luth. u. ref. Theologen, bes. im 16. u. 17. Jh.

Übergangstheologie, erste Phase der → Aufklärungs-Theologie (im Übergang von der → Orthodoxie zur Aufklärung), die die → Dogmen mit Vernunftgründen als wahr erweisen will

Überlieferungsgeschichte, Bez. für den Prozeß des Werdens einer einheitl. Textüberlieferung von den anfängl. einzeln umlaufenden Sagenstoffen, Gesetzen, Sprüchen usw. bis zur schriftl. Fixierung aus übergreifender Schau; → Formgeschichte, → traditionsgeschichtl. Forschung

Ulema *arab., Kundige*, moham. Religionslehre

Ultramontanismus *(lat. ultra montes, jenseits der* [Alpen-]*Berge*), kath. Richtung, die bes. die unbeschränkte Gewalt des Papstes gegenüber dem Staat geltend machte (19. Jh.)

umbrella, umbraculum *lat., Schirm*; Altar-, Trag- → baldachin

Unabhängige Kirchen, ohne Einfluß von Missionaren neben den traditionellen Kirchen seit etwa 1870 entstandene afrikan. Kirchen, v. a. in Südafrika u. in Zaire (→ Kimbanguistische Kirche)

una sancta *lat., eine heilige* (Kirche); **U.-S.-Bewegung**, will die Trennung zw. Protestantismus u. Kath. überwinden (→ Hochkirchl. Bewegg.); **Unam sanctam**, Anfangsworte der → Bulle Bonifaz'VIII. (1302), die u. a. den Gehorsam gegenüber dem Papst für heilsnotwendig erklärte; → Zwei-Schwerter-Theorie

una substantia, tres personae *lat., ein Wesen, drei Personen*, Tertullians († nach 220) Formel für die (ökonomische) → Trinität

Una Voce *lat., mit einer Stimme*, kath.-konservative Bewegung, die u. a. entgegen den Neuerungen des → Vatikanum II das Lateinische als einzige Meßsprache erhalten möchte

Unbefleckte Empfängnis → immaculata conceptio

unctio extrema *lat., letzte Ölung*, Krankensalbung, Sterbesakrament (kath.: → Sakrament); **u. pectoris**, *Salbung von Brust* u. Rücken bei der Taufe

Unfehlbarkeit → Infallibilität

Uniaten *lat.*, mit d. kath. Kirche wieder*vereinigte* Christen

Unierte (Kirchen) → Union

Uniformitätsakte, Bez. für 4 königl. Gesetze, durch die in England eine einheitl. Gestaltung des Gottesdienstes erzwungen werden sollte: 1549 (Einführung des → Common Prayer Book), 1552, 1559, 1562

Uni'gẹnitus *lat., der Eingeborene*; Anfangswort der → Bulle Clemens' XI. (1713) gegen den → Jansenismus

uninteressierte Liebe, *frz. amour désintéressé*, liebt Gott um seiner selbst willen, nicht um Vorteile (Gottesgemeinschaft u. a.) willen

unio *lat., Vereinigung;* **Catholica U.**, 1924 gegr. kath. Verein zur Rückgewinnung der oriental. Christen; **u. generalis**, dogm.: *Gemeinschaft* Gottes *mit allen* Kreaturen; **u. gloriosa**, dogm.: Gottes → eschatolog. Gemeinschaft mit dem Erlösten; **u. hypostạtica** oder **personalis**, *Einigung* der menschl. u. göttl. Natur *in der Person* (→ Hypostase) Christi durch den → Logos; **u. mystica**, → Mystik: E. von Gott u. Mensch als Höhepunkt der myst. Versenkung (→ Meditation), dritte Stufe nach → purificatio (*Reinigung* von aller Anhänglichkeit an Werte) u. → illuminatio (*Erleuchtung* durch Gottes Geist); → Orthodoxie: Einwohnung Christi u. damit der → Trinität im Glaubenden; **u. sacramentalis**, kath.: Einigung zw. Himmlischem u. Irdischem im → Sakrament; **piae uniones**, kath.: *fromme Vereine*

Union *lat., Einigung* (verschiedener → Konfessionen); **absorptive U.**, *Verschmelzungs-U.*; **Konsensus-U.**, *Vereinigung aufgrund von Übereinstimmung* in Glaubenssätzen (Bekenntnis-U.); **Ev. Kirche der Union** (EKU), 1817 durch Friedr. Wilh. III. (zunächst mit weitergehenden Zielsetzungen, → Agendenstreit) begr. **konföderative (Verwaltungs-)** U. (→ Altlutheraner), urspr. bez. als «Ev. Kirche in preußischen Landen», 1866 nach Annektion des (luth. bleibenden) Hannover «Ev. Landeskirche der älteren preuß. Provinzen», lt. Verfassung 1922 «Ev. Kirche der altpreuß. U.» (APU), lt. → Grundordnung 1953 «Ev. Kirche der U.» (EKU); seit 1972 bildet die EKU einen selbständigen Bereich in der DDR (Gliedkirchen: Berlin-Brandenburg, Görlitz, Greifswald, Kirchenprovinz Sachsen, dazu [nicht ehem. preuß.] seit 1960 Anhalt) neben dem in der BRD (Gliedkirchen: Rheinland, Westfalen und West-Berlin) bestehenden; **Unierte**, Glieder der EKU bzw. anderer unierter Kirchen (Hessen-Nassau, Kurhessen-Waldeck u. die konsensusunierten Baden u. Pfalz); → Vereinigte Ev.-Luth. Kirche; **Unierte Kirchen des Ostens**, Kirchen, die rechtl. zum Katholizismus zählen, aber nicht dem röm. → Patriarchat unterstehen

Unitarismus *lat.*, Betonung der *Einheit* Gottes gegen die → Trinitätslehre; **Unitarier**; → Sozinianismus

unitas *lat., Einheit*; **U. fratrum**, → *Brüderunität*, → böhmisch-mährische Brüder 1467, Herrnhuter → Brüdergemeine 1722

unitio naturarum *lat., Vereinigung der* beiden *Naturen* in Christus

Universal'episkopat, der Papst als Bischof der ganzen Kirche

Universalien *lat., Allgemeinbegriffe*; mtl. scholast. **U.-streit**, ob «universalia ante res», d. h. *Allgemein-* oder Gattungsbegriffe als reale Urbilder (→ Realismus nach Plato) *vor den Dingen* oder nur «in rebus», d. h. nur *in den Dingen* real (→ Aristotelismus) oder erst «post res», d. h. *nachträgl.* vom Verstand gebildet seien (→ Nominalismus)

Universalismus des Heils, Bez. für den allg. Gnadenwillen Gottes (1 Tim 2,4); **u. hypotheticus**, *nur angenommener*, bedingt allg. Heilswille Gottes, Lehre frz. Reformierter (17. Jh.), die allg. Gnade Gottes werde erst durch das Verhalten des Menschen zur Einzel- → prädestination; **Universalisten**, amerik. ref. Richtung, die entgegen der → calvinist. gemina → praedestinatio den Heilsuniversalismus lehrt

Universalität der Kirche → Katholizität

Universität *lat., Gesamtheit*, Stätte bzw. Gemeinschaft zur wiss. Lehre u. Forschung; im 12./13. Jh. der Zusammenschluß von *Lehrern u. Studenten* (universitas magistrorum et scholarium) zu einer Korporation (z. B. Bologna 1119, Paris 1200), umfaßte 3 Fakultäten (theol., medizin., jurist.) sowie als deren Vorstufe die (philos.) Artistenfakultät; später staatl. als **universitas litterarum** *(Gesamtheit der Wissenschaften)*

Univokheit, Univozität des Seins *lat.*, → scotist. *Einnamigkeit des Seins* alles Seienden

Unsterblichkeit der Seele, von der antiken philos. Tradition (Plato) in d. Theologie übernommene Aussage von d. Kontinuität d. Menschen über den Tod hinaus (→ Auferstehung des Fleisches), in ihrer → gnost.- → dualist. Ausprägung jedoch kein bibl.-christl. Glaubensgut

Upanischaden *ind., Niedersitzen* zu vertraul. Belehrung; die die → Brahmanas und Aranyakas forts. Sammlung von Texten, enthalten eine Geheimlehre über den Erlösungsweg

Urania → Musen

urbi et orbi *lat., der Stadt* (Rom) *und dem Weltkreis*; päpstl. Segensformel

Urchristentum, Bez. für die → apostol. Zeit (bzw. das 1. Jh.) des Christentums

Urd → Nornen

Urgemeinde, die erste → Gemeinde der Jünger u. Anhänger Jesu in Jerusalem

Urgeschichte, Bez. für die (meist → ätiolog.) Überlieferungen u. Sagen in 1 Mose 1–11

Uriel → Erzengel

Urim und Tummim *hbr.,* Sinn?, priesterl. Losorakel (5 Mose 33, 8)

Urkirche, die werdende christl. → Kirche, v. a. des 2. Jh.

Urkundenhypothese, ältere: Vermutung von verschied. «Urkunden» mit eigenen Gottesnamen (→ Elohist, → Jahvist), die dem → Pentateuch zugrunde lagen (Ilgen 1798); **neuere**: Vermutung einer elohist. Urschrift, einer zweiten eloh. u. einer jahvist. Schrift sowie eines selbständ. → Redaktors (Hupfeld 1853); → Ergänzungshypothese, → Fragmentenhypothese; ähnliche Ansätze bestehen in der → Synoptiker-Forschung

Urmensch → Gnosis

Uroffenbarung, prinzipiell der christl. Offb. zugrundeliegende, indirekte Selbstbezeugg. Gottes in Wirklichkeit u. «Normen», nicht schon Gotteserkenntnis oder → natürl. Religion oder → natürl. Theologie (P. Althaus)

Ursakrament → Sakrament

Urstand, Stand des Menschen vor dem → Sündenfall

Ursünde → peccatum originis

Ursulinen (OSU), Ordo Sanctae Ursulae, 1535 gegr. → Orden, erst später in Klöstern, zur rel. Jugenderziehung

Urtext, Bez. für den originalsprachl. Text der Bibel, AT: Hebräisch (u. für einzelne Teile Griechisch), NT: Griechisch

Urvertrauen, Begr. der Sozialpsychologie (E. H. Erikson, * 1902: basic trust), Grundgefühl von Sicherheit u. Geborgenheit aufgrund einer pos. Mutter-Kind-Beziehung im Kleinkindalter; nach d. Beschreibungskriterien durchaus dem christl.-theol. Vertrauensbegriff vergleichbar

usia, Usie *gr., Dasein, Wesen, Wirklichkeit,* → substantia; i. d. frühen Dogmengesch. auch → Synonym zu → Hypostase, später nur von Wesensart (Gottes bzw. Christi)

usus *lat., Gebrauch, Nutzen*; **u. legis**, *Gebr. des Gesetzes*; **primus u. l. (civilis, politicus)**, *erster Gebr.* (in äußeren Dingen), **secundus u. l. (elenchticus** [*überführend*], **paedagogicus)** *zweiter, (erzieherischer,* zur Buße führender) *Gebr. d. G.,* **tertius u. l. (didacticus)**, *dritter,* den Glaubenden *belehrender G. d. G.* (Melanchthon; dageg. Luther: der Glaubende handelt, wiewohl → simul justus et peccator, aus eig. Antrieb recht; wichtigste Funktion des Gesetzes ist der u. elenchticus); **u. l. simplex, duplex, triplex, quadruplex**, *ein-, zwei-, drei-, vierfacher* (4.: zur Vollkommenheit)

Gebr. bzw. *Nutzen d. G.*; **extra usum**, ev.: *außerhalb des Gebr.* (ist die → Hostie nicht → konsekriert; Ggs. kath. → Transsubstantiations-Lehre)

Utgard *germ.*, *Außenwelt*, → mytholog. Heimat der Riesen; → Asgard, → Mitgard

Utilitarismus *lat.*, *Nützlichkeitslehre*, die Gutes mit Nützlichem gleichsetzt; → Pragmatismus

Utnapischtim *babyl.*, *der Hochgescheite*, der (wie Noah) seine Familie durch die große Flut hindurchrettet u. zu den Göttern erhöht wird

ut omnes unum *lat.*, *daß sie alle eines* (seien Joh 17, 11); kath. Gebetsbrüderschaft (gegr. 1878)

Utopie *gr.*, was (noch) *keinen Raum* hat, Wunschtraum, Schwärmerei; **Realutopie** («realist. U.»), ein vorgestellter (u. angestrebter) künftiger gesellschaftl. Zustand

Utraquisten → communio, → Kalixtiner

V

Vadschrayana *ind.*, *diamantenes Fahrzeug*, jüngste, mag. → rituell orient. Richtung des → Buddhismus; → Hinayana, → Mahayana

Vaganten *lat.*, *Umherschweifende*; mtl.: Geistliche ohne Amtssitz oder → Ordination, Studenten; **vagierende Gemeinden**, kath. «Gastgemeinden», die ohne eig. Kirche an ev. Gemeinden angeschlossen waren (16. Jh.)

Vakạnz *lat.*, *unbesetzte* Stelle

Valentinianer, Anhänger des → Gnostikers Valentin (2. Jh.)

Valet *lat.*, *es möge (dir) gut gehen!*, Lebewohl, Abschiedsgruß (eigentl.: valeat)

Vanen *germ.*, *die Glänzenden*, den → Asen gegenüberstehendes german. Göttergeschlecht (Njörd, Freyr, Freya)

Vardapet, *armen.* Übersetzg. von → Rabbuni, orth. theol. Titel (seit 12. Jh.)

Variante *lat.*, *andere* Lesart; → Textkritik

Variata → Confessio Augustana

Varuna, im → Vedismus Hauptgott u. Hüter des → rta

vas *lat.*, *Gefäß, Glocke*; **v. fusilium**, *gegossene Gl.*; **v. productilium**, aus Eisenblech mit Kupfernägeln zusammengenietete Glocke; **v. lustrale**, *Weihwassergefäß*; **vasa sacra** oder **mystica**, *heilige* → liturg. *Gefäße*; **vasculum**, *kleines Gefäß*; → Reliquienbehälter

Vaterunser, *lat.* **Paternoster**, Gebet Jesu nach Mt 6, 9–13 mit spät bezeugter (→ Textkritik) Schluß- → -doxologie; vgl. aber Lk 11, 2–4

Vaticana → Medicaea editio; **Vaticanus**, wichtigste → Majuskelhandschrift des griech. AT (→ Septuaginta) u. NT, älteste Bibelhandschrift auf Pergament (4. Jh.); → Alexandrinus, → Sinaiticus

vaticinium ex eventu *lat.*, *Weissagung nach dem Ereignis*; nachträglich geformte Weissagung

Vatikan, am Vatikanischen Hügel gelegener Palast des Papstes; **Vatikanstadt** → Kirchenstaat; **Vatikanum I**, → Konzil im Vatikan 1869–1870 (abgebrochen, 1923 trotz Ankündigg. nicht beendet), 18. 7. 1870 → Dogma des → Jurisdiktionsprimats u. der → Infallibilität; **Vatikanum II** 1962–1965, stand im Zeichen des → aggiornamento; keine neuen Dogmen, aber bedeutende Impulse für den Katholizismus der Gegenwart, sein Selbstverständnis, Weltverhältnis

u. seine Stellung zu anderen Glaubensgemeinschaften; wichtige Dokumente: → Konstitutionen über die Liturgie (Zulassung der Nationalsprachen), die Kirche (als das wandernde Gottesvolk u. Leib Christi), die Offenbarung (Einheit von Hl. Schrift, → Tradition u. kirchl. → Lehramt), die Kirche in der Welt von heute; → Dekrete u. a. über kath. Ostkirchen und Ökumenismus; Erklärungen über Religionsfreiheit u. nichtchristl. Rel.en; unerledigte Themen: u. a. Mischehe, → Zölibat, Geburtenregelung

Veda, Plr. **Veden** *ind., Wissen*, die ältesten ind. rel. Texte, gelten als Offenbarung; gegliedert in 4 Sanhitas (Sammlungen): → Rigveda, → Yadschurveda, → Samaveda, → Atharvaveda; **Vedanta** *ind., Ende des Veda*, wichtigste philos. Schule des → Brahmanismus bzw. des → Hinduismus; **Vedismus**, älteste bekannte ind. Rel.sform (Veden), gekennzeichnet durch einen → hierarchielosen → Polytheismus u. → magischen → Ritualismus

Vegetations- → Mysterien, → rituelle Nachgestaltung des Naturkreislaufs mit Verehrung bzw. Beschwörung (→ Magie) von Fruchtbarkeitsgottheiten (Mutter[-Erde-]-Gottheiten, Baumheiligtümer [= → phallische Symbole], Regengottheiten u. a.)

velamen nuptiale *lat., Hochzeitsschleier*; Nonnenschleier

VELKD, VELKDDR → Vereinigte Ev.-Luth. Kirche

velum *lat., Schleier, Decke* für hl. Geräte (→ Korporale, → palla); **v. quadragesimale** *lat.*, in der *40*tägigen → Fastenzeit zw. → Chor u. Schiff ausgespannter Vorhang, «**Hungertuch**», urspr. zur Verhüllung des → Altars am → Karfreitag, später mit → Passionsszenen u. -symbolen (→ Passionswerkzeuge) zur meditierenden Betrachtung; als Brauch wieder aufgenommen durch die Fastenaktion → Misereor

venerabilis *lat., der Verehrungswürdige*; **venerabile**, die geweihte → Hostie

veneratio → Dulie

Veni, creator spiritus *lat., Komm, Schöpfer Geist*, Anfang eines altkirchl. Pfingst- → hymnus (Hrabanus Maurus † 856)

venia *lat., Erlaubnis*; **v. concionandi**, *E. zu predigen*; **v. docendi (legendi)**, *Vorlesungen zu halten*

Verantwortungsethik → Ethik

verba institutionis *lat., Einsetzungsworte*; **v.** → **testamenti**, Einsetzungs(*Bundes-*)*worte* des → Abendmahls (1 Kor 11, 23–25; Mt 26, 26–28 pp.), → Spendeformel

Verbal'inspiration *lat., wörtl. Eingebung* der Schrift durch den Hl. Geist; → Personal-I., → Real-I.

verbotenus *lat., wörtlich*

verbum visibile *lat.*, als *sichtbares Wort* verstandenes → Sakrament (Augustin † 430)

Verdammnis, ewige (endgültige) → Zweiter Tod

Verdienst → meritum

Verdikt *lat., vere dictum, Wahrspruch, Urteil*

Vereinigte Evangelisch-Lutherische Kirche Deutschlands (VELKD) 1936 Gründg. des → «Lutherrates» («Rat der Ev.-Luth. Kirche Dtschlds») der → intakten Kirchen Bayern, Hannover, Württemberg; 1948 «kleinlutherische» Gründg. der VELKD durch Bayern, Brschwg., Hamburg, Hannover, Mecklenbg., Sachsen, Schaumbg.-Lippe, Schleswig-Holst., Thüringen u. (1949) Lübeck, ohne Oldenbg., Pommern, Württembg. (1967 Eutin); seit 1968 VELK/DDR: Vereinigte Ev.-Luth. Kirche in der DDR (Mecklenburg, Sachsen, Thüringen); → Bund der Ev. Kirchen in der DDR; → Evang. Kirche in Dtschld.

Verfalltheorie, Auffassung der → liberalen Theologie, die → Dogmenentwicklung des Christentums sei eine Hellenisierung u. damit zugleich ein Verfall u. eine Verfälschung des undogmat. Glaubens Jesu u. der → Urgemeinde

verfaßte Kirche, Bez. für die offizielle Institution → Kirche, die als → Körperschaft öffentl. Rechts eine eig. rechtl. Verfassung hat

Verklärung (Jesu) → Transfiguration

Verkündigung → Kerygma; → Mariä V.; **soziale Verkündigung**, Bez. (zuerst Ende des 19. Jh.) für den durch den Öffentlichkeitscharakter der V. gegebenen gesellschaftl. Bezug; Abwehr einer Eingrenzung der V. auf die rel. Innerlichkeit

Verleiblichung (*lat. incorporatio*), *Annahme eines Leibes* durch eine Seele; → Inkarnation

Vermittlungstheologie, theol. Richtung in der Mitte des 19. Jh. im Anschluß an F. Schleiermacher, die die Anpassungsfähigkeit theol. Denkens betonte

ver sacrum *lat., heiliger Frühling*; röm. Brauch, in Notzeiten den Göttern den Erstlings-Nachwuchs eines Frühlings zu weihen

Versetten *ital., Verslein*; im Wechsel vorgetragene → Psalmodien

Versiegelung, Geistmitteilung, drittes → Sakrament in der → Neuapost. Kirche

Versikel *lat., Verslein*; kurzer Wechselgesang im Gottesdienst, teilw. auch gesprochen; → Responsorium

verso *lat., Rückseite* einer Handschrift; Ggs. → recto

Versöhnungstag → jom kippur

versus responsorialis *lat., Antwortvers*, Refrain im Psalmengesang; → Hypopsalma

Vertragstheorie → Legaltheorie

Verwaltungsunion → Union

Vesper *lat., Abend*, klösterl. u. priesterl. → Hore; abendl. → liturg. Gottesdienst; **sizilianische V.**, blutige Erhebung der → Ghibellinen gegen die frz. Herrschaft in Sizilien (Palermo, Ostermontagabend 1282); **Vesperale** *lat.*, → Liturgiebuch für die → Vesper; **Vespermantel** → Pluviale

vestibulum → atrium

vestigia trinitatis *lat., Spuren der → Trinität* (in Gestalt von 3fach-Beziehungen) in der Schöpfung

vestis sacerdotalis *lat., Priesterkleid*; **Meßgewand**; → Kasel

Vẹtus Latịna *lat., Alte lateinische*, **Praevulgata**, der → Vulgata vorausgehende, **V. Syra**, *Alte Syrische*, der → Peschitta vorausgehende Bibelübersetzung

Vexilla regis prọd'eunt *lat., die Fahnen des Königs* (Christus) *rücken vor*, Beginn eines altchristl. → Hymnus (Venantius Fortunatus, 3. Jh.)

via *lat., Weg* (der Erkenntnis); **via affirmativa**, *bejahender Weg* der Gotteserkenntnis, der von Gott alle in den geschaffenen Dingen enthaltenen Vollkommenheiten aussagt (→ v. causalitatis); **via antịqua**, *alter Weg*, Reaktionsbewegung gegen den → Occamismus im Sinne des → Thomismus, erklärte die Begründung der Glaubenslehre durch die Vernunft für möglich; **via causalitatis**, Erkenntnis*weg im Schlußverfahren*; **via crucis, via dolorosa**, *Kreuzes-, Schmerzensweg*

Jesu in Jerusalem; kath.: → Kreuzwegstationen; **via eminentiae**, *Weg der Erhöhung*, Bildung eines Idealbegriffes (Gottesbegriffes) durch Steigerung der an einer bekannten Sache geschätzten Eigenschaften; **via moderna**, *neuer Weg* des → Occamismus; **via negationis** → kataphatische Theologie; **via purgativa, illuminativa, unitiva** → unio mystica

viaticum *lat.*, *Weg*zehrung; kath.: bei der → unctio extrema gereichtes Abendmahl; Tragaltar

vicarius Petri *lat.*, *Stellvertreter Petri*; **v. adiutor**, *Vertreter als Hilfs*geistlicher; **v. delegatus**, *Vertreter* der → Apostol. → Vikare, → Präfekten u. → Administratoren; **v. forane'us**, Aufsichtsorgan des → Bischofs über ein Teilgebiet seiner → Diözese, *Land-* → dekan; **v. oeconomus**, → Pfarrverweser

vierundzwanzig Älteste: Offb 4, 4

Vierzigstündiges Gebet, alter Brauch einer ununterbrochenen Gebetswache («ewige Anbetung») mit Ausstellung der → konsekrierten → Eucharistie, bes. während des → Triduum, dann auch als Sühneandacht während der Faschingstage

vigil *lat.*, *Wächter*; **V.fasten, Fasten** an Vortagen von Festen; **Vigilię** *(lat. vigilia, gr. agrypnia od. mesonyktion), Nachtwache, mitternächtl.* → Hore; nächtl. Gebetsgottesdienst, bes. vor Festtagen; Totenwache

Vikar *lat.*, Amts*vertreter*; ev.: Theologe nach d. 1. theol. Examen mit → venia concionandi im Predigerseminar (**Predigtamtskandidat**) oder in der Pfarramts-Ausbildg. (**Pfarrvikar**); kath.: auch für Hilfsgeistlicher (→ Kaplan); **apostolischer V.**, kath.: mit bischöfl. Gewalt vers. Leiter eines Gebietes; **exponierter V.**, auswärtiger V. mit bes. Vollmachten; → General-V.; → Kardinal-V.; **(Pfarr-)Vikarin**, (vollausgebildete) Theologin (mit → Einsegnung bzw. → Ordination); → Pastorin

Vinaya *ind.*, *Leitung*; erster «Korb» (Teil) des → Tripitaka mit den → buddhist. Mönchsregeln

vindikativ *lat.*, *strafartig, sühneartig*

Vinzentiner → Lazaristen

Vinzentinerinnen, Barmherzige Schwestern, kath. Krankenpflegeorden, von Vincentius von Paolo gestiftet (1633)

virga pastoralis *lat.*, *Hirten-*, Bischofs*stab*

Virginität *lat.*, *Jungfräulichkeit*

virginitas in partu, kath.: Maria habe *im Geburtsakt* das äußere Zeichen der *Jungfräulichkeit* bewahrt

virtus *lat.*, *Kraft, Wirkung, Tugend*; **v. sacramenti**, *die Kraft des → Sakraments*

vis *lat.*, *Kraft*; **v. receptiva** *lat.*, *die* (die Rechtfertigung) *ergreifende Kraft* (des Glaubens); **v. operativa**, *die* (Erneuerung) *wirkende Kraft* (des Glaubens); **v. vitalis**, *die Lebenskraft*

Vischnu, der freundliche, welterhaltende Hauptgott des → Hinduismus; Ggs. → Schiva

visio beatifica *lat.*, *seligmachende Schau* als → eschatolog. Existenzweise des Erlösten; **Vision**, *Gesicht, Schau* (für den → Ekstatiker bzw. → Mystiker schon gegenwärtig erlebbar)

visitatio infirmorum *lat.*, *Krankenbesuch*; **V. Mariae**, Fest der *Heimsuchung der Maria* (Lk 1, 39ff.; 2. Juli); **v. ad → limina Apostolorum**, *Besuch an den Apostelschwellen*, Romwallfahrt; pflichtgemäßer Besuch der Bischöfe an der → Kurie;

Visitation, *Besuch* zur Aufsicht über die Gemeinden durch einen → Dekan u. ä.; **Visitator**

vita *lat., Leben*, Lebensbeschreibung; **v. aeterna**, *ewiges Leben*; **v. beata**, *seliges Leben*; **v. canonica** *lat., geregeltes Leben* der → Kleriker einer → Domkirche; **v. communis**, *gemeinsames Leben* einer (christl.) Gruppe; **v. religiosa**, durch → Gelübde *gebundene Lebensführung* d. Mönche u. Nonnen; **v. saecularis**, *weltliches Leben*

Vitalismus *lat.*, Anschauung, eine bes. Lebenskraft bringe alle lebend. Erscheinungen hervor

vitium originis *lat., Erb-* → *sünde*

viva vox (Evangelii) *lat., die lebendige Stimme des* → *Evangeliums*

Viztum, Vizdom *(v. lat. vicedominus, Herrenvertreter)*, bischöfl. Vermögensverwalter

vocatio *lat., Berufung* (zum Heil); **v. generalis**, *allgemeine*, **v. specialis**, *besondere B.* (durch Verkündigung des Evangeliums); **v. ordinaria**, B. durch das kirchl. Amt; **v. extraordinaria**, *außerordentl.*, durch Gott geschehene *B.*; **v. efficax**, *wirksame B.*; **v. seria**, *ernstliche B.*; **v. mediata**, (durch die Kirche) *vermittelte B.*; **v. immediata**, *unmittelbare B.* (durch Gott); **v., Vokation**, Beauftragung von Katecheten (nach vorheriger Ausbildung) durch die Kirche zur Erteilung von Religionsunterricht; **rite vocatus**, *ordnungsgemäß berufen*

Vocem jucunditatis *lat.*, (Laßt hören) *den Schall der Freundlichkeit*; älterer Name für → Rogate (urspr. → Introitus Jes 48, 20)

Vokalisation *lat.*, Ausstattung der hbr. bibl. Konsonantenschrift mit Vokalzeichen durch die → Punktatio; → Masoreten

Volkskirche, Nationalkirche; → Konfession (der Mehrheit) eines Volkes, der man nur auf Wunsch nicht angehört (→ Freikirche); theol. (bzw. weltanschaul.) Begründungen: Glaube an den → Universalismus des Heils (Universalität des → Verkündigungsauftrags); Kirche, die sich (durch die Arbeit der → Evangelisation wieder) auf das rel. Bewußtsein der (in ihr) Getauften gründet (Wichern); auf dem Glauben an das «Volk» als schöpfungsmäßige Größe beruhendes Kirchenverständnis (bes. 19. Jh.); V. als Übereinstimmung von Nationalcharakter u. kirchlicher Form; V. als Ausdruck der bes. (rel.) Sendung eines Volkes, in der Lehre der → Deutschen Christen im → antisemitischen Sinne (→ Volksnomos) mißbraucht; → Staatskirchentum (→ cuius regio)

Volksmission → Evangelisation

Volksnomos *(gr. nomos, Gesetz)*, der bes. von den → Deutschen Christen propagierte, dem faschist. Rassismus entspr. Gedanke, ein Volk dürfe seine Geschichte nicht auf Leistungen fremder Kulturen gründen, da es einen best. (schöpfungsmäßig gegebenen) geschichtl. Auftrag zu erfüllen habe; der dt. V. sei in der arischen Rasse u. german. Kultur zu finden, das AT als jüd. Geschichtsgesetz abzulehnen

Vollgottesdienst, Predigt- u. Abendmahlsgottesdienst; → Hochkirchl. Bewegung

Voluntarismus *lat.*, Betonung des *Willens* vor der Vernunft; → franziskan. Theologie im 13. Jh., → Scotismus (Ggs.: → Intellektualismus, → Thomismus)

voluntas Dei *lat., der göttl.* (Heils-) *Wille*; **v. antecedens sive universa-**

lis, *der* (dem Menschen) *vorangehende oder allg.* Heils*wille* Gottes; **v. conditionata** oder **consequens**, *der bedingte* oder *nachfolg.* Gnaden*wille* (Gottes, nur die Gläubigen zur Seligkeit zu führen); **v. libera,** *freier Wille*; **v. necessaria (naturalis),** *notwendig (natürlich)* guter *Wille* Gottes; **Voluntheismus,** Glaube an einen Ur*willen als das Göttliche*

Voodoo-Kult, von westafrikan. Sklaven nach Haiti mitgebrachte → synkretist. Religion mit zahlr. afrikan. Riten, vermischt mit kath. Frömmigkeit, unter d. Duvalier-Diktatur in Haiti stark politisiert

Vorbehalt, geistlicher, → reservatum ecclesiasticum

Vorfastenzeit, drei Sonntage bzw. Wochen vor Beginn der → Fastenzeit (vor → Aschermittwoch)

vorletzte Dinge, Bonhoeffer († 1945): das gesamte Weltverhältnis des Christen (→ Mandate, → coram hominibus), bezogen auf die Erfahrung des «Letzten» (→ Eschatologie), Endgültigen in der → Rechtfertigung (→ coram deo); → Zwei-Reiche-Lehre

Vormesse, früher Bez. für den Wortgottesdienst-Teil der Messe

Vorsehung, Umschreibung Gottes (bes. von Adolf Hitler benutzt); → providentia

Vortragekreuz, kleines → Kruzifix an einer langen Stange, das bei → Prozessionen u. kath. Bestattungen von einem → Ministranten dem Priester vorangetragen wird

Vorverständnis, (unbewußte) Denkvoraussetzungen, die eine Auslegung bestimmen

Votivgabe, -tafel, Weihgabe für einen Heiligen am Wallfahrtsort

Votivmesse → missa privata

votum *lat., Wunsch*; → liturg.: kurzer bibl. Eingangsspruch, bibl. Segenswunsch bei Amtseinführungen, Gebet vor der Predigt; kath.: Gelübde, Urteil; **v. fidei**, kath.: *Verlangen nach Glauben*; **v. negativum**, Beschwerderecht der Gemeinde über einen Pfarrer; **v. publicum**, kath.: öffentl. vom Vorgesetzten entgegengenommenes, **v. privatum**, nicht amtl. Gelübde; **v. reservatum**, kath.: ein Gelübde, das nur der Papst lösen kann; **v. sacramenti**, kath.: *Verlangen nach dem → Sakrament* (ersetzt im Notfall den Empfang), → baptismus flaminis; **v. perpetuum**, kath.: *immerwährendes*, **v. temporarium**, *zeitl. begrenztes Gelübde*; **v. simplex**, *(einfaches)* → Kongregationsgelübde; **v. sollemnium**, *feierl.* → *Ordensgelübde*

vox *lat., Stimme, Wort, Begriff, Zauberspruch*; **v. deprecationis**, *Bittruf*; → Kyrie eleison; **v. memorialis**, *Merkwort*; **v. populi v. dei**, *des Volkes Stimme* ist *Gottes Stimme*; **v. principalis** → cantus firmus; **secreta** oder **submissa voce**, *mit leiser Stimme*; **vozieren**, *berufen, ernennen*; → vocatio, → unavoce, → viva vox

Vulgata *lat., allgemein Verbreitete*; in der kath. Kirche seit dem → Tridentinum → authent. Bibelübersetzung des Hieronymus (382 ff.), 1590 amtl. Ausgabe «**Sixtina**» (Sixtus V.), 1592 Neuausg. «**Clementina**» (Clemens VIII.), sprachl. Neufassung (Neo-Vulgata) durch eine päpstl. Kommission, 1979 promulgiert

W

Wachturm-, Bibel- und Traktatgesellschaft, Verlagsgesellschaft der → Zeugen Jehovas

Wahl-Kapitulation → Kapitulation

Wakanda → Orenda

Waldenser, auf den Lyoner Kaufmann Petrus Valdus († nach 1205) zurückgehende, später sich der Reformation anschließende Kirche (bes. in Italien u. S-Amerika); → Pauperes Christi

Walhall, in der german. → Mythologie Ort der auf dem Schlachtfeld Gefallenen

Walküren germ. *Erwählerinnen* in der german. Religion, die die Kämpfer für den Tod auswählten u. nach → Walhall führten

Wallfahrt, Besuch einer hl. Stätte

Wandlung, kath.: Augenblick der → Transsubstantiation in der Messe; **Wandlungsglocke** → tintinnabulum

Wanen = → Vanen

Wappen (Waffen) Christi → arma Christi

Wechselgesang → Psalmodie, → Responsorium, → Versikel

Weihbischof, auch → «Titularbischof» (in → partibus infidelium), meist → Koadjutor des → Diözesanbischofs mit Weihegewalt, aber ohne Regierungsvollmachten

Weihen, Weihegrade, Weihe- → **hierarchie**, kath.: **ordines minores** *lat., niedere W.*: → Akoluthen, → Exorzisten, → Lektoren, → Ostiarier; **ordines maiores**, *höhere W.*: (Sub-) → Diakone, → Presbyter (Priester), → Bischöfe; → Klerus

Weihnachten, volkstüml.-heidn. Bez. (geweihte Nächte, Wintersonnenwende) für das Christ(geburts)fest, 25./26. Dezember

Weihrauch, beim Verbrennen stark duftendes Harz, in vielen Religionen übliches Sinnbild des zu Gott aufsteigenden Gebets; → Inzensation

Weihwasser, unter Zugabe von etwas Salz geweihtes W., das vor → Dämonen schützen soll; wie in der kath. Kirche so auch in vielen Religionen gebräuchlich

Weimarana, Weimarer Ausgabe (WA) der Werke M. Luthers, maßgebl. Textausgabe

weiße Magie → Magie

Weißer Sonntag → dominica in albis

Weißes Kreuz, ev. Verein für «Sexualethik u. Seelsorge», gegr. 1890 in Berlin

Weltfriedensbewegung, erstrebt Durchsetzung der Prinzipien der friedl. → Koexistenz; seit dem 2. Weltfriedenskongreß 1950 in Warschau geleitet vom **Weltfriedensrat**; → Friedensbewegung; aber → Pazifismus

Weltgeistlicher, -priester, Leutpriester, Säkularkleriker, kath.: Gemeindepfarrer, der keinem → Orden angehört

Weltkirchenrat, Weltrat der Kirchen, → World Council of Churches

Weltkonferenz der Religionen für den Frieden, WCRP = World Conference on Religion and Peace, seit 1966 allmähl. entstehende Friedensbewegung von zehn gr. Weltreligionen; Weltkonferenzen: 1970 Kyoto/Japan, 1974 Löwen/Belgien, 1979 Princeton/USA, 1984 Nairobi/Kenia, 1989 Melbourne, 1994 Rom; → Ökumene der Weltreligionen

Werkgerechtigkeit, Luthers Bez. der kath. Lehre von der Heilsnotwendigkeit der (Buß-)leistungen; → Ablaß, → Synergismus

Wertethik → Ethik

Westerhemd, Taufkleid

Westfälischer Frieden, den 30jähr. Krieg beendender Friedensschluß (1648 Münster u. Osnabrück) zw. Dtschld., Frankreich u. Schweden

Widerchrist → Antichrist

Wiederbringung aller, Rückkehr bzw. Bekehrung aller Menschen zu Gott am Weltende; → apokatastasis panton

Wiedergeburt → Seelenwanderung; christl. → Taufe als «Bad der W.» (Tit 3, 5); → Glaube als W. (Luther); Bekehrung als W. (→ Pietismus)

Wiederkunft Christi → Parusie

Wiedertäufer → Anabaptisten

Wiederverleiblichung → Seelenwanderung

Wiegendrucke → Inkunabeln

Willensfreiheit → liberum arbitrium

Wittenberger (Chor-)Gesangbuch (1524), erste ev. Kirchenliedersammlung, hrsg. von Martin Luther u. Johann Walter

Wittenberger → **Konkordie**

Wochenlied → Graduallied

Wohlfahrtsverbände, Freie, 6 nichtstaatl. Spitzenverbände der Sozialarbeit («Wohlfahrtspflege»): Dt. → Caritasverband, → Diakonisches Werk; Arbeiterwohlfahrt, Dt. → Paritätischer Wohlfahrtsverband, Deutsches Rotes Kreuz; Zentralwohlfahrtsstelle der Juden – in einer Bundesarbeitsgemeinschaft vereint

World Council of Churches (WCC) *engl., Weltkirchenrat, Weltrat der Kirchen* (dt. offiziell → Ökumenischer Rat der Kirchen); vorläufig 1938, endgültig 1948 in Amsterdam gegr. aus → Faith and Order u. → Life and Work, 1961 mit dem → Internationalen Missionsrat vereinigt; zentrale Dachorganisation der → Ökumen. Bewegung in Genf; 1998: 50jähriges Bestehen, 8. Vollversammlung in Harare/ Simbabwe

World Evangelical Fellowship = → Allianz

World's Student Christian Federation (WSCF) *engl.*, **Christl. Studentenweltbund**, 1895 in Schweden gegr. zur Pflege der Verbindung von Studium u. geistl. Leben

Wormser Konkordat, den → Investiturstreit durch Kompromiß (zeitweilig) beilegender Vertrag (1122) zw. Papst Kalixt II. u. Kaiser Heinrich V.

Wunder, meist: Bez. für «Durchbrechung der Naturgesetze» (dieser Begriff ist heute naturwiss. fragwürdig); völlig Unerklärliches (→ Mirakel); Antike: Beglaubigung einer (göttl.) Sendung; NT: Zeichen, die auf die verheißene Gottesherrschaft hinweisen bzw. sie als gegenwärtig wirkende aktualisieren (vgl. Mt 11, 2ff.; Joh 2, 11 u. ö.; Apg 8, 8ff.)

Wurzel Jesse, → Jesse; Geschlecht, Stamm Davids; Stammbaum Christi: Mt 1, 1–16; Lk 3, 23–38

Wyclifiten, Anhänger des Engländers J. Wyclif († 1384), der → Transsubstantiation u. → Heiligenverehrung ablehnte u. nur die Bibel als Autorität gelten ließ

X

Xerophag<u>i</u>e *gr., Trockenessen*; Halbfasten, Enthaltung von Fleisch, Brühe und saftigen Früchten

XP, gr. Buchstaben für ch und r, sprich: chi ro, das gr. «Monogramm **Chr**isti», lat.: **Ch***ristus* **R***ex, Christus König*; → Labarum; später auch IC-XC oder IHC-XPC für ΙΗΣΟΥΣ ΧΡΙΣΤΟΣ (Jesūs Christos); Christusmonogramme oft in Kreuzform

Y

Yadschurveda, 2. Teil der → Veden, Sammlung ind. Opfersprüche

Yaschts *pers., Hymnen*, Teil des → Avesta, Opferlieder an zahlreiche Volksgötter

Yasna *pers., Opfer*, Teil des → Avesta, → liturg. Textbuch zur Begleitung der Opferhandlungen

Yoga, Joga *sanskr., Anschirrung*, ind. philosoph. System, durch strenge phys. u. psych. Willensübungen in Meditationen Selbsterlösung durch Vereinigung mit dem Allgeist zu gewinnen, **Yogi(n), Jogi(n)**, Anhänger des Yoga

Young Men's Christian Association (YMCA) *engl., Christl. Verein Junger Männer* (CVJM), 1844 von George Williams gegr. zur Ausbreitung des → Evangeliums unter der männl. Jugend (Erklärung «Pariser Basis» 1855); **Y. Women's Chr. Ass.** (YWCA), *Chr. Verein Junger Frauen* (bzw. Mädchen: CVJM), 1894 mit entspr. Zielen in London gegr.; CVJM heute oft aufgelöst als: Christl. Verein Junger Menschen

Z

Zahlenmagie (-metaphysik, -mystik), (antiker) Glaube an → mag. Bedeutung bzw. → Symbolkraft best. Zahlen, Z.-reihen, -gruppen u. ä. (Pythagoreer, Orphiker); die Bibel enth. viele Symbolzahlen, z. B. 1 (Gott), 3 (Tage: Jona, Christus), 7 (Woche, → Sabbat), 10 (→ Dekalog), 12 (Stämme Israels, → Apostel) u. v. a.

Zạidiṯen, → Schiiten, die nur 5 Imame anerkennen, Name nach d. 5. *(Zaid)*; → Imamiten, → Ismailiten

Zakat *arab., Almosen*; Armensteuer im Islam

Zarathustra *pers. (Besitzer alter Kamele?), gr.* **Zoroaster, Zoroastrismus** → Parsismus

Zauber → Magie

Zebaọth *hbr., lat.* Form **Sabaoth**, *Heere*; **Jahve Z.**, *Herr der Heerscharen*

Zeichen → Wunder

Zelebrant *lat.*, einer, der *feierlich* eine gottesdienstl. Handlung oder die → Liturgie *vollzieht*, der die → Liturgie leitende Bischof oder Priester; **Zelebrantenstuhl**, Dreisitz für Liturgen in der Messe; **Zelebration**, der *feierliche Vollzug* der → Liturgie; **zelebrieren** *lat., feierlich begehen*; eine → Zeremonie vollziehen

Zeloten *gr., Eiferer*, Selbstbez. der jüd. Partei, die polit. Freiheit u. Aufrichtung des Reiches Gottes mit Gewalt erkämpfen wollte (Lk 6, 15)

Zen *japan.*, für *dhyana sanskr., Meditation*, aus dem → Mahayana-Buddhismus stammend, heute v. a. in Japan praktiziert als method. Weg zur Erleuchtung (Sitzhaltung, Tiefatmung, Gedankenleere usw., u. versch. Künste wie Teezeremonie, Blumenstecken, Bogenschießen usw.)

Zend'avesta, ältere Bez. des → Avesta

Zẹnsor *lat.*, kath.: kirchenamtl. *Prüfer* der Druckerzeugnisse; **Zensu̱r**, *Prüfung* von Schriftstücken (kath.:) über Glaubens- u. Sittenfragen (**Lehrzensur**, → Imprimatur); Belegung mit Beuge- oder Besserungsstrafe (**Strafzensur**; → poena medicinalis); Beurteilung in Stufen (**Qualifikationen**) wie falsch, irrig, → häretisch

Zentralkomitee der deutschen Ka-

tholiken, zentrales Leitungsgremium der kath. → Laienverbände, gegr. 1952, dt. Organisationsform der → Kath. Aktion

Zenturien *lat. Jahrhunderte*; **Magdeburger Z.**, Darstellung der Kirchengeschichte in Jahrhunderten durch Flacius Illyricus u. a., die sog. Zenturiatoren (1559–74)

zẹon, thermạrion *gr., Warmwasserbehälter*; ostkirchl.: Gefäß für das zur Mischung mit Abendmahlswein bereitete warme Wasser

Zeremonịe *lat.-frz.,* feierl. förml. Handlung; **Zeremoniale**, Buch, das den Ablauf eines feierl. Gottesdienstes beschreibt u. regelt; **Zeremonięll**, einzuhaltende feierl. Vorschriften; → Ritus

Z(e)rvan *pers., Zeit*, **z. akarana**, *ungeschaffene Zeit*; als göttliches Wesen gedachter einheitl. Urgrund von → Ormazd u. → Ahriman **(Zervanismus)**

Zeugen Jehovas, 1852 von Ch. T. Russel gegr. → Sekte, die das baldige Endgericht über die widergöttl. Mächte (als solche auch Kirchen und Staaten gewertet) erwartet; stark → biblizist., mit willkürl.-aktualisierender Auslegung bes. der Offb. d. Joh.

Zikkurat, den Mittelpunkt großer babylon. Tempel bildender Stufenturm als Abbild des → kosmischen Heiligtums

Zimbel → cymbalum

Zimęlie *gr.-lat.,* Kleinod, wertvolles Buch, kostbare Handschrift

Zion, Berg in Palästina mit Jerusalem u. dem Tempel; (nach der Offb) Bild für den Ort der Gottesnähe u. der Ewigkeit (Hebr 12,22); **Zionismus** (Bez. 1893), nationalist. Bewegung zur Errichtung des jüd. Nationalstaates in Palästina; **Zionslieder**, Untergruppe der Hymnen im → Psalter; sie besingen Gott, der den Zion als den Ort seiner Gegenwart erwählt hat (z. B. Ps 46; 48; 76)

zibbur (v. *hbr. sabar, vereinigen*), zum öffentl. Gottesdienst versammelte jüd. Gemeinde

Zirkumskription *lat., Umschreibung*; Einrichtung u. *Begrenzung* von → Diözesen; **Z.sbulle**, päpstl. Kirchengesetz (Unterschied: → Konkordat), das die äußeren Verhältnisse einer → Diözese regelt

Zisterzienser (OCist), Ordo Cisterciensis, vom Kloster Citeaux (Cistercium) 1098 ausgehender, u. a. durch Bernhard v. Clairvaux (†1153) stark verbreiteter Mönchs- u. Nonnenorden; strenge Askese, schlichter Kirchenbau (Ggs. zu → Cluny), Kultivierung entlegener Gebiete

Zölibat (der) (von *lat. caelebs, ehelos*), die gesetzl. Ehelosigkeit des ges. höheren kath. → Klerus (ab → Diakon), seit 4. Jh. gefordert, seit 11./12. Jh. (→ Gregorianer, geg. → Nikolaitismus) allg. durchgesetzt, jedoch vielfach bestritten; u. a. in den Kirchen der Reformation als nicht bibl. begründbar (1 Tim 3,2) aufgehoben

Zohar → Sohar

Zoroaster → Zarathustra

Zucchetto → Pileolus

Zürcher Bibel, auf die Reformation Zwinglis in Zürich zurückgehende, 1907–1931 neu geschaffene dt. Bibelübersetzung aus d. → Urtext

Zungenreden, → ekstat. Stammeln, eine der Geistesgaben (vgl. Apg 2,11; 1 Kor 14,2 u. ö.); → Glossolalie

Zwei-Äonen-Lehre, besagt, daß mit Jesu Auferweckung u. seiner Erhöhung zum Weltherrscher ein neuer, zweiter → Äon begann

Zwei-Gewalten-Theorie → Zwei-Schwerter-Theorie

Zweinaturenlehre → Dyophysitismus

Zwei-Reiche-Lehre, nach Luthers Lehre vom Herrschen Christi durch sein Wort (→ Evangelium als Mittel; Sündenvergebung, → Glauben u. Liebe als Wirkung) als Gottes «**Reich zur Rechten**» (Ps 98,2; Apg 7,55), im Unterschied zum allg., die Welt auf die (→ eschatolog.) Erlösung hin bewahrenden Walten Gottes durch Mittel der äuß. Ordnung (→ Gesetz, soziale Ordnungen, Staat) als «**Reich zur Linken**»; der Christ lebt zugleich in beiden Reichen (bzw. «**Regimenten**»), nicht → dualist., sondern unter → Gesetz u. Evangelium, → simul justus et peccator, auch Vorletztes u. Letztes (→ vorletzte u. letzte Dinge); Ggs. → Königsherrschaft Christi

Zwei-Schwerter-Theorie, seit dem 5. Jh. (Papst Gelasius I.) vertretene symbol. Deutung von Lk 22,38 auf das «weltl.» (= → imperium) u. das (diesem übergeordnete) «geistl. Schwert» (= → sacerdotium), bedeutsam im mtl. Ringen zw. Papsttum u. Kaisertum um die Beherrschung der (christl.) Welt; → civitas dei, civitas terrena; → Gregorianer, → Investiturstreit, → libertas ecclesiae, → Unam sanctam; → Klerikalismus

Zwei-Stockwerk-Denken, (falsch verstandene) → scholast. Denkweise, die → Natur u. Übernatur bzw. Gnade unterscheidet

Zweiter Tod, Offb 2,11; 20,6.14; 21,8; die endgültige Verdammung durch Gott im Endgericht; vgl. Mt 10,28; Joh 8,51

Zwinglianer, schweizer. Richtung der → Reformation, die sich auf Zwingli († 1531), Zürichs Reformator, zurückführte, später (→ Confessio Helvetica posterior) in der → ref. Kirche aufging

Zwölfapostellehre → Didache

zwölfjähriger Jesus im Tempel: Lk 2,41–52

Zwölfprophetenbuch → Dodekapropheton, → Propheten, Kleine

Abkürzungen der biblischen Bücher

Das *«Ökumenische Verzeichnis der biblischen Eigennamen nach den Loccumer Richtlinien»* (hrsg. von den kath. Bischöfen Deutschlands u. dem Rat der EKD, 1. Aufl. Stuttgart 1971, 2. Aufl. Stuttgart 1981) hat nicht nur die Form aller biblischen Eigennamen, sondern auch die Abkürzungen der biblischen Bücher normiert. Sie werden im folgenden abgedruckt:

Altes Testament

Gen	Genesis (1 Mose = Das 1. Buch Mose) *
Ex	Exodus (2 Mose = Das 2. Buch Mose)
Lev	Levitikus (3 Mose = Das 3. Buch Mose)
Num	Numeri (4 Mose = Das 4. Buch Mose)
Dtn	Deuteronomium (5 Mose = Das 5. Buch Mose)
Jos	Das Buch Josua
Ri	Das Buch der Richter
Rut	Das Buch Rut
1 Sam	Das 1. Buch Samuel
2 Sam	Das 2. Buch Samuel
1 Kön	Das 1. Buch der Könige
2 Kön	Das 2. Buch der Könige
1 Chr	Das 1. Buch der Chronik
2 Chr	Das 2. Buch der Chronik
Esra	Das Buch Esra
Neh	Das Buch Nehemia
Tob	Das Buch Tobit (= Das Buch Tobias) [griechisch]
Jdt	Das Buch Judit [griechisch]
Est	Das Buch Ester [mit griechischen Zusätzen]
1 Makk	Das 1. Buch der Makkabäer [griechisch]
2 Makk	Das 2. Buch der Makkabäer [griechisch]
Ijob	Das Buch Ijob (Hiob = Das Buch Hiob)
Ps	Die Psalmen
Spr	Das Buch der Sprichwörter (= Die Sprüche Salomos)
Koh	Das Buch Kohelet (Pred = Der Prediger Salomo)
Hld	Das Hohelied (= Das Hohelied Salomos)
Weish	Das Buch der Weisheit (= Die Weisheit Salomos) [griechisch]
Sir	Das Buch Jesus Sirach [griechisch]
Jes	Das Buch Jesaja
Jer	Das Buch Jeremia
Klgl	Die Klagelieder des Jeremia
Bar	Das Buch Baruch [griechisch]

(Die sog. Spätschriften des AT sind eingerückt.)

* Im vorliegenden Wörterbuch wurden teilweise die in der Tradition der Lutherbibel stehenden, hier in Klammern angegebenen Bezeichnungen und Abkürzungen gebraucht.

Ez	Das Buch Ezechiel (Hes = Das Buch Hesekiel)
Dan	Das Buch Daniel [mit griechischen Zusätzen]
Hos	Das Buch Hosea
Joël	Das Buch Joël
Am	Das Buch Amos
Obd	Das Buch Obadja
Jona	Das Buch Jona
Mi	Das Buch Micha
Nah	Das Buch Nahum
Hab	Das Buch Habakuk
Zef	Das Buch Zefanja
Hag	Das Buch Haggai
Sach	Das Buch Sacharja
Mal	Das Buch Maleachi

Neues Testament

Mt	Das Evangelium nach Matt(h)äus
Mk	Das Evangelium nach Markus
Lk	Das Evangelium nach Lukas
Joh	Das Evangelium nach Johannes
Apg	Die Apostelgeschichte
Röm	Der Brief an die Römer
1 Kor	Der 1. Brief an die Korinther
2 Kor	Der 2. Brief an die Korinther
Gal	Der Brief an die Galater
Eph	Der Brief an die Epheser
Phil	Der Brief an die Philipper
Kol	Der Brief an die Kolosser
1 Thess	Der 1. Brief an die Thessalonicher
2 Thess	Der 2. Brief an die Thessalonicher
1 Tim	Der 1. Brief an Timotheus
2 Tim	Der 2. Brief an Timotheus
Tit	Der Brief an Titus
Phlm	Der Brief an Philemon
Hebr	Der Brief an die Hebräer
Jak	Der Brief des Jakobus
1 Petr	Der 1. Brief des Petrus
2 Petr	Der 2. Brief des Petrus
1 Joh	Der 1. Brief des Johannes
2 Joh	Der 2. Brief des Johannes
3 Joh	Der 3. Brief des Johannes
Jud	Der Brief des Judas
Offb	Die Offenbarung des Johannes

Die biblischen Bücher nach der hebräischen Bibel

Der Kanon der hebräischen Bibel des Judentums ist anders geordnet als das christliche Alte Testament, welches sich nach der Ordnung der (→) Septuaginta richtet. Auch die biblischen Bücher haben in der Bibel der Juden andere Bezeichnungen; diese bestehen zum Teil aus den Anfangsworten der betreffenden Bücher (in diesen Fällen ist die in Klammern angegebene deutsche Übersetzung in Anführungszeichen gesetzt).

Im folgenden wird eine Übersicht über die Einteilung und die Bezeichnungen der hebräischen Bibel in Umschrift gegeben:

Tenach (der) (= Tnk: Buchstabenwort aus Ṯora, Ṉebiim, Ḵetubim) (die schriftliche Lehre = Alter Bund, Altes Testament)

(1) **Torạ** (die) (Weisung, Gesetz = Pentateuch, die 5 Bücher Mose):

Bẹreschiṯ	(«Im Anfang» = Genesis, 1. Buch Mose)
Schemọt	(«die Namen» = Exodus, 2. Buch Mose)
Wajịkra	(«Und er rief» = Leviticus, 3. Buch Mose)
Bẹmidbạr	(«in der Wüste» = Numeri, 4. Buch Mose)
Debari̱m	(«die Worte» = Deuteronomium, 5. Buch Mose)

(2) **Nebii̱m** (die) (die Propheten)

Nebii̱m rischoni̱m	(Frühere Propheten):
Jehoschuạ	(Josua)
Schofti̱m	(Richter)
Schemue̱l	(Samuel)
Melachi̱m	(Könige)
Nebii̱m acharoni̱m	(Spätere Propheten):
Jẹschaja̱hu	(Jesaja)
Jịirmeja̱hu	(Jeremia)
Jẹcheske̱l	(Ezechiel)
Trei Asạr	(Zwölf[prophetenbuch] = Dodekapropheton): Hosche̱a, Joe̱l, Amos, Obạdja, Jona̱, Micha̱, Nachum, Chạbaku̱k, Zẹfanja̱, Chaga̱i, Sẹcharja̱, Mạl'achi̱

(3) **Ketubi̱m** (die) (die heiligen Schriften)

Tehili̱m	(Lobgesänge = Psalmen)
Ijo̱b	(Hiob)
Mischle̱i	(Sprüche = Proverbia)
Rut	(Rut)
Schi̱r-Haschiri̱m	(Lied der Lieder = Canticum canticorum, Hoheslied)
Kohe̱let	(Prediger = Ekklesiastes)
Echa̱	(«Wie» = Threni, Klagelieder des Jeremia)
Ester	(Ester)
Danie̱l	(Daniel)

Esra̱/Nẹchemja̱ (Esra, Nehemia)
Dibrẹi̱-Hajami̱m (Reden der Tage = Chroniken)

(Megillo̱t, die Schriften, Sammelbezeichnung für: Rut, Schi̱r-Haschiri̱m, Kohẹlet, Echa̱, Ester)

Die biblischen Bücher nach der lateinischen Bibel (Vulgata)

Biblia sacra iuxta vulgatam versionem

Vetus Testamentum

Genesis
Exodus
Leviticus
Numeri
Deuteronomium
Josue
Liber Iudicum / Iudices
Ruth
Regum (liber) I (= Samuelis I) / Reges
Regum II (= Samuelis II)
Regum III (= Regum I)
Regum IV (= Regum II)
Paralipomenon I
Paralipomenon II
Esdrae (liber) I / Esdras
Esdrae II (= Nehemias)
Tobias
Judith
Esther
Job
Liber Psalmorum / Psalmi
Proverbia (Salomonis)
Ecclesiastes
Canticum canticorum
Liber Sapientiae / Sapientia
Ecclesiasticus (= Jesus Sirach)
Isaias
Jeremias, Threni / Lamentationes
Baruch
Ezechiel
Daniel

Oseas
Joel
Amos
Abdias
Jonas
Michaeas
Nahum
Habacuc
Sophonias
Aggaeus
Zacharias
Malachias
    Machabaeorum (liber) I / Machabaei
    Machabaeorum II
    Machabaeorum III

(Die apokryphen bzw. deuterokanonischen Bücher, auch als Spätschriften des AT bezeichnet, sind eingerückt.)

Novum Testamentum

Evangelium secundum Matthaeum
Evangelium secundum Marcum
Evangelium secundum Lucam
Evangelium secundum Johannem
Acta / Actus Apostolorum
Pauli Epistola ad Romanos
    Ad Corinthios I, II
    Ad Galatas
    Ad Ephesios
    Ad Philippenses
    Ad Colossenses
    Ad Thessalonicenses I, II
    Ad Timotheum I, II
    Ad Titum
    Ad Philemonem
    Ad Hebraeos
Jacobi Epistola
Petri Epistolae I, II
Johannis Epistolae I, II, III
Judae Epistola
Apocalypsis (Johannis)

Hebräisches Alphabet in Lautumschrift

Vereinfachte Form, ohne diakritische Zeichen, nur mit Betonungshilfen bei den Buchstabennamen (in Klammern) und mit der Ausssprachehilfe _ = lang unter den Vokalen. Vokale erscheinen in der hebräischen Schrift gar nicht oder nur in Form von Punkten oder Strichen unter den Konsonanten. (→ Punktation)

Konsonanten:

’	(Aleph)
b	(Bet)
g	(Gimel)
d	(Dalet)
h	(He)
w	(Waw)
z	(Zạjin)
ch	(Chet)
t	(Tet)
j	(Jod)
k	(Kaph)
l	(Lamed)
m	(Mem)
n	(Nun)
s	(Samek)
‘	(Ạjin), oft unberücksichtigt
p, ph	(Pe)
s	(Sade)
q	(Qoph)
r	(Resch)
s	(Sin)
sch	(Schin)
t	(Taw)

Vokale:

kurz	lang	
	a	(Qames)
a		(Pạtach)
e	e	(Sere)
e		(Segọl)
	e	(Schewa)
i	i	(Chireq)
	o	(Cholem)
o		(Qames Chatuph)
u	u	(Qibbus)
	u	(Schureq)

Griechisches Alphabet in Lautumschrift

a	(Alpha)
au	(Alpha Ypsilon)
b	(Beta)
g	(Gamma)
d	(Delta)
e	(Epsilon)
eu	(Epsilon Ypsilon)
z	(Zeta)
ē	(Eta)
th	(Theta)
i	(Jota)
k	(Kappa)
l	(Lambda)
m	(My)
n	(Ny)
x	(Xi)
o	(Omikron)
u	(Omikron Ypsilon)
p	(Pi)
r(h)	(Rho) (rh im Anlaut)
s	(Sigma)
t	(Tau)
y	(Ypsilon)
ph	(Phi)
ch	(Chi)
ps	(Psi)
ō	(Omega)
h	(Spiritus asper, im Anlaut vor Vokal)

Abkürzungen aus Theologie und Kirche

Das Verzeichnis enthält im allgemeinen keine Abkürzungen von bibliographischen Titeln (das wichtigste theologische Abkürzungsverzeichnis, das TRE-Abkürzungsverzeichnis, wird bei den Nachschlagewerken aufgeführt), von den Abkürzungen biblischer Bücher nur die weniger bekannten. (Art. →) bedeutet Hinweis auf einen Artikel im Textteil.

(A = Vereinigte Staaten von Amerika, BRD = Bundesrepublik Deutschland, C = Congregatio, Can. = Canon(es), Canonici, Cl. = Clerici, DDR = Deutsche Demokratische Republik, F = Frankreich, GB = Großbritannien, O = Ordo, Reg. = Regulares, Soc. = Societas)

AA	Augustiniani ab assumptione, (Art. →) Assumptionisten
AABevK	Arbeitsgemeinschaft der Archive und Bibliotheken in der ev. Kirche
AACC	ALL Africa Conference of Churches, Gesamtafrikanische Kirchenkonferenz
AAS	(Art. →) Acta Apostolicae Sedis
AB	(Art. →) Augsburgisches Bekenntnis
AB, BA	artium (Art. →) baccalaureus, engl. Bachelor of Arts
ACK	(Art. →) Arbeitsgemeinschaft christlicher Kirchen
A.D.	anno Domini, (Art. →) annus
AEJ, aej	Arbeitsgemeinschaft der Ev. Jugend, Stuttgart
AEM	Arbeitsgemeinschaft Evangelikaler Missionen
AfbeT	Arbeitsgemeinschaft für bibl. erneuerte Theologie
AfeT	Arbeitskreis für evangelikale Theologie
AGEM	Advisory Group on Economic matters (Beratergruppe für Wirtschaftsfragen) der → CCDP des →WCC
AGKED	Arbeitsgemeinschaft Kirchlicher Entwicklungsdienst
AGP	Arbeitsgemeinschaft von Priester- und Solidaritätsgruppen in der BRD; (Art. →) Basisgruppen
AKf	(Art. →) Arnoldsheimer Konferenz
AMD	Arbeitsgemeinschaft Missionarische Dienste
AMDG	(Art. →) ad majorem Dei gloriam
AÖF	Arbeitsgemeinschaft für Ökumenische Forschung
AÖL	Arbeitsgemeinschaft Ökumenisches Liedgut
APU	Altpreußische (Art. →) Union
ARCIC	Anglican Roman-Catholic International Commission (Anglikanisch-Römisch-katholische Internationale Kommission), bilaterale theol. Arbeitsgruppe
ASB	Alternative Service Book, (Art.) → Common Prayer Book

ASS	(Art. →) Acta Sanctae Sedis
AT	Altes Testament
ATESEA	Association of Theological Education in South East Asia
BA → AB	
BD (→ BTh, STB)	(Art. →) baccalaureus divinitatis, engl. Bachelor of Divinity (A, GB)
BDKJ	Bund der Deutschen Katholischen Jugend
BEK (der)	(Art. →) Bund der Ev. Kirchen in der DDR
BEK (die)	Bremische Evangelische Kirche
BEM	Baptism, Eucharist and Ministry – Taufe, Eucharistie u. Amt, (Art. →) Lima-Erklärung
BK (die)	(Art. →) Bekennende Kirche
BK (der)	Bibelkreis; Bund der Schülerbibelkreise
BKD	Bank für Kirche und Diakonie, Duisburg
bm	beatae momoriae, seligen Andenkens
BMV	(Art. →) Beata Maria Virgo
BTE	(Art. →) Barmer Theologische Erklärung
BTh (→ BD, STB)	(Art. →) baccalaureus theologiae, engl. Bachelor of Theology (A, GB)
CA	(Art. →) Confessio Augustana, Augsburgisches Bekenntnis
cand.	(Art. →) Kandidat
cand. (rev.) min.	candidatus (reverendi) ministerii, Predigtamtskandidat (→ p.m.)
CanR → CR	
Cant.	Canticum Canticorum, Hoheslied
CB	(Art. →) Charismatische Bewegung(en)
CCEE	Consilium Conferentiarum Episcopalium Europae, Rat der (kath.) Bischofskonferenzen Europas
CCIA	Commission of the Churches on International Affairs, Kommission der Kirchen für Int. Angelegenheiten des → WCC
CCME	Churches Commission on Migrants in Europe, Kommission der Kirchen für Wanderarbeiter in Europa
CCPD	Commission of the Churches' Participation in Development, Kommission für kirchl. Entwicklungsdienst des → WCC
CCR	Communität Casteller Ring, ev.-ökumen. Schwesternschaft, Schloß Schwanberg
C (of) E	Church of England, Kirche von England, engl. Staatskirche («Anglikanische Kirche» ist Konfessionsbezeichnung, nicht Kirchenname)
CELAM	Consejo Episcopal Latinoamericano (portug.), Lateinamerikan. Bischofsrat
CFI	(Art. →) Christliche Fachkräfte International
CFK	Christliche (Art. →) Friedenskonferenz

CGE	(Art. →) Charismatische Gemeinde-Erneuerung
CGV	Christlicher Gemeinschaftsverband Mülheim an der Ruhr
CI	Comenius-Institut (der → EKD), Münster
CIBEDO	Christlich-Islamische Begegnungs- und Dokumentationsstelle, Rom
CIC	(Art. →) Codex Iuris Canonici
CICO	(Art. →) Codex Iuris Canonici Orientalis
CIMADE, Cimade	Comité Inter-Mouvements auprès des Evacués (frz.), Zwischenkirchl. Hilfsausschuß für Flüchtlinge
CLAI	Consejo Latinoamericano de Iglesias – Lateinamerikanischer Kirchenrat
CM(iss)	C. Missionis, (Art. →) Lazaristen
CMB	Christus mansionem benedicat, Gott segne das (dieses) Haus, von Sternsingern mit der Jahreszahl an «Hl. Dreikönig» (Art. → Epiphanias) über die Haustür geschrieben, volkstümlich auch auf die Namen der hl. drei Könige Caspar, Melchior und Balthasar gedeutet
CMS	Church Missionary Society for Africa and the East, Missionsgesellschaft (der anglikan. Kirche) für Afrika und den Osten
CO	Conscientious Objector (A, GB), Kriegsdienstverweigerer aus Gewissensgründen
coll.	(Art. →) Pastor collaborator
CP	Christliche Pfadfinder(schaft)
CP	C. Passionis, (Art. →) Passionisten
CPT, CPE	Clinical Pastoral Training (Education), (Art. →) Klinische Seelsorgeausbildung
CR, CanR(eg.)	Canonici Regulares, (Art. →) Regulierte (Art. →) Chorherren
CR	(Art. →) Corpus Reformatorum
CRTh	Cl. Reg. Theatini, (Art. →) Theatiner
CSR	C. Sanctissimi Redemptoris, (Art. →) Redemptoristen
CVJM → YMCA	
CWME	Commission on World Mission and Evangelisation, Kommission für Weltmission und Evangelisation des → WCC
D	Ehrendoktor der Theologie (BRD, DDR, F)
DBK	(kath.) Deutsche Bischofskonferenz
DC	(Art. →) Deutsche Christen
DCSV	Deutsche Christliche Studenten-Vereinigung
DCV	Deutscher Caritas-Verband, (Art. → caritas)
DD.	Doctor of Divinity, Doktor der Gottesgelehrtheit (A, GB), auch als Ehrendoktor

DEA	Deutsche Evangelische (Art. →) Allianz
DEAE	Deutsche Ev. Arbeitsgemeinschaft für Erwachsenenbildung
DEK	(Art. →) Deutsche Evangelische Kirche
DEKT	Deutscher Evangelischer (Art. →) Kirchentag
DELKRO	Deutsche Evangelisch-Lutherische Kirche in den Republiken des Ostens (ehem. UdSSR), bis 1992; seit 1993: → ELKRAS
Deut. → Dt.	
DF	Dean of Faculty, Dekan der Fakultät (A, GB)
DG	(Art. →) Dei gratia
DGfP	Deutsche Gesellschaft für (Art. →) Pastoralpsychologie
DOAM	Deutsche (Art. →) Ostasien-Mission
DÖSTA	Deutscher Ökumenischer Studienausschuß, ständige Einrichtung der → ACK
DPSG	Deutsche Pfadfinderschaft Sankt Georg (kath.)
Dt., Deut.	(Art. →) Deuteronomium
dtr.; Dtr.	deuteronomistisch(es Geschichtswerk); Deuteronomist
DÜ	(Art. →) Dienste in Übersee
DV, D.v.	Deo volente, wenn Gott will
DVEB	Deutscher Verband Evangelischer Büchereien, Göttingen
E	(Art. →) Elohist
EA	Erneuerte Agende (deutschsprachiger reformator. Kirchen, Vorentworf 1990)
EAiD	Evangelische Akademikerschaft in Deutschland, Stuttgart
EAK	Ev. Arbeitsgemeinschaft zur Betreuung der Kriegsdienstverweigerer
EAN	Ev. Arbeitsgemeinschaft für Arbeitnehmerfragen, Bad Boll
EAS	Ev. Arbeitsgemeinschaft für Soldatenbetreuung
EATWOT	(Art. →) Ecumenical Association of Third World Theologians
EC	Jugendbund für (Art. →) Entschiedenes Christentum
EC	Established Church, engl. Staatskirche (Church of England)
Eccl	Ecclesiastes, Prediger Salomo(nis)
EDCS	(Art. →) Ecumenical Development Cooperative Society
EECCS	European Ecumenical Commission for Church and Society
EECOD	European Ecumenical Organisation for Development

EEK	Evangelischer Erwachsenenkatechismus
EFD	Evangelische Frauenarbeit in Deutschland
EG	Evangelisches Gesangbuch (soll das EKG von 1950 ablösen)
EGB	Einheitsgesangbuch (kath.), (Art. →) Gotteslob
EGK	Evangelischer Gemeindekatechismus
EGTFF → ESWTR	
EJAD	Evangelischer Jugendaufbaudienst, Bundesarbeitsgemeinschaft
EKD	(Art. →) Evangelische Kirche in Deutschland
EKG	Evangelisches Kirchengesangbuch (1950 eingeführt)
EKH	Evangelische Krankenhaus-Hilfe
EKHN	Evangelische Kirche in Hessen und Nassau
EKiD	früher statt → EKD
EKiR	Evangelische Kirche im Rheinland
EKiW	Evangelische Kirche in Westfalen
EKK	Evangelische Kreditgenossenschaft Kassel
EKU	Evangelische Kirche der Union
ELK	Evangelische Landeskirche
ELKRAS	Evangelisch-Lutherische Kirche in Rußland und anderen Staaten, seit 1993; 1992: → DELKRO
em(er).	emeritus, außer Dienst
EmK	Evangelisch-methodistische Kirche
EMOK	Evangelische Mittelost-Kommission
EMS	Evangelisches Missionswerk in Südwestdeutschland, Stuttgart
EMW	Evangelisches Missionswerk, Hamburg
ENA, ena	Evangelischer Nachrichtendienst (DDR)
ENI	Ecumenical News International – Ökumenische Nachrichten International, 1994 gegr. Nachrichtendienst der vier in Genf ansässigen internat. Kirchenbünde: → ÖKR, → LWB, → RWB und → KEK (löst den EPS = Ecumenical Press Service ab)
EOK	Evangelischer (Art. →) Oberkirchenrat
EPD, epd	Ev. Pressedienst, Zentrale in Frankfurt a. M.
ERCDOM	Evangelical – Roman Catholic Dialogue on Mission, Evangelikal – Römisch-katholischer Dialog über Mission
ESG	Evangelische Studentengemeinde
ESWTR	European Society of Women in Theological Research, mit nat. Sektionen, dt.: EGTFF – Europäische Gesellschaft für die theol. Forschung von Frauen
EWISA	Evangelical Witness in South Africa, Ev. Zeugnis (hrsg. im Juli 1986 von evangelikalen Theologen u. Kirchenmännern zur Situation) in Südafrika
EZW	Evangelische Zentralstelle für Weltanschauungsfragen, Stuttgart

FC	Formula Concordiae, (Art. →) Konkordienformel
FEST	Forschungsstätte der Evangelischen Studiengemeinschaft, Heidelberg
FETA	Freie Evangelisch-Theologische Akademie, Basel
FM	Fratres Minores, Minderbrüder, (Art. →) Franziskaner
F/O	(Art. →) Faith and Order
FMCap, O(FM)C(ap)	Fratres Minores Capucini, O. (Fratrum Minorum) Capucinorum, (Art. →) Kapuziner
Fr.	(Art. →) Frater
FTA	Freie Theologische Akademie, Gießen
GAW	(Art. →) Gustav-Adolf-Werk
GEE	Gemeinschaft Evangelischer Erzieher
GEP	Gemeinschaftswerk der Evangelischen Publizistik, Frankfurt a. M.
GGE	(Art. →) Geistliche Gemeinde-Erneuerung
GKKE	Gemeinsame Konferenz für Kirche und Entwicklung – der (ev.) Arbeitsgemeinschaft Kirchl. Entwicklungsdienst und des (kath.) Arbeitskreises Entwicklung und Frieden
GKR	Gemeindekirchenrat
GÖK	Gemeinsame Ökumenische Kommission der → DBK und der → EKD
Hb	= Hebr, Hebräerbrief
Hhld	= Hld, Hoheslied
hl.	heilig
Hon.	Honory, ehrenhalber (A, GB)
Hw.	Hochwürden
J	(Art. →) Jahwist
IARF	International Association for Religious Freedom, Weltbund für religiöse Freiheit
IBMV	Institutum Beatae Mariae Virginis, (Art. →) Englische Fräulein
ICC	International Congregational Council, Int. Rat der (Art. →) Kongregationalistischen Kirchen
ICCC	International Council of Christian Churches, (Art. →) Internationaler Rat christlicher Kirchen
ICCJ	International Council of Christians and Jews, Int. Rat von Christen und Juden
ICD	Jesu Christo Duce, unter Führung Christi
ICN	In Christi Nomine, in Christi Namen
ICtus	Iuris Consultus, Rechtsgelehrter
idea	Informationsdienst der Evangelischen (Art. →) Allianz, Wetzlar
IDOC	(Art. →) International Documentation Center
IHS, JHS	1. gr. ΙΗΣΟΥΣ, Jesus; 2. Jesus habemus socium, Wir haben Jesus zum (Bundes-)Genossen (Inschrift

	an Jesuitenklöstern); 3. Jesus hominum salvator, Jesus der Menschen Heiland; 4. Jesus Heiland Seligmacher; 5. In Hoc Salus, In diesem (ist) Heil; 6. In Hoc Signo (vinces), In diesem Zeichen (wirst du siegen)
IKvu	Initiative Kirche von unten
IM	Innere (Art. →) Mission
IND	In nomine Domini (Dei), im Namen des Herrn (Gottes)
INRI	Jesus Nazarenus Rex Judaeorum, Jesus von Nazaret – König der Juden (Joh 19,19)
JPIC	Justice, Peace, and Integrity of Creation – Gerechtigkeit, Frieden und Bewahrung der Schöpfung, (Art. →) Konvokation
it.	(Art. →) Itala
KDA	Kirchlicher Dienst in der Arbeitswelt
KDL	Kirchlicher Dienst auf dem Land
KED	Kirchlicher Entwicklungsdienst
KEK	(Art. →) Konferenz Europäischer Kirchen
KEM	Kooperation ev. Kirchen und Missionen (in der deutschsprachigen Schweiz)
KEP	Konferenz Europäischer Pfarrvereine, gegr. 1983 in Eisenach
kep	Konferenz (Art. →) evangelikaler Publizisten
KGD	Kindergottesdienst
KG(mde)	Kirchengemeinde
KGR	Kirchengemeinderat
KHG	Katholische Hochschulgemeinde
KiHo	Kirchliche Hochschule
KNA	Katholische Nachrichten-Agentur
KO	(Art. →) Kirchenordnung
KR	(Art. →) Kirchenrat
KSA	(Art. →) Klinische Seelsorgeausbildung
KSG	Katholische Studentengemeinde
KU	Konfirmandenunterricht
LEF	(Art. →) Lex Ecclesiae Fundamentalis
LEKKJ	Luth. Europäische Kommission Kirche u. Judentum, gegr. 1976
LER	Lebensgestaltung – Ethik – Religionskunde, Schulfach im Land Brandenburg
LDiv., Lic. (theol.)	Licentiate in Divinity, (Art. →) Lizentiat der Theologie (GB, früher auch im deutschspr. Raum)
LK	(Art. →) Liturgie-Konstitution
LKA	Landeskirchenamt
LKA(rch.)	Landeskirchliches Archiv
LKB	Landeskirchliche Bibliothek
LKR	Landeskirchenrat

LS	locus sigelli, Siegelstelle (bei Urkunden)
LWB, LWF	Lutherischer Weltbund, (Art. →) Lutheran World Federation
LXX	(Art. →) Septuaginta
M(ag.)A	(Art. →) Magister artium (liberalium)
MBK	Mädchen-Bibel-Kreis(e)
MDG	Mediendienstleistungsgesellschaft (Einrichtung der kath. Dt. Bischofskonferenz zur Förderung des Einsatzes von Medien in der kirchl. Arbeit)
MECC	Middle East Council of Churches
MRA	Moral Rearmament, (Art. →) Moralische Aufrüstung
MtRev.	Most Reverend, Würdetitel eines Bischofs, Kardinals oder Nuntius (A, GB)
NEK, NELK	Nordelbische (Evangelisch-Lutherische) Kirche
NT	Neues Testament, Novum Testamentum
OC(arm); OCD	O. (Fratrum BMV) de Monte Carmelo, (Art. →) Karmeliten; O. (Fratrum) Carmelitarum Discalceatorum, (Art. →) Diskalzeaten
OCart	O. Cartusiensis, (Art. →) Kartäuser
OC(ap) → FMCap	
OCist	O. Cisterciensis, (Art. →) Zisterzienser
OCistRef, OCSO	O. Cistercensium Reformatorum, – – strictioris observantiae, (Art. →) Trappisten
ÖAB	Ökumenische Arbeitsgemeinschaft für Bibellesen (legt für den gesamten deutschspr. Raum die jährl. Bibellesepläne, Jahreslosungen und Monatssprüche fest)
ÖAK	Ökumenischer Arbeitskreis ev. und kath. Theologen
ÖRK	Ökumenischer Rat der Kirchen, (Art. →) World Council of Churches
OESA	O. Eremitarum S. Augustini, (Art. →) Augustiner-Eremiten
OFM, OM	O. (Fratrum) Minorum, (Art. →) Franziskanerorden
OFMCap → FMCap	
OKR	(Art. →) Oberkirchenrat
OLKR	Oberlandeskirchenrat, Titel wie (Art. →) Oberkirchenrat
OP(r)	O. Praedicatorum, Predigerorden, (Art. →) Dominikanerorden
OPraem	O. Praemonstratensis, (Art. →) Prämonstratenser
OSA	O. S. Augustini, (Art. →) Augustiner
OSB	O. S. Benedicti, (Art. →) Benediktinerorden
OSD	O. S. Dominici, (Art. →) Dominikanerinnen
OSF	O. S. Francisci, (Art. →) Franziskanerinnen

OSM	O. Servorum Mariae, (Art. →) Serviten
OST	O. Sanctae Trinitatis, (Art. →) Trinitarier
OSU	O. Sanctae Ursulae, (Art. →) Ursulinen
OT(eut)	O. Teutonicus, (Art. →) Deutschherren
P	1. Pater, 2. Pastor; 3. (Art. →) Priesterkodex
PCR	Programme to Combat Rassism, Antirassismusprogramm des ÖRK
PGB	Pfarrer-Gebets-Bruderschaft
PTI, PTZ	Pädagogisch-Theologisches Institut, – – Zentrum
p.m.	(candidatus) pro ministerio, Predigtamtskandidat
Prov.	Proverbia, Sprüche Salomos
p.t.	pro tempore, zur Zeit, derzeitig
Q	(Art. →) Logienquelle
Rev(d).	(Art. →) Reverend
R.I.P.	(Art. →) requiescat in pace
ROK	Russisch-Orthodoxe Kirche
RPI	Religionspädagogisches Institut
RR, RtRev	Right Reverend, Würdetitel eines Bischofs (A, GB)
RU	Religionsunterricht
RWB	(Art. →) Reformierter Weltbund
S(t).	Sanctus (-a, -um, -i, -ae), Sankt, San, Santo (-a) – heilig
SAC	Societas Apostolatus Catholici, Gesellschaft des kath. Apostolats, Orden der Pallottiner
SACC	South African Council of Churches – Südafrikanischer Rat der Kirchen
Sap.	Sapientia, Weisheit Salomos
SDS	Societas Divini Salvatoris, (Art. →) Salvatorianer
SELK	(Art. →) Selbständige Evangelisch-Lutherische Kirche
SJ	(Art. →) Societas Jesu
SMD	Studentenmission Deutschland
SNTS	Studiorum Novi Testamenti Societas, Gesellschaft zur Erforschung des NT (internationale u. interkonfessionelle Vereinigung)
SODEPAX	Society Development Pax, (Art. → SODEPAX)
sog	Solidaritätsgruppe(n), (Art. →) Basisgruppen
SPCK	(Art. →) Society for Promoting Christian Knowledge
SPG	(Art. →) Society for the Propagation of the Gospel
Sr.	Soror, Schwester (Ordensschwester)
STB (→ BD, BTh)	Sacrae Theologiae (Art. →) Baccalaureus, Bachelor of Sacred Theology (A, GB)
STD	Sacrae Theologiae Doctor, Doctor of Sacred Theology (A, GB)
STM	Sacrae Theologiae Magister, Master of Sacred Theology (A, GB)

STP	Sacrae Theologiae Professor, Professor of Sacred Theology (A, GB)
Sup.	(Art. →) Superintendent
SVD	Societas Verbi Divini, Gesellschaft des göttl. Wortes, Orden der Steyler Missionare
swi	Sozialwissenschaftliches Institut (der EKD), Bochum
TA	Transaktionsanalyse
ThD, DTh	Theologiae Doctor, Doctor of Theology (A, GB)
Thr.	Threni, Klagelieder Jeremias
TKAB	Theologischer Konvent Augsburgischen Bekenntnisses
TM	(Art. →) Transzendentale Meditation
TZI	(Art. →) Themenzentrierte Interaktion
VD	Vere dignum (et iustum est), Wahrhaft würdig (und recht ist es,) ... (Beginn des) Präfationsgebet(es) in der Messe
VDD	Verband der (kath.) Diözesen Deutschlands
VDM	Verbi Divini Minister, Diener des göttl. Wortes (Pfarrer-Titel)
V.D.M.I.E.	Verbum Dei manet in (a)eternum, Das Wort Gottes bleibt in Ewigkeit (Jes 40,8) (Wahlspruch Friedrichs des Weisen, dann der Reformation)
VEDD	Verband Ev. Diakonen- und Diakoninnengemeinschaften in Deutschland e. V., Bielefeld
VEF	Vereinigung Evangelischer Freikirchen
VELKD	(Art. →) Vereinigte Ev.-Luth. Kirche Deutschlands
VELK/DDR	Vereinigte Ev.-Luth. Kirche in der DDR
VEM	Vereinigte Evangelische Mission, Wuppertal
VRev	Very Reverend, Würdetitel e. (Art. →) Dekans u. ä. (A, GB)
VT	Vetus Testamentum, Altes Testament
Vulg.	(Art. →) Vulgata
WCA	Women's Christian Association, Christlicher Frauenbund
WCC	(Art. →) World Council of Churches
WCG	Die Weltweiten christlichen Gemeinschaften – die konfessionellen Weltbünde innerhalb des → ÖRK wie die → Anglikanische Gemeinschaft bzw. Kirche, der → LWB, die → Orthodoxe Kirche und der → RWB
WCRP	World Conference on Religion and Peace, (Art. →) Weltkonferenz der Religionen für den Frieden
WSCF	(Art. →) World's Student Christian Federation
XP	gr. ΧΡΙΣΤΟΣ, Christus (Art. → XP)
YMCA	(Art. →) Young Men's Christian Association
YWCA	(Art. →) Young Women's Christian Association
ZdK	Zentralkomitee der deutschen Katholiken

Lexikalische Nachschlagewerke in Auswahl

Neuere deutschsprachige Sach- und Sprachwörterbücher

Universalenzyklopädien

Brockhaus Enzyklopädie in 24 Bänden. 19, völlig neu bearb. Aufl. Mannheim 1986–94 (weitere Ergänzungs- und Jahrgangsbände). – BE

Meyers Enzyklopädisches Lexikon in 25 Bänden. Mannheim 1971–79 (weitere Ergänzungs- u. Nachtragsbände). – MEL

Allgemeine Fremdwörterbücher

Duden Fremdwörterbuch. 5., neubearb. u. erw. Aufl. Mannheim 1990 (Der Duden in 10 Bänden, Bd. 5).

Wahrig Fremdwörter-Lexikon. (Neueste Ausgabe:) Gütersloh 1991.

Und viele andere.

Sprachwörterbücher (Hebräisch – Griechisch – Lateinisch)

Gesenius, W.: Hebräisches und Aramäisches Handwörterbuch über das Alte Testament. Unveränd. Nachdruck der 17. Aufl. 1915. Berlin 1962. – 18. Aufl. Bearb. u. hrsg. von R. Meyer u. H. Donner. Berlin 1987ff.

Hebräisches und aramäisches Wörterbuch zum Alten Testament. Hrsg. von G. Fohrer (u. a.) 2., durchges. Aufl. Berlin 1989. – HAWAT

Bauer, W.: Griechisch-Deutsches Wörterbuch zu den Schriften des Neuen Testaments und der christl. Literatur. 6., völlig neu bearb. Aufl. Hrsg. von K. u. B. Aland. Berlin 1988.

Menge, H./O. Güthling: Langenscheidts Großwörterbuch der griechischen und deutschen Sprache unter Berücksichtigung der Etymologie. Teil 1: Griechisch–Deutsch. München ^{22}1973.

Georges, K. E.: Ausführliches lateinisch-deutsches Handwörterbuch. 8., verb. u. verm. Aufl. 2 Bde. 1912–18. Reprogr. Nachdruck. Hannover 1972 (und: Wiss. Buchgesellschaft, Darmstadt 1992).

Menge, H.: Langenscheidts Großwörterbuch der lateinischen und deutschen Sprache unter Berücksichtigung der Etymologie. Teil 1: Lateinisch–Deutsch. München ^{18}1973.

Sleumer, A.: Kirchenlateinisches Wörterbuch. Unter umfassendster Mitarbeit von J. Schmid. Nachdruck der Ausgabe 1926. Hildesheim 1990.

Schmid, J.: Kurzes Handwörterbuch des Kirchenlateins zum Codex Iuris Canonici, Missale, Berviarium… Rituale Romanum und Memoriale Rituum. Limburg ^{3}1949.

Niemeyer, J. F.: Mediae latinitatis lexicon minus. Leiden 1976.

Theologie

Übergreifende Werke

Evangelisches Kirchenlexikon. Kirchl.-theol. Handwörterbuch. Hrsg. von H. Bronotte u. O, Weber. Bd. 1–3 u. Red.Bd. Göttingen 1956–61. (2., durchges. Aufl. 1962). – EKL

Evangelisches Kirchenlexikon. Internat. theol. Enzyklopädie. Hrsg. von E. Fahlbusch, J. M. Lochman, J. Mbiti, J. Pelikan, L. Vischer. 3. Aufl. (Neufassung). Bd. 1–3 u. 4 (Reg.Bd.) Göttingen 1985–97. – EKL^3

Lexikon für Theologie und Kirche. Begr. von M. Buchberger. 2., völlig neu bearb. Aufl. Hrsg. von J. Höfer u.K. Rahner. Bd. 1–10 u. Reg.Bd. u. Erg.-Bd. 1–3. Freiburg 1957–68. – Kart. Sonderausg. 1986. – LThK

Lexikon für Theologie und Kirche. 3., völlig neu bearb. Aufl. Hrsg. von W. Kasper. Bd. 1ff. Freiburg 1993ff. – $LThK^3$

Die Religion in Geschichte und Gegenwart. Handwörterbuch für Theologie u. Religionswissenschaft. 3., völlig neu bearb. Aufl. Hrsg. von K. Galling (u. a.) Bd. 1–6 u. Reg.Bd. Tübingen 1956–65. – Kart. Sonderausg. 1987. – RGG^3 – In Vorbereitung: 4., völlig neubearb. Aufl. Hrsg. von H. D. Betz, D. Browning, B. Janowski, E. Jüngel. Bd. 1ff. Tübingen 1997ff.

Realencyklopädie für protestantische Theologie und Kirche. Begr. von J. J. Herzog. 3., verb. u. verm. Aufl. Hrsg. von Albert Hauck. Bd. 1–21 u. Reg.Bd. u. 2 Erg.Bde (= Bd. 22–24). Leipzig 1896–1913. – Nachdruck: Graz 1969–71. – RE

Theologische Realenzyklopädie. Hrsg. von G. Krause (†) u. G. Müller. Bd. 1ff. Berlin 1976ff. – Reg.Bd. zu Bd. 1–17, 1993. – Kart. Studienausg. von Bd. 1–17 u. Reg.Bd., 1993. – TRE – Und: TRE-Abkürzungsverzeichnis. Zsgest. von S. Schwertner. 1976 (= Unveränd., aber verm. Nachdruck von: S. Schwertner, Internationales Abkürzungsverzeichnis für Theologie und Grenzgebiete. IATG. Zeitschriften, Serien, Lexika, Quellenwerke mit bibliogr. Angaben. Berlin 1974). – 2., überarb. u. erw. Aufl. des TRE-Abkürzungsverzeichnisses: Berlin 1994.

Evangelisches Gemeindelexikon. Hrsg. von E. Geldbach, H. Burkhardt, K. Heimbucher. Wuppertal 1978. – Kart. Sonderausg.: 2. Aufl. 1986. – EGL

Evangelisches Lexikon für Theologie und Gemeinde. Hrsg. von H. Burkhardt u. U. Swarat. Bd. 1–3. Wuppertal 1992–94. Reg.Bd., erst. von W. Glatz. Wuppertal o. J. (1996). – ELThG

Sacramentum mundi. Theol. Lexikon f. d. Praxis. Hrsg. von K. Rahner (u. a.) Bd. 1–4. Freiburg 1967–69. – SM

Taschenlexikon Religion und Theologie. Hrsg. von E. Fahlbusch. 4., neubearb. u. stark erw. Aufl. Bd. 1–5. Göttingen 1984. – TRT

Biographisch-Bibliographisches Kirchenlexikon. Begr. von F. W. Bautz (†). Bd. 1ff. Hamm/Westf., später: Herzberg/Harz 1970ff. – BBKL

Theologenlexikon. Von den Kirchenvätern bis zur Gegenwart. Hrsg. von W. Härle u. H. Wagner. 2., neuarb. u. erw. Aufl. München 1994.

Adressenwerk der evangelischen Kirchen. Frankfurt .M. 1996 (erscheint alle 3 Jahre). – AWEK

Adreßbuch für das katholische Deutschland. Paderborn 1995 (erscheint alle 2 Jahre). – AdrBKD

Bibelwissenschaft

Neues Bibel-Lexikon.Hrsg. von M. Görg u. B. Lang. Bd. 1ff. Zürich 1988ff. – NBL

Die Bibel und ihre Welt. Eine Enzyklopädie zur Hl. Schrift. Bilder, Daten, Fakten. Hrsg. von G. Cornfeld u. G.J. Botterweck. Bd. 1–2. Bergisch Gladbach 1969 u. 1973. (Orig.Ausg. engl.) – Taschenbuchausg.: München 1972. dtv 3092–97. – BIW

Reclams Bibellexikon. Hrsg. von K. Koch (u. a.) Stuttgart 1987. – ReclBL

Biblisch-Historisches Handwörterbuch. Landeskunde, Geschichte, Religion, Kultur, Literatur. Hrsg. von B. Reicke u. L. Rost. Bd. 1–4 (4: Register u. Hist.-Archäolog. Karte Palästinas). Göttingen 1962–79. – Kart. Studienausg. 1994. – BHH

Biblisches Reallexikon. Hrsg. von K. Galling. 2., neugest. Aufl. Tübingen 1977 (Handb. zum AT, 1. Reihe, Bd. 1). – BRL^2

Bocian, M.: Lexikon der biblischen Personen. Stuttgart 1989.

Müller, P.-G.: Lexikon exegetischer Fachbegriffe. Stuttgart 1985.

Altes Testament

Theologisches Wörterbuch zum Alten Testament. Hrsg. von G. J. Botterweck u. H. Ringgren. Bd. 1ff. Stuttgart 1970ff. – ThWAT

Theologisches Handwörterbuch zum Alten Testament. Hrsg. von E. Jenni unter Mitarb.von C. Westermann. Bd. 1–2. München; Zürich 1971–76. – Durchges. Aufl.1984. – THAT

Neues Testament

Theologisches Wörterbuch zum Neuen Testament. Begr. von G. Kittel., hrsg. von G. Friedrich. Bd. 1–9 u. 10, 1. 2. Stuttgart 1933–79. Kart. Studienausg. 1991. – ThWNT

Exegetisches Wörterbuch zum Neuen Testament. Hrsg. von H. R. Balz u. G. Schneider. Bd. 1–3. Stuttgart 1980–83. – 2., verb. Aufl. 1992. – EWNT

Theologisches Begriffslexikon zum Neuen Testament. Hrsg. von L. Coenen (u. a.) Bd. 1–3. 3. Aufl. Wuppertal 1973. – 2-bändige Studienausg. 1977, 1-bändige Sonderausg. 1993. – TBLNT

Kirchengeschichte und Kirchenkunde

Andresen, C./G. Denzler: Wörterbuch der Kirchengeschichte. 3. Aufl.München 1989 (dtv-Nachschlagewerke, 3245).

Reallexikon für Antike und Christentum. Sachwörterbuch... Hrsg. von T. Klauser. Bd. 1ff. u. Suppl. 1ff. Stuttgart 1959ff. – RAC

Lexikon des Mittelalters. Bd. 1ff. München 1977ff. – LMA

Stupperich, R.: Reformatorenlexikon. Gütersloh 1984.

Kleines Wörterbuch des Christlichen Orients. Hrsg. von J. Aßfalg (u. a.) Wiesbaden 1975. – KWCO

Onasch, K.: Lexikon Liturgie und Kunst der Ostkirche, unter Berücks. der Alten Kirche. [2., veränd. Aufl.; 1. Aufl.1981 u.d.T.: Liturgie und Kunst der Ostkirche in Stichworten.] Berlin 1993.

Spitzing, G.:Lexikon byzantinisch-christlicher Symbole. Die Bilderwelt Griechenlands u. Kleinasiens. München 1989.

Ökumene-Lexikon. Kirchen, Religionen, Bewegungen. Hrsg. von H. Krüger (u. a.) 2., veränd. Aufl. Frankfurt a. M. 1987. – ÖL

Kirchenlexikon. Christl. Kirchen, Freikirchen u. Gemeinschaften im Überblick. Hrsg. von S. u. K.-W. Tröger. München 1990. – KL

Dictionary of Christian Councils. (4. ed.) Geneva 1985.

Dictionary of Ecumenical Movement. Ed. by N. Lossky (a. o.) Geneva 1991.

World Council of Churches. Handbook of member churches.Ed. by J. A. van der Bent. Fully rev. ed. Geneva 1985.

Lutherisches Handbuch. Genf 1985. (Adreßbuch; ebenso engl. Ausg.)

Systematische Theologie

Ein neueres *evangelisches* lexikalisches Nachschlagewerk speziell zur Systematischen Theologie gibt es nicht.

Neues Handbuch theologischer Grundbegriffe [alphabet. geordnete enzyklopäd. Artikel]. Hrsg. von P. Eicher. Bd. 1–4. München 1984–85. – Erw. Neuausg. in 5 Bden 1991. – NHThG

Lexikon der katholischen Dogmatik. Hrsg. von W. Beinert. Freiburg 1987. – LexKD

Wörterbuch der Feministischen Theologie. Hrsg. von E. Gössmann (u. a.) Gütersloh 1991. – WFT

Ethik und Sozialethik, Diakonie

Neues Lexikon der christlichen Moral. Hrsg. von H. Rotter (u. a.) Innsbruck 1990. – NLCM

Evangelisches Soziallexikon. Begr. von F. Karrenberg. Hrsg. von T. Schober (u. a.). 7., vollst. neu bearb. u. erw. Aufl. Stuttgart 1980. – ESL

Katholisches Soziallexikon. Hrsg. von A. Klose (u. a.). 2., gänzl. überarb. u. erw. Aufl. Innsbruck, Graz 1981. – KSL

Evangelisches Staatslexikon. Begr.von H. Kunst u. S. Grundmann. Hrsg. von R. Herzog. 3., neubearb. u.erg. Aufl. in 2 Bden. Stuttgart 1987. – EStL

Staatslexikon. Recht, Wirtschaft u. Gesellschaft. Hrsg. von der Görres-Gesellschaft. Bd. 1–7 (Bd. 6. 7 = Erg.Bd. 1. 2). Freiburg 1985–93. – StL

Teutsch, G. M.: Lexikon der Umweltethik. Göttingen, Düsseldorf 1985.

Helbich, P. / H. Seibert / F. Thiele: Die soziale Arbeit der Kirche. Ein Diakonie-Lexikon. Gütersloh 1982. (GTB 1048)

Lexikon Medizin – Ethik – Recht. Hrsg. von A. Eser (u. a.) Freiburg 1989. – LMER

Liturgik, Christliche Ikonographie und Hagiographie

Adam, A./R. Berger: Pastoralliturgisches Handlexikon. 5. [unveränd.] Aufl. Freiburg 1990.

Lexikon der christlichen Ikonographie. Hrsg. von E. Kirschbaum, später von W. Braunfels. Bd. 1–8 (Bd. 1–4: Allgemeine christl.Ikonographie, Bd. 5–8: Ikonographie der Heiligen). Freiburg 1968–76.- Kart. Sonderausg. 1990 u. 1994. – LCI

Sachs, H./E. Badstübner/H. Neumann: Christliche Ikonographie in Stichworten. Leipzig 1973 u. ^{2}1980; Lizenzausg.München 1975; Hanau 1984 u.d.T.: Erklärendes Wörterbuch der christlichen Kunst.

Wimmer, O./H. Melzer: Lexikon der Namen und Heiligen.. 6., von J. Gelmi bearb. u. erg. Aufl. Innsbruck 1988.

Mayer, R.: Die Heiligen in Deutschland. Ein Lexikon der 540 deutschen Orte, an denen Heilige gelebt haben. München 1987.

Seelsorge und Beratung

Praktisches Wörterbuch der Pastoral-Anthropologie. Hrsg. von H. Gastager (u.a.) Wien, Göttingen 1975. – PWPA

Familien- und Lebensberatung Ein Handbuch [alphabet. geordnete enzyklopäd. Artikel]. Hrsg. von S. Keil. Stuttgart 1975.

Mission

Lexikon zur Weltmission. Hrsg. von S. Neill (u.a.) Wuppertal, Erlangen 1975. – LWM

Lexikon missionstheologischer Grundbegriffe. Hrsg. von K. Müller u. T. Sundermeier. Berlin 1987.– LMTG

Rzepkowski, H.: Lexikon der Mission. Geschichte, Theologie, Ethnologie. Graz 1992.

Spiritualität und Mönchtum

Praktisches Lexikon der Spiritualität. Hrsg. von C. Schütz. Freiburg 1988.– PLSp

Wörterbuch der Mystik. Hrsg. von P. Dinzelbacher. Stuttgart 1989. – WMyst

Mönchtum, Orden, Klöster. Von den Anfängen bis zur Gegenwart. Ein Lexikon. Von G. Schwaiger (u.a.) München 1993.

Religionswissenschaft

Übergreifende Werke

The Encyclopedia of Religion. Ed. by Mircea Eliade. Vol. 1.–16. New York 1987. – EncRel(E)

Lexikon der Religionen. Phänomene – Geschichte – Ideen. Begr. von F. König. Hrsg. von H. Waldenfels: 2. Aufl. (1. Aufl. u.d.T.: Religionswissenschaftliches Wörterbuch, 1956.) Freiburg 1988. – Kart. Taschenbuchausg. 1992. – LeRe

Wörterbuch der Religionen. Begr. von A. Bertholet (u.a.). 4. Aufl., neubearb., erg. u. hrsg. von K. Goldammer. Stuttgart 1985. – WR

Handbuch religionswissenschaftlicher Grundbegriffe [alphabet. geordnete enzyklopäd. Artikel]. Hrsg. von H. Cancik (u.a.) Bd. 1ff. 1988ff. – HRWG

Bellinger, G. J.: Knaurs Großer Religionsführer. München 1986.

Lexikon religiöser Grundbegriffe: Judentum, Christentum, Islam. Hrsg. von A. T. Khoury. Graz 1987. – LRG

Handwörterbuch der deutschen Aberglaubens. Hrsg. von H. Bächtold-Stäubli. Bd. 1–10. Berlin 1927–42 (Handwörterbuch der deutschen Volkskunde, 1). – Kart. Sonderausg. (Photomechan. Nachdruck) Graz 1987. – HWDA

Lurker, M.: Lexikon der Götter und Dämonen. Namen, Funktionen, Symbole u. Attribute. 2., erw. Aufl. Stuttgart 1989.

Spezielle Werke

Götter und Mythen im Alten Europa. Hrsg. von H. W. Haussig. Stuttgart 1973 (Wörterbuch der Mythologie, Abt. 1, Bd. 2). – WM(1,2)

Holzapfel, O.: Lexikon der abendländischen Mythologie. Freiburg 1993.

Reallexikon der Germanischen Altertumskunde. Begr. von J. Hoops. 2., völlig neu bearb. u. stark erw. Aufl. Hrsg. von H. Jankuhn (u.a.) Bd. 1ff. Berlin 1968ff. – RGA

Maier, B.: Lexikon der keltischen Mythologie. Stuttgart 1994.

Götter und Mythen im Vorderen Orient. Hrsg.von H. W. Haussig. Stuttgart 1965 (Wörterbuch der Mythologie, Abt. 1, Bd. 2). – WM(1,1)

Lurker, M.: Lexikon der Götter und Symbole der alten Ägypter. 4., völlig überarb. u. stark erw. Neuausg. Bern 1987.

Bonnet, H.: Reallexikon der ägyptischen Religionsgeschichte. 2. Aufl. Berlin 1971. – RÄRG

Lexikon der Ägyptologie. Hrsg. von W. Helck u. E. Otto. Bd. 1ff. Wiesbaden 1972ff. – LÄ

Reallexikon der Assyriologie und vorderasiatischen Archäologie. Hrsg. von E. Ebeling u. B. Meissner. Bd. 1ff. Berlin 1932ff. – RLA

Encyclopaedia Judaica. Vol.1–16. Jerusalem 1971 (nebst) Yearbook 1972ff. – EJ

Jüdisches Lexikon. Ein enzyklopäd. Handbuch des jüd. Wissens in 4 Bden mit über 2000 Ill., Karten u. Tabellen. Bd. 1–4, 1. 2. Berlin 1927–30. Nachdruck Königstein/Ts. 1982. – JL

Neues Lexikon des Judentums. Hrsg.von J. H. Schoeps. Gütersloh 1992. – NLJ

Petuchowski, J. J./C. Thoma: Lexikon der jüdisch-christlichen Begegnung. Freiburg 1989.

Hunger, H.: Lexikon der griechischen und römischen Mythologie. Mit Hinweisen auf das Fortwirken antiker Stoffe u. Motive in der bildenden Kunst,

Literatur u. Musik des Abendlandes bis zur Gegenwart. 8., erw. u. erg. Aufl. Wien 1988. – Taschenbuchausg. (um den Bildtteil gek.) Reinbek 1974 (rororo 6178).
Gärtner, H.: Kleines Lexikon der griechischen und römischen Mythologie. Leipzig 1989.
The Encyclopedia of Islam. New ed. Vol. 1 ff. Leiden 1954 ff. – EI
Khoury, A.T./L. Hagemann/P. Heine: Islam-Lexikon. Geschichte – Ideen – Gestalten. Bd. 1–3. Freiburg 1991 (Herder-Spektrum 4036).
Lexikon der Islamischen Welt. Hrsg. von K. Kreiser (u. a.). Neuausg., völlig überarb. Stuttgart 1992. – LIW
Lexikon der östlichen Weisheitslehren. Buddhismus, Hinduismus, Taoismus, Zen. Bern 1986. – LÖWL
Miers, H. E.: Lexikon des Geheimwissens. Verm. Ausg. (Taschenbuchausg., 7. Aufl.) München 1987.
Bonin, W. F.: Lexikon der Parapsychologie und ihrer Grenzgebiete. Bern 1976.
Gruber, E./S. Fassberg: New Age-Wörterbuch. Freiburg 1986.
Drury, N.: Lexikon esoterischen Wissens. München 1988.
Werner H.: Lexikon der Esoterik. Wiesbaden 1991.

Altertumswissenschaft

Der Kleine Pauly. Lexikon der Antike in 5 Bänden. Auf der Grundlage von Paulys Realencyclopädie der klass. Altertumswissenschaft bearb. u. hrsg. von K. Ziegler (u. a.). Bd. 1–5. München 1964–75. – Taschenbuchausg. München 1979, 5 Bände, dtv 5963. – KP
Lexikon der Alten Welt. Hrsg. von C. Andresen (u. a.). Zürich 1965 (Artemis-Lexikon der Antike). – Taschenbuchausg. München 1969–71, 5 Sachteile mit zus. 13 Bänden, dtv 3071–83. – LAW
Tusculum-Lexikon der griechischen und lateinischen Autoren des Altertums und des Mittelalters. Völlig neu bearb. von W. Buchwald (u. a.) München 1963. – Taschenbuchausg. München 1974 und (3. Aufl.) 1982 (rororo 6181). – TuscLex

Philosophie

Philosophisches Wörterbuch. Hrsg. von W. Brugger. 21. Aufl. Freiburg 1992. – Studienausg., 4. Aufl. 1990. – PhW
Historisches Wörterbuch der Philosophie. Unter Mitw. von mehr als 700 Fachgelehrten... hrsg. von J. Ritter (–) u. K. Gründer. Bd. 1 ff . Basel u. Darmstadt: Wiss. Buchgesellschaft 1971 ff. – HWP
Europäische Enzyklopädie zu Philosophie und Wissenschaften. Hrsg. von H. J. Sandkühler. Bd. 1–4. Hamburg 1990. – EEPhW
Lexikon der philosophischen Werke. Hrsg. von F. Volpi (u. a.) Stuttgart 1988. – LPhW

Pädagogik und Psychologie

Wörterbuch der Pädagogik. In 3 Bänden. Hrsg. vom Willmann-Institut München-Wien. Freiburg 1977. – WdP

Neues Pädagogisches Lexikon. Hrsg. von H.-H. Groothoff u. M. Stallmann. 5., vollst. neubearb. u. erw. Aufl. des Pädagog. Lexikons. Stuttgart 1971. – NPL

Lexikon der Psychologie. Hrsg. von W. Arnold (u.a.) Bd. 1–3. Neuausg. Freiburg 1980. – Kart. Studienausg. 1991. – LPs

Dorsch, F.: Psychologisches Wörterbuch. Hrsg. in Verb. mit H. Häcker u. K. Stapf. 9., vollst. neubearb. Aufl. Bern 1976. – 11., erg. Aufl. 1987.

Samuels, A./B. Shorter/F. Plaut: Wörterbuch Jungscher Psyschologie. München 1989. – Taschenbuchausg. 1991 (dtv 15088)

Wörterbuch der Religionspsychologie. Hrsg. von S.R. Dunde. Gütersloh 1993. – WRPs

Kunst

(s. auch Theologie: Kirchengeschichte u. Kirchenkunde; Christl. Ikonographie)

Lexikon der Kunst. Malerei, Architektur, Bildhauerkunst. Bd. 1–12. Freiburg 1987–90. – LK

Allgemeines Künstlerlexikon. Die bildenden Künstler aller Zeiten u. Völker. Erarb., red. u. hrsg. von G. Meißner. Bd. 1ff. München 1992ff. (Geplant sind 60 Bände.) – AKLex

Kindlers Malerei-Lexikon. Bd. 1–6. Zürich 1964–71. KML – Taschenbuchausg. in 15 Bänden, München 1976 (dtv 9556). – KML. dtv

Die große Enzyklopädie der Malerei. Maler, Grafiker, Epochen, Stile, Museen der Welt. Hrsg. von H. Bauer. Bd. 1–8. Freiburg 1977–78.

Musik

Die Musik in Geschichte und Gegenwart. Allg. Enzyklopädie der Musik. Hrsg. von F. Blume. Bd. 1–14 u. Suppl. Bd. 15 u. 16 u. Reg.Bd. 17. Kassel 1951–86. – MGG

Die Musik in Geschichte und Gegenwart. Begr. von F. Blume. 2., neubearb. Ausg. Hrsg. von L. Finscher. 20 Bände in 2 Teilen: Sachteil in 8 Bden, Personenteil in 12 Bden. Kassel, Stuttgart. Sachteil Bd. 1ff. 1994ff. – MGG^2

Das Große Lexikon der Musik. Komponisten – Interpreten – Sachbegriffe. In 8 Bänden. Hrsg. von M. Honegger u. G. Massenkeil. Freiburg 1978–83. Kart. Sonderausg. 1987. – GLM

The New Grove Dictionary of Music and Musicians. Ed. by St. Sadie. [6., völlig neu bearb. u. erw. Aufl.] Vol. 1–20. London 1980. – NGDMM